Código Penal de Chile

Incluye Ley N° 18.216 de Penas sustitutivas
Decreto 518 del Reglamento de establecimientos penitenciarios
Decreto Ley 321 de Libertad condicional
Decreto 338 del Reglamento del DL 321
Ley 20.000 de Tráfico ilícito de estupefacientes
Ley 21.459 sobre Delitos informáticos
Ley 20.393 que Establece penas para personas jurídicas
Ley 21.595 sobre Delitos económicos

ACCESO GRATIS *a la Lectura en la Nube*

Para visualizar el libro electrónico en la nube de lectura envíe junto a su nombre y apellidos una fotografía del código de barras situado en la contraportada del libro y otra del ticket de compra a la dirección:

ebooktirant@tirant.com

En un máximo de 72 horas laborales le enviaremos el código de acceso con sus instrucciones.

Código Penal de Chile

Edición revisada y actualizada a enero de 2025

Incluye Ley N° 18.216 de Penas sustitutivas
Decreto 518 del Reglamento de establecimientos penitenciarios
Decreto Ley 321 de Libertad condicional
Decreto 338 del Reglamento del DL 321
Ley 20.000 de Tráfico ilícito de estupefacientes
Ley 21.459 sobre Delitos informáticos
Ley 20.393 que Establece penas para personas jurídicas
Ley 21.595 sobre Delitos económicos

VALESKA FUENTEALBA SEPÚLVEDA
Profesora de Derecho Procesal y Penal
Universidad Viña del Mar

tirant lo blanch
Valencia, 2025

EDITA: TIRANT LO BLANCH
C/ Artes Gráficas, 14 - 46010 - Valencia
TELFS.: 96/361 00 48 - 50
FAX: 96/369 41 51
Email: tlb@tirant.com
www.tirant.com
Librería virtual: https://editorial.tirant.com/cl
ISBN: 978-84-1095-602-5

Si tiene alguna queja o sugerencia, envíenos un mail a: *atencioncliente@tirant.com*. En caso de no ser atendida su sugerencia, por favor, lea en *www.tirant.net/index.php/empresa/politicas-de-empresa* nuestro procedimiento de quejas.

Responsabilidad Social Corporativa: http://www.tirant.net/Docs/RSCTirant.pdf

ÍNDICE

LIBRO TERCERO

LEY 18.216
ESTABLECE PENAS QUE INDICA COMO SUSTITUTIVAS A LAS PENAS PRIVATIVAS O RESTRICTIVAS DE LIBERTAD

DECRETO 518
REGLAMENTO DE ESTABLECIMIENTOS PENITENCIARIOS

DECRETO 338
APRUEBA EL REGLAMENTO DEL DECRETO LEY N° 321, DE 1925, QUE ESTABLECE LA LIBERTAD CONDICIONAL PARA LAS PERSONAS CONDENADAS A PENAS PRIVATIVAS DE LIBERTAD

LEY NÚM. 20.000
SUSTITUYE LA LEY Nº 19.366, QUE SANCIONA EL TRÁFICO ILÍCITO DE ESTUPEFACIENTES Y SUSTANCIAS SICOTRÓPICAS

LEY 21.459
DEL 09 DE JUNIO DE 2022 QUE ESTABLECE NORMAS SOBRE DELITOS INFORMÁTICOS, DEROGA LA LEY N° 19.223 Y MODIFICA OTROS CUERPOS LEGALES CON EL OBJETO DE ADECUARLOS AL CONVENIO DE BUDAPEST

LEY NÚM. 20.393
ESTABLECE LA RESPONSABILIDAD PENAL DE LAS PERSONAS JURÍDICAS EN LOS DELITOS QUE INDICA

LEY NÚM. 21.595
LEY DE DELITOS ECONÓMICOS

PRÓLOGO

El principio de legalidad, principio relevante del Derecho Público y, sobre todo, del Derecho Penal, se erige como una salvaguarda de las libertades individuales y como un límite inequívoco al ejercicio del poder punitivo del Estado. En este contexto, la presente edición 2025 del Código Penal Chileno, revisada y actualizada, pretende ofrecer una herramienta rigurosa y útil para quienes transitan los senderos del Derecho, ya sea desde el ejercicio profesional, la docencia o el estudio.

El Derecho Penal, área constantemente modificada para procurar reaccionar ante los diferentes escenarios por los que atraviesa el país, ha visto en el último tiempo profundas transformaciones. Las reformas legislativas que se reflejan en esta edición muestran, en buena medida, un atisbo de los debates contemporáneos sobre cómo debiese enfrentar el delito. Las leyes publicadas en los últimos años (algunas de las cuales se ofrecen íntegramente en este texto, o se alude a ellas como notas al pie cuando ha correspondido) no solo han ampliado el catálogo de conductas constitutivas de delito, sino que han alterado de manera significativa las reglas de determinación de las penas, optando con frecuencia por el endurecimiento de las sanciones y limitando la posibilidad de penas sustitutivas. En ciertos casos, además, han contemplado normas procesales que muestran la importancia de entender el sistema penal en su conjunto.

En este escenario, la elaboración de un texto que compile estos cambios representa un desafío cuyo resultado pretende ser útil para jueces, fiscales, defensores, abogados, estudiantes de Derecho y, en definitiva, todo quien se interese por las ciencias penales. Con dicho propósito, este libro ha sido diseñado para ser algo más que un simple recopilatorio normativo. Cada artículo del Código Penal va acompañado de notas al pie que permiten al lector contextualizar las reformas de la disposición. Asimismo, se acompañan las principales leyes de esta área del Derecho con la referencia, como nota al pie, de las reformas del año 2024.

La decisión editorial de incluir dichas notas, así como un índice analítico, responde a la necesidad de facilitar una comprensión cabal del Derecho Penal, de modo de que el lector pueda, con base en las disposiciones vigentes, realizar un análisis crítico y una correcta aplicación de la ley. En ese sentido, se espera que esta obra sea una guía útil para el ejercicio diario y, sobre todo, un importante material de estudio para quien lo necesite.

Agradezco a la editorial por, una vez más, depositar su confianza en mí, y confío que a esta edición le seguirán otras que, de a poco, irán entregando mayores herramientas al lector para que pueda enfrentarse con responsabilidad al siempre sensible ejercicio de las ciencias penales.

En Viña del Mar, enero de 2025.

Prof. **Valeska Fuentealba Sepúlveda**
Profesora de Derecho Procesal y Directora del Magíster en Intervenciones Psicosociojurídicas en el Ámbito Penal y de Familia, Universidad Viña del Mar

MENSAJE

Mensaje del Gobierno acompañando el presente Código Penal al Congreso

Conciudadanos del Senado y de la Cámara de Diputados:

La necesidad de una reforma en nuestra legislación penal se hacía sentir de mucho tiempo atrás para poner en armonía el estado presente de nuestra sociedad, el desarrollo que ha alcanzado en todas las esferas de su actividad, con los preceptos que deben marcar sus límites y su campo de acción propia, fijando las regias supremas de lo lícito y lo ilícito.

La legislación española, apenas modificada por leyes patrias especiales, adolecía de gravísimos defectos que hacían inaceptable por más tiempo su subsistencia. La naturaleza de algunas de sus penas y la apreciación de diversos delitos, se resienten de las ideas dominantes en los tiempos remotos a que gran parte de esa legislación corresponde. A más de esto, las nuevas instituciones sociales y el ensanche que día a día reciben, han creado y crean sin cesar derechos nuevos que la ley debe tomar bajo su amparo para que prosperen y den los frutos de progreso y de riqueza, que sirven de base sólida a las sociedades modernas. De aquí nacen vacíos en nuestra legislación actual, que ella no ha podido prever, como formada en una época en que tales derechos no habían alcanzado su perfecto desarrollo, o que tal vez se desconocían por completo.

Deseoso de poner un término a este estado anómalo de cosas, he procurado activar la conclusión del proyecto de Código Penal estimulando el celo de la comisión encargada de redactarlo; y me es grato someter ahora ese trabajo a vuestra aprobación, confiando en que le prestaréis la atención más decidida para que llegue pronto a convertirse en ley de la República y a llenar las necesidades importantísimas que debe satisfacer.

Al organizar el plan de este proyecto, se ha creído conveniente, siguiendo el ejemplo de todos los códigos modernos, establecer primero los principios generales que constituyen la base del sistema penal, analizando en seguida los diversos actos particulares sometidos a la acción de la ley. De esta manera se obtiene una distribución más lógica y ordenada comenzando por lo que pudiera llamarse la teoría del Código Penal, para venir después a su aplicación práctica en las varias clases de delito.

Para poner en planta este sistema, habría bastado la formación de dos porciones independientes o dos libros. En el proyecto se ha dividido, sin embargo, en tres, destinando el primero a la clasificación general de los delitos, de las penas y de los casos y circunstancias en que se agrava, se atenúa y desaparece o se extingue la responsabilidad criminal; el segundo, a la determinación y castigo de los crímenes y simples delitos; y el tercero, por fin, a la enumeración de las faltas y fijación de sus penas.

Este último, que en rigor debiera formar parte del segundo, se ha considerado, no obstante, como libro separado, tomando en cuenta que la materia de que se ocupa puede ser la base para determinar los límites de distintas jurisdicciones entre los jueces letrados o de mayor cuantía y los funcionarios superiores.

Sería largo enumerar las reformas que contiene el libro primero con respecto a los principios que dominan en la legislación vigente. Bastará mencionar entre las principales la adopción de circunstancias atenuantes y, agravantes sometidas a reglas fijas, para apreciar el grado de responsabilidad resultante de los delitos, la determinación precisa de las únicas penas que la ley permite aplicar, y la fijación de los preceptos a que debe someterse la prescripción tanto de la pena como del delito; materias todas que si no pueden considerarse olvidadas por completo en nuestras leyes penales, se ofrecen en ellas a lo menos rodeadas de dudas y ambigüedades que mal se avienen con la claridad que debe distinguirlas.

En cuanto a lo primero, se ha procurado dar reglas bastante comprensivas, pero precisas al mismo tiempo, para que puedan fácilmente ser aplicadas por el tribunal en cualquier caso sometido a su decisión. En esta materia, como en todo lo que concierne al Derecho Penal, es indispensable confiar a la rectitud y al sano criterio del magistrado gran parte de lo que debiera en rigor hallarse consignado en la ley, pues no hay precepto alguno general, por claro y perfecto que se suponga, que pueda suplir a la apreciación juiciosa de los hechos, propia sólo del tribunal que los ve y los pesa.

La enumeración de las penas hace desaparecer para siempre de la ley esos castigos bárbaros e indignos de figurar en la legislación de un país civilizado que formaban, no obstante, parte de la nuestra, aun cuando su mismo excesivo rigor las hiciera inaplicables.

Ha creído la Comisión redactora, que debía conservar la pena de muerte, limitándola sólo a aquellos delitos que, como la traición, el parricidio, convierten al delincuente en un enemigo declarado y en un peligro cierto para el orden social. La agravación de otros delitos a los cuales debe corresponder en casos ordinarios la mayor pena fuera de la muerte, hace indispensable también la aplicación de esta última, para que la ley tenga alguna sanción en esos casos excepcionales de depravación.

Entre la pena de muerte y las penas temporales se han introducido los castigos perpetuos como un grado intermedio necesario para mantener la progresión de la escala general. Preferible a la muerte es, sin duda, la prisión perpetua, tanto porque ella conserva nuestro más precioso bien aunque sea limitado y sujeto a privaciones, cuanto porque deja esperanza de obtener por indulto la terminación o la atenuación del castigo.

Los otros grados de la escala penal se refieren a castigos conocidos en la legislación vigente, y sólo se introducen en ellos alteraciones para determinar con fijeza su significado, extensión y efectos.

Respecto de la prescripción, contiene el Proyecto disposiciones especiales para el castigo de los delitos no juzgados, para la aplicación de las penas ya impuestas por sentencias y para la determinación del valor que debe atribuirse a ciertas circunstancias, deducidas de la repetición de delitos anteriores. En todos estos casos se ha tomado en cuenta, para establecer la mayor o menor duración del tiempo de prescripción, la gravedad del hecho a que ella se refiere, aceptando prescripciones especiales de corto tiempo para determinados delitos, como la injuria, el adulterio.

En la clasificación de los delitos de que se ocupa el libro segundo se ha tomado como punto de partida la organización misma de la sociedad a cuya estable conservación debe proveer ante todo la ley.

Consecuente con esta idea, examina primero el Proyecto todos los hechos que pueden importar un ataque a la soberanía o seguridad exterior de la Nación; pasa después en revista los delitos contra su seguridad interior, aquellos que impiden el libre ejercicio de los poderes públicos y que destruyen la marcha regular del Estado.

Como una consecuencia del mantenimiento del orden interior se hace necesario dictar preceptos para asegurar el completo y perfecto ejercicio de libertades individuales y todos los derechos que especialmente garantiza a cada ciudadano la Carta Fundamental; pues sin el ejercicio de estos derechos, el orden vendría a ser tiranía y despotismo.

Sin embargo, no se ha creído que el Código Penal permanente debiera contener las leyes especiales de imprenta y de elecciones, porque sujeta a mudanzas continuas y dependientes más bien de los movimientos políticos que de la organización estable de la sociedad, necesitan ellas marchar separadas e independientes a la par de esos movimientos, sin las trabas que su sola colocación en un Código general les opondría.

Después de consignar las disposiciones relativas a los derechos constitucionales, desarrollando la misma idea, se ocupa el Proyecto de dar sólidas garantías para el ejercicio de los demás derechos que dependen directamente de la organización del Estado, y dicta reglas para robustecer la fe pública y la confianza de que debe también revestirse el testimonio individual cuando ha de emplearse como medio de prueba.

Afianzados de esta manera la seguridad exterior, el orden y la tranquilidad interior junto con el libre ejercicio de los derechos que de la organización propia del Estado tienen su origen, se hace preciso reprimir todo acto que ponga en peligro esos benéficos resultados; lo que se obtiene mediante el castigo de los funcionarios públicos que desconocen los deberes de su cargo; y de los particulares que por cualquier medio, sin atentar directamente contra el orden establecido, embarazan su marcha regular.

Después de haber considerado bajo todos sus aspectos a la sociedad en su conjunto, desciende el Proyecto a los detalles, y principia, como es natural, por la familia, su constitución, los ataques que pueden dirigírsele, sea por personas extrañas o por los que de ella formen parte.

En pos de la familia viene el individuo aislado al cual puede ofendérsele en su persona, en su honor, en sus bienes; y de aquí nacen otras tantas series diversas de disposiciones penales para prevenir o castigar tales ofensas.

Por último, el libro tercero enumera, sin otra distinción que la de su gravedad, las diversas faltas que caen bajo la acción de la ley penal, y pone fin a las varias materias de que el Proyecto se ocupa.

Tal es el plan adoptado en este trabajo, y los puntos principales que ponen de relieve los propósitos que se han abrigado al redactarlo. Los fundamentos de sus disposiciones se hallan en las propias ideas de la Comisión redactora, en varias leyes patrias dictadas para reformar la antigua legislación española, que hasta hoy nos rige, en esta misma legislación, en los códigos modernos de las principales naciones europeas y, sobre todo, en el Código Español, cuyos preceptos, al mismo tiempo que se armonizan con las teorías penales universalmente aceptadas en el día, ofrecen para nosotros la ventaja de referirse a un estado de cosas que bajo muchos respectos, se asemeja al nuestro, retratando creencias, costumbres, hasta preocupaciones nacidas en la misma fuente.

No dudo que vosotros, convencidos de cuanto importa la promulgación como ley de la República del Proyecto de Código Penal, que someto a vuestra aprobación, se la prestaréis adoptando al efecto un procedimiento análogo al que se observó con los Códigos Civil y de Comercio.

En consecuencia, y de acuerdo con el Consejo de Estado, someto a vuestra aprobación el siguiente

PROYECTO DE LEY:

Artículo único. Se aprueba el presente Código Penal que comenzará a regir desde el 1° de junio de 1874.

Dos ejemplares de una edición correcta y esmerada que deberá hacerse inmediatamente, autorizados por el Presidente de la República y signados con el sello del Ministerio de Justicia, se depositarán en las secretarías de ambas Cámaras, dos en el archivo del Ministerio de Justicia y otros dos en la Biblioteca Nacional,

El texto de estos dos ejemplares se tendrá por el texto auténtico del Código Penal y a él deberán conformarse las ediciones o publicaciones que del expresado Código se hicieren.

Santiago, octubre veintinueve de mil ochocientos setenta y tres.

FEDERICO ERRÁZURIZ. José María Barceló.

Santiago, noviembre 12 de 1874.

El Presidente de la República, por cuanto el Congreso Nacional ha aprobado el siguiente

CÓDIGO PENAL.

LIBRO PRIMERO[1]

TÍTULO PRIMERO
DE LOS DELITOS Y DE LAS CIRCUNSTANCIAS QUE EXIMEN DE RESPONSABILIDAD CRIMINAL, LA ATENÚAN O LA AGRAVAN

§ I. De los delitos

Artículo 1. Es delito toda acción u omisión voluntaria penada por la ley.

Las acciones u omisiones penadas por la ley se reputan siempre voluntarias, a no ser que conste lo contrario.

---

1 El artículo 1° de la Ley N° 19.450, publicada en el Diario Oficial el 18 de marzo de 1996, sustituyó las escalas de multas establecidas en el Código Penal que se encontraban señaladas en sueldos vitales o en infracciones de sueldo vital, por escalas de multas en que se emplean unidades tributarias mensuales o fracción de unidad tributaria mensual. Para ello, se observó la siguiente tabla de conversión:
a) De un décimo a un cuarto de sueldo vital, por un quinto de unidad tributaria mensual;
b) De un cuarto a medio sueldo vital, por una unidad tributaria mensual;
c) De uno a cinco sueldos vitales, por una a cuatro unidades tributarias mensuales;
d) De seis a diez sueldos vitales, por seis a diez unidades tributarias mensuales;
e) De seis a quince sueldos vitales, por seis a quince unidades tributarias mensuales;
f) De seis a veinte sueldos vitales, por seis a veinte unidades tributarias mensuales;
g) De seis a cincuenta sueldos vitales, por seis a cincuenta unidades tributarias mensuales;
h) De once a quince sueldos vitales, por once a quince unidades tributarias mensuales;
i) De once a veinte sueldos vitales, por once a veinte unidades tributarias mensuales;
j) De dieciséis a veinte sueldos vitales, por dieciséis a veinte unidades tributarias mensuales;
k) De veintiuno a veinticinco sueldos vitales, por veintiuna a veinticinco unidades tributarias mensuales;
l) De veintiuno a treinta sueldos vitales, por veintiuna a treinta unidades tributarias mensuales, y
m) De veintiuno a cincuenta sueldos vitales, por veintiuna a cincuenta unidades tributarias mensuales.
En consecuencia, cada vez que en un determinado artículo del Código Penal aparezca consignada alguna escala de multas en sueldos vitales o en fracciones de sueldo vital, deberá reemplazarse por la que corresponda en unidades tributarias mensuales, de acuerdo con la tabla de conversión establecida en este artículo.

El que cometiere delito será responsable de él e incurrirá en la pena que la ley señale, aunque el mal recaiga sobre persona distinta de aquella a quien se proponía ofender. En tal caso no se tomarán en consideración las circunstancias, no conocidas por el delincuente, que agravarían su responsabilidad; pero sí aquellas que la atenúen.

Artículo 2. Las acciones u omisiones que cometidas con dolo o malicia importarían un delito, constituyen cuasidelito si sólo hay culpa en el que las comete.

Artículo 3. Los delitos, atendida su gravedad, se dividen en crímenes, simples delitos y faltas y se califican de tales según la pena que les está asignada en la escala general del art. 21.

Artículo 4. La división de los delitos es aplicable a los cuasidelitos, que se califican y penan en los casos especiales que determina este Código.

Artículo 5. La ley penal chilena es obligatoria para todos los habitantes de la República, inclusos los extranjeros. Los delitos cometidos dentro del mar territorial o adyacente quedan sometidos a las prescripciones de este Código.

Artículo 6. Los crímenes o simples delitos perpetrados fuera del territorio de la República por chilenos o por extranjeros, no serán castigados en Chile sino en los casos determinados por la ley.

Artículo 7. Son punibles, no sólo el crimen o simple delito consumado, sino el frustrado y la tentativa.

Hay crimen o simple delito frustrado cuando el delincuente pone de su parte todo lo necesario para que el crimen o simple delito se consume y esto no se verifica por causas independientes de su voluntad.

Hay tentativa cuando el culpable da principio a la ejecución del crimen o simple delito por hechos directos, pero faltan uno o más para su complemento.

Artículo 8. La conspiración y proposición para cometer un crimen o un simple delito, sólo son punibles en los casos en que la ley las pena especialmente.

La conspiración existe cuando dos o más personas se conciertan para la ejecución del crimen o simple delito.

La proposición se verifica cuando el que ha resuelto cometer un crimen o un simple delito, propone su ejecución a otra u otras personas.

Exime de toda pena por la conspiración o proposición para cometer un crimen o un simple delito, el desistimiento de la ejecución de éstos antes de principiar a ponerlos por obra y de iniciarse procedimiento judicial contra el culpable, con tal que denuncie a la autoridad pública el plan y sus circunstancias.

Artículo 9. Las faltas sólo se castigan cuando han sido consumadas.

§ II. De las circunstancias que eximen de responsabilidad criminal

Artículo 10. Están exentos de responsabilidad criminal:

1.° El loco o demente, a no ser que haya obrado en un intervalo lúcido, y el que, por cualquier causa independiente de su voluntad, se halla privado totalmente de razón[2].

2.° El menor de dieciocho años. La responsabilidad de los menores de dieciocho años y mayores de catorce se regulará por lo dispuesto en la ley de responsabilidad penal juvenil[3].

3.° Derogado[4].

4.° El que obra en defensa de su persona o derechos, siempre que concurran las circunstancias siguientes:

Primera.- Agresión Ilegítima.

---

[2] El artículo decimonoveno de la Ley N° 18.857, publicada en el Diario Oficial el 6 de diciembre de 1989, derogó los acápites 2° y 3° de este numeral.

[3] Este número fue sustituido por la letra a) del artículo 60 de la Ley N° 20.084, publicada en el Diario Oficial el 7 de diciembre de 2005.

[4] Este número fue derogado por la letra b) del artículo 60 de la Ley N° 20.084, publicada en el Diario Oficial el 7 de diciembre de 2005.

Segunda.- Necesidad racional del medio empleado para impedirla o repelerla.

Tercera.- Falta de provocación suficiente por parte del que se defiende[5].

5.° El que obra en defensa de la persona o derechos de su cónyuge, de su conviviente civil, de sus parientes consanguíneos en toda la línea recta y en la colateral hasta el cuarto grado, de sus afines en toda la línea recta y en la colateral hasta el segundo grado, de sus padres o hijos, siempre que concurran la primera y segunda circunstancias prescritas en el número anterior, y la de que, en caso de haber precedido provocación de parte del acometido, no tuviere participación en ella el defensor[6].

6.° El que obra en defensa de la persona y derechos de un extraño, siempre que concurran las circunstancias expresadas en el número anterior y la de que el defensor no sea impulsado por venganza, resentimiento u otro motivo ilegítimo.

Se presumirá legalmente que concurren las circunstancias previstas en este número y en los números 4° y 5° precedentes, cualquiera que sea el daño que se ocasione al agresor, respecto de aquel que rechaza el escalamiento en los términos indicados en el número 1° del artículo 440 de este Código, en una casa, departamento u oficina habitados, o en sus dependencias o, si es de noche, en un local comercial o industrial y del que impida o trate de impedir la consumación de los delitos señalados en los artículos 141, 142, 361, 362, 365 bis, 390, 391, 433 y 436 de este Código[7].

Se presumirá legalmente que concurren las circunstancias previstas en los números 4°, 5° y 6° de este artículo, respecto de las Fuerzas de Orden y Seguridad Pública, Gendarmería de Chile, las Fuerzas Armadas y los servicios bajo su dependencia, cuando éstas realicen funciones de orden público y seguridad pública interior; en dichos casos se entenderá que concurre

---

5 Este número fue sustituido por la letra a) del artículo 1° de la Ley N° 19.164, publicada en el Diario Oficial el 2 de septiembre de 1992.

6 Este número fue sustituido por el literal i) del artículo 39 de la Ley N° 20.830, publicada en el Diario Oficial el 21 de abril de 2015.

7 Este párrafo fue sustituido por el número 1 del artículo 1° de la Ley N° 20.253, publicada en el Diario Oficial el 14 de marzo de 2008.

el uso racional del medio empleado si, en razón de su cargo o con motivo u ocasión del cumplimiento de funciones de resguardo de orden público y seguridad pública interior, repele o impide una agresión que pueda afectar gravemente su integridad física o su vida o las de un tercero, empleando las armas o cualquier otro medio de defensa.

Los numerales 4°, 5° y 6° se aplicarán respecto de los funcionarios de las Fuerzas de Orden y Seguridad Pública, Gendarmería de Chile, las Fuerzas Armadas y los servicios bajo su dependencia, cuando éstas realicen funciones de orden público y seguridad pública interior ante agresiones contra las personas. De afectarse exclusivamente bienes, procederá la aplicación del número 10° del presente artículo.

Esta norma se utilizará con preferencia a lo establecido en el artículo 410 del Código de Justicia Militar.

Respecto de lo dispuesto en los párrafos anteriores, los tribunales, según las circunstancias y si éstas demuestran que no había necesidad racional de usar el arma de servicio o armamento menos letal en toda la extensión que aparezca, deberán considerar esta circunstancia como atenuante de la responsabilidad y rebajar la pena en uno, dos o tres grados, salvo que concurra dolo[8].

7.° El que para evitar un mal ejecuta un hecho, que produzca daño en la propiedad ajena, siempre que concurran las circunstancias siguientes:

Primera.- Realidad o peligro inminente del mal que se trata de evitar.

Segunda.- Que sea mayor que el causado para evitarlo.

Tercera.- Que no haya otro medio practicable y menos perjudicial para impedirlo.

8.° El que con ocasión de ejecutar un acto lícito, con la debida diligencia, causa un mal por mero accidente.

9.° El que obra violentado por una fuerza irresistible o impulsado por un miedo insuperable.

10.° El que obra en cumplimiento de un deber o en el ejercicio legítimo de un derecho, autoridad, oficio o cargo.

---

8 Los incisos tercero al sexto fueron incorporados por el numeral 1 del artículo 7° de la Ley N° 21.560, publicada en el Diario Oficial el 10 de abril de 2023.

11.º El que obra para evitar un mal grave para su persona o derecho o los de un tercero, siempre que concurran las circunstancias siguientes:

1.ª Actualidad o inminencia del mal que se trata de evitar.

2.ª Que no exista otro medio practicable y menos perjudicial para evitarlo.

3.ª Que el mal causado no sea sustancialmente superior al que se evita.

4.ª Que el sacrificio del bien amenazado por el mal no pueda ser razonablemente exigido al que lo aparta de sí o, en su caso, a aquel de quien se lo aparta siempre que ello estuviese o pudiese estar en conocimiento del que actúa[9].

12.º El que incurre en alguna omisión, hallándose impedido por causa legítima o insuperable.

13.º El que cometiere un cuasidelito, salvo en los casos expresamente penados por la ley.

§ III. De las circunstancias que atenúan la responsabilidad criminal

Artículo 11. Son circunstancias atenuantes:

1.º Las expresadas en el artículo anterior, cuando no concurren todos los requisitos necesarios para eximir de responsabilidad en sus respectivos casos.

2.º Derogado[10].

3.º La de haber precedido inmediatamente de parte del ofendido, provocación o amenaza proporcionada al delito.

4.º La de haberse ejecutado el hecho en vindicación próxima de una ofensa grave causada al autor, a su cónyuge, o su conviviente, a sus parientes legítimos por consanguinidad o afinidad en toda la línea recta y en

---

9 Este número agregado por el número 1° del artículo 1 de la Ley N° 20.480, publicada en el Diario Oficial el 18 de diciembre de 2010.

10 Este número fue sustituido por el artículo 4° de la Ley N° 11.183, publicada en el Diario Oficial el 10 de junio de 1953.

la colateral hasta el segundo grado inclusive, a sus padres o hijos naturales o ilegítimos reconocidos[11].

5.º La de obrar por estímulos tan poderosos que naturalmente hayan producido arrebato y obcecación.

6.º Si la conducta anterior del delincuente ha sido irreprochable.

7.º Si ha procurado con celo reparar el mal causado o impedir sus ulteriores perniciosas consecuencias.

8.º Si pudiendo eludir la acción de la justicia por medio de la fuga u ocultándose, se ha denunciado y confesado el delito.

9.º Si se ha colaborado sustancialmente al esclarecimiento de los hechos, sin que la colaboración sea asimismo constitutiva de cooperación eficaz de conformidad con la ley[12].

10.º El haber obrado por celo de la justicia.

§ IV. De las circunstancias que agravan la responsabilidad criminal

Artículo 12. Son circunstancias agravantes[13]:

1.º Cometer el delito contra las personas con alevosía, entendiéndose que la hay cuando se obra a traición o sobre seguro.

2.º Cometerlo mediante precio, recompensa o promesa.

---

[11] Esta circunstancia fue modificada por la letra a) del artículo 21 de la Ley N° 20.066, publicada en el Diario Oficial el 7 de octubre de 2005.

[12] Esta circunstancia fue modificada por el artículo primero de la Ley N° 21.694, publicada en el Diario Oficial el 4 de septiembre de 2024. Con anterioridad, el número había sido reemplazado por el artículo 1° de la Ley N° 19.806, publicada en el Diario Oficial el 31 de mayo de 2002.

[13] El artículo 118 de la Ley N° 21.659, publicada en el Diario Oficial el 21 de marzo de 2024, modificó este artículo, incorporando el siguiente numeral 24:
"24.° Cometer el delito en contra de un vigilante privado, guardia de seguridad, nochero, portero, rondín o cualquier otro personal que ejerza actividades de seguridad privada, de acuerdo con la ley que regula esa materia, sea con motivo de su cargo o en el ejercicio de sus funciones cuando porte uniforme, credencial visible al público o cualquier otro elemento que permita acreditar su calidad".
La norma está en período de vacancia, comenzando a regir seis meses después de la publicación en el Diario Oficial del último de sus reglamentos complementarios, de conformidad con el artículo primero transitorio de la Ley.

3.º Ejecutar el delito por medio de inundación, incendio, veneno u otro artificio que pueda ocasionar grandes estragos o dañar a otras personas.

4.º Aumentar deliberadamente el mal del delito causando otros males innecesarios para su ejecución.

5.º En los delitos contra las personas, obrar con premeditación conocida o emplear astucia, fraude o disfraz.

6.º Abusar el delincuente de la superioridad de su sexo o de sus fuerzas, en términos que el ofendido no pudiera defenderse con probabilidades de repeler la ofensa[14].

7.º Cometer el delito con abuso de confianza.

8.º Prevalerse del carácter público que tenga el culpable.

9.º Emplear medios o hacer que concurran circunstancias que añadan la ignominia a los efectos propios del hecho.

10.º Cometer el delito con ocasión de incendio, naufragio, sedición, tumulto o conmoción popular u otra calamidad o desgracia.

11.º Ejecutarlo con auxilio de gente armada o de personas que aseguren o proporcionen la impunidad.

12.º Ejecutarlo de noche o en despoblado.

El tribunal tomará o no en consideración esta circunstancia, según la naturaleza y accidentes del delito.

13.º Ejecutarlo en desprecio o con ofensa de la autoridad pública o en el lugar en que se halle ejerciendo sus funciones.

14.º Cometer el delito mientras cumplo una condena o después de haberla quebrantado y dentro del plazo en que puede ser castigado por el quebrantamiento.

15.º Haber sido condenado el culpable anteriormente por delitos a que la ley señale igual o mayor pena[15].

---

[14] Este número fue modificado por la letra a) del Nº 1 del artículo 1º de la Ley Nº 19.975, publicada en el Diario Oficial el 5 de octubre de 2004.

[15] Este número fue modificado por la letra a) del número 2 del artículo 1º de la Ley Nº 20.253, publicada en el Diario Oficial el 14 de marzo de 2008.

16ª. Haber sido condenado el culpable anteriormente por delito de la misma especie[16].

17.º Cometer el delito en lugar destinado al ejercicio de un culto permitido en la República.

18.º Ejecutar el hecho con ofensa o desprecio del respeto que por la dignidad, autoridad, edad o sexo mereciere el ofendido, o en su morada, cuando él no haya provocado el suceso.

19.º Ejecutarlo por medio de fractura o escalamiento de lugar cerrado.

20.º Ejecutarlo portando armas de aquellas referidas en el artículo 132[17].

21ª. Cometer el delito o participar en él motivado por la ideología, opinión política, religión o creencias de la víctima; la nación, raza, etnia o grupo social a que pertenezca; su sexo, género, orientación sexual, identidad de género, edad, filiación, apariencia personal o la enfermedad o discapacidad que padezca[18].

22.º Cometer el delito contra una víctima menor de 18 años, un adulto mayor o una persona con discapacidad, en los términos de la ley Nº 20.422, que establece normas sobre igualdad de oportunidades e inclusión social de personas con discapacidad[19].

23ª. Ejecutar el hecho formando parte de una agrupación u organización de dos o más personas destinada a cometer crímenes o simples delitos, siempre que ésta o aquélla no constituya una asociación delictiva o criminal de que trata el Párrafo 10 del Título VI del Libro II, y ello ha

---

16 Este número fue reemplazado por la letra b) del número 2 del artículo 1º de la Ley Nº 20.253, publicada en el Diario Oficial el 14 de marzo de 2008.

17 Este número fue modificado por el número 1) del artículo 5º de la Ley Nº 20.813, publicada en el Diario Oficial el 6 de febrero de 2015. Con anterioridad, este número había sido agregado por la letra b) del Nº 1 del artículo 1º de la Ley Nº 19.975, publicada en el Diario Oficial el 5 de octubre de 2004.

18 Este número fue modificado por la letra a) del numeral 1 del artículo 56 de la Ley Nº 21.675, publicada en el Diario Oficial el 14 de junio de 2024. Con anterioridad, el numeral había sido agregado por el artículo 17 de la Ley Nº 20.609, publicada en el Diario Oficial el 24 de julio de 2012.

19 Numeral agregado por el artículo 1º de la Ley Nº 21.483, publicada en el Diario Oficial el 24 de agosto de 2022.

facilitado la perpetración del delito o ha aumentado el peligro para la integridad física de la víctima, o haber ejecutado el hecho con violencia, intimidación o engaño[20].

24ª. Cometer el delito en el marco de conductas activas constitutivas de violencia ginecobstétrica, en su calidad de trabajadores de salud pública o privada, durante la atención de la gestación, preparto, parto, postparto y aborto, en las causales establecidas en la ley en el marco de la atención de la salud sexual y reproductiva de la mujer[21].

§ V. De las circunstancias que atenúan o agravan la responsabilidad criminal, según la naturaleza y accidentes del delito

Artículo 13. Es circunstancia atenuante o agravante, según la naturaleza y accidentes del delito.

Ser el agraviado cónyuge o conviviente civil, pariente por consanguinidad o afinidad en toda la línea recta y en la colateral hasta el segundo grado, padre o hijo del ofensor[22].

TÍTULO SEGUNDO
DE LAS PERSONAS RESPONSABLES DE LOS DELITOS

Artículo 14. Son responsables criminalmente de los delitos:

1.° Los autores.

2.° Los cómplices.

3.° Los encubridores.

Artículo 15. Se consideran autores:

1.° Los que toman parte en la ejecución del hecho, sea de una manera inmediata y directa; sea impidiendo o procurando impedir que se evite.

---

[20] Numeral agregado por el numeral 1 del artículo 1° de la Ley N° 21.577, publicada en el Diario Oficial el 15 de junio de 2023.

[21] Numeral agregado por la letra b) del numeral 1 del artículo 56 de la Ley N° 21.675, publicada en el Diario Oficial el 14 de junio de 2024.

[22] Este inciso fue agregado por el numeral ii) del artículo 39 de la Ley N° 20.830, publicada en el Diario Oficial el 21 de abril de 2015.

2.° Los que fuerzan o inducen directamente a otro a ejecutarlo.

3.° Los que, concertados para su ejecución, facilitan los medios con que se lleva a efecto el hecho o lo presencian sin tomar parte inmediata en él.

Artículo 16. Son cómplices los que, no hallándose comprendidos en el artículo anterior, cooperan a la ejecución del hecho por actos anteriores o simultáneos.

Artículo 17. Son encubridores los que con conocimiento de la perpetración de un crimen o de un simple delito o de los actos ejecutados para llevarlo a cabo, sin haber tenido participación en él como autores ni como cómplices, intervienen, con posterioridad a su ejecución, de alguno de los modos siguientes:

1.° Aprovechándose por sí mismos o facilitando a los delincuentes medios para que se aprovechen de los efectos del crimen o simple delito.

2.° Ocultando o inutilizando el cuerpo, los efectos o instrumentos del crimen o simple delito para impedir su descubrimiento.

3.° Albergando, ocultando o proporcionando la fuga del culpable[23].

4.° Acogiendo, receptando o protegiendo habitualmente a los malhechores, sabiendo que lo son, aun sin conocimiento de los crímenes o simples delitos determinados que hayan cometido, o facilitándoles los medios de reunirse u ocultar sus armas o efectos, o suministrándoles auxilios o noticias para que se guarden, precavan o salven.

Están exentos de las penas impuestas a los encubridores los que lo sean de su cónyuge, de su conviviente civil, o de sus parientes por consanguinidad o afinidad en toda la línea recta y en la colateral hasta el segundo grado, de sus padres o hijos, con la sola excepción de los que se hallaren comprendidos en el número 1° de este artículo[24].

---

[23] Este número fue sustituido por el número 1 del artículo 2° de la Ley N° 19.077, publicada en el Diario Oficial el 28 de agosto de 1991.

[24] Este inciso fue sustituido por el numeral iii) del artículo 39 de la Ley N° 20.830, publicada en el Diario Oficial el 21 de abril de 2015.

TÍTULO TERCERO
DE LAS PENAS

§ I. De las penas en general

Artículo 18. Ningún delito se castigará con otra pena que la que le señale una ley promulgada con anterioridad a su perpetración.

Si después de cometido el delito y antes de que se pronuncie sentencia de término, se promulgare otra ley que exima tal hecho de toda pena o le aplique una menos rigorosa, deberá arreglarse a ella su juzgamiento.

Si la ley que exima el hecho de toda pena o le aplique una menos rigurosa se promulgare después de ejecutoriada la sentencia, sea que se haya cumplido o no la condena impuesta, el tribunal que hubiere pronunciado dicha sentencia, en primera o única instancia, deberá modificarla de oficio o a petición de parte[25].

En ningún caso la aplicación de este artículo modificará las consecuencias de la sentencia primitiva en lo que diga relación con las indemnizaciones pagadas o cumplidas o las inhabilidades[26].

Artículo 19. El perdón de la parte ofendida no extingue la acción penal, salvo respecto de los delitos que no pueden ser perseguidos sin previa denuncia o consentimiento del agraviado.

Artículo 20. No se reputan penas, la restricción o privación de libertad de los detenidos o sometidos a prisión preventiva u otras medidas cautelares personales, la separación de los empleos públicos acordada por las autoridades en uso de sus atribuciones o por el tribunal durante el proceso o para instruirlo, ni las multas y demás correcciones que los superiores

---

[25] Este inciso fue modificado por el artículo 1° de la Ley N° 19.806, publicada en el Diario Oficial el 31 de mayo de 2002. El inciso fue agregado por el número 1 del artículo 1° de la Ley N° 17.727, publicada en el Diario Oficial el 27 de septiembre de 1972.

[26] Este inciso fue agregado por el número 1 del artículo 1° de la Ley N° 17.727, publicada en el Diario Oficial el 27 de septiembre de 1972.

impongan a sus subordinados y administrados en uso de su jurisdicción disciplinal o atribuciones gubernativas[27].

Tampoco se reputa pena el comiso de las ganancias provenientes del delito, ni cualquier forma de comiso sin condena prevista por la ley[28].

§ II. De la clasificación de las penas

Artículo 21. Las penas que pueden imponerse con arreglo a este Código y sus diferentes clases, son las que comprende la siguiente:

ESCALA GENERAL

Penas de crímenes

- Presidio perpetuo calificado[29].
- Presidio perpetuo.
- Reclusión perpetua.
- Presidio mayor.
- Reclusión mayor.
- Relegación perpetua.
- Confinamiento mayor.
- Extrañamiento mayor.
- Relegación mayor.
- Inhabilitación absoluta perpetua para cargos y oficios públicos, derechos políticos y profesiones titulares.
- Inhabilitación absoluta perpetua para cargos, empleos, oficios o profesiones ejercidos en ámbitos educacionales o que involucren una relación directa y habitual con personas menores de edad[30].

---

27 Este artículo fue modificado por el artículo 1° de la Ley N° 19.806, publicada en el Diario Oficial el 31 de mayo de 2002.

28 Numeral agregado por el numeral 2 del artículo 1° de la Ley N° 21.577, publicada en el Diario Oficial el 15 de junio de 2023.

29 Esta pena fue reemplazada por el número 1 del artículo 1° de la Ley N° 19.734, publicada en el Diario Oficial el 5 de junio de 2001.

30 Este párrafo fue agregado por el número 1 del artículo 1° de la Ley N° 20.594, publicada en el Diario Oficial el 19 de junio de 2012.

- Inhabilitación absoluta perpetua para cargos, empleos, oficios o profesiones ejercidos en ámbitos educacionales, de la salud o que involucren una relación directa y habitual con menores de dieciocho años de edad, adultos mayores o personas en situación de discapacidad[31].
- Inhabilitación absoluta perpetua para ejercer cargos, empleos, oficios o profesiones en empresas que contraten con órganos o empresas del Estado o con empresas o asociaciones en que éste tenga una participación mayoritaria; o en empresas que participen en concesiones otorgadas por el Estado o cuyo objeto sea la provisión de servicios de utilidad pública[32].
- Inhabilitación especial perpetua para algún cargo u oficio público o profesión titular.
- Inhabilitación absoluta temporal para ejercer cargos, empleos, oficios o profesiones en empresas que contraten con órganos o empresas del Estado o con empresas o asociaciones en que éste tenga una participación mayoritaria; o en empresas que participen en concesiones otorgadas por el Estado o cuyo objeto sea la provisión de servicios de utilidad pública[33].
- Inhabilitación absoluta temporal para cargos, empleos, oficios o profesiones ejercidos en ámbitos educacionales o que involucren una relación directa y habitual con personas menores de edad[34].
- Inhabilitación absoluta temporal para cargos, empleos, oficios o profesiones ejercidos en ámbitos educacionales, de la salud o que involucren una relación directa y habitual con menores de dieciocho

---

31 Este párrafo fue agregado por la letra a) del número 1 del artículo 1° de la Ley N° 21.013, publicada en el Diario Oficial el 6 de junio de 2017.

32 Este párrafo fue agregado por el numeral i) de la letra a) del número 1 del artículo 1° de la Ley N° 21.121, publicada en el Diario Oficial el 20 de noviembre de 2018.

33 Este párrafo fue agregado por el numeral ii) de la letra a) del número 1 del artículo 1° de la Ley N° 21.121, publicada en el Diario Oficial el 20 de noviembre de 2018.

34 Este párrafo fue agregado por la letra a) del número 1 del artículo 1°de la Ley N° 19.927, publicada en el Diario Oficial el 14 de enero de 2004.

años de edad, adultos mayores o personas en situación de discapacidad[35].
- Inhabilitación absoluta temporal para cargos y oficios públicos y profesiones titulares.
- Inhabilitación especial temporal para algún cargo u oficio público o profesión titular.

Penas de simples delitos

- Presidio menor.
- Reclusión menor.
- Confinamiento menor.
- Extrañamiento menor.
- Relegación menor.
- Destierro.
- Inhabilitación absoluta temporal para cargos, empleos, oficios o profesiones ejercidos en ámbitos educacionales o que involucren una relación directa y habitual con personas menores de edad[36].
- Inhabilitación absoluta temporal para cargos, empleos, oficios o profesiones ejercidos en ámbitos educacionales, de la salud o que involucren una relación directa y habitual con menores de dieciocho años de edad, adultos mayores o personas en situación de discapacidad[37].
- Inhabilitación absoluta temporal para ejercer cargos, empleos, oficios o profesiones en empresas que contraten con órganos o empresas del Estado o con empresas o asociaciones en que éste tenga una participación mayoritaria; o en empresas que participen en con-

---

[35] Este párrafo fue agregado por la letra b) del número 1 del artículo 1° de la Ley N° 21.013, publicada en el Diario Oficial el 6 de junio de 2017.

[36] Este párrafo fue agregado por la letra b) del numeral 1 del artículo 1° de la Ley N° 19.927, publicada en el Diario Oficial el 14 de enero de 2004.

[37] Este párrafo fue agregado por la letra c) del número 1 del artículo 1° de la Ley N° 21.013, publicada en el Diario Oficial el 6 de junio de 2017.

cesiones otorgadas por el Estado o cuyo objeto sea la provisión de servicios de utilidad pública[38].

- Inhabilitación especial temporal para emitir licencias médicas[39].
- Suspensión de cargo u oficio público o profesión titular.
- Inhabilidad perpetua para conducir vehículos a tracción mecánica o animal[40].
- Suspensión para conducir vehículos a tracción mecánica o animal[41].
- Inhabilidad absoluta perpetua para la tenencia de animales[42].

Penas de faltas

- Prisión.
- Inhabilidad perpetua para conducir vehículos a tracción mecánica o animal[43].
- Suspensión para conducir vehículos a tracción mecánica o animal[44].

Penas comunes a las tres clases anteriores

- Multa.
- Pérdida o comiso de los instrumentos o efectos del delito.

---

38 Este párrafo fue agregado por la letra b) del número 1 del artículo 1° de la Ley N° 21.121, publicada en el Diario Oficial el 20 de noviembre de 2018.

39 Este párrafo fue agregado por la letra a) del artículo 11 de la Ley N° 20.585, publicada en el Diario Oficial el 11 de mayo de 2012. Con anterioridad, habría sido agregado por la letra b) del numeral 1 del artículo 1° de la Ley N° 19.927, publicada en el Diario Oficial el 14 de enero de 2004.

40 Esta pena fue incluida por el artículo 13 de la Ley N° 15.123, publicada en el Diario Oficial el 17 de enero de 1963.

41 Esta pena fue incluida por el artículo 13 de la Ley N° 15.123, publicada en el Diario Oficial el 17 de enero de 1963.

42 Esta pena fue agregada por el número 1 del artículo 36 de la Ley N° 21.020, publicada en el Diario Oficial el 2 de agosto de 2017.

43 Esta pena fue incluida por el artículo 13 de la Ley N° 15.123, publicada en el Diario Oficial el 17 de enero de 1963

44 Esta pena fue incluida por el artículo 13 de la Ley N° 15.123, publicada en el Diario Oficial el 17 de enero de 1963.

Penas accesorias de los crímenes y simples delitos

- Incomunicación con personas extrañas al establecimiento penal, en conformidad al Reglamento carcelario[45].

Penas sustitutivas por vía de conversión de la multa

- Prestación de servicios en beneficio de la comunidad[46].

Artículo 22. Son penas accesorias las de suspensión e inhabilitación para cargos y oficios públicos, derechos políticos y profesiones titulares en los casos en que, no imponiéndolas especialmente la ley, ordena que otras penas las lleven consigo[47].

Artículo 23. La caución y la sujeción a la vigilancia de la autoridad podrán imponerse como penas accesorias o como medidas preventivas, en los casos especiales que determinen este Código y el de Procedimientos.

Artículo 24. Toda sentencia condenatoria en materia criminal lleva envuelta la obligación de pagar las costas, daños y perjuicios por parte de los autores, cómplices, encubridores y demás personas legalmente responsables.

Artículo 24 bis. Toda sentencia condenatoria en materia criminal lleva consigo el comiso de las ganancias provenientes del delito. Por el comiso de ganancias se priva a una persona de activos patrimoniales cuyo valor corresponda a la cuantía de las ganancias obtenidas a través del delito, o bien para o por perpetrarlo. Lo obtenido en virtud de lo señalado precedentemente será transferido al Fisco.

---

[45] Este artículo fue modificado por el número 1 del artículo 4° de la Ley N° 19.047, publicada en el Diario Oficial el 14 de febrero de 1991. Con anterioridad, el párrafo había sido modificado por el artículo 1° de la Ley N° 17.266, publicada en el Diario Oficial el 6 de enero de 1970.

[46] Este párrafo fue agregado por el número 1 del artículo 2° de la Ley N° 20.587, publicada en el Diario Oficial el 8 de junio de 2012.

[47] Este artículo fue modificado por el número 2 del artículo 4° de la Ley N° 19.047, publicada en el Diario Oficial el 14 de febrero de 1991.

Las ganancias obtenidas comprenden los frutos y las utilidades que se hubieren originado, cualquiera sea su naturaleza jurídica. Las ganancias comprenden también el equivalente a los costos evitados mediante el hecho ilícito.

En la determinación del valor de las ganancias no se descontarán los gastos que hubieren sido necesarios para perpetrar el delito y obtenerlas.

La acción para obtener el comiso de ganancias se sujetará a las reglas de la prescripción de la acción penal respectiva.

Si un mismo bien pudiere ser objeto de comiso conforme a este artículo y conforme a otras disposiciones de este Código, sólo se aplicará lo dispuesto en este artículo[48].

Artículo 24 ter. El comiso de ganancias también será impuesto a quien no ha intervenido en la perpetración del hecho, en cualquiera de las siguientes circunstancias:

1ª. Si adquirió la ganancia como heredero o asignatario testamentario, a cualquier título gratuito o sin título válido, a menos que la haya adquirido del mismo modo de un tercero que no se encontrare en la misma circunstancia ni en las circunstancias que siguen.

2ª. Si obtuvo la ganancia mediante el hecho ilícito y los intervinientes en la perpetración del hecho actuaron en su interés.

3ª. Si adquirió la ganancia sabiendo o debiendo saber su procedencia ilícita al momento de la adquisición.

4ª. Si se trata de una persona jurídica, que ha recibido la ganancia como aporte a su patrimonio[49].

---

48 Artículo modificado por el numeral 1 del artículo 48 de la Ley Nº 21.595, publicada en el Diario Oficial el 17 de agosto de 2023. Con anterioridad, el artículo había sido agregado por el numeral 3 del artículo 1º de la Ley Nº 21.577, publicada en el Diario Oficial el 15 de junio de 2023.

49 Artículo agregado por el numeral 3 del artículo 1º de la Ley Nº 21.577, publicada en el Diario Oficial el 15 de junio de 2023.

§ III. De los límites, naturaleza y efectos de las penas

Artículo 25. Las penas temporales mayores duran de cinco años y un día a veinte años, y las temporales menores de sesenta y un días a cinco años.

Las de inhabilitación absoluta y especial temporales para cargos y oficios públicos y profesiones titulares duran de tres años y un día a diez años.

La suspensión de cargo u oficio público o profesión titular, dura de sesenta y un días a tres años.

Las penas de destierro y de sujeción a la vigilancia de la autoridad, de sesenta y un días a cinco años.

La prisión dura de uno a sesenta días.

La cuantía de la multa, tratándose de crímenes, no podrá exceder de treinta unidades tributarias mensuales; en los simples delitos, de veinte unidades tributarias mensuales, y en las faltas, de cuatro unidades tributarias mensuales; todo ello, sin perjuicio de que en determinadas infracciones, atendida su gravedad, se contemplen multas de cuantía superior[50].

La expresión "unidad tributaria mensual" en cualquiera disposición de este Código, del Código de Procedimiento Penal y demás leyes penales especiales significa una unidad tributaria mensual vigente a la fecha de comisión del delito, y, tratándose de multas, ellas se deberán pagar en pesos, en el valor equivalente que tenga la unidad tributaria mensual al momento de su pago[51].

---

50 Este inciso fue modificado por la letra a) del artículo 2° de la Ley N° 19.501, publicada en el Diario Oficial el 15 de mayo de 1997. Con anterioridad, había sido modificado por la letra a) del artículo 2° de la Ley N° 19.450, publicada en el Diario Oficial el 18 de marzo de 1996.

51 Este inciso fue modificado por la letra a) del artículo 2° de la Ley N° 19.450, publicada en el Diario Oficial el 18 de marzo de 1996.

Cuando la ley impone multas cuyo cómputo debe hacerse en relación a cantidades indeterminadas, nunca podrán aquéllas exceder de treinta unidades tributarias mensuales[52].

En cuanto a la cuantía de la caución, se observarán las reglas establecidas para la multa, doblando las cantidades respectivamente, y su duración no podrá exceder del tiempo de la pena u obligación cuyo cumplimiento asegura, o de cinco años en los demás casos[53].

Artículo 26. La duración de las penas temporales empezará a contarse desde el día de la aprehensión del imputado[54].

Penas que llevan consigo otras accesorias

Artículo 27. Las penas de presidio, reclusión y relegación perpetuos, llevan consigo la de inhabilitación absoluta perpetua para cargos y oficios públicos y derechos políticos por el tiempo de la vida de los penados y la de sujeción a la vigilancia de la autoridad por el máximum que establece este Código[55].

Artículo 28. Las penas de presidio, reclusión, confinamiento, extrañamiento y relegación mayores, llevan consigo la de inhabilitación absoluta perpetua para cargos y oficios públicos y derechos políticos y la de inhabilitación absoluta para profesiones titulares mientras dure la condena.

Artículo 29. Las penas de presidio, reclusión, confinamiento, extrañamiento y relegación menores en sus grados máximos, llevan consigo la de inhabilitación absoluta perpetua para derechos políticos y la de inha-

---

52 Este inciso fue modificado por la letra a) del artículo 2° de la Ley N° 19.450, publicada en el Diario Oficial el 18 de marzo de 1996.

53 Este artículo fue modificado por el número 3 del artículo 4° de la Ley N° 19.047, publicada en el Diario Oficial el 14 de febrero de 1991.

54 Este artículo fue modificado por el artículo 1° de la Ley N° 19.806, publicada en el Diario Oficial el 31 de mayo de 2002.

55 Este artículo fue modificado por el número 2 del artículo 1° de la Ley N° 19.734, publicada en el Diario Oficial el 5 de junio de 2001.

bilitación absoluta para cargos y oficios públicos durante el tiempo de la condena.

Artículo 30. Las penas de presidio, reclusión, confinamiento, extrañamiento y relegación menores en sus grados medios y mínimos, y las de destierro y prisión, llevan consigo la de suspensión de cargo u oficio público durante el tiempo de la condena.

Artículo 31. Se impondrá el comiso de toda cosa que ha sido empleada como instrumento en la perpetración de un delito y sea especialmente apta para ser empleada delictivamente. Se entenderá que son especialmente aptas para ser utilizadas delictivamente, en todo caso, aquellas cosas cuya tenencia o porte se encuentra en general prohibida por la ley.

El tribunal deberá decretar el comiso de cosas especialmente aptas para ser utilizadas delictivamente aun si el imputado resulta absuelto o sobreseído. Para ello bastará el establecimiento de su uso en un hecho delictivo. En este caso, el comiso será impuesto de conformidad con el procedimiento establecido en el Título III bis del Libro IV del Código Procesal Penal.

El comiso de instrumentos especialmente aptos para ser utilizados delictivamente procederá aun respecto de terceros de buena fe y que tengan título para poseer la cosa, a menos que se establezca que el dueño no tuvo responsabilidad en el uso de la cosa por parte del hechor.

Si el comiso afecta a un tercero de buena fe y que no tiene responsabilidad por el hecho, éste podrá solicitar indemnización al hechor[56].

Artículo 31 bis. El comiso de una cosa que no sea especialmente apta para ser utilizada delictivamente y que ha servido de instrumento en la perpetración del hecho sólo será impuesto en la sentencia condenatoria y siempre que la cosa haya sido utilizada en la perpetración de un delito.

---

56 Artículo sustituido por el numeral 4 del artículo 1° de la Ley N° 21.577, publicada en el Diario Oficial el 15 de junio de 2023.

Lo dispuesto en el inciso anterior no procederá respecto de terceros de buena fe. El tribunal prescindirá de su imposición cuando la privación de su propiedad le ocasione un perjuicio desproporcionado al afectado[57].

Artículo 31 ter. Se impondrá el comiso de toda cosa obtenida o producida a través de la perpetración del hecho.

El comiso de los efectos del delito será decretado por el juez aun si el imputado resulta absuelto o sobreseído, siempre que se establezca que la cosa proviene de un hecho ilícito. En este caso, el comiso será impuesto de conformidad con el procedimiento establecido en el Título III bis del Libro IV del Código Procesal Penal.

El comiso de los efectos del hecho no procederá respecto del tercero de buena fe.

Tratándose de efectos de tenencia ilícita, el comiso procederá en todos los casos[58].

Naturaleza y efectos de algunas penas

Artículo 32. La pena de presidio sujeta al condenado a los trabajos prescritos por los reglamentos del respectivo establecimiento penal. Las de reclusión y prisión no le imponen trabajo alguno[59].

Artículo 32 bis[60]. La imposición del presidio perpetuo calificado importa la privación de libertad del condenado de por vida, bajo un régimen especial de cumplimiento que se rige por las siguientes reglas:

---

57 Artículo agregado por el numeral 5 del artículo 1° de la Ley N° 21.577, publicada en el Diario Oficial el 15 de junio de 2023.

58 Artículo agregado por el numeral 5 del artículo 1° de la Ley N° 21.577, publicada en el Diario Oficial el 15 de junio de 2023.

59 Artículo modificado por el artículo 9° de la Ley N° 19.047, publicada en el Diario Oficial el 14 de febrero de 1991.

60 Este artículo fue agregado por el número 3 del artículo 1° de la Ley N° 19.734, publicada en el Diario Oficial el 5 de junio de 2001.

1.ª No se podrá conceder la libertad condicional sino una vez transcurridos cuarenta años de privación de libertad efectiva, debiendo en todo caso darse cumplimiento a las demás normas y requisitos que regulen su otorgamiento y revocación;

2.ª El condenado no podrá ser favorecido con ninguno de los beneficios que contemple el reglamento de establecimientos penitenciarios, o cualquier otro cuerpo legal o reglamentario, que importe su puesta en libertad, aun en forma transitoria. Sin perjuicio de ello, podrá autorizarse su salida, con las medidas de seguridad que se requieran, cuando su cónyuge, su conviviente civil, o alguno de sus padres o hijos se encontrare en inminente riesgo de muerte o hubiere fallecido[61];

3.ª No se favorecerá al condenado por las leyes que concedan amnistía ni indultos generales, salvo que se le hagan expresamente aplicables. Asimismo, sólo procederá a su respecto el indulto particular por razones de Estado o por el padecimiento de un estado de salud grave e irrecuperable, debidamente acreditado, que importe inminente riesgo de muerte o inutilidad física de tal magnitud que le impida valerse por sí mismo. En todo caso el beneficio del indulto deberá ser concedido de conformidad a las normas legales que lo regulen.

Artículo 33. Confinamiento es la expulsión del condenado del territorio de la República con residencia forzosa en un lugar determinado[62].

Artículo 34. Extrañamiento es la expulsión del condenado del territorio de la República al lugar de su elección[63].

---

61 Este número fue modificado por el numeral iv) del artículo 39 de la Ley N° 20.830, publicada en el Diario Oficial el 21 de abril de 2015.

62 Artículo modificado por el artículo 9° de la Ley N° 19.047, publicada en el Diario Oficial el 14 de febrero de 1991.

63 Artículo modificado por el artículo 9° de la Ley N° 19.047, publicada en el Diario Oficial el 14 de febrero de 1991.

Artículo 35. Relegación es la traslación del condenado a un punto habitado del territorio de la República con prohibición de salir de él, pero permaneciendo en libertad[64].

Artículo 36. Destierro es la expulsión del condenado de algún punto de la República[65].

Artículo 37. Para los efectos legales se reputan aflictivas todas las penas de crímenes y, respecto de las de simples delitos, las de presidio, reclusión, confinamiento, extrañamiento y relegación menores en sus grados máximos.

Artículo 38. La pena de inhabilitación absoluta perpetua para cargos y oficios públicos, derechos políticos y profesiones titulares, y la de inhabilitación absoluta temporal para cargos y oficios públicos y profesiones titulares, producen:

1.° La privación de todos los honores, cargos, empleos y oficios públicos y profesiones titulares de que estuviere en posesión el penado, aun cuando sean de elección popular.

2.° La privación de todos los derechos políticos activos y pasivos y la incapacidad perpetua para obtenerlos.

3.° La incapacidad para obtener los honores, cargos, empleos, oficios y profesiones mencionados, perpetuamente si la inhabilitación es perpetua y durante el tiempo de la condena si es temporal.

4.° Derogado[66].

Artículo 39. Las penas de inhabilitación especial perpetua y temporal para algún cargo u oficio público o profesión titular, producen:

---

64 Artículo modificado por el artículo 9° de la Ley N° 19.047, publicada en el Diario Oficial el 14 de febrero de 1991.

65 Artículo modificado por el artículo 9° de la Ley N° 19.047, publicada en el Diario Oficial el 14 de febrero de 1991.

66 Este número fue derogado por el artículo 1° de la Ley N° 17.902, publicada en el Diario Oficial el 15 de febrero de 1973.

1° La privación del cargo, empleo, oficio o profesión sobre que recaen, y la de los honores anexos a él, perpetuamente si la inhabilitación es perpetua, y por el tiempo de la condena si es temporal.

2.° La incapacidad para obtener dicho cargo, empleo, oficio o profesión u otros en la misma carrera, perpetuamente cuando la inhabilitación es perpetua, y por el tiempo de la condena cuando es temporal.

Artículo 39 bis[67]. La pena de inhabilitación absoluta perpetua para cargos, empleos, oficios o profesiones ejercidos en ámbitos educacionales o que involucren una relación directa y habitual con personas menores de edad, prevista en el artículo 372, produce:

1° La privación de todos los cargos, empleos, oficios y profesiones ejercidos en ámbitos educacionales o que involucren una relación directa y habitual con personas menores de edad que tenga el condenado.

2° La incapacidad para obtener los cargos, empleos, oficios y profesiones mencionados perpetuamente.

Artículo 39 ter[68]. La pena de inhabilitación absoluta perpetua o temporal para cargos, empleos, oficios o profesiones ejercidos en ámbitos educacionales, de la salud o que involucren una relación directa y habitual con menores de dieciocho años de edad, adultos mayores o personas en situación de discapacidad, prevista en el artículo 403 quáter de este código, produce:

1.° La privación de todos los cargos, empleos, oficios y profesiones que tenga el condenado, ejercidos en ámbitos educacionales, de la salud o que involucren una relación directa y habitual con las personas mencionadas en el inciso primero de este artículo.

2.° La incapacidad para obtener los cargos, empleos, oficios y profesiones mencionados, perpetuamente cuando la inhabilitación es perpetua, y por el tiempo de la condena cuando es temporal.

---

67 Artículo reemplazado por el numeral 1 del artículo 2° de la Ley N° 21.418, publicada en el Diario Oficial el 5 de febrero de 2022.

68 Este artículo fue agregado por el número 2 del artículo 1° de la Ley N° 21.013, publicada en el Diario Oficial el 6 de junio de 2017.

La pena de inhabilitación absoluta temporal de que trata este artículo tiene una extensión de tres años y un día a diez años y es divisible en la misma forma que las penas de inhabilitación absoluta y especial temporales.

Artículo 39 quáter[69]. La pena de inhabilitación absoluta perpetua o temporal para ejercer cargos, empleos, oficios o profesiones en empresas que contraten con órganos o empresas del Estado o con empresas o asociaciones en que éste tenga una participación mayoritaria; o en empresas que participen en concesiones otorgadas por el Estado o cuyo objeto sea la provisión de servicios de utilidad pública, prevista en el artículo 251 quáter de este Código, produce:

1°. La privación de todos los cargos, empleos, oficios y profesiones ejercidos en empresas que contraten con órganos o empresas del Estado o con empresas o asociaciones en que éste tenga una participación mayoritaria; o en empresas que participen en concesiones otorgadas por el Estado o cuyo objeto sea la provisión de servicios de utilidad pública.

2°. La incapacidad para obtener los cargos, empleos, oficios y profesiones mencionados, perpetuamente cuando la inhabilitación es perpetua, y por el tiempo de la condena cuando es temporal.

La pena de inhabilitación absoluta temporal de que trata este artículo tiene una extensión de tres años y un día a diez años y es divisible en la misma forma que las penas de inhabilitación absoluta y especial temporales.

En este caso, ejecutoriada que sea la sentencia definitiva, el tribunal la comunicará a la Dirección de Compras y Contratación Pública. Dicha Dirección mantendrá un registro público actualizado de las personas naturales a las que se les haya impuesto esta pena.

Artículo 40. La suspensión de cargo y oficio público y profesión titular, inhabilita para su ejercicio durante el tiempo de la condena.

---

[69] Este artículo fue agregado por el número 2 del artículo 1° de la Ley N° 21.121, publicada en el Diario Oficial el 20 de noviembre de 2018.

La suspensión decretada durante el juicio, trae como consecuencia inmediata la privación de la mitad del sueldo al imputado, la cual sólo se le devolverá en el caso de pronunciarse sentencia absolutoria[70].

La suspensión decretada por vía de pena, priva de todo sueldo al suspenso mientras ella dure.

Artículo 41. Cuando las penas de inhabilitación y suspensión recaigan en persona eclesiástica, sus efectos no se extenderán a los cargos, derechos y honores que tenga por la Iglesia. A los eclesiásticos incursos en tales penas y por todo el tiempo de su duración, no se les reconocerá en la República la jurisdicción eclesiástica y la cura de almas, ni podrán percibir rentas del tesoro nacional, salvo la congrua que fijará el tribunal.

Esta disposición no comprende a los obispos en lo concerniente al ejercicio de la jurisdicción ordinaria que les corresponde.

Artículo 42. Los derechos políticos activos y pasivos a que se refieren los artículos anteriores, son: la capacidad para ser ciudadano elector, la capacidad para obtener cargos de elección popular y la capacidad para ser jurado.

El que ha sido privado de ellos sólo puede ser rehabilitado en su ejercicio en la forma prescrita por la Constitución.

Artículo 43. Cuando la inhabilitación para cargos y oficios públicos y profesiones titulares es pena accesoria, no la comprende el indulto de la pena principal, a menos que expresamente se haga extensivo a ella.

Artículo 44. El indulto de la pena de inhabilitación perpetua o temporal para cargos y oficios públicos y profesiones titulares, repone al penado en el ejercicio de estas últimas, pero no en los honores, cargos, empleos u oficios de que se le hubiere privado. El mismo efecto produce el cumplimiento de la condena a inhabilitación temporal.

---

70 Este inciso fue modificado por el artículo 1° de la Ley N° 19.806, publicada en el Diario Oficial el 31 de mayo de 2002.

Artículo 45. La sujeción a la vigilancia de la autoridad da al juez de la causa el derecho de determinar ciertos lugares en los cuales le será prohibido al penado presentarse después de haber cumplido su condena y de imponer a éste todas o algunas de las siguientes obligaciones:

1.° La de declarar antes de ser puesto en libertad, el lugar en que se propone fijar su residencia.

2.° La de recibir una boleta de viaje en que se le determine el itinerario que debe seguir, del cual no podrá apartarse, y la duración de su permanencia en cada lugar del tránsito.

3.° La de presentarse dentro de las veinticuatro horas siguientes a su llegada, ante el funcionario designado en la boleta de viaje.

4.° La de no poder cambiar de residencia sin haber dado aviso de ello, con tres días de anticipación, al mismo funcionario, quien le entregará la boleta de viaje primitiva visada para que se traslade a su nueva residencia.

5.° La de adoptar oficio, arte, industria o profesión, si no tuviere medios propios y conocidos de subsistencia.

Artículo 46. La pena de caución produce en el penado la obligación de presentar un fiador abonado que responda o bien de que aquél no ejecutará el mal que se trata de precaver, o de que cumplirá su condena; obligándose a satisfacer, si causare el mal o quebrantare la condena, la cantidad que haya fijado el tribunal.

Si el penado no presentare fiador, sufrirá una reclusión equivalente a la cuantía de la fianza, computándose un día por cada quinto de unidad tributaria mensual; pero sin poder en ningún caso exceder de seis meses[71].

Artículo 47. En todos los casos en que se imponga el pago de costas se entenderá comprender tanto las procesales como las personales y además los gastos ocasionados por el juicio y que no se incluyen en las costas. Estos gastos se fijarán por el tribunal, previa audiencia de las partes.

---

[71] Este inciso fue modificado por la letra b) del artículo 2° de la Ley N° 19.501, publicada en el Diario Oficial de 15 de mayo de 1997. Con anterioridad había sido modificado por la letra b) del artículo 2° de la Ley N° 19.450, publicada en el Diario Oficial el 18 de mayo de 1996.

Artículo 48[72]**.** Si los bienes del condenado no fueran bastantes para cubrir las responsabilidades pecuniarias, se satisfarán éstas en el orden siguiente:

1. El comiso de las ganancias provenientes del delito o, en su caso, del valor equivalente a los efectos o instrumentos del delito.
2. Las multas.
3. Las costas procesales y el resarcimiento de los gastos ocasionados por el juicio.
4. La reparación del daño causado e indemnización de perjuicios.
5. Las costas personales.

Si por aplicación de lo dispuesto en el inciso anterior no es posible satisfacer la indemnización de perjuicios derivada del delito por falta de bienes realizables, el perjudicado podrá ejercer la acción civil sobre los bienes decomisados para efectos del número 1, o el producto de su realización, siempre que exista una relación directa entre el perjuicio irrogado y las ganancias obtenidas. El Estado podrá excepcionarse del pago si demuestra la existencia de bienes realizables sobre los cuales puede hacerse efectiva la indemnización, o que ella no pudo ser satisfecha por negligencia del perjudicado.

En caso de iniciarse un procedimiento concursal, estos créditos se graduarán considerándose la obligación de cumplir con el comiso como un crédito de la primera clase comprendido en el número 1 del artículo 2472 del Código Civil y los restantes como uno solo entre los que no gozan de preferencia. En este caso no se aplicará lo dispuesto en el inciso anterior.

Artículo 49. Si el sentenciado no tuviere bienes para satisfacer la multa podrá el tribunal imponer, por vía de sustitución, la pena de prestación de servicios en beneficio de la comunidad[73].

---

[72] Artículo sustituido por el artículo 1° de la Ley N° 21.577, publicada en el Diario Oficial el 15 de junio de 2023.

[73] Este inciso fue sustituido por la letra a) del número 2 del artículo 2° de la Ley N° 20.587, publicada en el Diario Oficial el 8 de junio de 2012. Con anterioridad había sido modificado por la letra c) del artículo 2° de la Ley N° 19.501, publicada en el Diario Oficial el 15

Para proceder a esta sustitución se requerirá del acuerdo del condenado. En caso contrario, el tribunal impondrá, por vía de sustitución y apremio de la multa, la pena de reclusión, regulándose un día por cada tercio de unidad tributaria mensual, sin que ella pueda nunca exceder de seis meses[74].

No se aplicará la pena sustitutiva señalada en inciso primero ni se hará efectivo el apremio indicado en el inciso segundo, cuando, de los antecedentes expuestos por el condenado, apareciere la imposibilidad de cumplir la pena[75].

Queda también exento de este apremio el condenado a reclusión menor en su grado máximo o a otra pena más grave que deba cumplir efectivamente[76].

Artículo 49 bis[77]**.** La pena de prestación de servicios en beneficio de la comunidad consiste en la realización de actividades no remuneradas a favor de ésta o en beneficio de personas en situación de precariedad, coordinadas por un delegado de Gendarmería de Chile.

El trabajo en beneficio de la comunidad será facilitado por Gendarmería, pudiendo establecer los convenios que estime pertinentes para tal fin con organismos públicos y privados sin fines de lucro.

Gendarmería de Chile y sus delegados, y los organismos públicos y privados que en virtud de los convenios a que se refiere el inciso anterior intervengan en la ejecución de esta sanción, deberán velar por que no se atente contra la dignidad del penado en la ejecución de estos servicios.

---

de mayo de 1997; así como por el artículo 5° de la Ley N° 10.309, publicada en el Diario Oficial el 17 de marzo de 1952.

74 Este inciso fue incorporado por la letra b) del número 2 del artículo 2° de la Ley N° 20.587, publicada en el Diario Oficial el 8 de junio de 2012.

75 Este inciso fue incorporado por la letra b) del número 2 del artículo 2° de la Ley N° 20.587, publicada en el Diario Oficial el 8 de junio de 2012.

76 Este inciso fue reemplazado por la letra c) del número 2 del artículo 2° de la Ley N° 20.587, publicada en el Diario Oficial el 8 de junio de 2012.

77 Este artículo fue agregado por el artículo 3° de la Ley N° 20.587, publicada en el Diario Oficial el 8 de junio de 2012.

Artículo 49 ter[78]**.** La pena de prestación de servicios en beneficio de la comunidad se regulará en ocho horas por cada tercio de unidad tributaria mensual, sin perjuicio de la conversión establecida en leyes especiales.

Su duración diaria no podrá exceder de ocho horas.

En cualquier momento el condenado podrá solicitar poner término a la prestación de servicios en beneficio de la comunidad previo pago de la multa, a la que se deberán abonar las horas trabajadas.

Artículo 49 quáter[79]**.** En caso de decretarse la sanción de prestación de servicios en beneficio de la comunidad, el delegado de Gendarmería de Chile responsable de gestionar el cumplimiento informará al tribunal que dictó la sentencia, quien a su vez notificará al Ministerio Público, al defensor y al condenado, el tipo de servicio, el lugar donde deba realizarse y el calendario de su ejecución, dentro de los treinta días siguientes a la fecha en que la condena se encontrare firme o ejecutoriada.

Artículo 49 quinquies[80]**.** En caso de incumplimiento de la pena de servicios en beneficio de la comunidad, el delegado deberá informar al tribunal que haya impuesto la sanción.

El tribunal citará a una audiencia para resolver la mantención o la revocación de la pena.

Artículo 49 sexies[81]**.** El juez podrá revocar la pena de servicios en beneficio de la comunidad cuando el condenado:

a) No se presentare, injustificadamente, ante Gendarmería de Chile a cumplir la pena en el plazo que determine el juez, el que no podrá ser menor a tres ni superior a siete días;

---

78 Este artículo fue agregado por el artículo 3° de la Ley N° 20.587, publicada en el Diario Oficial el 8 de junio de 2012.

79 Este artículo fue agregado por el artículo 3° de la Ley N° 20.587, publicada en el Diario Oficial el 8 de junio de 2012.

80 Este artículo fue agregado por el artículo 3° de la Ley N° 20.587, publicada en el Diario Oficial el 8 de junio de 2012.

81 Este artículo fue agregado por el artículo 3° de la Ley N° 20.587, publicada en el Diario Oficial el 8 de junio de 2012.

b) Se ausentare del trabajo durante al menos dos jornadas laborales. Si el penado faltare al trabajo por causa justificada no se entenderá dicha ausencia como abandono de la actividad;

c) Su rendimiento en la ejecución de los servicios fuere sensiblemente inferior al mínimo exigible, a pesar de los requerimientos del responsable del centro de trabajo, o

d) Se opusiere o incumpliere de forma reiterada y manifiesta las instrucciones que se le dieren por el responsable del centro de trabajo.

En caso de revocar la pena de servicios en beneficio de la comunidad, el tribunal impondrá al condenado, por vía de sustitución y apremio de la multa originalmente impuesta, la pena de reclusión, regulándose un día por cada tercio de unidad tributaria mensual, sin que ella pueda nunca exceder de seis meses.

Habiéndose decretado la revocación se abonará al tiempo de reclusión un día por cada ocho horas efectivamente trabajadas en beneficio de la comunidad.

Si el tribunal no revocare la pena de servicios en beneficio de la comunidad podrá ordenar que el cumplimiento de la misma se lleve a cabo en un lugar distinto a aquel en el cual originalmente se estaba ejecutando; todo lo anterior sin perjuicio de la facultad prevista en el inciso tercero del artículo 49.

§ IV. De la aplicación de las penas

Artículo 50. A los autores de delito se impondrá la pena que para éste se hallare señalada por la ley.

Siempre que la ley designe la pena de un delito, se entiende que la impone al delito consumado.

Artículo 51. A los autores de crimen o simple delito frustrado y a los cómplices de crimen o simple delito consumado, se impondrá la pena inmediatamente inferior en grado a la señalada por la ley para el crimen o simple delito.

Artículo 52. A los autores de tentativa de crimen o simple delito, a los cómplices de crimen o simple delito frustrado y a los encubridores de crimen o simple delito consumado, se impondrá la pena inferior en dos grados a la que señala la ley para el crimen o simple delito.

Exceptúanse de esta regla los encubridores comprendidos en el núm. 3.° del art. 17, en quienes concurra la circunstancia primera del mismo número, a los cuales se impondrá la pena de inhabilitación especial perpetua, si el delincuente encubierto fuere condenado por crimen y la de inhabilitación especial temporal en cualquiera de sus grados, si lo fuere por simple delito[82].

También se exceptúan los encubridores comprendidos en el núm. 4.° del mismo art. 17, a quienes se aplicará la pena de presidio menor en cualquiera de sus grados.

Artículo 53. A los cómplices de tentativa de crimen o simple delito y a los encubridores de crimen o simple delito frustrado, se impondrá la pena inferior en tres grados a la que señala la ley para el crimen o simple delito.

Artículo 54. A los encubridores de tentativa de crimen o simple delito, se impondrá la pena inferior en cuatro grados a la señalada para el crimen o simple delito.

Artículo 55. Las disposiciones generales contenidas en los cuatro artículos precedentes no tienen lugar en los casos en que el delito frustrado, la tentativa, la complicidad o el encubrimiento se hallan especialmente penados por la ley.

Artículo 56. Las penas divisibles constan de tres grados, mínimo, medio y máximo, cuya extensión se determina en la siguiente:

---

[82] Este inciso fue modificado por el artículo 1° de la Ley N° 19.806, publicada en el Diario Oficial el 31 de mayo de 2002.

TABLA DEMOSTRATIVA

Penas	Tiempo que comprende toda la pena	Tiempo de su grado mínimo	Tiempo de su grado medio	Tiempo de su grado máximo
Presidio, reclusión, confinamiento, extrañamiento y relegación mayores.	De cinco años y un día a veinte años.	De cinco años y un día a diez años.	De diez años y un día a quince años.	De quince años y un día a veinte años.
Inhabilitación absoluta y especial temporales.	De tres años y un día a diez años.	De tres años y un día a cinco años.	De cinco años y un día a siente años.	De siete años y un día a diez años.
Presidio, reclusión, confinamiento, extrañamiento y relegación menores y destierro.	De sesenta y un días a cinco años.	De sesenta y uno a quinientos cuarenta días.	De quinientos cuarenta y un días a tres años.	De tres años y un día a cinco años.
Suspensión de cargo y oficio público y profesión titular.	De sesenta y un días a tres años.	De sesenta y un días a un año.	De un año y un día a dos años.	De dos años y un día a tres años.
Prisión.	De uno a sesenta días.	De uno a veinte días.	De veintiuno a cuarenta días.	De cuarenta y uno a sesenta días.

Artículo 57. Cada grado de una pena divisible constituye pena distinta.

Artículo 58. En los casos en que la ley señala una pena compuesta de dos o más distintas, cada una de éstas forma un grado de penalidad, la más leve de ellas el mínimo y la más grave el máximo.

Artículo 59. Para determinar las penas que deben imponerse según los arts. 51, 52, 53 y 54: 1.° a los autores de crimen o simple delito frustrado; 2.° a los autores de tentativa de crimen o simple delito, cómplices de crimen o simple delito frustrado y encubridores de crimen o simple delito consumado; 3.° a los cómplices de tentativa de crimen o simple delito y encubridores de crimen o simple delito frustrado, y 4.° a los encubridores de tentativa de crimen o simple delito, el tribunal tomará por base las siguientes escalas graduales:

ESCALA NÚMERO 1

Grados.

1° Presidio perpetuo calificado[83].

2° Presidio o reclusión perpetuos.

3° Presidio o reclusión mayores en sus grados máximos.

4° Presidio o reclusión mayores en sus grados medios.

5° Presidio o reclusión mayores en sus grados mínimos.

6° Presidio o reclusión menores en sus grados máximos.

7° Presidio o reclusión menores en sus grados medios.

8° Presidio o reclusión menores en sus grados mínimos.

9° Prisión en su grado máximo.

10. Prisión en su grado medio.

11. Prisión en su grado mínimo.

ESCALA NÚMERO 2

Grados.

1° Relegación perpetua.

2° Relegación mayor en su grado máximo.

3° Relegación en su grado medio.

4° Relegación mayor en su grado mínimo.

5° Relegación menor en su grado máximo.

6° Relegación menor en su grado medio.

7° Relegación menor en su grado mínimo.

8° Destierro en su grado máximo.

9° Destierro en su grado medio.

10. Destierro en su grado mínimo.

---

83 Esta pena fue incorporada por el N° 4 del artículo 1° de la Ley N° 19.734, publicada en el Diario Oficial el 5 de junio de 2001.

ESCALA NÚMERO 3

Grados.

1º Confinamiento o extrañamiento mayores en sus grados máximos.
2º Confinamiento o extrañamiento mayores en sus grados medios.
3º Confinamiento o extrañamiento mayores en sus grados mínimos.
4º Confinamiento o extrañamiento menores en sus grados máximos.
5º Confinamiento o extrañamiento menores en sus grados medios.
6º Confinamiento o extrañamiento menores en sus grados mínimos.
7º Destierro en su grado máximo.
8º Destierro en su grado medio.
9º Destierro en su grado mínimo.

ESCALA NÚMERO 4

Grados.

1º Inhabilitación absoluta perpetua.
2º Inhabilitación absoluta temporal en su grado máximo.
3º Inhabilitación absoluta temporal en su grado medio.
4º Inhabilitación absoluta temporal en su grado mínimo.
5º Suspensión en su grado máximo.
6º Suspensión en su grado medio.
7º Suspensión en su grado mínimo.

ESCALA NÚMERO 5

Grados.

1º Inhabilitación especial perpetua.
2º Inhabilitación especial temporal en su grado máximo.
3º Inhabilitación especial temporal en su grado medio.
4º Inhabilitación especial temporal en su grado mínimo.
5º Suspensión en su grado máximo.
6º Suspensión en su grado medio.
7º Suspensión en su grado mínimo.

Artículo 60. La multa se considera como la pena inmediatamente inferior a la última en todas las escalas graduales.

Para fijar su cuantía respectiva se adoptará la base establecida en el art. 25, y en cuanto a su aplicación a cada caso especial se observará lo que prescribe el art. 70.

El producto de las multas, cauciones y comisos derivados de faltas y contravenciones, se aplicará a fondos de la Municipalidad correspondiente al territorio donde ellas se cometieron[84].

Artículo 61. La designación de las penas que corresponde aplicar en los diversos casos a que se refiere el art. 59, se hará con sujeción a las siguientes reglas:

1.° Si la pena señalada al delito es una indivisible o un solo grado de otra divisible, corresponde a los autores de crimen o simple delito frustrado y a los cómplices de crimen o simple delito consumado la inmediatamente inferior en grado.

Para determinar las que deben aplicarse a los demás responsables relacionados en el art. 59, se bajará sucesivamente un grado en la escala correspondiente respecto de los comprendidos en cada uno de sus números, siguiendo el orden que en ese artículo se establece.

2.° Cuando la pena que se señala al delito consta de dos o más grados, sea que los compongan dos penas indivisibles, diversos grados de penas divisibles o bien una o dos indivisibles y uno o más grados de otra divisible, a los autores de crimen o simple delito frustrado y a los cómplices de crimen o simple delito consumado corresponde la inmediatamente inferior en grado al mínimo de los designados por la ley.

Para determinar las que deben aplicarse a los demás responsables se observará lo prescrito en la regla anterior.

3.° Si se designan para un delito penas alternativas, sea que se hallen comprendidas en la misma escala o en dos o más distintas, no estará

---

84 Artículo modificado por el numeral 7 del artículo 1° de la Ley N° 21.577, publicada en el Diario Oficial el 15 de junio de 2023.

obligado el tribunal a imponer a todos los responsables las de la misma naturaleza.

4.° Cuando se señalan al delito copulativamente penas comprendidas en distintas escalas o se agrega la multa a las de la misma escala, se aplicarán unas y otras, con sujeción a las reglas 1.° y 2.°, a todos los responsables; pero cuando una de dichas penas se impone al autor de crimen o simple delito por circunstancias peculiares a él que no concurren en los demás, no se hará extensiva a éstos.

5.° Si al poner en práctica las reglas precedentes no resultare pena que imponer por falta de grados inferiores o por no ser aplicables las de inhabilitación o suspensión, se impondrá siempre la multa.

APLICACIÓN PRÁCTICA DE LAS REGLAS ANTERIORES[85]

REGLAS	Pena señalada al crimen o simple delito.	Pena de los autores de crimen o simple delito frustrado y cómplices de crimen o simple delito consumado.	Pena de los autores de tentativa de crimen o simple delito, cómplices de crimen o simple delito frustrado y encubridores de crimen o simple delito consumado.	Pena de los cómplices de tentativa de crimen o simple delito y encubridores de crimen o simple delito frustrado.	Pena de los encubridores de tentativa de crimen o simple delito.
1a.	Relegación perpetua.	Relegación mayor en su grado máximo.	Relegación mayor en su grado medio.	Relegación mayor en su grado mínimo.	Relegación menor en su grado máximo.

85 De acuerdo con el artículo 1° de la Ley N° 19450, publicada en el Diario Oficial el 18 de marzo de 1996, cada vez que en un artículo del Código Penal aparezca consignada alguna escala de multas en sueldos vitales o en fracciones de sueldo vital, deberá reemplazarse por la que corresponda en unidades tributarias mensuales, de acuerdo con la tabla de conversión establecida en el mencionado artículo, que se transcribe en la nota 1 del Libero Primero de este Código.

2a. En el caso de pena compuesta de 2 grados.	Presidio mayor en su grado máximo a presidio perpetuo.	Presidio mayor en su grado medio.	Presidio mayor en su grado mínimo.	Presidio menor en su grado máximo.	Presidio menor en su grado medio.
2a. En el caso de pena compuesta de 3 grados.	Inhabilitación absoluta temporal en su grado medio a inhabilitación absoluta perpetua.	Inhabilitación absoluta temporal en su grado mínimo.	Suspensión en su grado máximo.	Suspensión en su grado medio.	Suspensión en su grado mínimo.
2ª. En el caso de pena compuesta de 4 o más grados.	Reclusión menor en su grado máximo a reclusión mayor en su grado máximo.	Reclusión menor en su grado medio.	Reclusión menor en su grado mínimo.	Prisión en su grado máximo.	Prisión en su grado medio.
3a.	Presidio mayor en su grado medio o confinamiento mayor en su grado máximo.	Presidio mayor en su grado mínimo.	Presidio menor en su grado máximo.	Confinamiento menor en su grado máximo.	Presidio menor en su grado mínimo.
4a.	Reclusión mayor en su grado mínimo, inhabilitación absoluta perpetua y multa.	Reclusión menor en su grado máximo y multa de veinte sueldos vitales.	Reclusión menor en su grado medio, inhabilitación absoluta temporal en su grado medio y multa de diez sueldos vitales.	Reclusión menor en su grado mínimo y multa de cinco sueldos vitales.	Prisión en su grado máximo, suspensión en su grado máximo y multa de dos y medio sueldos vitales.
5a.	Suspensión en sus grados medio a máximo.	Suspensión en su grado mínimo.	Multas de cuatro sueldos vitales.	Multa de dos sueldos vitales.	Multa de un sueldo vital.

Artículo 62. Las circunstancias atenuantes o agravantes se tomarán en consideración para disminuir o aumentar la pena en los casos y conforme a las reglas que se prescriben en los artículos siguientes.

Artículo 63. No producen el efecto de aumentar la pena las circunstancias agravantes que por sí mismas constituyen un delito especialmente penado por la ley, o que ésta haya expresado al describirlo y penarlo.

Tampoco lo producen aquellas circunstancias agravantes de tal manera inherentes al delito que sin la concurrencia de ellas no puede cometerse.

Artículo 64. Las circunstancias atenuantes o agravantes que consistan en la disposición moral del delincuente, en sus relaciones particulares con el ofendido o en otra causa personal, servirán para atenuar o agravar la responsabilidad de sólo aquellos autores, cómplices o encubridores en quienes concurran.

Las que consistan en la ejecución material del hecho o en los medios empleados para realizarlo, servirán para atenuar o agravar la responsabilidad únicamente de los que tuvieren conocimiento de ellas antes o en el momento de la acción o de su cooperación para el delito.

Artículo 65. Cuando la ley señala una sola pena indivisible, la aplicará el tribunal sin consideración a las circunstancias agravantes que concurran en el hecho. Pero si hay dos o más circunstancias atenuantes y no concurre ninguna agravante, podrá aplicar la pena inmediatamente inferior en uno o dos grados[86].

Artículo 66. Si la ley señala una pena compuesta de dos indivisibles y no acompañan al hecho circunstancias atenuantes ni agravantes, puede el tribunal imponerla en cualquiera de sus grados.

Cuando solo concurre alguna circunstancia atenuante, debe aplicarla en su grado mínimo, y si habiendo una circunstancia agravante, no concurre ninguna atenuante, la impondrá en su grado máximo[87].

Siendo dos o más las circunstancias atenuantes sin que concurra ninguna agravante, podrá imponer la pena inferior, en uno o dos grados al

---

86 Este artículo fue modificado por el número 2 del artículo único de la Ley N° 17.727, publicada en el Diario Oficial el 27 de septiembre de 1972.

87 Este inciso fue modificado por el número 5 del artículo 1° de la Ley N° 19.734, publicada en el Diario Oficial el 5 de junio de 2001. Con anterioridad, la norma había sido modificada por el artículo 1° de la Ley N° 17.266, publicada en el Diario Oficial el 6 de enero de 1970.

mínimo de los señalados por la ley, según sea el número y entidad de dichas circunstancias.

Si concurrieren circunstancias atenuantes y agravantes, las compensará racionalmente el tribunal para la aplicación de la pena, graduando el valor de unas y otras.

Artículo 67. Cuando la pena señalada al delito es un grado de una divisible y no concurren circunstancias atenuantes ni agravantes en el hecho, el tribunal puede recorrer toda su extensión al aplicarla.

Si concurre sólo una circunstancia atenuante o sólo una agravante, la aplicará en el primer caso en su mínimum y en el segundo en su máximum.

Para determinar en tales casos el mínimum y el máximum de la pena, se divide por mitad el período de su duración: la más alta de estas partes formará el máximum y la más baja el mínimum.

Siendo dos o más las circunstancias atenuantes y no habiendo ninguna agravante, podrá el tribunal imponer la inferior en uno o dos grados, según sea el número y entidad de dichas circunstancias.

Si hay dos o más circunstancias agravantes y ninguna atenuante, puede aplicar la pena superior en un grado.

En el caso de concurrir circunstancias atenuantes y agravantes, se hará su compensación racional para la aplicación de la pena, graduando el valor de unas y otras.

Artículo 68. Cuando la pena señalada por la ley consta de dos o más grados, bien sea que los formen una o dos penas indivisibles y uno o más grados de otra divisible, o diversos grados de penas divisibles, el tribunal al aplicarla podrá recorrer toda su extensión, si no concurren en el hecho circunstancias atenuantes ni agravantes.

Habiendo una sola circunstancia atenuante o una sola circunstancia agravante, no aplicará en el primer caso el grado máximo ni en el segundo el mínimo.

Si son dos o más las circunstancias atenuantes y no hay ninguna agravante, el tribunal podrá imponer la pena inferior en uno, dos o tres grados al mínimo de los señalados por la ley, según sea el número y entidad de dichas circunstancias.

Cuando, no concurriendo circunstancias atenuantes, hay dos o más agravantes, podrá imponer la inmediatamente superior en grado al máximo de los designados por la ley[88].

Concurriendo circunstancias atenuantes y agravantes, se observará lo prescrito en los artículos anteriores para casos análogos.

Artículo 68 bis[89]. Sin perjuicio de lo dispuesto en los cuatro artículos anteriores, cuando sólo concurra una atenuante muy calificada el Tribunal podrá imponer la pena inferior en un grado al mínimo de la señalada al delito.

Artículo 68 ter[90]. Si concurre una de las circunstancias agravantes previstas en el artículo 12, numerales 14°, 15° o 16°, el tribunal excluirá el grado mínimo si es compuesta o el mínimum si consta de un solo grado, salvo que reconozca la circunstancia prevista en el artículo 11, numeral 1° o numeral 9°, en cuyo caso podrá recorrer la pena en toda su extensión.

La pena será determinada del mismo modo cuando, tratándose de delitos contra las personas, concurra la circunstancia prevista en el numeral 22° del artículo 12, siempre que no concurriere alguna de las atenuantes indicadas en el inciso primero.

En el caso del inciso primero, a partir de la segunda condena en la que se reconozca al autor alguna de las agravantes previstas en el artículo 12, numerales 14°, 15° o 16°, la pena se aumentará en un grado, a menos que concurriere alguna de las atenuantes indicadas en el inciso primero.

---

88 Este inciso fue modificado por el número 6 del artículo 1° de la Ley N° 19.734, publicada en Diario Oficial el 5 junio de 2001. Con anterioridad, el inciso fue modificado por el artículo 1° de la Ley N° 17.266, publicada en el Diario Oficial el 6 de enero de 1970.

89 Este artículo fue incorporado en el N° 3 del artículo único de la Ley N° 17.727, publicada en el Diario Oficial el 27 de septiembre de 1972.

90 Este artículo fue incorporado por el numeral 2 del artículo primero de la Ley N° 21.694, publicada en el Diario Oficial el 4 de septiembre de 2024.

En los casos previstos en el inciso tercero, cuando la ley señalare al delito pena alternativa de multa, el tribunal aplicará la pena privativa de libertad determinada conforme a lo que en él se dispone.

Sin perjuicio de lo dispuesto en este artículo, en caso de concurrir una cooperación eficaz, simple o calificada, la pena a imponerse al condenado podrá rebajarse conforme se dispone para ese tipo de colaboración.

Artículo 69. Dentro de los límites de cada grado el tribunal determinará la cuantía de la pena en atención al número y entidad de las circunstancias atenuantes y agravantes y a la mayor o menor extensión del mal producido por el delito teniendo en especial consideración la circunstancia de ser la víctima un menor de 18 años, un adulto mayor, según lo dispuesto por la ley N° 19.828, o una persona con discapacidad en los términos de la ley N° 20.422[91].

Artículo 69 bis. Derogado[92].

Artículo 70. En la aplicación de las multas el tribunal podrá recorrer toda la extensión en que la ley le permite imponerlas, consultando para determinar en cada caso su cuantía, no solo las circunstancias atenuantes y agravantes del hecho, sino principalmente el caudal o facultades del culpable. Asimismo, en casos calificados, de no concurrir agravantes y considerando las circunstancias anteriores, el juez podrá imponer una multa inferior al monto señalado en la ley, lo que deberá fundamentar en la sentencia[93].

Tanto en la sentencia como en su ejecución el Tribunal podrá, atendidas las circunstancias, autorizar al afectado para pagar las multas por parcialidades, dentro de un límite que no exceda del plazo de un año. El

---

91 Inciso modificado por el numeral 2 del artículo 1° de la Ley N° 21.483, publicada en el Diario Oficial el 24 de agosto de 2022.

92 Artículo derogado por el numeral 3 del artículo primero de la Ley N° 21.694, publicada en el Diario Oficial el 4 de septiembre de 2024.

93 Este inciso fue modificado por la letra d) del artículo 2° de la Ley N° 19.501, publicada en el Diario Oficial el 15 de mayo de 1997.

no pago de una sola de las parcialidades, hará exigible el total de la multa adeudada[94].

Artículo 71. Cuando no concurran todos los requisitos que se exigen en el caso del núm. 8.° del art. 10 para eximir de responsabilidad, se observará lo dispuesto en el art. 490.

Artículo 72. Cuando el delito sea cometido con la intervención de una o más personas menores de dieciocho años de edad y mayores de catorce, se excluirá el mínimum o el grado mínimo de la pena señalada, según corresponda, respecto de los imputados mayores de edad que hubieren participado en él.

Asimismo, se aumentará en un grado la pena al mayor de dieciocho años de edad cuando el crimen o simple delito sea cometido o perpetrado con la intervención de una o más personas menores de catorce años de edad.

El consentimiento dado por el menor de dieciocho años no eximirá al mayor de esta edad de la aplicación de las reglas previstas en los incisos precedentes[95].

Artículo 73. Se aplicará asimismo la pena inferior en uno, dos o tres grados al mínimo de los señalados por la ley, cuando el hecho no fuere del todo excusable por falta de alguno de los requisitos que se exigen para eximir de responsabilidad criminal en los respectivos casos de que trata el art. 10, siempre que concurra el mayor número de ellos, imponiéndola en el grado que el tribunal estime correspondiente, atendido el número entidad de los requisitos que falten o concurran.

Esta disposición se entiende sin perjuicio de la contenida en el art. 71.

---

94 Este inciso fue incorporado por el artículo 42 de la Ley N° 11.625, publicada en el Diario Oficial el 4 de octubre de 1954.

95 Artículo sustituido por el artículo único de la Ley N° 21.444, publicada en el Diario Oficial el 9 de abril de 2022.

Artículo 74. Al culpable de dos o más delitos se le impondrán todas las penas correspondientes a las diversas infracciones.

El sentenciado cumplirá todas sus condenas simultáneamente, siendo posible. Cuando no lo fuere, o si de ello hubiere de resultar ilusoria alguna de las penas, las sufrirá en orden sucesivo, principiando por las más graves o sea las más altas en la escala respectiva, excepto las de confinamiento, extrañamiento, relegación y destierro, las cuales se ejecutarán después de haber cumplido cualquiera otra pena de las comprendidas en la escala gradual núm. 1.

Artículo 75. La disposición del artículo anterior no es aplicable en el caso de que un solo hecho constituya dos o más delitos, o cuando uno de ellos sea el medio necesario para cometer el otro.

En estos casos solo se impondrá la pena mayor asignada al delito más grave[96].

Artículo 76. Siempre que el tribunal imponga una pena que lleve consigo otras por disposición de la ley, según lo prescrito en el § III de este título, condenará también al acusado expresamente en estas últimas[97].

Artículo 77. En los casos en que la ley señala una pena inferior o superior en uno o más grados a otra determinada, la pena inferior o superior se tomará de la escala gradual en que se halle comprendida la pena determinada.

Si no hubiere pena superior en la escala gradual respectiva, se impondrá el presidio perpetuo. Sin embargo, cuando se tratare de la escala número 1 prevista en el artículo 59, se impondrá el presidio perpetuo calificado[98].

---

96 Este inciso fue modificado por el número 7 del artículo 1° de la Ley N° 19.734, publicada en el Diario Oficial el 5 de junio de 2001. Con anterioridad fue modificado por el artículo 1° de la Ley N° 17.266, publicada en el Diario Oficial el 6 de enero de 1970.

97 Este inciso fue modificado por el artículo 1° de la Ley N° 19.806, publicada en el Diario Oficial el 31 de mayo de 2002.

98 Este inciso fue modificado por las letras a) y b) del N° 8 del artículo 1° de la Ley N° 19.734, publicada en el Diario Oficial el 5 de junio de 2001.

Faltando pena inferior se aplicará siempre la multa.

Cuando sea preciso elevar las inhabilitaciones absolutas o especiales perpetuas a grados superiores, se agravarán con la reclusión menor en su grado medio.

Artículo 78. Siempre que sea necesario determinar la correspondencia entre las penas de este Código y las impuestas con anterioridad a su vigencia, se hará tomando en cuenta la naturaleza de éstas y el período de su duración. Así por ejemplo, cuatro años de presidio o de penitenciaria equivalen a presidio menor en su grado máximo.

Artículo 78 bis[99]. La circunstancia de que un hecho constitutivo de delito pueda asimismo dar lugar a una o más sanciones o medidas de las establecidas en el artículo 20 no obsta a la imposición de las penas que procedan.

Con todo, el monto de la pena de multa pagada será abonado a la multa no constitutiva de pena que se imponga al condenado por el mismo hecho. Si el condenado hubiere pagado una multa no constitutiva de pena como consecuencia del mismo hecho, el monto pagado será abonado a la pena de multa impuesta.

La extensión de la suspensión o inhabilitación impuesta al condenado como consecuencia adicional a la pena será deducida de la extensión de la suspensión o inhabilitación de la misma naturaleza que fuere impuesta como sanción administrativa o disciplinaria. Si el condenado hubiere sido sometido a una suspensión o inhabilitación como sanción administrativa o disciplinaria, la extensión de ésta será deducida de la suspensión o inhabilitación de la misma naturaleza que se le impusiere.

§ V. De la ejecución de las penas y de su cumplimiento

Artículo 79. No podrá ejecutarse pena alguna sino en virtud de sentencia ejecutoriada.

---

[99] Artículo incorporado por el numeral 2 del artículo 48 de la Ley N° 21.595, publicada en el Diario Oficial el 17 de agosto de 2023.

Artículo 80. Tampoco puede ser ejecutada pena alguna en otra forma que la prescrita por la ley, ni con otras circunstancias o accidentes que los expresados en su texto.

Se observará también además de lo que dispone la ley, lo que se determine en los reglamentos especiales para el gobierno de los establecimientos en que deben cumplirse las penas, acerca de los castigos disciplinarios, de la naturaleza, tiempo y demás circunstancias de los trabajos, de las relaciones de los penados con otras personas, de los socorros que pueden recibir y del régimen alimenticio.

En los reglamentos sólo podrán imponerse como castigos disciplinarios, el encierro en celda solitaria e incomunicación con personas extrañas al establecimiento penal por un tiempo que no exceda de un mes, u otros de menor gravedad[100].

La repetición de estas medidas deberá comunicarse antes de su aplicación al juez del lugar de reclusión, quien sólo podrá autorizarla por resolución fundada y adoptando las medidas para resguardar la seguridad e integridad, del detenido o preso[101].

Artículo 81[102]. Si después de cometido el delito cayere el delincuente en estado de locura o demencia, se observarán las reglas establecidas en el Código de Procedimiento Penal.

Artículo 82. Derogado[103].

Artículo 83. Derogado[104].

---

100 Este inciso fue modificado por el numeral 2 del artículo decimonoveno de la Ley Nº 18.857, publicada en el Diario Oficial el 6 de diciembre de 1989.

101 Este inciso fue incorporado por el número 4) del artículo 4º de la Ley Nº 19.047, publicada en el Diario Oficial el 14 de febrero de 1991.

102 Este artículo fue sustituido por el numeral 3 del artículo decimonoveno de la Ley Nº 18.857, publicada en el Diario Oficial el 6 de diciembre de 1989.

103 Este artículo fue derogado por el número 9 del artículo 1º de la Ley Nº 19.734, publicada en el Diario Oficial el 5 de junio de 2001.

104 Este artículo fue derogado por el número 9 del artículo 1º de la Ley Nº 19.734, publicada en el Diario Oficial el 5 de junio de 2001.

Artículo 84. Derogado[105].

Artículo 85. Derogado[106].

Artículo 86. Los condenados a penas privativas de libertad cumplirán sus condenas en la clase de establecimientos carcelarios que corresponda en conformidad al Reglamento respectivo[107].

Artículo 87. Los menores de veintiún años y las mujeres cumplirán sus condenas en establecimientos especiales. En los lugares donde éstos no existan, permanecerán en los establecimientos carcelarios comunes, convenientemente separados de los condenado adultos y varones, respectivamente[108].

Artículo 88. El producto del trabajo de los condenados a presidio será destinado:

1.° A indemnizar al establecimiento de los gastos que ocasionen.

2.° A proporcionarles alguna ventaja o alivio durante su detención, si lo merecieren.

3.° A hacer efectiva la responsabilidad civil de aquellos proveniente del delito.

4.° A formarles un fondo de reserva que se les entregará a su salida del establecimiento penal.

Artículo 89. Los condenados a reclusión y prisión son libres para ocuparse, en beneficio propio, en trabajos de su elección, siempre que sean compatibles con la disciplina reglamentaria del establecimiento penal;

---

105 Este artículo fue derogado por el número 9 del artículo 1° de la Ley N° 19.734, publicada en el Diario Oficial el 5 de junio de 2001.

106 Este artículo fue derogado por el número 9 del artículo 1° de la Ley N° 19.734, publicada en el Diario Oficial el 5 de junio de 2001.

107 Este artículo fue sustituido por el artículo 1° de la Ley N° 17.266, publicada en el Diario Oficial el 6 de enero de 1970.

108 Norma modificada por el artículo 9 de la Ley N° 19.047, publicada en el Diario Oficial el 14 de febrero de 1991. Con anterioridad, la disposición había sido sustituida por el artículo 1° de la Ley N° 17.266, publicada en el Diario Oficial el 6 de enero de 1970.

pero si afectándoles las responsabilidades de las reglas 1.° y 3.° del artículo anterior, carecieren de los medios necesarios para llenar los compromisos que ellas les imponen o no tuvieren oficio o modo de vivir conocido y honesto, estarán sujetos forzosamente a los trabajos del establecimiento hasta hacer efectivas con su producto aquellas responsabilidades y procurarse la subsistencia.

Artículo 89 bis[109]**.** El Ministro de Justicia podrá disponer, de acuerdo con los tratados internacionales vigentes sobre la materia y ratificados por Chile, o sobre la base del principio de reciprocidad, que los extranjeros condenados por alguno de los delitos contemplados en los artículos 411 bis, 411 ter, 411 quáter y 411 quinquies, cumplan en el país de su nacionalidad las penas privativas de libertad que les hubieren sido impuestas.

TÍTULO CUARTO
DE LAS PENAS EN QUE INCURREN LOS QUE QUEBRANTAN LAS SENTENCIAS Y LOS QUE DURANTE UNA CONDENA DELINQUEN DE NUEVO

§ I. De las penas en que Incurren los que quebrantan las sentencias

Artículo 90. Los sentenciados que quebrantaren su condena serán castigados con las penas que respectivamente se designan en los números siguientes:

1.° Los condenados a presidio, reclusión o prisión sufrirán la pena de incomunicación con personas extrañas al establecimiento penal por un tiempo que, atendidas las circunstancias, podrá extenderse hasta tres meses, quedando durante el mismo tiempo sujetos al régimen más estricto del establecimiento[110].

---

109 Este artículo fue incorporado por el número 1 del artículo primero de la Ley N° 20.507, publicada en el Diario Oficial el 8 de abril de 2011.

110 Este número fue modificado por la letra a) del número 5 del artículo 4° de la Ley N° 19.047, publicada en el Diario Oficial el 14 de febrero de 1991. Con anterioridad, la norma había sido modificada por el artículo 1° de la Ley N° 17.266, publicada en el Diario Oficial el 6 de enero de 1970.

2.° Los reincidentes en el quebrantamiento de tales condenas, a más de las penas de la regla anterior, sufrirán la pena de incomunicación con personas extrañas al establecimiento penal por un término prudencial, atendidas las circunstancias, que no podrá exceder de seis meses[111].

3.° Derogado[112].

4.° Los condenados a confinamiento, extrañamiento, relegación o destierro, sufrirán las penas de presidio, reclusión o prisión, según las reglas siguientes:

Primera.- El condenado a relegación perpetua sufrirá la de presidio mayor en su grado medio.

Segunda.- El condenado a confinamiento o extrañamiento sufrirá la de presidio, por la mitad del tiempo que le falte por cumplir de la pena primitiva.

Tercera.- El condenado a relegación temporal o a destierro sufrirá la de reclusión o prisión por la mitad del tiempo que le falte por cumplir de la pena primitiva.

5.° El inhabilitado para cargos y oficios públicos, derechos políticos y profesiones titulares o para cargos, oficios o profesiones ejercidos en ámbitos educacionales, de la salud o que involucren una relación directa y habitual con menores de dieciocho años de edad o para la tenencia de animales, adultos mayores o personas en situación de discapacidad, que los ejerciere, cuando el hecho no constituya un delito especial, sufrirá la pena de reclusión menor en su grado mínimo o multa de seis a veinte unidades tributarias mensuales[113].

---

111 Este número fue modificado por la letra b) del numeral 5 del artículo 4° de la Ley N° 19.047, publicada en el Diario Oficial el 14 de febrero de 1991. Con anterioridad, el numeral fue modificado por el artículo 1° de la Ley N° 17.266, publicada en el Diario Oficial el 6 de enero de 1970.

112 Este número fue derogado por el artículo 1° de la Ley N° 17.266, publicada en el Diario Oficial el 6 de enero de 1970.

113 Este párrafo fue modificado por el número 2 del artículo 36 de la Ley N° 21.020, publicada en el Diario Oficial el 2 de agosto de 2017. Con anterioridad, también había sido modificada por el número 3 del artículo 1° de la Ley N° 21.013, publicada en el Diario Oficial el 6

En caso de reincidencia se doblará esta pena[114].

6.° El suspenso de cargo u oficio público o profesión titular que los ejerciere, sufrirá un recargo por igual tiempo al de su primitiva condena.

En caso de reincidencia sufrirá la pena de reclusión menor en su grado mínimo o multa de seis a veinte unidades tributarias mensuales[115].

7.° El sometido a la vigilancia de la autoridad, que faltare a las reglas que debe observar, sufrirá la pena de reclusión menor en sus grados mínimo a medio.

8.° El condenado en proceso por crimen o simple delito a la pena de retiro o suspensión del carnet, permiso o autorización que lo faculta para conducir vehículos o embarcaciones, o a la sanción de inhabilidad perpetua para conducirlos, sufrirá la pena de presidio menor en su grado mínimo[116].

§ II. De las penas en que incurren los que durante una condena delinquen de nuevo

Artículo 91. Los que después de haber sido condenados por sentencia ejecutoriada cometieren algún crimen o simple delito durante el tiempo de su condena, bien sea mientras la cumplen o después de haberla quebrantado, sufrirán la pena que la ley señala al nuevo crimen o simple delito que cometieren, debiendo cumplir esta condena y la primitiva por el orden que el tribunal prefije en la sentencia, de conformidad con las

---

de junio de 2017; así como por el número 3 del artículo 1° de la Ley N° 19.927, publicada en el Diario Oficial el 14 de enero de 2004.

114 Este número fue modificado por el número 3 del artículo 1° de la Ley N° 19.927, publicada en el Diario Oficial el 14 de enero de 2004. Con anterioridad, este número fue modificado por el artículo 1° de la Ley N° 19.450, publicada en el Diario Oficial el 18 de marzo de 1996.

115 Este inciso fue modificado por la letra f) del artículo 1° de la Ley N° 19.450, publicada en el Diario Oficial el 18 de marzo de 1996.

116 Este número fue incorporado por el artículo 14 de la Ley N° 15.123, publicada en el Diario Oficial el 17 de enero de 1963.

reglas prescritas en el art. 74 para el caso de imponerse varias penas al mismo delincuente[117].

Cuando en el caso de este artículo el nuevo crimen debiere penarse con presidio o reclusión perpetuos y el delincuente se hallare cumpliendo alguna de estas penas, podrá imponérsele la de presidio perpetuo calificado. Si el nuevo crimen o simple delito tuviere señalada una pena menor, se agravará la pena perpetua con una o más de las penas accesorias indicadas, a arbitrio del Tribunal, que podrán imponerse hasta por el máximo del tiempo que permite el artículo 25[118].

En el caso de que el nuevo crimen deba penarse con relegación perpetua y el delincuente se halle cumpliendo la misma pena, se le impondrá la de presidio mayor en su grado medio, dándose por terminada la de relegación[119].

Cuando la pena que mereciere el nuevo crimen o simple delito fuere otra menor, se observará lo prescrito en el acápite primero del presente artículo.

Artículo 92. Si el nuevo delito se cometiere después de haberse impuesto una condena, habrá que distinguir tres casos[120]:

1.° Cuando es de la misma especie que el anterior.

2.° Cuando es de distinta especie y el culpable ha sido condenado ya por dos o más delitos a que la ley señala igual o mayor pena[121].

---

117 Este inciso fue modificado por el artículo 1° de la Ley N° 19.806, publicada en el Diario Oficial el 31 de mayo de 2002.

118 Este inciso fue modificado por el número 10 del artículo 1° de la Ley N° 19.734, publicada en el Diario Oficial el 5 de junio de 2001. Con anterioridad, el inciso fue sustituido por el artículo 1° de la Ley N° 17.266, publicada en el Diario Oficial el 6 de enero de 1970.

119 Este inciso fue sustituido por el artículo 1° de la Ley N° 17.266, publicada en el Diario Oficial el 6 de enero de 1970.

120 Este párrafo fue modificado por la letra a) del número 3 del artículo 1° de la Ley N° 20.253, publicada en el Diario Oficial el 14 de marzo de 2008.

121 Este número fue modificado por la letra b) del número 3 del artículo 1° de la Ley N° 20.253, publicada en el Diario Oficial el 14 de marzo de 2008.

3.° Cuando siendo de distinta especie, el delincuente sólo ha sido condenado una vez por delito a que la ley señala igual o mayor pena, o más de una vez por delito cuya pena sea menor[122].

En los dos primeros casos el hecho se considera revestido de circunstancia agravante, atendido a lo que disponen los núms. 15 y 16 del art. 12, y en el último no se tomarán en cuenta para aumentar la pena los delitos anteriores[123].

TÍTULO QUINTO
DE LA EXTINCIÓN DE LA RESPONSABILIDAD PENAL

Artículo 93. La responsabilidad penal se extingue:

1.° Por la muerte del responsable, siempre en cuanto a las penas personales, y respecto de las pecuniarias sólo cuando a su fallecimiento no se hubiere dictado sentencia ejecutoriada[124].

2.° Por el cumplimiento de la condena.

3.° Por amnistía, la cual extingue por completo la pena y todos sus efectos.

4.° Por indulto.

La gracia de indulto sólo remite o conmuta la pena; pero no quita al favorecido el carácter de condenado para los efectos de la reincidencia o nuevo delinquimiento y demás que determinan las leyes.

5.° Por el perdón del ofendido cuando la pena se haya impuesto por delitos respecto de los cuales la ley sólo concede acción privada.

6.° Por la prescripción de la acción penal.

7.° Por la prescripción de la pena.

Artículo 94. La acción penal prescribe:

---

122 Este número fue modificado por la letra b) del número 3 del artículo 1° de la Ley N° 20.253, publicada en el Diario Oficial el 14 de marzo de 2008.

123 Este inciso fue modificado por la letra c) del número 3 del artículo 1° de la Ley N° 20.253, publicada en el Diario Oficial el 14 de marzo de 2008.

124 Este número fue sustituido por el artículo 1° de la Ley N° 19.806, publicada en el Diario Oficial el 31 de mayo de 2002.

Respecto de los crímenes a que la ley impone pena de presidio, reclusión o relegación perpetuos, en quince años[125].

Respecto de los demás crímenes, en diez años.

Respecto de los simples delitos, en cinco años.

Respecto de las faltas, en seis meses.

Cuando la pena señalada al delito sea compuesta, se estará a la privativa de libertad, para la aplicación de las reglas comprendidas en los tres primeros acápites de este artículo; si no se impusieren penas privativas de libertad, se estará a la mayor[126].

Las reglas precedentes se entienden sin perjuicio de las prescripciones de corto tiempo que establece este Código para delitos determinados.

Artículo 94 bis. No prescribirá la acción penal respecto de los crímenes y simples delitos descritos y sancionados en los artículos 141, inciso final, y 142, inciso final, ambos en relación con la violación; los artículos 150 B y 150 E, ambos en relación con los artículos 361, 362 y 365 bis; los artículos 361, 362, 363, 365 bis, 366, 366 bis, 366 quáter, 367, 367 ter, 367 quáter, 367 septies; el artículo 411 quáter en relación con la explotación sexual; y el artículo 433, N.º 1, en relación con la violación, cuando al momento de la perpetración del hecho la víctima fuere menor de edad[127].

En caso de que el delito previsto en el inciso primero del artículo 366 se cometiere contra mayores de edad, la prescripción de la acción penal será de diez años[128].

---

125 Este inciso fue modificado por el número 11 del artículo 1° de la Ley N° 19.734, publicada en el Diario Oficial el 5 de junio de 2001.

126 Este inciso fue modificado por el número 14 del artículo 19 de la Ley N° 18.857, publicada en el Diario Oficial el 6 de diciembre de 1989. Con anterioridad, fue modificado por el número 4 del artículo 4° de la Ley N° 11.183, publicada en el Diario Oficial el 10 de junio de 1953.

127 Artículo modificado por el numeral 1 del artículo 1° de la Ley N° 21.522, publicada en el Diario Oficial el 30 de diciembre de 2022.

128 Inciso agregado en virtud del numeral 1 del artículo 1° de la Ley ° 21.523, publicada el 30 de diciembre de 2022.

Artículo 95. El término de la prescripción empieza a correr desde el día en que se hubiere cometido el delito.

Artículo 96. Esta prescripción se interrumpe, perdiéndose el tiempo trascurrido, siempre que el delincuente comete nuevamente crimen o simple delito, y se suspende desde que el procedimiento se dirige contra él; pero si se paraliza su prosecución por tres años o se termina sin condenarle, continúa la prescripción como si no se hubiere interrumpido.

Artículo 97. Las penas impuestas por sentencia ejecutoria prescriben:
La de presidio, reclusión y relegación perpetuos, en quince años[129].
Las demás penas de crímenes, en diez años.
Las penas de simples delitos, en cinco años.
Las de faltas, en seis meses.

Artículo 98. El tiempo de la prescripción comenzará a correr desde la fecha de la sentencia de término o desde el quebrantamiento de la condena, si hubiere ésta principiado a cumplirse.

Artículo 99. Esta prescripción se interrumpe quedando sin efecto el tiempo trascurrido, cuando el condenado, durante ella, cometiere nuevamente crimen o simple delito, sin perjuicio de que comience a correr otra vez[130].

Artículo 100. Cuando el responsable se ausentare del territorio de la República sólo podrá prescribir la acción penal o la pena contando por uno cada dos días de ausencia, para el cómputo de los años[131].

---

129 Este inciso fue modificado por el numeral 12 del artículo 1° de la Ley N° 19.734, publicada en el Diario Oficial el 5 de junio de 2001. Con anterioridad, el inciso había sido modificado por el numeral 5 del artículo 4° de la Ley N°. 11.183, publicada en el Diario Oficial el 10 de junio de 1953.

130 Norma modificada por el artículo 9° de la Ley N° 19.047, publicada en el Diario Oficial el 14 de febrero de 1991.

131 Este inciso fue modificado por el artículo 1° de la Ley N° 19.806, publicada en el Diario Oficial el 31 de mayo de 2002.

Para los efectos de aplicar la prescripción acción penal o de la pena, no se entenderán ausentes del territorio nacional los que hubieren estado sujetos a prohibición o impedimento de ingreso al país por decisión de la autoridad política o administrativa, por el tiempo que les hubiere afectado tal prohibición o impedimento[132].

Artículo 101. Tanto la prescripción de la acción penal como la de la pena corren a favor y en contra de toda clase de personas.

Artículo 102. La prescripción será declarada de oficio por el tribunal aún cuando el imputado o acusado no la alegue, con tal que se halle presente en el juicio[133].

Artículo 103. Si el responsable se presentare o fuere habido antes de completar el tiempo de la prescripción de la acción penal o de la pena, pero habiendo ya trascurrido la mitad del que se exige, en sus respectivos casos, para tales prescripciones, deberá el tribunal considerar el hecho como revestido de dos o más circunstancias atenuantes muy calificadas y de ninguna agravante y aplicar las reglas de los arts. 65, 66, 67 y 68, sea en la imposición de la pena, sea para disminuir la ya impuesta[134].

Esta regla no se aplica a las prescripciones de las faltas y especiales de corto tiempo.

Artículo 104. Las circunstancias agravantes comprendidas en los núms. 15 y 16 del art. 12, no se tomarán en cuenta tratándose de crímenes, después de diez años, a contar desde la fecha en que tuvo lugar el hecho, ni después de cinco, en los casos de simples delitos.

---

[132] Este inciso fue incorporado por el artículo 11 transitorio de la Ley N° 19.047, publicada en el Diario Oficial el 14 de febrero de 1991.

[133] Este artículo fue modificado por el artículo 1° de la Ley N° 19.806, publicada en el Diario Oficial el 31 de mayo de 2002.

[134] Este inciso fue modificado por el artículo 1° de la Ley N° 19.806, publicada en el Diario Oficial el 31 de mayo de 2002.

Artículo 105. Las inhabilidades legales provenientes de crimen o simple delito sólo durarán el tiempo requerido para prescribir la pena, computado de la manera que se dispone en los arts. 98, 99 y 100. Esta regla no es aplicable a las inhabilidades para el ejercicio de los derechos políticos.

La prescripción de la responsabilidad civil proveniente de delito, se rige por el Código civil.

LIBRO SEGUNDO
CRÍMENES Y SIMPLES DELITOS Y SUS PENAS

TÍTULO PRIMERO
CRÍMENES Y SIMPLES DELITOS CONTRA LA SEGURIDAD EXTERIOR Y SOBERANÍA DEL ESTADO

Artículo 106. Todo el que dentro del territorio de la República conspirare contra su seguridad exterior para inducir a una potencia extranjera a hacer la guerra a Chile, será castigado por presidio mayor en su grado máximo a presidio perpetuo. Si se han seguido hostilidades bélicas, la pena podrá elevarse hasta el presidio perpetuo calificado[135].

Las prescripciones de este artículo se aplican a los chilenos, aún cuando la conspiración haya tenido lugar fuera del territorio de la República[136].

Artículo 107. El chileno que militare contra su patria bajo banderas enemigas, será castigado con presidio mayor en su grado medio a presidio perpetuo[137].

Artículo 108. Todo individuo que, sin proceder a nombre y con la autorización de una potencia extranjera hiciere armas contra Chile amenazando la independencia o integridad de su territorio, sufrirá la pena de presidio mayor en su grado máximo a presidio perpetuo[138].

---

135 Este inciso fue modificado por el número 13 del artículo 1° de la Ley N° 19.734, publicada en el Diario Oficial el 5 de junio de 2001.

136 Este artículo fue sustituido por el artículo 1° de la Ley N° 17.266, publicada en el Diario Oficial el 6 de enero de 1970.

137 Este artículo fue modificado por el numeral 1 del artículo 2° de la Ley N° 19.029, publicada en el Diario Oficial el 23 de enero de 1991. Con anterioridad, el artículo había sido sustituido por el artículo 1° de la Ley N° 17.266, publicada en el Diario Oficial el 6 de enero de 1970.

138 Este artículo fue sustituido por el artículo 1° de la Ley N° 17.266, publicada en el Diario Oficial el 6 de enero de 1970.

Artículo 109. Será castigado con la pena de presidio mayor en su grado máximo a presidio perpetuo[139]:

El que facilitare al enemigo la entrada en el territorio de la República.

El que le entregare ciudades, puertos, plazas, fortalezas, puestos, almacenes, buques, dineros u otros objetos pertenecientes al Estado, de reconocida utilidad para el progreso de la guerra.

El que le suministrare auxilio de hombres, dinero, víveres, armas, municiones, vestuarios, carros, caballerías, embarcaciones u otros objetos conocidamente útiles al enemigo.

El que favoreciere el progreso de las armas enemigas en el territorio de la República o contra las fuerzas chilenas de mar y tierra, corrompiendo la fidelidad de los oficiales, soldados, marineros u otros ciudadanos hacia el Estado.

El que suministrare al enemigo planos de fortificaciones, arsenales, puertos o radas.

El que le revelare el secreto de una negociación o de una expedición.

El que ocultare o hiciere ocultar a los espías o soldados del enemigo enviados a la descubierta.

El que como práctico dirigiere el ejército o armada enemigos.

El que diere maliciosamente falso rumbo o falsas noticias al ejército o armada de la República.

El proveedor que maliciosamente faltare a su deber con grave daño del ejército o armada.

El que impidiere que las tropas de la República reciban auxilios de caudales, armas, municiones de boca o de guerra, equipos o embarcaciones, o los planos, instrucciones o noticias convenientes para el mejor progreso de la guerra[140].

El que por cualquier medio hubiere incendiado algunos objetos con intención de favorecer al enemigo.

---

[139] Este párrafo fue modificado por el artículo 1° de la Ley N° 17.266, publicada en el Diario Oficial el 6 de enero de 1970.

[140] Este inciso fue modificado por el artículo 1° de la Ley N° 17.266, publicada en el Diario Oficial el 6 de enero de 1970.

En los casos de este artículo si el delincuente fuero funcionario público, agente o comisionado del Gobierno de la República, que hubiere abusado de la autoridad, documentos o noticias que tuviere por razón de su cargo, la pena será la de presidio perpetuo[141].

Artículo 110. Con la pena de presidio mayor en su grado medio a presidio perpetuo, se castigarán los crímenes enumerados en el artículo anterior cuando ellos se cometieren respecto de los aliados de la República que obran contra el enemigo común.

Artículo 111. En los casos de los cinco artículos precedentes el delito frustrado se castiga como si fuera consumado, la tentativa con la pena inferior en un grado a la señalada para el delito, la conspiración con la inferior en dos grados y la proposición con la de presidio menor en cualquiera de sus grados.

Artículo 112. Todo individuo que hubiere mantenido con los ciudadanos o súbditos de una potencia enemiga correspondencia que, sin tener en mira alguno de los crímenes enumerados en el art. 109, ha dado por resultado suministrar al enemigo noticias perjudiciales a la situación militar de Chile o de sus aliados, que obran contra el enemigo común, sufrirá la pena de presidio menor en cualquiera de sus grados.

La misma pena se aplicará cuando la correspondencia fuere en cifras que no permitan apreciar su contenido.

Si las noticias son comunicadas por un empleado público, que tiene conocimiento de ellas en razón de su empleo, la pena será presidio mayor en su grado medio.

Artículo 113. El que violare tregua o armisticio acordado entre la República y otra nación enemiga o entre sus fuerzas beligerantes de mar o tierra, sufrirá la pena de presidio menor en su grado medio.

---

[141] Este inciso final fue modificado por el numeral 2 del artículo 2° de la Ley N° 19.029, publicada en el Diario Oficial el 23 de enero de 1991.

Artículo 114. El que sin autorización legítima levantare tropas en el territorio de la República o destinare buques al corso, cualquiera que sea el objeto que se proponga o la nación a que intente hostilizar, será castigado con presidio mayor en su grado mínimo y multa de veintiuna a treinta unidades tributarias mensuales[142].

Artículo 115. El que violare la neutralidad de la República, comerciando con los beligerantes en artículos declarados de contrabando de guerra en los respectivos decretos o proclamas de neutralidad, será penado con presidio menor en su grado medio.

Si un empleado público fuere autor o cómplice en este delito, se le castigará con presidio menor en su grado máximo.

Artículo 116. El ciudadano o súbdito de una nación con quien Chile está en guerra, que violare los decretos de internación o expulsión del territorio de la República, expedidos por el Gobierno respecto de los ciudadanos o súbditos de dicha nación, sufrirá la pena de reclusión menor en su grado medio; no pudiendo ésta en ningún caso, extenderse más allá de la duración de la guerra que motivó aquellas medidas.

Artículo 117. El chileno culpable de tentativa para pasar a país enemigo cuando lo hubiere prohibido el Gobierno, será castigado con la pena de reclusión menor en su grado mínimo.

Artículo 118. El que ejecutare en la República cualesquiera órdenes o disposiciones de un Gobierno extranjero, que ofendan la independencia o seguridad del Estado, incurrirá en la pena de extrañamiento menor en sus grados mínimo a medio.

Artículo 119. Si un empleado público, abusando de su oficio, cometiere cualquiera de los simples delitos de que se trata en el artículo anterior,

---

[142] Este artículo fue modificado por la letra l) del artículo 1° de la Ley N° 19.450, publicada en el Diario Oficial el 18 de marzo de 1996.

se le impondrá además de la pena señalada en él, la de inhabilitación absoluta temporal para cargos y oficios públicos en su grado mínimo.

Artículo 120. El que violare la inmunidad personal o el domicilio del representante de una potencia extranjera, será castigado con reclusión menor en su grado mínimo, a menos que tal violación importe un delito que tenga señalada pena mayor, debiendo en tal caso ser considerada aquélla como circunstancia agravante.

TÍTULO SEGUNDO
CRÍMENES Y SIMPLES DELITOS CONTRA LA SEGURIDAD INTERIOR DEL ESTADO

Artículo 121. Los que se alzaren a mano armada contra el Gobierno legalmente constituido con el objeto de promover la guerra civil, de cambiar la Constitución del Estado o su forma de gobierno, de privar de sus funciones o impedir que entren en el ejercicio de ellas al Presidente de la República o al que haga sus veces, a los miembros del Congreso Nacional o de los Tribunales Superiores de Justicia, sufrirán la pena de reclusión mayor, o bien la de confinamiento mayor o la de extrañamiento mayor, en cualesquiera de sus grados.

Artículo 122. Los que induciendo a los alzados, hubieren promovido o sostuvieren la sublevación y los caudillos principales de ésta, serán castigados con las mismas penas del artículo anterior, aplicadas en sus grados máximos.

Artículo 123. Los que tocaren o mandaren tocar campanas u otro instrumento cualquiera para excitar al pueblo al alzamiento y los que, con igual fin, dirigieren discursos a la muchedumbre o le repartieren impresos, si la sublevación llega a consumarse, serán castigados con la pena de reclusión menor o de extrañamiento menor en sus grados medios, a no ser que merezcan la calificación de promovedores.

Artículo 124. Los que sin cometer los crímenes enumerados en el art. 121, pero con el propósito de ejecutarlos, sedujeren tropas, usurparen el mando de ellas, de un buque de guerra, de una plaza fuerte, de un puesto de guardia, de un puerto o de una ciudad, o retuvieren contra la orden del Gobierno un mando político o militar cualquiera, sufrirán la pena de reclusión mayor o de confinamiento mayor en sus grados medios.

Artículo 125. En los crímenes de que tratan los arts. 121, 122 y 124, la conspiración se pena con extrañamiento mayor en su grado medio y la proposición con extrañamiento menor en su grado medio.

Artículo 126. Los que se alzaren públicamente con el propósito de impedir la promulgación o la ejecución de las leyes, la libre celebración de una elección popular, de coartar el ejercicio de sus atribuciones o la ejecución de sus providencias a cualquiera de los Poderes Constitucionales, de arrancarles resoluciones por medio de la fuerza o de ejercer actos de odio o de venganza en la persona o bienes de alguna autoridad o de sus agentes o en las pertenencias del Estado o de alguna corporación pública, sufrirán la pena de reclusión menor o bien la de confinamiento menor o de extrañamiento menor en cualesquiera de sus grados.

Artículo 127. Las prescripciones de los arts. 122, 123, 124 y 125 tienen aplicación respecto de los simples delitos de que trata el artículo precedente, siendo las penas respectivamente inferiores en un grado a las que en dichos artículos se establecen.

Artículo 128. Luego que se manifieste la sublevación, la autoridad intimará hasta dos veces a los sublevados que inmediatamente se disuelvan y retiren, dejando pasar entre una y otra intimación el tiempo necesario para ello.

Si los sublevados no se retiraren inmediatamente después de la segunda intimación, la autoridad hará uso de la fuerza pública para disolverlos.

No serán necesarias respectivamente, la primera o la segunda intimación, desde el momento en que los sublevados ejecuten actos de violencia.

Artículo 129. Cuando los sublevados se disolvieren o sometieren a la autoridad legítima antes de las intimaciones o a consecuencia de ellas sin haber ejecutado actos de violencia, quedarán exentos de toda pena.

Los instigadores, promovedores y sostenedores de la sublevación, en el caso del presente artículo, serán castigados con una pena inferior en uno o dos grados a la que les hubiera correspondido consumado el delito.

Artículo 130. En el caso de que la sublevación no llegare a agravarse hasta el punto de embarazar de una manera sensible el ejercicio de la autoridad pública, serán juzgados los sublevados con arreglo a lo que se previene en el inciso final del artículo anterior.

Artículo 131. Los delitos particulares cometidos en una sublevación o con motivo de ella, serán castigados respectivamente, con las penas designadas para ellos, no obstante lo dispuesto en el art. 129.

Si no pueden descubrirse los autores, serán considerados y penados como cómplices de tales delitos los jefes principales o subalternos de los sublevados, que hallándose en la posibilidad de impedirlos, no lo hubieren hecho.

Artículo 132. Cuando en las sublevaciones de que trata este título se supone uso de armas, se comprenderá bajo esta palabra toda máquina, instrumento, utensilio u objeto cortante, punzante o contundente que se haya tomado para matar, herir o golpear, aún cuando no se haya hecho uso de él.

Artículo 133. Los que por astucia o por cualquier otro medio, pero sin alzarse contra el Gobierno, cometieren alguno de los crímenes o simples delitos de que tratan los arts. 121 y 126, serán penados con reclusión o relegación menores en cualquiera de sus grados, salvo lo dispuesto en el art. 137 respecto de los delitos que conciernen al ejercicio de los derechos políticos.

Artículo 134. Los empleados públicos que debiendo resistir la sublevación por razón de su oficio, no lo hubieren hecho por todos los medios que estuvieren a sus alcances, sufrirán la pena de inhabilitación absoluta temporal para cargos y oficios públicos en cualquiera de sus grados.

Artículo 135. Los empleados que continuaren funcionando bajo las órdenes de los sublevados o que sin haberles admitido la renuncia de su empleo, lo abandonaren cuando haya peligro de alzamiento, incurrirán en la pena de inhabilitación absoluta temporal para cargos y oficios públicos en sus grados medio a máximo.

Artículo 136. Los que aceptaren cargos o empleos de los sublevados, serán castigados con inhabilitación absoluta temporal para cargos y oficios públicos en su grado mínimo y multa de once a veinte unidades tributarias mensuales[143].

TÍTULO TERCERO
DE LOS CRÍMENES Y SIMPLES DELITOS QUE AFECTAN LOS DERECHOS GARANTIZADOS POR LA CONSTITUCIÓN

§ I. De los delitos relativos al ejercicio de los derechos políticos y a la libertad de imprenta

Artículo 137. Los delitos relativos al libre ejercicio del sufragio y a la libertad de emitir opiniones por la prensa, se clasifican y penan respectivamente por las leyes de elecciones y de imprenta.

§ II. De los crímenes y simples delitos relativos al ejercicio de los cultos permitidos en la República

Artículo 138. Todo el que por medio de violencia o amenazas hubiere impedido a uno o más individuos el ejercicio de un culto permitido en la República, será castigado con reclusión menor en su grado mínimo.

---

[143] Este artículo fue modificado por la letra i) del artículo 1° de la Ley N° 19.450, publicada en el Diario Oficial el 18 de marzo de 1996.

Artículo 139. Sufrirán la pena de reclusión menor en su grado mínimo y multa de seis a diez unidades tributarias mensuales[144]:

1.° Los que con tumulto o desorden hubieren impedido, retardado o interrumpido el ejercicio de un culto que se practicaba en lugar destinado a él o que sirve habitualmente para celebrarlo, o en las ceremonias públicas de ese mismo culto.

2.° Los que con acciones, palabras o amenazas ultrajaren los objetos de un culto, sea en los lugares destinados a él o que sirven habitualmente para su ejercicio, sea en las ceremonias públicas de ese mismo culto.

3.° Los que con acciones, palabras o amenazas ultrajaren, al ministro de un culto en el ejercicio de su ministerio.

Artículo 140. Cuando en el caso del número 3.° del artículo precedente, la injuria fuere de hecho, poniendo manos violentas sobre la persona del ministro, el delincuente sufrirá las penas de reclusión menor en sus grados mínimo a medio y multa de seis a diez unidades tributarias mensuales[145].

Si los golpes causaren al ofendido algunas de las lesiones a que se refiere el art. 399, la pena será presidio menor en su grado medio; cuando las lesiones fueren de las comprendidas en el núm. 2.° del art. 397, se castigarán con presidio menor en su grado máximo; si fueren de las que relaciona el núm. 1.° de dicho artículo, con presidio mayor en su grado medio, y cuando de las lesiones resultare la muerte del paciente, se impondrá al ofensor la pena de presidio mayor en su grado máximo a presidio perpetuo[146].

---

144 Este párrafo fue modificado por la letra d) del artículo 1° de la Ley N° 19.450, publicada en el Diario Oficial el 18 de marzo de 1996.

145 Este inciso fue modificado por la letra d) del artículo 1° de la Ley N° 19.450, publicada en el Diario Oficial el 18 de marzo de 1996.

146 Este inciso fue modificado por el artículo 1° de la Ley N° 17.266, publicada en el Diario Oficial el 6 de enero de 1970.

§ III. Crímenes y simples delitos contra la libertad y seguridad, cometidos por particulares

Artículo 141. El que sin derecho encerrare o detuviere a otro privándole de su libertad, comete el delito de secuestro y será castigado con la pena de presidio o reclusión menor en su grado máximo[147].

En la misma pena incurrirá el que proporcionare lugar para la ejecución del delito.

Si se ejecutare para obtener un rescate o imponer exigencias o arrancar decisiones o si el encierro o detención se prolongare por más de 24 horas, será castigado con la pena de presidio mayor en su grado mínimo a medio[148].

Si en cualesquiera de los casos anteriores, el encierro o la detención se prolongare por más de quince días o si de ello resultare un daño grave en la persona o intereses del secuestrado, la pena será presidio mayor en su grado medio a máximo.

El que con motivo u ocasión del secuestro cometiere además homicidio, violación, o algunas de las lesiones comprendidas en los artículos 395, 396 y 397 Nº 1, en la persona del ofendido, será castigado con presidio mayor en su grado máximo a presidio perpetuo calificado[149].

Artículo 142. La sustracción de un menor de 18 años será castigada:

1.- Con presidio mayor en su grado máximo a presidio perpetuo, si se ejecutare para obtener un rescate, imponer exigencias, arrancar decisiones o si resultare un grave daño en la persona del menor.

2.- Con presidio mayor en su grado medio a máximo en los demás casos.

---

147 Inciso fue modificado por el artículo 1º de la Ley Nº 19.241, publicada en el Diario Oficial el 28 de agosto de 1993.

148 Inciso modificado por el artículo único de la Ley Nº 21.557, publicada en el Diario Oficial el 10 de abril de 2023.

149 Artículo modificado por el número 4 del artículo 1º de la Ley Nº 21.483, publicada en el Diario Oficial el 24 de agosto de 2022.

Si con motivo u ocasión de la sustracción se cometiere alguno de los delitos indicados en el inciso final del artículo anterior, se aplicará la pena que en él se señala[150].

Artículo 142 bis. Si los partícipes en los delitos de secuestro de una persona o de sustracción de un menor, antes de cumplir cualquiera de las condiciones exigidas por los secuestradores para devolver a la víctima, la devolvieren libre de todo daño, la pena asignada al delito se rebajará en dos grados. Si la devolución se realiza después de cumplida alguna de las condiciones, el juez podrá rebajar la pena en un grado a la señalada en los dos artículos anteriores[151].

Artículo 143. El que fuera de los casos permitidos por la ley, aprehendiere a una persona para presentarla a la autoridad, sufrirá la pena de reclusión menor en su grado mínimo o multa de seis a diez unidades tributarias mensuales[152].

Artículo 144. El que entrare en morada ajena contra la voluntad de su morador, será castigado con reclusión menor en su grado mínimo o multa de seis a diez unidades tributarias mensuales.

Si el hecho se ejecutare con violencia o intimidación, el tribunal podrá aplicar la reclusión menor hasta en su grado medio y elevar la multa hasta quince unidades tributarias mensuales[153].

Artículo 145. La disposición del artículo anterior no es aplicable al que entra en la morada ajena para evitar un mal grave a sí mismo, a los

---

150 Este artículo fue sustituido por el artículo 2° de la Ley N° 19.241, publicada en el Diario Oficial el 28 de agosto de 1993.

151 Este artículo fue agregado por el artículo 3° de la Ley N° 19.241, publicada en el Diario Oficial el 28 de agosto de 1993.

152 Este artículo fue modificado por la letra d) del artículo 1° de la Ley N° 19.450, publicada en el Diario Oficial el 18 de marzo de 1996.

153 Este artículo fue modificado por las letras d) y e) del artículo 1° de la Ley N° 19.450, publicada en el Diario Oficial el 18 de marzo de 1996.

moradores o a un tercero, ni al que lo hace para prestar algún auxilio a la humanidad o a la justicia.

Tampoco tiene aplicación respecto de los cafés, tabernas, posadas y demás casas públicas, mientras estuvieren abiertos y no se usare de violencia inmotivada.

Artículo 146. El que abriere o registrare la correspondencia o los papeles de otro sin su voluntad, sufrirá la pena de reclusión menor en su grado medio si divulgare o se aprovechare de los secretos que ellos contienen, y en el caso contrario la de reclusión menor en su grado mínimo.

Esta disposición no es aplicable entre cónyuges, convivientes civiles, ni a los padres, guardadores o quienes hagan sus veces, en cuanto a los papeles o cartas de sus hijos o menores que se hallen bajo su dependencia[154].

Tampoco es aplicable a aquellas personas a quienes por leyes o reglamentos especiales, les es lícito instruirse de correspondencia ajena.

Artículo 147. El que bajo cualquier pretexto, impusiere a otros contribuciones o les exigiere, sin título para ello, servicios personales, incurrirá en las penas de reclusión menor en sus grados mínimo a medio y multa de once a veinte unidades tributarias mensuales[155].

§ IV. De la tortura, otros tratos crueles, inhumanos o degradantes, y de otros agravios inferidos por funcionarios públicos a los derechos garantidos por la Constitución[156]

Artículo 148. Todo empleado público que ilegal y arbitrariamente desterrare, arrestare o detuviere a una persona, sufrirá la pena de reclusión menor y suspensión del empleo en sus grados mínimos a medios.

---

154 Este inciso fue modificado por el numeral v) del artículo 39 de la Ley N° 20.830, publicada en el Diario Oficial el 21 de abril de 2015.

155 Este artículo fue modificado por la letra i) del artículo 1° de la Ley N° 19.450, publicada en el Diario Oficial el 18 de marzo de 1996.

156 Este título fue modificado por el número 1) del artículo 1° de la Ley N° 20.968, publicada en el Diario Oficial el 22 de noviembre de 2016.

Si el arresto o detención excediere de treinta días, las penas serán reclusión menor y suspensión en sus grados máximos.

Artículo 149. Serán castigados con las penas de reclusión menor y suspensión en sus grados mínimos a medios:

1.° Los que encargados de un establecimiento penal, recibieren en él a un individuo en calidad de preso o detenido sin haberse llenado los requisitos prevenidos por la ley.

2.° Los que habiendo recibido a una persona en clase de detenida, no dieren parte al tribunal competente dentro de las veinte y cuatro horas siguientes.

3.° Los que impidieren comunicarse a los detenidos con el juez que conoce de su causa y a los rematados con los magistrados encargados de visitar los respectivos establecimientos penales.

4.° Los encargados de los lugares de detención que se negaren a trasmitir al tribunal, a requisición del preso, copia del decreto de prisión, o a reclamar para que se dé dicha copia, o a dar ellos mismos un certificado de hallarse preso aquel individuo.

5.° Los que teniendo a su cargo la policía administrativa o judicial y sabedores de cualquiera detención arbitraria, no la hicieren cesar, teniendo facultad para ello, o en caso contrario dejaren de dar parte a la autoridad superior competente.

6.° Los que habiendo hecho arrestar a un individuo no dieren parte al tribunal competente dentro de las cuarenta y ocho horas, poniendo al arrestado a su disposición.

En los casos a que se refieren los núms. 2.°, 5.° y 6.° de este artículo, los culpables incurrirán respectivamente en las penas del artículo anterior, si pasaren más de tres días sin cumplir con las obligaciones cuya ejecución se castiga en tales números.

Artículo 150. Sufrirá las penas de presidio o reclusión menores y la accesoria que corresponda:

1.º El que incomunicare a una persona privada de libertad o usare con ella de un rigor innecesario, y[157]

2.º El que arbitrariamente hiciere arrestar o detener en otros lugares que los establecidos por la ley[158].

Al que, sin revestir la calidad de empleado público, participare en la comisión de estos delitos, se le impondrá la pena de presidio o reclusión menor en su grado mínimo a medio[159].

Artículo 150 A. El empleado público que, abusando de su cargo o sus funciones, aplicare, ordenare o consintiere en que se aplique tortura, será penado con presidio mayor en su grado mínimo. Igual sanción se impondrá al empleado público que, conociendo de la ocurrencia de estas conductas, no impidiere o no hiciere cesar la aplicación de tortura, teniendo la facultad o autoridad necesaria para ello o estando en posición para hacerlo.

La misma pena se aplicará al particular que, en el ejercicio de funciones públicas, o a instigación de un empleado público, o con el consentimiento o aquiescencia de éste, ejecutare los actos a que se refiere este artículo.

Se entenderá por tortura todo acto por el cual se inflija intencionalmente a una persona dolores o sufrimientos graves, ya sean físicos, sexuales o psíquicos, con el fin de obtener de ella o de un tercero información, declaración o una confesión, de castigarla por un acto que haya cometido, o se le impute haber cometido, o de intimidar o coaccionar a esa persona, o en razón de una discriminación fundada en motivos tales como la ideología, la opinión política, la religión o creencias de la víctima; la nación, la raza, la etnia o el grupo social al que pertenezca; el sexo, la orientación sexual, la identidad de género, la edad, la filiación, la apariencia personal, el estado de salud o la situación de discapacidad.

---

[157] Este número fue modificado por el artículo 1º de la Ley Nº 19.806, publicada en el Diario Oficial el 31 de mayo de 2002.

[158] Este artículo fue sustituido por la letra a) del artículo 2º de la Ley Nº 19.567, publicada en el Diario Oficial el 1 de julio de 1998.

[159] Este inciso fue agregado por el número 2 del artículo 1º de la Ley Nº 20.968, publicada en el Diario Oficial el 22 de noviembre de 2016.

Se entenderá también por tortura la aplicación intencional de métodos tendientes a anular la personalidad de la víctima, o a disminuir su voluntad o su capacidad de discernimiento o decisión, con alguno de los fines referidos en el inciso precedente. Esta conducta se sancionará con la pena de presidio menor en su grado máximo.

No se considerarán como tortura las molestias o penalidades que sean consecuencia únicamente de sanciones legales, o que sean inherentes o incidentales a éstas, ni las derivadas de un acto legítimo de autoridad[160].

Artículo 150 B. Si con ocasión de la tortura se cometiere además:

1° Homicidio, se aplicará la pena de presidio mayor en su grado máximo a presidio perpetuo calificado.

2° Alguno de los delitos previstos en los artículos 361, 362, 365 bis, 395, 396 o 397, número 1°, la pena será de presidio mayor en su grado máximo a presidio perpetuo.

3° Alguno de los cuasidelitos a que se refiere el artículo 490, número 1°, la pena será de presidio mayor en su grado medio[161].

Artículo 150 C. En los casos previstos en los artículos 150 A y 150 B se excluirá el mínimum o el grado mínimo de la pena señalada, según corresponda, al que torture a otro que se encuentre, legítima o ilegítimamente, privado de libertad, o en cualquier caso bajo su cuidado, custodia o control[162].

---

160 Este artículo fue sustituido por el número 3 del artículo 1° de la Ley N° 20.968, publicada en el Diario Oficial el 22 de noviembre de 2016. Con anterioridad, fue agregado por la letra b) del artículo 2° de la Ley N° 19.567, publicada en el Diario Oficial el 1 de julio de 1998.

161 Este artículo fue sustituido por el número 4 del artículo 1° de la Ley N° 20.968, publicada en el Diario Oficial el 22 de noviembre de 2016. Con anterioridad, fue agregado por la letra c) del artículo 2° de la Ley N° 19.567, publicada en el Diario Oficial el 1 de julio de 1998.

162 Este artículo fue agregado por el número 5 del artículo 1° de la Ley N° 20.968, publicada en el Diario Oficial el 22 de noviembre de 2016.

Artículo 150 D. El empleado público que, en incumplimiento de los reglamentos respectivos actúe abusando de su cargo o que en el ejercicio de sus funciones, aplique, ordene o consienta en que se apliquen apremios ilegítimos u otros tratos crueles, inhumanos o degradantes, que no alcancen por su gravedad a constituir tortura, será castigado con las penas de presidio menor en sus grados medio a máximo y la accesoria correspondiente. Igual sanción se impondrá al empleado público que, conociendo de la ocurrencia de estas conductas, no impida o no haga cesar la aplicación de los apremios o de los otros tratos, teniendo la facultad o autoridad necesaria para ello y estando en posición para hacerlo.

Si la conducta descrita en el inciso precedente se comete en contra de una persona menor de edad o en situación de vulnerabilidad por discapacidad, enfermedad o vejez, la pena se aumentará en un grado[163].

No se considerarán como apremios ilegítimos u otros tratos crueles, inhumanos o degradantes las molestias o penalidades que sean consecuencia únicamente de sanciones legales, o que sean inherentes o incidentales a éstas, ni las derivadas de un acto legítimo de autoridad.

Sin perjuicio de lo dispuesto en los incisos anteriores, si los hechos constituyeren algún delito o delitos de mayor gravedad, se estará a la pena señalada para ellos[164].

Artículo 150 E. Si con ocasión de los apremios ilegítimos u otros tratos crueles, inhumanos o degradantes se cometiere además:

1° Homicidio, se aplicará la pena de presidio mayor en su grado máximo a presidio perpetuo.

2° Alguno de los delitos previstos en los artículos 361, 362, 365 bis, 395, 396 o 397, número 1°, la pena será de presidio mayor en su grado medio.

---

163 Los incisos 1° y 2° fueron modificados por el artículo 7° de la Ley N° 21.560, publicada en el Diario Oficial el 10 de abril de 2023.

164 Este artículo fue agregado por el número 5 del artículo 1° de la Ley N° 20.968, publicada en el Diario Oficial el 22 de noviembre de 2016.

3º Alguno de los cuasidelitos a que se refiere el artículo 490, número 1º, la pena será de presidio menor en su grado máximo a presidio mayor en su grado mínimo[165].

Artículo 150 F. La misma pena se aplicará al particular que, en el ejercicio de funciones públicas, o a instigación de un empleado público, o con el consentimiento o aquiescencia de éste, ejecutare los actos a que se refieren los artículos 150 D o 150 E[166].

Artículo 151. El empleado público que en el arresto o formación de causa contra un senador, un diputado u otro funcionario, violare las prerrogativas que la ley les acuerda, incurrirá en la pena de reclusión menor o suspensión en cualesquiera de sus grados.

Artículo 152. Los empleados públicos que arrogándose facultades judiciales, impusieren algún castigo equivalente a pena corporal, incurrirán:

1.º En inhabilitación absoluta temporal para cargos y oficios públicos en cualquiera de sus grados, si el castigo impuesto fuere equivalente a pena de crimen.

2.º En la misma inhabilitación en sus grados mínimo a medio, cuando fuere equivalente a pena de simple delito.

3.º En suspensión de cargo u oficio en cualquiera de sus grados, si fuere equivalente a pena de falta.

Artículo 153. Si el castigo arbitrariamente impuesto se hubiere ejecutado en todo o en parte, además de las penas del artículo anterior se aplicará al empleado culpable la de presidio o reclusión menores o mayores en cualquiera de sus grados, atendidas las circunstancias y naturaleza del castigo ejecutado.

---

165 Este artículo fue agregado por el número 5 del artículo 1º de la Ley Nº 20.968, publicada en el Diario Oficial el 22 de noviembre de 2016.

166 Este artículo fue agregado por el número 5 del artículo 1º de la Ley Nº 20.968, publicada en el Diario Oficial el 22 de noviembre de 2016.

Cuando no hubiere tenido efecto por revocación espontánea del mismo empleado antes de ser intimado al penado, no incurrirá aquél en responsabilidad.

Artículo 154. Si la pena arbitrariamente impuesta fuere pecuniaria, el empleado culpable será castigado:

1.° Con inhabilitación absoluta temporal para cargos y oficios públicos en sus grados mínimo a medio y multa del tanto al triple de la pena impuesta, cuando ésta se hubiere ejecutado.

2° Con suspensión de cargo u oficio en su grado mínimo y multa de la mitad al tanto, si la pena no se hubiere ejecutado.

Cuando no hubiere tenido efecto por revocación voluntaria del empleado antes de intimarse al penado, no incurrirá aquél en responsabilidad.

Artículo 155. El empleado público que abusando de su oficio, allanare un templo o la casa de cualquiera persona o hiciere registro en sus papeles, a no ser en los casos y forma que prescriben las leyes, será castigado con la pena de reclusión menor en sus grados mínimo a medio o con la de suspensión en cualquiera de sus grados.

Artículo 156. Los empleados en el servicio de correos y telégrafos u otros que prevaliéndose de su autoridad interceptaren o abrieren la correspondencia o facilitaren a tercero su apertura o supresión, sufrirán la pena de reclusión menor en su grado mínimo y, si se aprovecharen de los secretos que contiene o los divulgaren, las penas serán reclusión menor en cualquiera de sus grados y multa de once a veinte unidades tributarias mensuales[167].

En los casos de retardo doloso en el envío o entrega de la correspondencia epistolar o de partes telegráficos, la pena será reclusión menor en su grado mínimo.

---

[167] Este inciso fue modificado por la letra i) del artículo 1° de la Ley N° 19.450, publicada en el Diario Oficial el 18 de marzo de 1996.

Artículo 157. Todo empleado público que sin un decreto de autoridad competente, deducido de la ley que autoriza la exacción de una contribución o de un servicio personal, los exigiere bajo cualquier pretexto, será penado con inhabilitación absoluta temporal para cargos y oficios públicos en cualquiera de sus grados y multa de once a veinte unidades tributarias mensuales[168].

Si la exacción de la contribución o servicio personal se hiciere con ánimo de lucro, el empleado culpable será sancionado conforme a lo dispuesto en los párrafos 2 u 8 del Título IX, según corresponda[169].

Artículo 158. Sufrirá la pena de suspensión en sus grados mínimo a medio, si gozare de renta, y la de reclusión menor en su grado mínimo o multa de once a veinte unidades tributarias mensuales, cuando prestare servicios gratuitos, el empleado público que arbitrariamente[170]:

1.° Derogado[171].

2.° Prohibiere un trabajo o industria que no se oponga a la ley, a las buenas costumbres, seguridad y salubridad públicas.

3.° Prohibiere o impidiere una reunión o manifestación pacífica y legal o la mandare disolver o suspender.

4.° Impidiere a un habitante de la República permanecer en cualquier punto de ella, trasladarse de uno a otro o salir de su territorio, en los casos que la ley no lo prohíba; concurrir a una reunión o manifestación pacífica y legal; formar parte de cualquier asociación lícita, o hacer uso del derecho de petición que le garantiza la ley.

---

168 Este inciso fue modificado por la letra a) del numeral 1 del artículo 1° de la Ley N° 19.645, publicada en el Diario Oficial el 11 de diciembre de 1999. Con anterioridad, fue modificado por la letra i) del artículo 1° de la Ley N° 19.450, publicada en el Diario Oficial el 18 de marzo de 1996.

169 Este inciso fue modificado por la letra b) del numeral 1 del artículo 1° de la Ley N° 19.645, publicada en el Diario Oficial el 11 de diciembre de 1999.

170 Este inciso fue modificado por la letra i) del artículo 1° de la Ley N° 19.450, publicada en el Diario Oficial el 18 de marzo de 1996.

171 Este número fue derogado por el artículo 44 de la Ley N° 19.733, publicada en el Diario Oficial el 4 de junio de 2001.

5.º Privare a otro de la propiedad exclusiva de su descubrimiento o producción, o divulgare los secretos del invento, que hubiere conocido por razón de su empleo.

6.º Expropiare a otro de sus bienes o le perturbare en su posesión, a no ser en los casos que permite la ley.

Artículo 159. Si en los casos de los artículos anteriores de este párrafo, aquél a quien se atribuyere responsabilidad justificare que ha obrado por orden de sus superiores a quienes debe obediencia disciplinaria, las penas señaladas en dichos artículos se aplicarán sólo a los superiores que hayan dado la orden[172].

Artículo 160. Si un empleado público acusado de haber ordenado, autorizado o facilitado alguno de los actos de que se trata en el presente párrafo, pretende que la orden lo ha sido arrancada por sorpresa, será obligado, revocando desde luego tal orden para hacer cesar el acto, a denunciar al culpable; en caso de no denunciarlo, responderá personalmente.

Artículo 161. Cuando para llevar a efecto alguno de los delitos enunciados, se hubiere falsificado o supuesto la firma de un funcionario público, los autores y los que maliciosa o fraudulentamente hubieren usado de la falsificación o suposición, serán castigados con presidio menor en su grado máximo.

§ 5. De los delitos contra el respeto y protección a la vida privada y pública de la persona y su familia[173]

Artículo 161 A. Se castigará con la pena de reclusión menor en cualquiera de sus grados y multa de 50 a 500 Unidades Tributarias Mensuales al que, en recintos particulares o lugares que no sean de libre acceso al públi-

---

[172] Este artículo fue modificado por el artículo 1° de la Ley N° 19.806, publicada en el Diario Oficial el 31 de mayo de 2002.

[173] Este párrafo fue incorporado por el artículo único de la Ley N° 19.423, publicada en el Diario Oficial el 20 de noviembre de 1995.

co, sin autorización del afectado y por cualquier medio, capte, intercepte, grabe o reproduzca conversaciones o comunicaciones de carácter privado; sustraiga, fotografíe, fotocopie o reproduzca documentos o instrumentos de carácter privado; o capte, grabe, filme o fotografíe imágenes o hechos de carácter privado que se produzcan, realicen, ocurran o existan en recintos particulares o lugares que no sean de libre acceso al público.

Igual pena se aplicará a quien difunda las conversaciones, comunicaciones, documentos, instrumentos, imágenes y hechos a que se refiere el inciso anterior.

En caso de ser una misma la persona que los haya obtenido y divulgado, se aplicarán a ésta las penas de reclusión menor en su grado máximo y multa de 100 a 500 Unidades Tributarias Mensuales.

Esta disposición no es aplicable a aquellas personas que, en virtud de ley o de autorización judicial, estén o sean autorizadas para ejecutar las acciones descritas[174].

Artículo 161 B. Se castigará con la pena de reclusión menor en su grado máximo y multa de 100 a 500 Unidades Tributarias Mensuales, al que pretenda obtener la entrega de dinero o bienes o la realización de cualquier conducta que no sea jurídicamente obligatoria, mediante cualquiera de los actos señalados en el artículo precedente. En el evento que se exija la ejecución de un acto o hecho que sea constitutivo de delito, la pena de reclusión se aplicará aumentada en un grado[175].

Artículo 161 C. Se castigará con la pena de presidio menor en su grado mínimo y multa de cinco a diez unidades tributarias mensuales, al que en lugares públicos o de libre acceso público y que por cualquier medio capte, grabe, filme o fotografíe imágenes, videos o cualquier registro audiovisual, de los genitales u otra parte íntima del cuerpo de otra persona con fines de significación sexual y sin su consentimiento.

---

[174] Este artículo fue incorporado por el artículo único de la Ley N° 19.423, publicada en el Diario Oficial el 20 de noviembre de 1995.

[175] Este artículo fue incorporado por el artículo único de la Ley N° 19.423, publicada en el Diario Oficial el 20 de noviembre de 1995.

Se impondrá la misma pena de presidio menor en su grado mínimo y multa de diez a veinte unidades tributarias mensuales, al que difunda dichas imágenes, videos o registro audiovisual a que se refiere el inciso anterior.

En caso de ser una misma la persona que los haya obtenido y divulgado, se aplicarán a ésta, la pena de presidio menor en su grado mínimo a medio y multa de veinte a treinta unidades tributarias mensuales[176].

Artículo 161 D. El que sin autorización expresa exhiba un registro de imágenes o sonidos en que se representa una acción sexual que involucra a otro o imágenes íntimas de connotación sexual, independiente de como haya sido obtenido, será sancionado con la pena de prisión y multa de cinco a diez unidades tributarias mensuales.

En caso de envío, difusión o publicación de dicho registro, se impondrá la pena de presidio menor en su grado mínimo y multa de once a veinte unidades tributarias mensuales[177].

TÍTULO CUARTO
DE LOS CRÍMENES Y SIMPLES DELITOS CONTRA LA FE PÚBLICA, DE LAS FALSIFICACIONES, DEL FALSO TESTIMONIO Y DEL PERJURIO

§ I. De la moneda falsa

Artículo 162. El que sin autorización fabricare moneda que tenga curso legal en la República, aunque sea de la misma materia, peso y ley que la legítima, sufrirá las penas de reclusión menor en su grado mínimo y multa de seis a diez unidades tributarias mensuales[178].

---

[176] Artículo introducido por el numeral 1 del artículo único de la Ley N° 21.153, publicada el 3 de mayo de 2019.

[177] Artículo agregado por el numeral 2 del artículo 56 de la Ley N° 21.675, publicada en el Diario Oficial el 14 de junio de 2024.

[178] Este inciso fue modificado por la letra d) del artículo 1° de la Ley N° 19.450, publicada en el Diario Oficial el 18 de marzo de 1996.

Cuando el peso o la ley fueren inferiores a los legales, las penas serán presidio menor en su grado medio y multa de seis a quince unidades tributarias mensuales[179].

Artículo 163. El que falsificare moneda de oro o plata que tenga curso legal, empleando otras sustancias diversas, será castigado con presidio menor en sus grados medio a máximo y multa de once a veinte unidades tributarias mensuales[180].

Si la moneda falsificada fuere de vellón, las penas serán presidio menor en sus grados mínimo a medio y multa de seis a diez unidades tributarias mensuales[181].

Artículo 164. El que cercenare moneda de oro o plata de curso legal, sufrirá las penas de presidio menor en sus grados mínimo a medio y multa de seis a diez unidades tributarias mensuales[182].

Artículo 165. El que falsificare moneda que no tenga curso legal en la República, será castigado con presidio menor en su grado medio y multa de seis a quince unidades tributarias mensuales, si la moneda falsificada fuere de oro o plata, y con presidio menor en su grado mínimo y multa de seis a diez unidades tributarias mensuales, cuando fuere de vellón[183].

---

179 Este inciso fue modificado por la letra e) del artículo 1° de la Ley N° 19.450, publicada en el Diario Oficial el 18 de marzo de 1996.

180 Este inciso fue modificado por la letra i) del artículo 1° de la Ley N° 19.450, publicada en el Diario Oficial el 18 de marzo de 1996.

181 Este inciso fue modificado por la letra d) del artículo 1° de la Ley N° 19.450, publicada en el Diario Oficial el 18 de marzo de 1996.

182 Este artículo fue modificado por la letra d) del artículo 1° de la Ley N° 19.450, publicada en el Diario Oficial el 18 de marzo de 1996.

183 Este inciso fue modificado por las letras d) y e) del artículo 1° de la Ley N° 19.450, publicada en el Diario Oficial el 18 de marzo de 1996.

Artículo 166. El que cercenare moneda de oro o plata que no tenga curso legal en la República, sufrirá las penas de presidio menor en su grado mínimo y multa de seis a diez unidades tributarias mensuales[184].

Artículo 167. El que de concierto con los falsificadores o cercenadores, tomare parte en la emisión o introducción a la República de la moneda falsificada o cercenada, será castigado con las mismas penas que por la falsificación o cercenamiento corresponderían a aquéllos según los artículos anteriores.

Artículo 168. El que, sin ser culpable de la participación a que se refiere el artículo precedente, se hubiere procurado a sabiendas moneda falsificada o cercenada y la pusiere en circulación, sufrirá las penas de presidio menor en sus grados mínimo a medio y multa de once a veinte unidades tributarias mensuales[185].

Artículo 169. La tentativa respecto de cualquiera de los delitos de que tratan los artículos precedentes, será castigada con el mínimum de las penas establecidas en ellos para el delito consumado.

Artículo 170. El que habiendo recibido de buena fe moneda falsa o cercenada, la circulare después de constarle su falsedad o cercenamiento, sufrirá la pena de reclusión menor en su grado mínimo o multa seis a diez unidades tributarias mensuales, si el valor de la moneda circulada subiere una unidad tributaria mensual[186].

---

[184] Este artículo fue modificado por la letra d) del artículo 1° de la Ley N° 19.450, publicada en el Diario Oficial el 18 de marzo de 1996.

[185] Este artículo fue modificado por la letra i) del artículo 1° de la Ley N° 19.450, publicada en el Diario Oficial el 18 de marzo de 1996.

[186] Este artículo fue modificado por la letra e) del artículo 2° de la Ley N° 19.501, publicada en el Diario Oficial de 15 de mayo de 1997. Con anterioridad, fue modificado por la letra d) del artículo 2° de la Ley N° 19.450, publicada en el Diario Oficial el 18 de marzo de 1996.

Artículo 171. Si la falsificación o cercenamiento fueren tan ostensibles que cualquiera pueda notarlos y conocerlos a la simple vista, los que fabricaren, cercenaren, expendieren, introdujeren o circularen la moneda así falsificada o cercenada podrán ser castigados como responsables de estafas y otros engaños, con las penas que se establecen en el título respectivo[187].

§ II. De la falsificación de documentos de crédito del Estado, de las Municipalidades, de los establecimientos públicos, sociedades anónimas o bancos de emisión legalmente autorizados

Artículo 172. El que falsificare bonos emitidos por el Estado, cupones de intereses correspondientes a estos bonos, billetes de banco al portador, cuya emisión estuviere autorizada por una ley de la República, será castigado con las penas de presidio menor en su grado máximo a presidio mayor en su grado mínimo y multa veintiuna a veinticinco unidades tributarias mensuales[188].

Artículo 173. El que falsificare obligaciones al portador de la deuda pública de un país extranjero, cupones de intereses correspondientes a estos títulos o billetes de banco al portador, cuya emisión estuviere autorizada por una ley de ese país extranjero, sufrirá las penas de presidio menor en su grado medio y multa de seis a diez unidades tributarias mensuales[189].

Artículo 174. El que falsificare acciones o promesas de acciones de sociedades anónimas, obligaciones u otros títulos legalmente emitidos por las municipalidades o establecimientos públicos de cualquiera denominación, o cupones de intereses o de dividendos correspondientes a estos diversos títulos, será castigado con presidio menor en sus grados medio

---

187 Este artículo fue reemplazado por el artículo 1° de la Ley N° 19.806, publicada en el Diario Oficial el 31 de mayo de 2002.

188 Este artículo fue modificado por la letra k) del artículo 1° de la Ley N° 19.450, publicada en el Diario Oficial el 18 de marzo de 1996.

189 Este artículo fue modificado por la letra d) del artículo 1° de la Ley N° 19.450, publicada en el Diario Oficial el 18 de marzo de 1996.

a máximo y multa de once a veinte unidades tributarias mensuales, si la emisión hubiere tenido lugar en Chile, y con presidio menor en su grado medio y multa de seis a diez unidades tributarias mensuales, cuando hubiere tenido lugar en el extranjero[190].

Artículo 175. La misma pena que correspondería al falsificador se impondrá al que de concierto con él tomare parte en la emisión o introducción a la República de los bonos, acciones, obligaciones, billetes o cupones falsificados.

Artículo 176. El que sin ser culpable de la participación a que se refiere el artículo anterior, se hubiere procurado a sabiendas y emitido esos bonos, acciones, obligaciones, billetes o cupones falsificados, sufrirá las penas de presidio menor en sus grados mínimo a medio y multa de once a veinte unidades tributarias mensuales[191].

Artículo 177. La tentativa para la falsificación, emisión o introducción de tales títulos, se castigará con el mínimum, de las penas señaladas al delito consumado.

Artículo 178. El que habiendo adquirido de buena fe los títulos falsos de que trata este párrafo, los circulare después, constándole su falsedad, sufrirá la pena de reclusión menor en su grado mínimo o multa de seis a diez unidades tributarias mensuales, si subiere de medio sueldo vital el valor del título circulado[192].

Cuando no exceda de esta suma, estimándose el acto mera falta, se penará como tal.

---

190 Este artículo fue modificado por las letras d) e i) del artículo 1° de la Ley N° 19.450, publicada en el Diario Oficial el 18 de marzo de 1996.

191 Este artículo fue modificado por la letra i) del artículo 1° de la Ley N° 19.450, publicada en el Diario Oficial el 18 de marzo de 1996.

192 Este inciso fue modificado por el artículo 6° de la Ley N° 19.501, publicada en el Diario Oficial el 15 de mayo de 1997. Con anterioridad fue modificado por la letra d) del artículo 1° de la Ley N° 19.450, publicada en el Diario Oficial el 18 de marzo de 1996.; así como por el artículo 1° de la Ley N° 17.437, publicada en el Diario Oficial el 9 de junio de 1971.

Artículo 179. Si la falsificación fuere tan grosera y ostensible que cualquiera pueda notarla y conocerla a la simple vista, los que falsificaren, expendieren, introdujeren o circularen los títulos así falsificados, podrán ser castigados como responsables de estafas y otros engaños con las penas que se establecen en el título respectivo[193].

§ III. De la falsificación de sellos, punzones, matrices, marcas, papel sellado, timbres, estampillas, etc.

Artículo 180. El que falsificare el sello del Estado o hiciere uso del sello falso, sufrirá la pena de presidio mayor en su grado medio.

Artículo 181. El que falsificare punzones, cuños o cuadrados destinados a la fabricación de moneda; punzones, matrices, clisés, planchas o cualesquiera otros objetos que sirvan para la fabricación de bonos, acciones, obligaciones, cupones de intereses o de dividendos, o billetes de banco cuya emisión haya sido autorizada por la ley; timbres, planchas o cualesquiera otros objetos destinados a la fabricación de papel sellado o estampillas, o el que hiciere uso de estos sellos o planchas falsos, será castigado con presidio mayor en sus grados mínimo a medio y multa de veintiuna a treinta unidades tributarias mensuales[194].

Artículo 182. El que de concierto con los falsificadores tomare parte en la emisión del papel sellado o estampillas falsificados, sufrirá las penas de presidio mayor en su grado mínimo y multa de veintiuna a veinticinco unidades tributarias mensuales[195].

Artículo 183. El que sin ser culpable de la participación a que se refiere el artículo anterior, se hubiere procurado a sabiendas papel sellado

---

[193] Este artículo fue modificado por el artículo 1° de la Ley N° 19.806, publicada en el Diario Oficial el 31 de mayo de 2002.

[194] Este artículo fue modificado por la letra l) del artículo 1° de la Ley N° 19.450, publicada en el Diario Oficial el 18 de marzo de 1996.

[195] Este artículo fue modificado por la letra k) del artículo 1° de la Ley N° 19.450, publicada en el Diario Oficial el 18 de marzo de 1996.

o estampillas falsos y los emitiere introdujere en la República, será castigado con presidio menor en sus grados mínimo a medio y multa de once a veinte unidades tributarias mensuales[196].

Las penas serán presidio menor en su grado mínimo multa de seis a diez unidades tributarias mensuales, si habiéndose procurado a sabiendas papel sellado o estampillas falsos, se hubiere hecho uso de ellos[197].

Artículo 184. Cuando la falsificación fuere tan mal ejecutada que cualquiera pueda notarla y conocerla a la simple vista, los que la hubieren efectuado y los que expendieren o introdujeren el papel sellado o las estampillas así falsificados, podrán ser castigados como responsables de estafas y otros engaños con las penas que se establecen en el Título respectivo[198].

Artículo 185. El que falsificare boletas para el trasporte de personas o cosas, o para reuniones o espectáculos públicos, con el propósito de usarlas o de circularlas fraudulentamente, y el que a sabiendas de que son falsificadas las usare o circulare; el que falsificare el sello, timbre o marca de una autoridad cualquiera, de un establecimiento privado de banco, de industria o de comercio, o de un particular, o hiciere uso de los sellos, timbres o marcas falsos, sufrirá la pena de presidio menor en cualquiera de sus grados y multa de once a veinte unidades tributarias mensuales[199].

Artículo 186. El que habiéndose procurado indebidamente los verdaderos sellos, timbres, punzones, matrices o marcas que tengan alguno

---

[196] Este inciso fue modificado por la letra i) del artículo 1° de la Ley N° 19.450, publicada en el Diario Oficial el 18 de marzo de 1996.

[197] Este inciso fue modificado por la letra d) del artículo 1° de la Ley N° 19.450, publicada en el Diario Oficial el 18 de marzo 1996.

[198] Este artículo fue modificado por el artículo 1° de la Ley N° 19.806, publicada en el Diario Oficial el 31 de mayo 2002. Con anterioridad, la norma fue modificada por el decreto con fuerza de ley N° 3, del Ministerio de Justicia, publicado en el Diario Oficial el 3 de septiembre de 1992.

[199] Este artículo fue modificado por la letra i) del artículo 1° de la Ley N° 19.450, publicada en el Diario Oficial el 18 marzo de 1996.

de los destinos expresados en los arts. 180 y 181, hiciere de ellos una aplicación o uso perjudicial a los derechos e intereses del Estado, de una autoridad cualquiera o de un particular, será castigado con presidio menor en cualquiera de sus grados y multa de once a veinte unidades tributarias mensuales[200].

Artículo 187. El que falsificare los sellos, timbres, punzones, matrices o marcas, que tengan alguno de los destinos expresados en los arts. 180 y 181 y que pertenezcan a países extranjeros, o el que hiciere uso de dichos sellos, timbres, punzones, matrices o marcas falsos, sufrirá las penas de presidio menor en sus grados mínimo a medio y multa de seis a diez unidades tributarias mensuales[201].

Artículo 188. Las penas serán presidio menor en sus grados mínimo a medio y multa de once a veinte unidades tributarias mensuales, cuando habiéndose procurado indebidamente los verdaderos sellos, timbres, punzones, matrices o marcas, se hubiere hecho de ellos en Chile una aplicación o uso perjudicial a los derechos e intereses de esos países, de una autoridad cualquiera o de un particular[202].

Artículo 189. El que hiciere desaparecer de estampillas de correos u otras adhesivas, o de boletas para el transporte de personas o cosas, la marca que indica que ya han servido, con el fin de utilizarlas, y el que, a sabiendas espendiere [sic] o usare estampillas o boletas de las cuales se ha hecho desaparecer dicha marca, siempre que en uno y otro caso el valor de tales estampillas o boletas exceda de una unidad tributaria mensual, será

---

200 Este artículo fue modificado por la letra i) del artículo 1° de la Ley N° 19.450, publicada en el Diario Oficial el 18 marzo de 1996.

201 Este artículo fue modificado por la letra d) del artículo 1° de la Ley N° 19.450, publicada en el Diario Oficial el 18 de marzo de 1996.

202 Este artículo fue modificado por la letra i) del artículo 1° de la Ley N° 19.450, publicada en el Diario Oficial el 18 marzo de 1996.

castigado con reclusión menor en su grado mínimo o multa de seis a diez unidades tributarias mensuales[203].

Artículo 190. El que hiciere poner sobre objetos fabricados el nombre de un fabricante que no sea autor de tales objetos, o la razón comercial de una fábrica que no sea la de la verdadera fabricación, sufrirá las penas de presidio menor en sus grados mínimo a medio y multa de seis a diez unidades tributarias mensuales[204].

Las mismas penas se aplicarán a todo mercader, comisionista o vendedor que a sabiendas hubiere puesto en venta o circulación objetos marcados con nombres supuestos o alterados.

Artículo 191. La tentativa para cualquiera de los delitos enumerados en los artículos precedentes de este párrafo, será castigada con el minimum de las penas señaladas para el delito consumado.

Artículo 192. Quedan exentos de pena los culpables de los delitos castigados por los arts. 162, 163, 165, 167, 172, 173, 174, 175, 180, 181 y 182 siempre que, antes de haberse hecho uso de los objetos falsificados, sin ser descubiertos y no habiéndose iniciado procedimiento, alguno en su contra, se delataren a la autoridad, revelándole las circunstancias del delito.

---

[203] Este artículo fue modificado por la letra f) del artículo 2° de la Ley N° 19.501, publicada en el Diario Oficial el 13 de mayo de 1997. Con anterioridad, fue modificado por la letra d) del artículo 1° y por la letra e) del artículo 2° de la Ley N° 19.450, publicada en el Diario Oficial el 18 de marzo de 1996. Por último, la norma fue incorporada al Código Penal a través del artículo 1° de la Ley N° 3.988, publicada en el Diario Oficial el 20 de octubre de 1923.

[204] Este artículo fue modificado por la letra f) del artículo 2° de la Ley N° 19.501, publicada en el Diario Oficial el 13 de mayo de 1997. Con anterioridad, fue modificado por la letra d) del artículo 1° de la Ley N° 19.450, publicada en el Diario Oficial el 18 de marzo 1996.

§ IV. De la falsificación de documentos públicos o auténticos

Artículo 193. Será castigado con presidio menor en su grado máximo a presidio mayor en su grado mínimo el empleado público que, abusando de su oficio, cometiere falsedad:

1.° Contrahaciendo o fingiendo letra, firma o rúbrica.

2.° Suponiendo en un acto la intervención de personas que no la han tenido.

3.° Atribuyendo a los que han intervenido en él declaraciones o manifestaciones diferentes de las que hubieren hecho.

4.° Faltando a la verdad en la narración de hechos sustanciales.

5.° Alterando las fechas verdaderas.

6.° Haciendo en documento verdadero cualquiera alteración o intercalación que varíe su sentido.

7.° Dando copia en forma fehaciente de un documento supuesto, o manifestando en ella cosa contraria o diferente de la que contenga el verdadero original.

8.° Ocultando en perjuicio del Estado o de un particular cualquier documento oficial.

Artículo 194. El particular que cometiere en documento público o auténtico alguna de las falsedades designadas en el artículo anterior, sufrirá la pena de presidio menor en sus grados medio a máximo.

Artículo 195. El encargado o empleado de una oficina telegráfica que cometiere falsedad en el ejercicio de sus funciones, forjando o falsificando partes telegráficos, será castigado con presidio menor en su grado medio.

Artículo 196. El que maliciosamente hiciere uso del instrumento o parte falso, será castigado como si fuere autor de la falsedad.

§ V. De la falsificación de instrumentos privados

Artículo 197. El que, con perjuicio de tercero, cometiere en instrumento privado alguna de las falsedades designadas en el art. 193, sufrirá las penas de presidio menor en cualquiera de sus grados y multa de once a quince unidades tributarias mensuales, o sólo la primera de ellas según las circunstancias[205].

Si tales falsedades se hubieren cometido en letras de cambio u otra clase de documentos mercantiles, se castigará a los culpables con presidio menor en su grado máximo y multa de dieciséis a veinte unidades tributarias mensuales, o sólo con la primera de estas penas atendidas las circunstancias[206].

Artículo 198. El que maliciosamente hiciere uso de los instrumentos falsos a que se refiere el artículo anterior, será castigado como si fuera autor de la falsedad.

§ VI. De la falsificación de pasaportes, portes de armas y certificados

Artículo 199. El empleado público que expidiere un pasaporte o porte de armas bajo nombre supuesto o lo diere en blanco, sufrirá las penas de reclusión menor en sus grados mínimo a medio e inhabilitación absoluta temporal para cargos y oficios públicos en los mismos grados.

Artículo 200. El que hiciere un pasaporte o porte de armas falso, será castigado con reclusión menor en su grado medio y multa de seis a diez unidades tributarias mensuales[207].

Las mismas penas se impondrán al que en un pasaporte o porte de armas verdadero mudare el nombre de la persona a cuyo favor se halle expedido, o el de la autoridad que lo expidió, o que altere en él alguna otra circunstancia esencial.

---

205 Este inciso fue modificado por la letra h) del artículo 1° de la Ley N° 19.450, publicada en el Diario Oficial el 18 de marzo de 1996.

206 Este inciso fue modificado por la letra j) del artículo 1° de la Ley N° 19.450, publicada en el Diario Oficial el 18 de marzo de 1996.

207 Este inciso fue modificado por la letra d) del artículo 1° de la Ley N° 19.450, publicada en el Diario Oficial el 18 de marzo de 1996.

Artículo 201. El que hiciere uso del pasaporte o porte de armas falso a que se refiere el artículo anterior, incurrirá en una multa de seis a diez unidades tributarias mensuales[208].

La misma pena se impondrá al que hiciere uso de un pasaporte o porte de armas verdadero expedido a favor de otra persona.

Artículo 202. El facultativo que librare certificación falsa de enfermedad o lesión con el fin de eximir a una persona de algún servicio público, será castigado con reclusión menor en sus grados mínimo a medio y multa de seis a diez unidades tributarias mensuales.

El que incurra en las falsedades del artículo 193 en el otorgamiento, obtención o tramitación de licencias médicas o declaraciones de invalidez será sancionado con las penas de reclusión menor en sus grados mínimo a medio y multa de veinticinco a doscientas cincuenta unidades tributarias mensuales[209].

Si el que cometiere la conducta señalada en el inciso anterior fuere un facultativo se castigará con las mismas penas y una multa de cincuenta a quinientas unidades tributarias mensuales. Asimismo, el tribunal deberá aplicar la pena de inhabilitación especial temporal para emitir licencias médicas durante el tiempo de la condena[210].

En caso de reincidencia, la pena privativa de libertad se aumentará en un grado y se aplicará multa de setenta y cinco a setecientas cincuenta unidades tributarias mensuales[211-212].

---

208 Este inciso fue modificado por la letra d) del artículo 1° de la Ley N° 19.450, publicada en el Diario Oficial el 18 de marzo de 1996.

209 Este inciso fue agregado por la letra b) del artículo 11 de la Ley N° 20.585, publicada en el Diario Oficial el 11 de mayo de 2012.

210 Este inciso fue agregado por la letra b) del artículo 11 de la Ley N° 20.585, publicada en el Diario Oficial el 11 de mayo de 2012.

211 Este inciso fue agregado por la letra b) del artículo 11 de la Ley N° 20.585, publicada en el Diario Oficial el 11 de mayo de 2012.

212 Este artículo fue modificado por la letra d) del artículo 1° de la Ley N° 19.450, publicada en el Diario Oficial el 18 de marzo de 1996.

Artículo 203. El empleado público que librare certificación falsa de méritos o servicios, de buena conducta, de pobreza, o de otras circunstancias semejantes de recomendación, incurrirá en una multa de seis a diez unidades tributarias mensuales[213].

Artículo 204. El que falsificare un documento de la clase designada en los dos artículos anteriores, será castigado con reclusión menor en su grado mínimo y multa de seis a diez unidades tributarias mensuales[214].

Esta disposición es aplicable al que maliciosamente usare, con el mismo fin, de los documentos falsos.

Artículo 205. El que falsificare certificados de funcionarios públicos que puedan comprometer intereses públicos o privados, sufrirá la pena de reclusión menor en su grado medio.

Si el certificado ha sido falsificado bajo el nombre de un particular, la pena será reclusión menor en su grado mínimo.

§ VII. De las falsedades vertidas en el proceso y del perjurio[215]

Artículo 206. El testigo, perito o intérprete que ante un tribunal faltare a la verdad en su declaración, informe o traducción, será castigado con la pena de presidio menor en sus grados mínimo a medio y multa de seis a veinte unidades tributarias mensuales, si se tratare de proceso civil o por falta, y con presidio menor en su grado medio a máximo y multa de veinte a treinta unidades tributarias mensuales, si se tratare de proceso penal por crimen o simple delito.

Tratándose de peritos e intérpretes, sufrirán además la pena de suspensión de profesión titular durante el tiempo de la condena.

---

213 Este artículo fue modificado por la letra d) del artículo 1° de la Ley N° 19.450, publicada en el Diario Oficial el 18 de marzo de 1996.

214 Este artículo fue modificado por la letra d) del artículo 1° de la Ley N° 19.450, publicada en el Diario Oficial el 18 de marzo de 1996.

215 La denominación de este epígrafe fue reemplazada por el numeral 1 del artículo 2° de la Ley N° 20.074, publicada en el Diario Oficial el 14 de noviembre de 2005.

Si la conducta se realizare contra el imputado o acusado en proceso por crimen o simple delito, la pena se impondrá en el grado máximo.

Están exentos de responsabilidad penal por las conductas sancionadas en este artículo quienes se encuentren amparados por cualquiera de los supuestos a que se refiere el artículo 305 del Código Procesal Penal[216].

Artículo 207. El que, a sabiendas, presentare ante un tribunal a los testigos, peritos o intérpretes a que se refiere el artículo precedente, u otros medios de prueba falsos o adulterados, será castigado con la pena de presidio menor en su grado mínimo a medio y multa de seis a veinte unidades tributarias mensuales, si se tratare de proceso civil o por falta, y con presidio menor en su grado medio a máximo y multa de veinte a treinta unidades tributarias mensuales, si se tratare de proceso penal por crimen o simple delito.

Los abogados que incurrieren en la conducta descrita sufrirán, además, la pena de suspensión de profesión titular durante el tiempo de la condena.

Tratándose de un fiscal del Ministerio Público, la pena será de presidio menor en su grado máximo a presidio mayor en su grado mínimo.

En todo caso, si la conducta se realizare contra el imputado o acusado en proceso por crimen o simple delito, la pena se impondrá en el grado máximo[217].

Artículo 208. La retractación oportuna de quien hubiere incurrido en alguna de las conductas previstas en los dos artículos precedentes constituirá circunstancia atenuante muy calificada, en los términos del artículo 68 bis de este Código.

---

216 Este artículo fue sustituido por el numeral 2 del artículo 2° de la Ley N° 20.074, publicada en el Diario Oficial el 14 de noviembre de 2005. Con anterioridad, fue modificado por el artículo 1° de la Ley N° 19.806, publicada en el Diario Oficial el 31 de mayo de 2002.

217 Este artículo fue sustituido por el numeral 2 del artículo 2° de la Ley N° 20.074, publicada en el Diario Oficial el 14 de noviembre de 2005. Con anterioridad, fue modificado por el artículo 1° Ley N° 19.806, publicada en el Diario Oficial el 31 de mayo de 2002.

Retractación oportuna es aquélla que tiene lugar ante el juez en condiciones de tiempo y forma adecuados para ser considerada por el tribunal que debe resolver la causa.

En todo caso, la retractación oportuna eximirá de responsabilidad penal en casos calificados, cuando su importancia para el esclarecimiento de los hechos y la gravedad de los potenciales efectos de su omisión así lo justificaren[218].

Artículo 209. El falso testimonio en causa civil, será castigado con presidio menor en su grado medio y multa de once a veinte unidades tributarias mensuales[219].

Si el valor de la demanda no excediere de cuatro sueldos vitales, las penas serán presidio menor en su grado mínimo y multa de seis a diez unidades tributarias mensuales[220].

Artículo 210. El que ante la autoridad o sus agentes perjurare o diere falso testimonio en materia que no sea contenciosa, sufrirá las penas de presidio menor en sus grados mínimo a medio y multa de seis a diez unidades tributarias mensuales[221].

Artículo 211. El que maliciosamente presentare una denuncia por la cual se impute falsamente a otra persona un hecho determinado consti-

---

218 Este artículo fue sustituido por el numeral 2 del artículo 2° de la Ley N° 20.074, publicada en el Diario Oficial el 14 de noviembre de 2005. Con anterioridad, fue modificado por el artículo 2° de la Ley N° 19.804, publicada en el Diario Oficial el 24 de mayo de 2002.

219 Este inciso fue modificado por la letra i) del artículo 1° de la Ley N° 19.450, publicada en el Diario Oficial el 18 de marzo de 1996.

220 Este inciso fue modificado por la letra d) del artículo 1° de la Ley N° 19.450, publicada en el Diario Oficial de 18 de marzo de 1996. Con anterioridad, el inciso fue modificado por el numeral 4 del artículo 1° de la Ley N° 17.437, publicada en el Diario Oficial el 9 de junio de 1971.

221 Este artículo fue modificado por el artículo 1° de la Ley N° 19.806, publicada en el Diario Oficial de 31 de mayo de 2002, derogando su inciso segundo. Con anterioridad, fue modificado por la letra d) del artículo 1° de la Ley N° 19.450, publicada en el Diario Oficial el 18 de marzo de 1996.

tutivo de delito, infracción administrativa o infracción disciplinaria será sancionado:

1. Con la pena de presidio menor en su grado medio y multa de once a veinte unidades tributarias mensuales si el hecho imputado fuere constitutivo de crimen.

2. Con la pena de presidio menor en sus grados mínimo a medio y multa de seis a diez unidades tributarias mensuales si el hecho imputado fuere constitutivo de simple delito o de infracción administrativa.

3. Con la pena de presidio menor en su grado mínimo y multa de una a cinco unidades tributarias mensuales si el hecho imputado fuere constitutivo de falta o fuere de aquellos que diere lugar a una infracción disciplinaria.

Para los efectos del inciso anterior, se entenderá también que denuncia el que presenta querella o formula acusación particular en un proceso penal[222].

Artículo 211 bis. Para efectos de lo dispuesto en el artículo precedente se entenderá que constituyen infracción administrativa los hechos por los que la administración o los tribunales que no ejercen jurisdicción en lo penal pueden imponer multas u otras sanciones privativas o restrictivas de derechos patrimoniales o civiles, e infracción disciplinaria los hechos por los que se imponen sanciones por la contravención de las normas que regulan el correcto ejercicio de los cargos y funciones públicos[223].

Artículo 211 ter. La retractación oportuna de quien hubiere incurrido en alguna de las conductas previstas en el artículo 211 constituirá una atenuante muy calificada en los términos del artículo 68 bis.

Para estos efectos, la retractación es oportuna:

---

222 Artículo modificado por el numeral 1 del artículo 21 de la Ley N°21.592, publicada en el Diario Oficial el 21 de agosto de 2023.

223 Artículo incorporado por el numeral 2 del artículo 21 de la Ley N°21.592, publicada en el Diario Oficial el 21 de agosto de 2023.

1. Tratándose de un hecho constitutivo de crimen, simple delito o falta, antes de que se adopte una medida judicial que afecte los derechos de una persona y antes del término del procedimiento.

2. Tratándose de una infracción administrativa o de un proceso que pudiere dar lugar a una infracción disciplinaria, antes de que se formulen cargos contra la persona afectada.

En todo caso, la retractación oportuna eximirá de responsabilidad penal en casos calificados, cuando su importancia para el esclarecimiento de los hechos y la gravedad de los potenciales efectos de su omisión así lo justifiquen[224].

Artículo 212. El que fuera de los casos previstos en los artículos precedentes faltare a la verdad en declaración prestada bajo juramento o promesa exigida por ley, será castigado con la pena de prisión en cualquiera de sus grados o multa de una a cuatro unidades tributarias mensuales[225].

§ VIII. Del ejercicio ilegal de una profesión y de la usurpación de funciones o nombres[226]

Artículo 213. El que se fingiere autoridad, funcionario público o titular de una profesión que, por disposición de la ley, requiera título o el cumplimiento de determinados requisitos, y ejerciere actos propios de dichos cargos profesiones, será penado con presidio menor en sus grados mínimo a medio y multa de seis a veinte unidades tributarias mensuales[227].

---

224 Artículo incorporado por el numeral 2 del artículo 21 de la Ley N°21.592, publicada en el Diario Oficial el 21 de agosto de 2023.

225 Este artículo fue sustituido por el numeral 2 del artículo 2° de la Ley N° 20.074, publicada en el Diario Oficial el 14 de noviembre de 2005.

226 La denominación de este párrafo fue sustituida por el artículo 1° de la Ley N° 17.155, publicada en el Diario Oficial el 11 de junio de 1969.

227 Este inciso fue modificado por la letra f) del artículo 1° de la Ley N° 19.450, publicada en el Diario Oficial el 18 de marzo de 1996.

El mero fingimiento de esos cargos o profesiones será sancionado como tentativa del delito que establece el inciso anterior[228].

Artículo 214. El que usurpare el nombre de otro será castigado con presidio menor en su grado mínimo, sin perjuicio de la pena que pudiere corresponderle a consecuencia del daño que en su fama o intereses ocasionare a la persona cuyo nombre ha usurpado[229].

Artículo 215. Suprimido[230].

TÍTULO QUINTO
DE LOS CRÍMENES Y SIMPLES DELITOS COMETIDOS POR EMPLEADOS PÚBLICOS EN EL DESEMPEÑO DE SUS CARGOS

§ I. Anticipación y prolongación indebida de funciones públicas. Derogado[231]

Artículo 216. Suprimido[232].

Artículo 217. Suprimido[233].

Artículo 218. Suprimido[234].

---

228 El artículo fue incorporado por el artículo 1° de la Ley N° 17.155, publicada en el Diario Oficial el 11 de junio de 1969.

229 Este artículo fue incorporado por el artículo 1° de la Ley N° 17.155, publicada en el Diario Oficial el 11 de junio de 1969

230 Este artículo fue suprimido por el artículo 1° de la Ley N° 17.155, publicada en el Diario Oficial el 11 de junio de 1969.

231 Este párrafo fue derogado tácitamente por el numeral 2 del artículo 1° de la Ley N° 19.645, publicada en el Diario Oficial el 11 de diciembre de 1999.

232 Este artículo fue suprimido por el numeral 2 del artículo 1° de la Ley N° 19.645, publicada en el Diario Oficial el 11 de diciembre de 1999.

233 Este artículo fue suprimido por el numeral 2 del artículo 1° de la Ley N° 19.645, publicada en el Diario Oficial el 11 de diciembre de 1999.

234 Este artículo fue suprimido por el numeral 2 del artículo 1° de la Ley N° 19.645, publicada en el Diario Oficial el 11 de diciembre de 1999.

Artículo 219. Suprimido[235].

§ II. Nombramientos ilegales

Artículo 220. El empleado público que a sabiendas designare en un cargo público a persona que se encuentre afecta a inhabilidad legal que le impida ejercerlo, será sancionado con la pena de inhabilitación especial temporal en cualquiera de sus grados y multa de cinco a diez unidades tributarias mensuales[236].

§ III. Usurpación de atribuciones

Artículo 221. El empleado público que dictare reglamentos o disposiciones generales excediendo maliciosamente sus atribuciones, será castigado con suspensión del empleo en su grado medio.

Artículo 222. El empleado del orden judicial que se arrogare atribuciones propias de las autoridades administrativas o impidiere a éstas el ejercicio legítimo de las suyas, sufrirá la pena de suspensión del empleo en su grado medio.

En la misma pena incurrirá todo empleado del orden administrativo que se arrogare atribuciones judiciales o impidiere la ejecución de una providencia dictada por tribunal competente.

Las disposiciones de este artículo sólo se harán efectivas cuando entablada la competencia y resuelta por la autoridad correspondiente, los empleados administrativos o judiciales continuaren procediendo indebidamente.

---

235 Este artículo fue suprimido por el numeral 2 del artículo 1° de la Ley N° 19.645, publicada en el Diario Oficial el 11 de diciembre de 1999.

236 Este artículo fue modificado por el numeral 3 del artículo 1° de la Ley N° 19.645, publicada en el Diario Oficial el 11 de diciembre de 1999. Con anterioridad fue modificado por la Ley N° 19.450, publicada en el Diario Oficial el 18 de marzo de 1996.

§ IV. Prevaricación

Artículo 223. Los miembros de los tribunales de justicia colegiados o unipersonales y los fiscales judiciales, sufrirán las penas de inhabilitación absoluta perpetua para cargos y oficios públicos, derechos políticos y profesiones titulares y la de presidio o reclusión menores en cualesquiera de sus grados[237]:

1° Cuando a sabiendas fallaren contra ley expresa y vigente en causa criminal o civil.

2° Suprimido[238].

3° Cuando ejerciendo las funciones de su empleo o valiéndose del poder que éste les da, seduzcan o soliciten a persona imputada o que litigue ante ellos[239].

Artículo 224. Sufrirán las penas de inhabilitación absoluta temporal para cargos y oficios públicos en cualquiera de sus grados y la de presidio o reclusión menores en sus grados mínimos a medios:

1° Cuando por negligencia o ignorancia inexcusables dictaren sentencia manifiestamente injusta en causa criminal.

2° Cuando a sabiendas contravinieren a las leyes que reglan la sustanciación de los juicios, en términos de producir nulidad en todo o en parte sustancial.

3° Cuando maliciosamente nieguen o retarden la administración de justicia y el auxilio o protección que legalmente se les pida.

4° Cuando maliciosamente omitan decretar la prisión de alguna persona, habiendo motivo legal para ello, o no lleven a efecto la decretada, pudiendo hacerlo.

---

237 Norma modificada por el artículo 1° de la Ley N° 19.806, publicada en el Diario Oficial el 31 de mayo de 2002.

238 Número suprimido por el numeral 3 del artículo 1 de la Ley N° 21.121, publicada en el Diario Oficial el 20 de noviembre de 2018.

239 Este número fue modificado por el artículo 1° de la Ley N° 19.806, publicada en el Diario Oficial el 31 de mayo de 2002.

5º Cuando maliciosamente retuvieren en calidad de preso a un individuo que debiera ser puesto en libertad con arreglo a la ley.

6º Cuando revelen los secretos del juicio o den auxilio o consejo a cualquiera de las partes interesadas en él, en perjuicio de la contraria.

7º Cuando con manifiesta implicancia, que les sea conocida y sin haberla hecho saber previamente a las partes, fallaren en causa criminal o civil.

Artículo 225. Incurrirán en las penas de suspensión de cargo o empleo en cualquiera de sus grados y multa de once a veinte unidades tributarias mensuales o solo en esta última, cuando por negligencia o ignorancia inexcusables[240]:

1º Dictaren sentencia manifiestamente injusta en causa civil.

2º Contravinieren a las leyes que reglan la sustanciación de los juicios en términos de producir nulidad en todo o en parte sustancial.

3º Negaren o retardaren la administración de justicia y el auxilio o protección que legalmente se les pida.

4º Omitieren decretar la prisión de alguna persona, habiendo motivo legal para ello, o no llevaren a efecto la decretada, pudiendo hacerlo.

5º Retuvieren preso por más de cuarenta y ocho horas a un individuo que debiera ser puesto en libertad con arreglo a la ley.

Artículo 226. En las mismas penas incurrirán cuando no cumplan las órdenes que legalmente se les comuniquen por las autoridades superiores competentes, a menos de ser evidentemente contrarias a las leyes, o que haya motivo fundado para dudar de su autenticidad, o que aparezca que se han obtenido por engaño o se tema con razón que de su ejecución resulten graves males que el superior no pudo prever.

En estos casos el tribunal, suspendiendo el cumplimiento de la orden, representará inmediatamente a la autoridad superior las razones de la

---

240 Este encabezamiento fue modificado por la letra i) del artículo 1º de la Ley Nº 19.450, publicada en el Diario Oficial el 18 de marzo de 1996.

suspensión, y si ésta insistiere, le dará cumplimiento, libertándose así de responsabilidad, que recaerá sobre el que la mandó cumplir.

Artículo 227. Se aplicarán respectivamente las penas determinadas en los artículos precedentes:

1.° A las personas que, desempeñando por ministerio de la ley los cargos de miembros de los tribunales de justicia colegiados o unipersonales, fueren condenadas por alguno de los crímenes o simples delitos enumerados en dichos artículos[241].

2.° A los subdelegados e inspectores que incurrieren en iguales infracciones.

3.° A los compromisarios, peritos y otras personas que, ejerciendo atribuciones análogas, derivadas de la ley, del tribunal o del nombramiento de las partes, se hallaren en idénticos casos.

Artículo 228. El que, desempeñando un empleo público no perteneciente al orden judicial, dictare a sabiendas providencia o resolución manifiestamente injusta en negocio contencioso-administrativo o meramente administrativo, incurrirá en las penas de suspensión del empleo en su grado medio y multa de once a quince unidades tributarias mensuales[242].

Si la resolución o providencia manifiestamente injusta la diere por negligencia o ignorancia inexcusables, las penas serán suspensión en su grado mínimo y multa de seis a diez unidades tributarias mensuales[243].

Artículo 229. Sufrirán las penas de suspensión de empleo en su grado medio y multa de seis a diez unidades tributarias mensuales los funcionarios a que se refiere el artículo anterior, que, por malicia o negligencia inexcusables y faltando a las obligaciones de su oficio, no procedieren a la

---

[241] Este número fue modificado por el artículo 1° de la Ley N° 19.806, publicada en el Diario Oficial el 31 de mayo de 2002.

[242] Este inciso fue modificado por la letra h) del artículo 1° de la Ley N° 19.450, publicada en el Diario Oficial el 18 de marzo de 1996.

[243] Este inciso fue modificado por la letra d) del artículo 1° de la Ley N° 19.450, publicada en el Diario Oficial el 18 de marzo de 1996.

persecución o aprehensión de los delincuentes después de requerimiento o denuncia formal hecha por escrito[244].

Artículo 230. Si no tuviere renta el funcionario que debe ser penado con suspensión o inhabilitación para cargos o empleos públicos, se le aplicará además de estas penas la de reclusión menor en cualquiera de sus grados o multa de once a veinte unidades tributarias mensuales, según los casos[245].

Artículo 231. El abogado o procurador que con abuso malicioso de su oficio, perjudicare a su cliente o descubriere sus secretos, será castigado según la gravedad del perjuicio que causare, con la pena de suspensión en su grado mínimo a inhabilitación especial perpetua para el cargo o profesión y multa de once a veinte unidades tributarias mensuales[246].

Artículo 232. El abogado que, teniendo la defensa actual de un pleito, patrocinare a la vez a la parte contraria en el mismo negocio, sufrirá las penas de inhabilitación especial perpetua para el ejercicio de la profesión y multa de once a veinte unidades tributarias mensuales[247].

§ V. Malversación de caudales públicos

Artículo 233. El empleado público que, teniendo a su cargo caudales o efectos públicos o de particulares en depósito, consignación o secuestro, los substrajere o consintiere que otro los substraiga, será castigado:

---

[244] Este artículo fue modificado por la letra d) del artículo 1° de la Ley N° 19.450, publicada en el Diario Oficial el 18 de marzo de 1996.

[245] Este artículo fue modificado por la letra i) del artículo 1° de la Ley N° 19.450, publicada en el Diario Oficial el 18 de marzo de 1996.

[246] Este artículo fue modificado por la letra i) del artículo 1° de la Ley N° 19.450, publicada en el Diario Oficial el 18 de marzo de 1996.

[247] Este artículo fue modificado por la letra i) del artículo 1° de la Ley N° 19.450, publicada en el Diario Oficial el 18 de marzo de 1996.

1.° Con presidio menor en sus grados medio a máximo, si la substracción excediere de una unidad tributaria mensual y no pasare de cuatro unidades tributarias mensuales[248].

2.° Con presidio menor en su grado máximo a presidio mayor en su grado mínimo, si excediere de cuatro unidades tributarias mensuales y no pasare de cuarenta unidades tributarias mensuales[249].

3.° Con presidio mayor en sus grados mínimo a medio, si excediere de cuarenta unidades tributarias mensuales[250].

En todos los casos, con las penas de multa del doble de lo substraído y de inhabilitación absoluta temporal en su grado medio a inhabilitación absoluta perpetua para cargos y oficios públicos[251-252].

Artículo 234. El empleado público que, por abandono o negligencia inexcusables, diere ocasión a que se efectúe por otra persona la sustracción de caudales o efectos públicos o de particulares de que se trata en los tres números del artículo anterior, incurrirá en la pena de suspensión en cualquiera de sus grados, quedando además obligado a la devolución de la cantidad o efectos sustraídos.

Artículo 235. El empleado que, con daño o entorpecimiento del servicio público, aplicare a usos propios o ajenos los caudales o efectos puestos a su cargo, sufrirá las penas de inhabilitación especial temporal para el

---

248 Numeral modificado por la letra a) del número 4 del artículo 1° de la Ley N° 21.121, publicada en el Diario Oficial el 20 de noviembre de 2018.

249 Numeral modificado por la letra b) del número 4 del artículo 1° de la Ley N° 21.121, publicada en el Diario Oficial el 20 de noviembre de 2018.

250 Numeral modificado por la letra c) del número 4 del artículo 1° de la Ley N° 21.121, publicada en el Diario Oficial el 20 de noviembre de 2018.

251 Este inciso fue modificado por la letra d) del numeral 4 del artículo 1° de la Ley N° 21.121, publicada en el Diario Oficial el 20 de noviembre de 2018.

252 El artículo fue sustituido por la letra g) del artículo 2° de la Ley N° 19.501, publicada en el Diario Oficial el 15 de mayo de 1997. Con anterioridad, había sido sustituido por la letra f) del artículo 2° de la Ley N° 19.450, publicada en el Diario Oficial el 18 de marzo de 1996.

cargo u oficio en su grado medio y multa de la mitad al tanto de la cantidad que hubiere sustraído.

No verificado el reintegro, se le aplicarán las penas señaladas en el art. 233.

Si el uso indebido de los fondos fuere sin daño ni entorpecimiento del servicio público, las penas serán suspensión del empleo en su grado medio y multa de la mitad de la cantidad sustraída, sin perjuicio del reintegro[253].

Artículo 236. El empleado público que arbitrariamente diere a los caudales o efectos que administre una aplicación pública diferente de aquella a que estuvieren destinados, será castigado con la pena de suspensión del empleo en su grado medio, si de ello resultare daño o entorpecimiento para el servicio u objeto en que debían emplearse, y con la misma en su grado mínimo, si no resultare daño o entorpecimiento.

Artículo 237. El empleado público que, debiendo hacer un pago como tenedor de fondos del Estado, rehusare hacerlo sin causa bastante, sufrirá la pena de suspensión del empleo en sus grados mínimo a medio.

Esta disposición es aplicable al empleado público que, requerido por orden de autoridad competente, rehusare hacer entrega de una cosa puesta bajo su custodia o administración.

Artículo 238. Las disposiciones de este párrafo son extensivas al que se halle encargado por cualquier concepto de fondos, rentas o efectos municipales o pertenecientes a un establecimiento público de instrucción o beneficencia.

En los delitos a que se refiere este párrafo, se aplicará el máximo del grado cuando el valor de lo malversado excediere de cuatrocientas unidades tributarias mensuales, siempre que la pena señalada al delito conste de uno solo en conformidad a lo establecido en el inciso tercero del artículo

---

[253] Este artículo fue modificado por las letras a) y b) del numeral 5 del artículo 1° de la Ley N° 21.121, publicada en el Diario Oficial el 20 de noviembre de 2018.

67 de este Código. Si la pena consta de dos o más grados, se impondrá el grado máximo[254].

§ VI. Fraudes y exacciones ilegales

Artículo 239. El empleado público que en las operaciones en que interviniere por razón de su cargo, defraudare o consintiere que se defraude al Estado, a las municipalidades o a los establecimientos públicos de instrucción o de beneficencia, sea originándoles pérdida o privándoles de un lucro legítimo, incurrirá en la pena de presidio menor en sus grados medio a máximo.

En aquellos casos en que el monto de lo defraudado excediere de cuarenta unidades tributarias mensuales, se impondrá la pena de presidio menor en su grado máximo a presidio mayor en su grado mínimo[255].

Si la defraudación excediere de cuatrocientas unidades tributarias mensuales se aplicará la pena de presidio mayor en sus grados mínimo a medio[256].

En todo caso, se aplicarán las penas de multa de la mitad al tanto del perjuicio causado e inhabilitación absoluta temporal para cargos, empleos u oficios públicos en sus grados medio a máximo[257-258].

Artículo 240. Será sancionado con la pena de reclusión menor en sus grados medio a máximo, inhabilitación absoluta temporal para cargos, em-

---

254 Este inciso fue modificado por la letra h) del artículo 2° de la Ley N° 19.501, publicada en el Diario Oficial el 15 de mayo de 1997. Con anterioridad, fue modificado por la letra g) del artículo 2° de la Ley N° 19.450, publicada en el Diario Oficial el 18 de marzo de 1996; y fue agregado por el artículo 1° de la Ley N° 13.303, publicada en el Diario Oficial el 31 de marzo de 1959.

255 Este inciso fue modificado por la letra a) del numeral 6 del artículo 1° de la Ley N° 21.121, publicada en el Diario Oficial el 20 de noviembre de 2018.

256 Este inciso fue modificado por la letra b) del numeral 6 del artículo 1° de la Ley N° 21.121, publicada en el Diario Oficial el 20 de noviembre de 2018.

257 Este inciso fue modificado por la letra c) del numeral 6 del artículo 1° de la Ley N° 21.121, publicada en el Diario Oficial el 20 de noviembre de 2018.

258 El artículo fue reemplazado por el numeral 1 del artículo único de la Ley N° 20.341, publicada en el Diario Oficial el 22 de abril de 2009.

pleos u oficios públicos en sus grados medio a máximo y multa de la mitad al tanto del valor del interés que hubiere tomado en el negocio:

1º El empleado público que directa o indirectamente se interesare en cualquier negociación, actuación, contrato, operación o gestión en la cual hubiere de intervenir en razón de su cargo.

2º El árbitro o el liquidador comercial que directa o indirectamente se interesare en cualquier negociación, actuación, contrato, operación o gestión en la cual hubiere de intervenir en relación con los bienes, cosas o intereses patrimoniales cuya adjudicación, partición o administración estuviere a su cargo.

3º El veedor o liquidador en un procedimiento concursal que directa o indirectamente se interesare en cualquier negociación, actuación, contrato, operación o gestión en la cual hubiere de intervenir en relación con los bienes o intereses patrimoniales cuya salvaguardia o promoción le corresponda.

En este caso se aplicará lo dispuesto en el artículo 465 de este Código.

4º El perito que directa o indirectamente se interesare en cualquier negociación, actuación, contrato, operación o gestión en la cual hubiere de intervenir en relación con los bienes o cosas cuya tasación le corresponda.

5º El guardador o albacea que directa o indirectamente se interesare en cualquier negociación, actuación, contrato, operación o gestión en la cual hubiere de intervenir en relación con el patrimonio de los pupilos y las testamentarías a su cargo, incumpliendo las condiciones establecidas en la ley.

6º El que tenga a su cargo la salvaguardia o la gestión de todo o parte del patrimonio de otra persona que estuviere impedida de administrarlo, que directa o indirectamente se interesare en cualquier negociación, actuación, contrato, operación o gestión en la cual hubiere de intervenir en relación con ese patrimonio, incumpliendo las condiciones establecidas en la ley.

7º El director o gerente de una sociedad anónima abierta o especial que directa o indirectamente se interesare en cualquier negociación, actuación, contrato, operación o gestión que involucre a la sociedad, incumpliendo las condiciones establecidas por la ley, así como toda persona a quien le sean aplicables las normas que en materia de deberes se establecen para los directores o gerentes de estas sociedades[259].

Las mismas penas se impondrán a las personas mencionadas en los números 1 a 6 del inciso precedente si, en las mismas circunstancias, dieren o dejaren tomar interés, debiendo impedirlo, a su cónyuge o conviviente civil, a un pariente en cualquier grado de la línea recta o hasta en el tercer grado inclusive de la línea colateral, sea por consanguinidad o afinidad[260].

Lo mismo valdrá en caso de que alguna de las personas mencionadas en los números 1 a 6 del inciso primero, en las mismas circunstancias, diere o dejare tomar interés, debiendo impedirlo, a terceros asociados con ella o con las personas indicadas en el inciso precedente, o a sociedades, asociaciones o empresas en las que ella misma, dichos terceros o esas personas ejerzan su administración en cualquier forma o tengan interés social, el cual deberá ser superior al diez por ciento si la sociedad fuere anónima[261].

Tratándose de una sociedad anónima abierta o especial, las mismas penas referidas en el inciso primero se aplicarán al director o gerente que diere o dejare tomar interés a personas consideradas por la ley como partes relacionadas[262-263].

Artículo 240 bis. Las penas establecidas en el artículo precedente serán también aplicadas al empleado público que, interesándose directa o indirectamente en cualquier clase de contrato u operación en que deba intervenir otro empleado público, ejerciere influencia en éste para obtener una decisión favorable a sus intereses.

---

259 Inciso modificado por la letra a) del numeral 3 del artículo 48 de la Ley Nº 21.595, publicada en el Diario Oficial el 17 de agosto de 2023.

260 Inciso modificado por la letra b) del numeral 3 del artículo 48 de la Ley Nº 21.595, publicada en el Diario Oficial el 17 de agosto de 2023.

261 Inciso modificado por la letra c) del numeral 3 del artículo 48 de la Ley Nº 21.595, publicada en el Diario Oficial el 17 de agosto de 2023.

262 Inciso agregado por la letra d) del numeral 3 del artículo 48 de la Ley Nº 21.595, publicada en el Diario Oficial el 17 de agosto de 2023.

263 El artículo fue reemplazado por el que ahora se lee por el numeral 7 del artículo 1º de la Ley Nº 21.121, publicada en el Diario Oficial el 20 de noviembre de 2018.

Las mismas penas se impondrán al empleado público que, para dar interés a cualquiera de las personas expresadas en los incisos segundo y final del artículo precedente en cualquier clase de contrato u operación en que deba intervenir otro empleado público, ejerciere influencia en él para obtener una decisión favorable a esos intereses[264].

En los casos a que se refiere este artículo el juez podrá imponer la pena de inhabilitación absoluta perpetua para cargos u oficios públicos[265].

Artículo 241. El empleado público que directa o indirectamente exigiere mayores derechos de los que le están señalados por razón de su cargo, o un beneficio económico para sí o un tercero para ejecutar o por haber ejecutado un acto propio de su cargo en razón del cual no le están señalados derechos, será sancionado con reclusión menor en su grado máximo a reclusión mayor en su grado mínimo, salvo que el hecho sea constitutivo de un delito que merezca mayor pena, caso en el cual se aplicará sólo la pena asignada por la ley a éste. En todo caso se impondrán, además, las penas de inhabilitación absoluta temporal para cargos u oficios públicos en sus grados medio a máximo y multa del duplo al cuádruplo de los derechos o del beneficio obtenido[266].

Artículo 241 bis. El empleado público que durante el ejercicio de su cargo obtenga un incremento patrimonial relevante e injustificado, será sancionado con multa equivalente al monto del incremento patrimonial indebido y con la pena de inhabilitación absoluta temporal para el ejercicio de cargos y oficios públicos en sus grados mínimo a medio.

Lo dispuesto en el inciso precedente no se aplicará si la conducta que dio origen al incremento patrimonial indebido constituye por sí misma

---

264 Este inciso fue modificado por el numeral 8 del artículo 1° de la Ley N° 21.121, publicada en el Diario Oficial el 20 de noviembre de 2018.

265 Este artículo fue agregado por el numeral 5 del artículo 1° de la Ley N° 19.645, publicada en el Diario Oficial el 11 de diciembre de 1999.

266 Este artículo fue modificado por el numeral 9 del artículo 1° de la Ley N° 21.121, publicada en el Diario Oficial el 20 de noviembre de 2018.

alguno de los delitos descritos en el presente Título, caso en el cual se impondrán las penas asignadas al respectivo delito.

La prueba del enriquecimiento injustificado a que se refiere este artículo será siempre de cargo del Ministerio Público.

Si el proceso penal se inicia por denuncia o querella y el empleado público es absuelto del delito establecido en este artículo o se dicta en su favor sobreseimiento definitivo por alguna de las causales establecidas en las letras a) o b) del artículo 250 del Código Procesal Penal, tendrá derecho a obtener del querellante o denunciante la indemnización de los perjuicios por los daños materiales y morales que haya sufrido, sin perjuicio de la responsabilidad criminal de estos últimos por el delito del artículo 211 de este Código[267].

§ VII. Infidelidad en la custodia de documentos

Artículo 242. El eclesiástico o empleado público que sustraiga o destruya documentos o papeles que le estuvieren confiados por razón de su cargo, será castigado:

1.° Con las penas de reclusión menor en su grado máximo y multa de veintiuna a veinticinco unidades tributarias mensuales, siempre que del hecho resulte grave daño de la causa pública o de tercero[268].

2.° Con reclusión menor en sus grados mínimo a medio y multa de once a veinte unidades tributarias mensuales, cuando no concurrieren las circunstancias expresadas en el número anterior[269].

Artículo 243. El empleado público que, teniendo a su cargo la custodia de papeles o efectos sellados por la autoridad, quebrantare los sellos o consintiere en su quebrantamiento, sufrirá las penas de reclusión menor en

---

[267] Este artículo fue agregado por el artículo 12 de la Ley N° 20.088, publicada en el Diario Oficial el 5 de enero de 2006.

[268] Este artículo fue modificado por la letra k) del artículo 1° de la Ley N° 19.450, publicada en el Diario Oficial el 18 de marzo de 1996.

[269] Este artículo fue modificado por la letra i) del artículo 1° de la Ley N° 19.450, publicada en el Diario Oficial el 18 de marzo de 1996.

su grados mínimo a medio y multa de once a quince unidades tributarias mensuales[270].

El guardián que por su negligencia diere lugar al delito, será castigado con reclusión menor en su grado mínimo o multa de seis a diez unidades tributarias mensuales[271].

Artículo 244. El empleado público que abriere o consintiere que se abran, sin la autorización competente, papeles o documentos cerrados cuya custodia le estuviere confiada, incurrirá en las penas de reclusión menor en su grado mínimo y multa de seis a diez unidades tributarias mensuales[272].

Artículo 245. Las penas designadas en los tres artículos anteriores son aplicables a los particulares encargados accidentalmente del despacho o custodia de documentos o papeles, por comisión del Gobierno o de los funcionarios a quienes hubieren sido confiados aquéllos en razón de su oficio, y que dieren el encargo ejerciendo sus atribuciones.

§ VIII. Violación de secretos

Artículo 246. El empleado público que revelare los secretos de que tenga conocimiento por razón de su oficio o entregare indebidamente papeles o copia de papeles que tenga a su cargo y no deban ser publicados, incurrirá en las penas de suspensión del empleo en sus grados mínimo a medio o multa de seis a veinte unidades tributarias mensuales, o bien en ambas conjuntamente[273].

---

270 Este inciso fue modificado por la letra h) del artículo 1° de la Ley N° 19.450, publicada en el Diario Oficial el 18 de marzo de 1996.

271 Este artículo fue modificado por la letra d) del artículo 1° de la Ley N° 19.450, publicada en el Diario Oficial el 18 de marzo de 1996.

272 Este artículo fue modificado por la letra d) del artículo 1° de la Ley N° 19.450, publicada en el Diario Oficial el 18 de marzo de 1996.

273 Este inciso fue modificado por la letra f) del artículo 1° de la Ley N° 19.450, publicada en el Diario Oficial el 18 de marzo de 1996.

Si de la revelación o entrega resultare grave daño para la causa pública, las penas serán reclusión mayor en cualquiera de sus grados y multa de veintiuno a treinta unidades tributarias mensuales[274].

Las penas señaladas en los incisos anteriores se aplicarán, según corresponda, al empleado público que indebidamente anticipare en cualquier forma el conocimiento de documentos, actos o papeles que tenga a su cargo y que deban ser publicados[275].

Artículo 246 bis. El funcionario público que revelare o consintiere que otro tomare conocimiento de uno o más hechos ventilados en un procedimiento judicial o administrativo sancionatorio o disciplinario en el cual le hubiere correspondido intervenir bajo un deber de reserva será sancionado con la pena de reclusión menor en cualquiera de sus grados y multa de diez a treinta unidades tributarias mensuales.

Si la información a que se refiere el inciso anterior fuere la de la identidad del denunciante, la pena será de reclusión menor en sus grados medio a máximo y multa de veinte a treinta unidades tributarias mensuales[276].

Artículo 247. El empleado público que, sabiendo por razón de su cargo los secretos de un particular, los descubriere con perjuicio de éste, incurrirá en las penas de reclusión menor en sus grados mínimo a medio y multa de seis a diez unidades tributarias mensuales[277].

Las mismas penas se aplicarán a los que, ejerciendo alguna de las profesiones que requieren título, revelen los secretos que por razón de ella se les hubieren confiado.

---

[274] Este inciso fue modificado por la letra l) del artículo 1° de la Ley N° 19.450, publicada en el Diario Oficial el 18 de marzo de 1996.

[275] Este inciso fue agregado por el numeral 7 del artículo 1° de la Ley N° 19.645, publicada en el Diario Oficial el 11 de diciembre de 1999.

[276] Este artículo fue introducido por el numeral 3 del artículo 21 de la Ley N° 21.592, publicada en el Diario Oficial el 21 de agosto de 2023.

[277] Este inciso fue modificado por la letra d) del artículo 1° de la Ley N° 19.450, publicada en el Diario Oficial el 18 de marzo de 1996.

Artículo 247 bis. El empleado público que, haciendo uso de un secreto o información concreta reservada, de que tenga conocimiento en razón de su cargo, obtuviere un beneficio económico para sí o para un tercero, será castigado con la pena privativa de libertad del artículo anterior y multa del tanto al triplo del beneficio obtenido.

Con las mismas penas serán castigados los que, ejerciendo alguna de las profesiones que requieren título, obtuvieren un beneficio económico para sí o para un tercero haciendo uso de los secretos que por razón de su profesión se les hubiere confiado. Tratándose de un abogado, si el hecho perjudicare a su cliente, se impondrán además las penas privativas de derechos señaladas en el artículo 231[278-279].

§ IX. Cohecho

Artículo 248. El empleado público que en razón de su cargo solicitare o aceptare un beneficio económico o de otra naturaleza al que no tiene derecho, para sí o para un tercero, será sancionado con la pena de reclusión menor en su grado medio, inhabilitación absoluta para cargos u oficios públicos temporal en su grado mínimo y multa del tanto del beneficio solicitado o aceptado. Si el beneficio fuere de naturaleza distinta a la económica, la multa será de veinticinco a doscientos cincuenta unidades tributarias mensuales.

El empleado público que solicitare o aceptare recibir mayores derechos de los que le están señalados por razón de su cargo, o un beneficio económico o de otra naturaleza, para sí o un tercero, para ejecutar o por haber ejecutado un acto propio de su cargo en razón del cual no le están señalados derechos, será sancionado con la pena de reclusión menor en sus grados medio a máximo, inhabilitación absoluta temporal para cargos u oficios públicos en su grado medio y multa del tanto al duplo de los derechos o del beneficio solicitados o aceptados. Si el beneficio fuere de

---

278 Inciso agregado por el numeral 4 del artículo 48 de la Ley N° 21.595, publicada en el Diario Oficial el 17 de agosto de 2023.

279 Este artículo fue agregado por el numeral 8 del artículo 1° de la Ley N° 19.645, publicada en el Diario Oficial el 11 de diciembre de 1999.

naturaleza distinta a la económica, la multa será de cincuenta a quinientas unidades tributarias mensuales[280].

Artículo 248 bis. El empleado público que solicitare o aceptare recibir un beneficio económico o de otra naturaleza, para sí o un tercero para omitir o por haber omitido un acto debido propio de su cargo, o para ejecutar o por haber ejecutado un acto con infracción a los deberes de su cargo, será sancionado con la pena de reclusión menor en su grado máximo a reclusión mayor en su grado mínimo y, además, con las penas de inhabilitación absoluta temporal para cargos u oficios públicos en su grado máximo y multa del duplo al cuádruplo del provecho solicitado o aceptado. Si el beneficio fuere de naturaleza distinta a la económica, la multa será de cien a mil unidades tributarias mensuales[281].

Si la infracción al deber del cargo consistiere en ejercer influencia en otro empleado público con el fin de obtener de éste una decisión que pueda generar un provecho para un tercero interesado, se impondrá la pena de inhabilitación absoluta para cargo u oficio público, perpetua, además de las penas de reclusión y multa establecidas en el inciso precedente[282].

Artículo 249. El empleado público que solicitare o aceptare recibir un beneficio económico o de otra naturaleza, para sí o para un tercero para cometer alguno de los crímenes o simples delitos expresados en este Título, o en el párrafo 4 del Título III, será sancionado con las penas de reclusión menor en su grado máximo a reclusión mayor en su grado mínimo, de inhabilitación absoluta perpetua para cargos u oficios públicos y multa del cuádruplo del provecho solicitado o aceptado. Si el beneficio fuere de

---

280 Este artículo fue sustituido por el numeral 10 del artículo 1° de la Ley N° 21.121, publicada en el Diario Oficial el 20 de noviembre de 2018.

281 Este artículo fue modificado por la letra a) del numeral 11 del artículo 1° de la Ley N° 21.121, publicada en el Diario Oficial el 20 de noviembre de 2018.

282 Este inciso fue modificado por la letra b) del numeral 11 del artículo 1° de la Ley N° 21.121, publicada en el Diario Oficial el 20 de noviembre de 2018. Con anterioridad, el artículo fue modificado por el numeral 9 del artículo 1° de la Ley N° 19.645, publicada en el Diario Oficial el 11 de diciembre de 1999.

naturaleza distinta de la económica, la multa será de ciento cincuenta a mil quinientas unidades tributarias mensuales.

Las penas previstas en el inciso anterior se aplicarán sin perjuicio de las que además corresponda imponer por la comisión del crimen o simple delito de que se trate[283].

Artículo 250. El que diere, ofreciere o consintiere en dar a un empleado público un beneficio económico o de otra naturaleza, en provecho de éste o de un tercero, en razón del cargo del empleado en los términos del inciso primero del artículo 248, o para que realice las acciones o incurra en las omisiones señaladas en los artículos 248, inciso segundo, 248 bis y 249, o por haberlas realizado o haber incurrido en ellas, será castigado con las mismas penas de multa e inhabilitación establecidas en dichas disposiciones.

Tratándose del beneficio dado, ofrecido o consentido en razón del cargo del empleado público en los términos del inciso primero del artículo 248, el sobornante será sancionado, además, con la pena de reclusión menor en su grado medio, en el caso del beneficio dado u ofrecido, o de reclusión menor en su grado mínimo, en el caso del beneficio consentido.

Tratándose del beneficio dado, ofrecido o consentido en relación con las acciones u omisiones del inciso segundo del artículo 248, el sobornante será sancionado, además, con la pena de reclusión menor en sus grados medio a máximo, en el caso del beneficio dado u ofrecido, o de reclusión menor en sus grados mínimo a medio, en el caso del beneficio consentido.

Tratándose del beneficio dado, ofrecido o consentido en relación con las acciones u omisiones señaladas en el artículo 248 bis, el sobornante será sancionado, además, con pena de reclusión menor en su grado máximo a reclusión mayor en su grado mínimo, en el caso del beneficio dado u ofrecido, o de reclusión menor en sus grados medio a máximo, en el caso del beneficio consentido.

---

283 Este artículo fue modificado por la letra b) del numeral 12 del artículo 1° de la Ley N° 21.121, publicada en el Diario Oficial el 20 de noviembre de 2018.

Tratándose del beneficio dado, ofrecido o consentido en relación con los crímenes o simples delitos señalados en el artículo 249, el sobornante será sancionado, además, con pena de reclusión menor en su grado máximo a reclusión mayor en su grado mínimo, en el caso del beneficio dado u ofrecido, o con reclusión menor en sus grados medio a máximo, en el caso del beneficio consentido. Las penas previstas en este inciso se aplicarán sin perjuicio de las que además corresponda imponer por la comisión del crimen o simple delito de que se trate[284].

Artículo 250 bis. En los casos en que el delito previsto en el artículo anterior tuviere por objeto la realización u omisión de una actuación de las señaladas en los artículos 248 o 248 bis que mediare en causa criminal a favor del imputado, y fuere cometido por su cónyuge o su conviviente civil, por alguno de sus ascendientes o descendientes consanguíneos o afines, por un colateral consanguíneo o afín hasta el segundo grado inclusive, o por persona ligada a él por adopción, sólo se impondrá al responsable la multa que corresponda conforme las disposiciones antes mencionadas[285].

Artículo 250 bis A. Derogado[286].

Artículo 250 bis B. Derogado[287].

Artículo 251. Los bienes recibidos por el empleado público caerán siempre en comiso[288].

---

[284] Este artículo fue modificado por el numeral 13 del artículo 1° de la Ley N° 21.121 publicada en el Diario Oficial el 20 de noviembre de 2018.

[285] Este artículo fue modificado por el numeral 14 del artículo 1° de la Ley N° 21.121, publicada en el Diario Oficial el 20 de noviembre de 2018.

[286] Este artículo fue derogado por el numeral 6 del artículo único de la Ley N° 20.341, publicada en el Diario Oficial el 22 de abril de 2009.

[287] Este artículo fue derogado por el numeral 6 del artículo único de la Ley N° 20.341, publicada en el Diario Oficial el 22 de abril de 2009.

[288] Este artículo fue modificado por el numeral 15 del artículo 1° de la Ley N° 21.121, publicada en el Diario Oficial el 20 de noviembre de 2018.

§ 9 bis. Cohecho a Funcionarios Públicos Extranjeros[289]

Artículo 251 bis. El que, con el propósito de obtener o mantener para sí o para un tercero cualquier negocio o ventaja en el ámbito de cualesquiera transacciones internacionales o de una actividad económica desempeñada en el extranjero, ofreciere, prometiere, diere o consintiere en dar a un funcionario público extranjero un beneficio económico o de otra naturaleza en provecho de éste o de un tercero, en razón del cargo del funcionario, o para que omita o ejecute, o por haber omitido o ejecutado, un acto propio de su cargo o con infracción a los deberes de su cargo, será sancionado con la pena de reclusión menor en su grado máximo a reclusión mayor en su grado mínimo y, además, con multa del duplo al cuádruplo del beneficio ofrecido, prometido, dado o solicitado, e inhabilitación absoluta temporal para cargos u oficios públicos en su grado máximo. Si el beneficio fuere de naturaleza distinta de la económica, la multa será de cien a mil unidades tributarias mensuales.

Los bienes recibidos por el funcionario público caerán siempre en comiso[290].

Artículo 251 ter. Para los efectos de lo dispuesto en el artículo anterior, se considera funcionario público extranjero toda persona que tenga un cargo legislativo, administrativo o judicial en un país extranjero, haya sido nombrada o elegida, así como cualquier persona que ejerza una función pública para un país extranjero, sea dentro de un organismo público o de una empresa pública. También se entenderá que inviste la referida calidad cualquier funcionario o agente de una organización pública internacional[291].

---

289 Este epígrafe fue intercalado por el numeral 7 del artículo único de la Ley N° 20.341, publicada en el Diario Oficial el 22 de abril de 2009.

290 Este artículo fue modificado por el numeral 16 del artículo 1° de la Ley N° 21.121 publicada en el Diario Oficial el 20 de noviembre de 2018.

291 Este artículo fue incorporado por el artículo único de la Ley N° 20.341, publicada en el Diario Oficial el 22 de abril de 2009.

§ 9 ter. Normas comunes a los Párrafos anteriores[292]

Artículo 251 quáter. El que cometiere cualquiera de los delitos previstos en los dos Párrafos anteriores será condenado, además, a la pena de inhabilitación absoluta, perpetua o temporal, en cualquiera de sus grados, para ejercer cargos, empleos, oficios o profesiones en empresas que contraten con órganos o empresas del Estado o con empresas o asociaciones en que éste tenga una participación mayoritaria; o en empresas que participen en concesiones otorgadas por el Estado o cuyo objeto sea la provisión de servicios de utilidad pública[293].

Artículo 251 quinquies. En el caso de los delitos previstos en los artículos 241, 248, 248 bis y 249, se excluirá el mínimum o el grado mínimo de las penas señaladas, según corresponda, respecto de todos sus responsables, en los siguientes casos:

1° Cuando hayan sido cometidos por un empleado público que desempeñe un cargo de elección popular, de exclusiva confianza de éstos, de alta dirección pública del primer nivel jerárquico o por un fiscal del Ministerio Público o por cualquiera que, perteneciendo o no al orden judicial, ejerza jurisdicción; por los Comandantes en Jefe del Ejército, de la Armada, de la Fuerza Aérea, o por el General Director de Carabineros o el Director General de la Policía de Investigaciones, o

2° Cuando hayan sido cometidos por un empleado público con ocasión de su intervención en cualquiera de los siguientes procesos:

a) La designación de una persona en un cargo o función pública;

b) Un procedimiento de adquisición, contratación o concesión que supere las mil unidades tributarias mensuales en que participe un órgano o empresa del Estado, o una empresa o asociación en que éste tenga una participación mayoritaria; o en el cumplimiento o la ejecución de los con-

---

292 Este párrafo y sus artículos fueron incorporados por el numeral 17 del artículo 1° de la Ley N° 21.121 publicada en el Diario Oficial el 20 de noviembre de 2018.

293 Este artículo fue incorporado por el numeral 17 del artículo 1° de la Ley N° 21.121 publicada en el Diario Oficial el 20 de noviembre de 2018.

tratos o concesiones que se suscriban o autoricen en el marco de dichos procedimientos;

c) El otorgamiento de permisos o autorizaciones para el desarrollo de actividades económicas por parte de personas naturales cuyos ingresos anuales sean superiores a dos mil cuatrocientas unidades de fomento; o jurídicas con o sin fines de lucro, cuyos ingresos anuales sean superiores a cien mil unidades de fomento, o

d) La fiscalización de actividades económicas desarrolladas por personas naturales cuyos ingresos anuales sean superiores a dos mil cuatrocientas unidades de fomento; o jurídicas con o sin fines de lucro, cuyos ingresos anuales sean superiores a cien mil unidades de fomento.

Para los efectos de este artículo, se determinará el valor de la unidad de fomento considerando el vigente a la fecha de comisión del delito[294].

Artículo 251 sexies. No será constitutivo de los delitos contemplados en los artículos 248, 250, incisos segundo y tercero, y 251 bis aceptar, dar u ofrecer donativos oficiales o protocolares, o aquellos de escaso valor económico que autoriza la costumbre como manifestaciones de cortesía y buena educación.

Lo dispuesto en el inciso anterior no se aplicará respecto del delito contemplado en el artículo 251 bis cuando se ofreciere, prometiere, diere o consintiere en dar a un funcionario público extranjero un beneficio, para que omita o ejecute, o por haber omitido o ejecutado un acto con infracción a los deberes de su cargo[295].

Artículo 251 septies. En los delitos contemplados en los artículos 248; 250, incisos segundo y tercero, y 251 bis, cuyo beneficio económico o de otra naturaleza provenga de personas naturales condenadas por alguna de las conductas punibles contempladas en las leyes números 19.366, 19.913 y 20.000, la pena deberá ser aumentada en dos grados. Igual agra-

---

[294] Este artículo fue incorporado por el numeral 17 del artículo 1° de la Ley N° 21.121 publicada en el Diario Oficial el 20 de noviembre de 2018.

[295] Este artículo fue incorporado por el numeral 17 del artículo 1° de la Ley N° 21.121 publicada en el Diario Oficial el 20 de noviembre de 2018.

vante se impondrá en el caso de que el beneficio económico o de otra naturaleza provenga de personas jurídicas, cuando cualquiera de sus representantes legales o administradores, y socios en el caso de las sociedades que no sean anónimas, se encuentren en alguna de dichas situaciones[296].

§ X. Resistencia y desobediencia

Artículo 252. El empleado público que se negare abiertamente a obedecer las órdenes de sus superiores en asuntos del servicio, será penado con inhabilitación especial perpetua para el cargo u oficio.

En la misma pena incurrirá cuando habiendo suspendido con cualquier motivo la ejecución de órdenes de sus superiores, las desobedeciere después que éstos hubieren desaprobado la suspensión.

En uno y otro caso, si el empleado no fuere retribuido, la pena será reclusión menor en cualquiera de sus grados o multa de once a veinte unidades tributarias mensuales[297].

§ XI. Denegación de auxilio y abandono de destino

Artículo 253. El empleado público del orden civil o militar que requerido por autoridad competente, no prestare, en el ejercicio de su ministerio, la debida cooperación para la administración de justicia u otro servicio público, será penado con suspensión del empleo en sus grados mínimo a medio y multa de seis a diez unidades tributarias mensuales[298].

Si de su omisión resultare grave daño a la causa pública o a un tercero, las penas serán inhabilitación especial perpetua para el cargo u oficio y multa de once a veinte unidades tributarias mensuales[299].

---

[296] Artículo introducido por el artículo 6° de la Ley N° 21.575, publicada en el Diario Oficial el 23 de mayo de 2023.

[297] Este inciso fue modificado por la letra i) del artículo 1° de la Ley N° 19.450, publicada en el Diario Oficial el 18 de marzo de 1996.

[298] Este inciso fue modificado por la letra d) del artículo 1° de la Ley N° 19.450, publicada en el Diario Oficial el 18 de marzo de 1996.

[299] Este inciso fue modificado por la letra i) del artículo 1° de la Ley N° 19.450, publicada en el Diario Oficial el 18 de marzo de 1996.

Artículo 254. El empleado que sin renunciar su destino lo abandonare, sufrirá la pena de suspensión en su grado mínimo a inhabilitación especial temporal para el cargo u oficio en su grado medio y multa de seis a diez unidades tributarias mensuales[300].

Si renunciado el destino y antes de trascurrir un plazo prudencial en que haya podido ser reemplazado por el superior respectivo, lo abandonare con daño de la causa pública, las penas serán multa de seis a diez unidades tributarias mensuales e inhabilitación especial temporal para el cargo u oficio en su grado medio[301].

Las penas establecidas en los dos incisos anteriores se aplicarán respectivamente al que abandonare un cargo concejil sin alegar excusa legítima, y al que después de haber alegado tal excusa, pero antes de trascurrir un plazo prudencial en que haya podido ser reemplazado, hace el abandono ocasionando daño a la causa pública.

Las disposiciones de este artículo han de entenderse sin perjuicio de lo establecido en el 135.

§ XII. Abusos contra particulares

Artículo 255. El empleado público que, desempeñando un acto del servicio, cometiere cualquier vejación injusta contra las personas será castigado con la pena de reclusión menor en su grado mínimo, salvo que el hecho sea constitutivo de un delito de mayor gravedad, caso en el cual se aplicará sólo la pena asignada por la ley a éste.

Si la conducta descrita en el inciso precedente se cometiere en contra de una persona menor de edad o en situación de vulnerabilidad por discapacidad, enfermedad o vejez; o en contra de una persona que se encuentre bajo el cuidado, custodia o control del empleado público, la pena se aumentará en un grado.

---

300 Este inciso fue modificado por la letra d) del artículo 1° de la Ley N° 19.450, publicada en el Diario Oficial el 18 de marzo de 1996.

301 Este inciso fue modificado por la letra d) del artículo 1° de la Ley N° 19.450, publicada en el Diario Oficial el 18 de marzo de 1996.

No se considerarán como vejaciones injustas las molestias o penalidades que sean consecuencia únicamente de sanciones legales, o que sean inherentes o incidentales a éstas, ni las derivadas de un acto legítimo de autoridad[302].

Artículo 256. El empleado público del orden administrativo que maliciosamente retardare o negare a los particulares la protección o servicio que deba dispensarles en conformidad a las leyes y reglamentos será castigado con las penas de suspensión del empleo en cualquiera de sus grados y multa de once a veinte unidades tributarias mensuales[303].

Artículo 257. El empleado público que arbitrariamente rehusare dar certificación o testimonio, o impidiere la presentación o el curso de una solicitud, será penado con multa de seis a diez unidades tributarias mensuales[304].

Si el testimonio, certificación o solicitud versaren sobre un abuso cometido por el mismo empleado, la multa será de once a veinte unidades tributarias mensuales[305].

Artículo 258. El empleado público que solicitare a persona que tenga pretensiones pendientes de su resolución, será castigado con la pena de inhabilitación especial temporal para el cargo u oficio en su grado medio[306].

---

302 Este artículo fue reemplazado por el numeral 6 del artículo 1° de la Ley N° 20.968, publicada en el Diario Oficial el 22 de noviembre de 2016. Con anterioridad, fue modificado por la letra i) del artículo 1° de la Ley N° 19.450, publicada en el Diario Oficial el 18 de marzo de 1996.

303 Este artículo fue sustituido por el numeral 7 del artículo 1° de la Ley N° 20.968, publicada en el Diario Oficial el 22 de noviembre de 2016.

304 Este inciso fue modificado por la letra d) del artículo 1° de la Ley N° 19.450, publicada en el Diario Oficial el 18 de marzo de 1996.

305 Este inciso fue modificado por la letra i) del artículo 1° de la Ley N° 19.450, publicada en el Diario Oficial el 18 de marzo de 1996.

306 Este artículo fue modificado por el numeral 2 del artículo 1° de la Ley N° 19.617, publicada en el Diario Oficial el 12 de julio de 1999.

Artículo 259. El empleado que solicitare a persona sujeta a su guarda por razón de su cargo, sufrirá la pena de reclusión menor en cualquiera de sus grados e inhabilitación especial temporal para el cargo u oficio en su grado medio[307].

Si la persona solicitada fuere cónyuge, conviviente, descendiente, ascendiente o colateral hasta el segundo grado de quien estuviere bajo la guarda del solicitante, las penas serán reclusión menor en sus grados medio a máximo e inhabilitación especial perpetua para el cargo u oficio[308].

§ XIII. Disposición general

Artículo 260. Para los efectos de este Título y del Párrafo IV del Título III, se reputa empleado todo el que desempeñe un cargo o función pública, sea en la Administración Central o en instituciones o empresas semifiscales, municipales, autónomas u organismos creados por el Estado o dependientes de él, aunque no sean del nombramiento del Jefe de la República ni reciban sueldo del Estado. No obstará a esta calificación el que el cargo sea de elección popular[309].

Artículo 260 bis. En los delitos contemplados en los Párrafos 5, 6, 9 y 9 bis de este Título el plazo de prescripción de la acción penal empezará a correr desde que el empleado público que intervino en ellos cesare en su cargo o función. Sin embargo, si el empleado, dentro de los seis meses que siguen al cese de su cargo o función, asumiere uno nuevo con facultades de dirección, supervigilancia o control respecto del anterior, el plazo de prescripción empezará a correr desde que cesare en este último[310].

---

307 Este inciso fue modificado por la letra a) del numeral 3 del artículo 1° de la Ley N° 19.617, publicada en el Diario Oficial el 12 de julio de 1999.

308 Este inciso fue reemplazado por la letra b) del numeral 3 del artículo 1° de la Ley N° 19.617, publicada en el Diario Oficial el 12 de julio de 1999.

309 Este artículo fue reemplazado por el artículo 29 de la Ley N° 15.078, publicada en el Diario Oficial el 18 de diciembre de 1962.

310 Este artículo fue agregado por el numeral 18 del artículo 1° de la Ley N° 21.121, publicada en el Diario Oficial el 20 de noviembre de 2018.

Artículo 260 ter. Será circunstancia agravante de los delitos contemplados en los Párrafos 5, 6, 9 y 9 bis el hecho de que los responsables hayan actuado formando parte de una agrupación u organización de dos o más personas destinada a cometer dichos hechos punibles, siempre que ésta o aquélla no constituyere una asociación ilícita de que trata el Párrafo 10 del Título VI del Libro Segundo[311].

Artículo 260 quáter. Derogado[312].

TÍTULO SEXTO
DE LOS CRÍMENES Y SIMPLES DELITOS CONTRA EL ORDEN Y LA SEGURIDAD PÚBLICA COMETIDOS POR PARTICULARES

§ I. Atentados contra la autoridad[313]

Artículo 261. Cometen atentado contra la autoridad:

1.° Los que sin alzarse públicamente emplean fuerza o intimidación para alguno de los objetos señalados en los arts. 121 y 126.

2.° Los que acometen o resisten con violencia, emplean fuerza o intimidación contra la autoridad pública o sus agentes, carabineros, funcionarios de la Policía de Investigaciones o de Gendarmería de Chile, cuando aquélla o éstos ejercieron funciones de su cargo[314].

Artículo 262. Los atentados a que se refiere el artículo anterior serán castigados con la pena de reclusión menor en su grado medio o multa de once a quince unidades tributarias mensuales, siempre que concurra alguna de las circunstancias siguientes:

---

311 Este artículo fue agregado por el numeral 18 del artículo 1° de la Ley N° 21.121, publicada en el Diario Oficial el 20 de noviembre de 2018.

312 Artículo derogado por el numeral 4 del artículo primero de la Ley N° 21.694, publicada en el Diario Oficial el 4 de septiembre de 2024.

313 Se sustituyó el epígrafe por el numeral 1 del artículo 1° de la Ley N° 20.048, publicada en el Diario Oficial el 31 de agosto de 2005.

314 Artículo modificado por el numeral 1 del artículo 1° de la Ley N° 20.931, publicada en el Diario Oficial el 5 de julio de 2016.

1° Si la agresión se verifica a mano armada.

2° Si los delincuentes pusieren manos en la autoridad o en las personas que acudieren a su auxilio.

3° Si por consecuencia de la coacción la autoridad hubiere accedido a las exigencias de los delincuentes.

Sin estas circunstancias la pena será reclusión menor en su grado mínimo o multa de seis a diez unidades tributarias mensuales.

Para determinar si la agresión se verifica a mano armada se estará a lo dispuesto en el art. 132[315].

Artículo 263. Derogado[316].

Artículo 264. El que amenace durante las sesiones de los cuerpos colegisladores o en las audiencias de los tribunales de justicia a algún diputado o senador o a un miembro de dichos tribunales, o a un senador o diputado por las opiniones manifestadas en el Congreso, o a un miembro de un tribunal de justicia por los fallos que hubiere pronunciado o a los ministros de Estado u otra autoridad en el ejercicio de sus cargos, será castigado con reclusión menor en cualquiera de sus grados.

El que perturbe gravemente el orden de las sesiones de los cuerpos colegisladores o de las audiencias de los tribunales de justicia, u ocasionare tumulto o exaltare al desorden en el despacho de una autoridad o corporación pública hasta el punto de impedir sus actos, será castigado con la pena de reclusión menor en su grado mínimo y multa de seis a diez unidades tributarias mensuales, o sólo esta última[317].

Artículo 265. Derogado[318].

---

315 Artículo modificado por el artículo 1° de la Ley N° 19.450, publicada en el Diario Oficial el 18 de marzo de 1996.

316 Artículo derogado por el numeral 2 del artículo 1 de la Ley N° 20.048, publicada en el Diario Oficial el 31 de agosto de 2005.

317 Artículo reemplazado por el numeral 3 del artículo 1° de la Ley N° 20.048, publicada en el Diario Oficial el 31 de agosto de 2005.

318 Artículo derogado por el numeral 4 del artículo 1° de la Ley N° 20.048, publicada en el Diario Oficial el 31 de agosto de 2005.

Artículo 266. Para todos los efectos de las disposiciones penales respecto de los que cometen atentado contra la autoridad o funcionarios públicos, se entiende que ejercen aquélla constantemente los ministros de Estado y las autoridades de funciones permanentes o llamadas a ejercerlas en todo caso y circunstancias.

Entiéndase también ofendida la autoridad en ejercicio de sus funciones cuando tuviere lugar el atentado con ocasión de ellas o por razón de su cargo[319].

Artículo 267. El que con violencia o fraude impidiere ejercer sus funciones a un miembro del Congreso, de los tribunales superiores de justicia o del Consejo de Estado, sufrirá las penas de reclusión menor en su grado mínimo y multa de once a veinte unidades tributarias mensuales[320].

Artículo 268. Derogado[321].

Artículo 268 bis. El que diere falsa alarma de incendio, emergencia o calamidad pública a los Cuerpos de Bomberos u otros servicios de utilidad pública, incurrirá en la pena de reclusión menor en su grado mínimo[322].

§ 1 bis. Atentados y amenazas contra fiscales del Ministerio Público y defensores penales públicos[323]

Artículo 268 ter. El que mate a un fiscal del Ministerio Público o a un defensor penal público en razón del ejercicio de sus funciones, será

---

319 Artículo modificado por el numeral 5 del artículo 1° de la Ley N° 20.048, publicada en el Diario Oficial el 31 de agosto de 2005.

320 Artículo modificado por la letra i) del artículo 1° de la Ley N° 19.450, publicada en el Diario Oficial el 18 de marzo de 1996.

321 Artículo derogado por el numeral 6 del artículo 1° de la Ley N° 20.048, publicada en el Diario Oficial el 31 de agosto de 2005.

322 Este artículo fue agregado por la letra a) del artículo único de la Ley N° 19.830, publicada en el Diario Oficial el 4 de octubre de 2002.

323 Este párrafo fue intercalado por el artículo único de la Ley N° 20.236, publicada en el Diario Oficial el 27 de diciembre de 2007.

castigado con la pena de presidio mayor en su grado máximo a presidio perpetuo calificado[324].

Artículo 268 quáter. El que hiera, golpee o maltrate de obra a un fiscal del Ministerio Público o a un defensor penal público en razón del ejercicio de sus funciones, será castigado:

1°. Con la pena de presidio mayor en su grado medio, si de resultas de las lesiones el ofendido queda demente, inútil para el trabajo, impotente, impedido de algún miembro importante o notablemente deforme.

2°. Con presidio menor en su grado máximo a presidio mayor en su grado mínimo, si las lesiones producen al ofendido enfermedad o incapacidad para el trabajo por más de treinta días.

3°. Con presidio menor en grado medio a máximo, si le causa lesiones menos graves.

4°. Con reclusión menor en su grado mínimo y multa de once a veinte unidades tributarias mensuales, o sólo esta última, si le ocasiona lesiones leves o no se produce daño alguno[325].

Artículo 268 quinquies. El que amenazare a un fiscal del Ministerio Público o a un defensor penal público en los términos de los artículos 296 y 297 de este Código, en razón del ejercicio de sus funciones, será castigado con el máximo de la pena o el grado máximo de las penas previstas en dichos artículos, según correspondiere[326].

---

324 Artículo incorporado por el artículo único de la Ley N° 20.236, publicada en el Diario Oficial el 27 de diciembre de 2007.

325 Artículo incorporado por el artículo único de la Ley N° 20.236, publicada en el Diario Oficial el 27 de diciembre de 2007.

326 Artículo incorporado por el artículo único de la Ley N° 20.236, publicada en el Diario Oficial el 27 de diciembre de 2007.

§ I ter. Retenciones o toma de control de vehículo de transporte público de pasajeros[327]

Artículo 268 sexies. Los que mediante violencia o intimidación retuvieren o tomaren el control de un vehículo de transporte público de pasajeros serán sancionados con la pena de presidio mayor en su grado mínimo, sin perjuicio de las penas que correspondan por los otros delitos cometidos con ocasión del hecho. En este último caso, todas las penas se impondrán conjuntamente, en la forma prescrita por el artículo 74 de este Código.

Si el hecho consistiere en la apropiación del vehículo no tendrá lugar lo previsto en el inciso precedente y, en su lugar, se impondrán las penas de los delitos establecidos en el artículo 433 y en el inciso primero del artículo 436, ambos de este Código, según correspondiere, con exclusión de su grado mínimo.

Sin perjuicio de lo dispuesto en los incisos anteriores, si los hechos constituyeren algún delito o delitos de mayor gravedad, se estará a la pena señalada para ellos[328].

§ II. Otros desórdenes públicos[329]

Artículo 268 septies. El que, sin estar autorizado, interrumpiere completamente la libre circulación de personas o vehículos en la vía pública, mediante violencia o intimidación en las personas o la instalación de obstáculos levantados en la misma con objetos diversos, será sancionado con la pena de presidio menor en su grado mínimo. Idéntica pena se impondrá a los que, sin mediar accidente o desperfecto mecánico, interpusieren sus vehículos en la vía, en términos tales de hacer imposible la circulación de otros por esta.

---

327 Este párrafo fue intercalado por el numeral 1 del artículo 3° de la Ley N° 20.844 publicada en el Diario Oficial el 10 de junio de 2015.

328 Artículo incorporado por el numeral 1 del artículo 3° de la Ley N° 20.844, publicada en el Diario Oficial el 10 de junio de 2015.

329 El epígrafe de este párrafo fue sustituido por el numeral 2 del artículo 3° de la Ley N° 20.844, publicada en el Diario Oficial el 10 de junio de 2015.

Será castigado con la pena de presidio menor en su grado mínimo a medio el que lanzare a personas o vehículos que se encontraren en la vía pública instrumentos, utensilios u objetos cortantes, punzantes o contundentes potencialmente aptos para causar la muerte o producir lesiones corporales, a menos que el hecho constituya un delito más grave. El tribunal, al momento de determinar la pena, tendrá especialmente en consideración la peligrosidad del instrumento, utensilio u objeto lanzado.

Si alguno de los hechos previstos en este artículo constituyere un delito más grave, se aplicará la pena señalada a este, sin atención a su grado mínimo o mínimum, según los respectivos casos[330].

Artículo 269. Fuera de los casos sancionados en el Párrafo anterior y en el artículo 268 septies, los que turbaren gravemente la tranquilidad pública para causar injuria u otro mal a alguna persona particular o con cualquier otro fin reprobado, incurrirán en la pena de reclusión menor en su grado mínimo, sin perjuicio de las que les correspondan por el daño u ofensa causados[331].

Incurrirá en la pena de presidio menor, en su grado mínimo a medio, el que impidiere o dificultare la actuación del personal de los Cuerpos de Bomberos u otros servicios de utilidad pública, destinada a combatir un siniestro u otra calamidad o desgracia que constituya peligro para la seguridad de las personas[332].

---

330 Artículo agregado por el numeral 1 del artículo único de la Ley N° 21.208, publicada en el Diario Oficial el 30 de enero de 2020.

331 Inciso modificado por el numeral 2 del artículo único de la Ley N° 21.208, publicada en el Diario Oficial el 30 de enero de 2020. Con anterioridad, el inciso fue modificado por el numeral 3 del artículo 3° de la Ley N° 20.844, publicada en el Diario Oficial el 10 de junio de 2015.

332 Inciso agregado por la letra b) del artículo único de la Ley N° 19.830, publicada en el Diario Oficial el 4 de octubre de 2002.

§ 2 bis. De la obstrucción a la investigación[333]

Artículo 269 bis. El que, a sabiendas, obstaculice gravemente el esclarecimiento de un hecho punible o la determinación de sus responsables, mediante la aportación de antecedentes falsos que condujeren al Ministerio Público a realizar u omitir actuaciones de la investigación, será sancionado con la pena de presidio menor en su grado mínimo y multa de dos a doce unidades tributarias mensuales[334].

La pena prevista en el inciso precedente se aumentará en un grado si los antecedentes falsos aportados condujeren al Ministerio Público a solicitar medidas cautelares o a deducir una acusación infundada[335].

El abogado que incurriere en las conductas descritas en los incisos anteriores será castigado, además, con la pena de suspensión de profesión titular durante el tiempo de la condena[336].

La retractación oportuna de quien hubiere incurrido en las conductas de que trata el presente artículo constituirá circunstancia atenuante. Tratándose de las situaciones a que se refiere el inciso segundo, la atenuante se considerará como muy calificada, en los términos del artículo 68 bis[337].

Se entiende por retractación oportuna aquélla que se produjere en condiciones de tiempo y forma adecuados para ser considerada por el tribunal que debiere resolver alguna medida solicitada en virtud de los antecedentes falsos aportados o, en su caso, aquélla que tuviere lugar durante la vigencia de la medida cautelar decretada en virtud de los antecedentes fal-

---

[333] La denominación de este epígrafe fue sustituida por el numeral 3 del artículo 2° de la Ley N° 20.074, publicada en el Diario Oficial el 14 de noviembre de 2005. Con anterioridad, el párrafo fue agregado por el numeral 3 del artículo 2° de la Ley N° 19.077, publicada en el Diario Oficial el 28 de agosto de 1991.

[334] Este inciso fue sustituido por la letra a) del numeral 4 del artículo 2° de la Ley N° 20.074, publicada en el Diario Oficial el 14 de noviembre de 2005.

[335] Este inciso fue incorporado por la letra a) del numeral 4 del artículo 2° de la Ley N° 20.074, publicada en el Diario Oficial el 14 de noviembre de 2005.

[336] Este inciso fue incorporado por la letra a) del numeral 4 del artículo 2° de la Ley N° 20.074, publicada en el Diario Oficial el 14 de noviembre de 2005.

[337] Este inciso fue incorporado por la letra a) del numeral 4 del artículo 2° de la Ley N° 20.074, publicada en el Diario Oficial el 14 de noviembre de 2005.

sos aportados y que condujere a su alzamiento o, en su caso, la que ocurra antes del pronunciamiento de la sentencia o de la decisión de absolución o condena, según corresponda[338].

Estarán exentas de las penas que establece este artículo las personas a que se refieren el inciso final del artículo 17 de este Código y el artículo 302 del Código Procesal Penal[339-340].

Artículo 269 ter. El funcionario policial, el fiscal del Ministerio Público, o el abogado asistente del fiscal, en su caso, que a sabiendas ocultare, alterare o destruyere cualquier antecedente, objeto o documento que permita establecer la existencia o inexistencia de un delito, la participación punible en él de alguna persona o su inocencia, o que pueda servir para la determinación de la pena, será castigado con presidio menor en cualquiera de sus grados e inhabilitación especial perpetua para el cargo[341-342].

---

338 Este inciso fue incorporado por la letra a) del numeral 4 del artículo 2° de la Ley N° 20.074, publicada en el Diario Oficial el 14 de noviembre de 2005.

339 Este inciso fue modificado por la letra b) del numeral 4 del artículo 2° de la Ley N° 20.074, publicada en el Diario Oficial el 14 de noviembre de 2005.

340 Artículo incorporado por el numeral 3 del artículo 2° de la Ley N° 19.077, publicada en el Diario Oficial el 28 de agosto de 1991.

341 Artículo modificado por el numeral 8 del artículo 1° de la Ley N° 21.577, publicada en el Diario Oficial el 15 de junio de 2023. Con anterioridad, fue modificado por el numeral 4 del artículo 1° de la Ley N° 20.253, publicada en el Diario Oficial el 14 de marzo de 2008; y por el numeral 5 del artículo 2° de la Ley N° 20.074, publicada en el Diario Oficial el 14 de noviembre de 2005.

342 Artículo modificado por el artículo 3° de la Ley N° 21.638, publicada en el Diario Oficial el 26 de diciembre de 2023. La norma, empero, no se encuentra vigente, debido a que comenzará a regir seis meses después de la publicación en el Diario Oficial de los reglamentos a que hace referencia el inciso 1° del artículo 1° transitorio de la ley. La norma vacante intercala algunas expresiones, por lo que la disposición quedaría de la siguiente manera:

"El funcionario policial, el fiscal del Ministerio Público, o el abogado asistente del fiscal, en su caso, que a sabiendas ocultare, alterare o destruyere cualquier antecedente, objeto o documento, *o imagen o sonido contenido en sistemas de registro y almacenamiento audiovisual* que permita establecer la existencia o inexistencia de un delito, la participación punible en él de alguna persona o su inocencia, o que pueda servir para la determinación de la pena, será castigado con presidio menor en cualquiera de sus grados e inhabilitación especial perpetua para el cargo".

§ III. De la rotura de sellos

Artículo 270. Los que hubieren roto intencionalmente los sellos puestos por orden de la autoridad pública, serán castigados con reclusión menor en su grado mínimo y multa de seis a diez seis a diez unidades tributarias mensuales[343].

Las penas serán reclusión menor en su grado medio y multa de seis a quince unidades tributarias mensuales cuando los sellos rotos estaban colocados sobre papeles o efectos de un individuo acusado o condenado por crimen[344].

Artículo 271. Si la rotura de los sellos ha sido ejecutada con violencia contra las personas, el culpable sufrirá las penas de reclusión menor en su grado máximo y multa de once a veinte unidades tributarias mensuales[345].

§ IV. De los embarazos puestos a la ejecución de los trabajos públicos

Artículo 272. El que por vías de hecho se hubiere opuesto, sin motivo justificado, a la ejecución de trabajos públicos ordenados o permitidos por autoridad competente, será castigado con reclusión menor en su grado mínimo o multa de once a veinte unidades tributarias mensuales[346].

§ V. Crímenes y simples delitos de los proveedores.

Artículo 273. Las personas encargadas de provisiones, empresas o administraciones por cuenta del ejército o de la armada, o sus agentes que voluntariamente hubieren faltado a sus compromisos embarazando el servicio que tuvieren a su cargo con daño grave e inevitable de la causa

---

343 Este inciso fue modificado por la letra d) del artículo 1° de la Ley N° 19.450, publicada en el Diario Oficial el 18 de marzo de 1996.

344 Este inciso fue modificado por la letra e) del artículo 1° de la Ley N° 19.450, publicada en el Diario Oficial el 18 de marzo de 1996.

345 Este inciso fue modificado por la letra i) del artículo 1° de la Ley N° 19.450, publicada en el Diario Oficial el 18 de marzo de 1996.

346 Este inciso fue modificado por la letra i) del artículo 1° de la Ley N° 19.450, publicada en el Diario Oficial el 18 de marzo de 1996.

pública, sufrirán las penas de reclusión mayor en su grado mínimo y multa de veintiuna a treinta unidades tributarias mensuales[347].

Artículo 274. Si ha habido fraude en la naturaleza, calidad o cantidad de los objetos o mano de obra, o de las cosas suministradas, con daño grave e inevitable de la causa pública, los culpables sufrirán las penas de presidio mayor en cualquiera de sus grados y multa de veintiuna a treinta unidades tributarias mensuales[348].

§ VI. De las infracciones de las leyes y reglamentos referentes a loterías, casas de juego y de préstamo sobre prendas

Artículo 275. Es lotería toda operación ofrecida al público y destinada a procurar ganancia por medio de la suerte.

Artículo 276. Los autores, empresarios, administradores, comisionados o agentes de loterías no autorizadas legalmente, incurrirán en la multa de once a veinte unidades tributarias mensuales y perderán los objetos muebles puestos en lotería[349].

Si los objetos puestos en lotería fueren inmuebles, la pena será multa de veintiuna a treinta unidades tributarias mensuales[350]

En caso de reincidencia se les aplicará además la reclusión menor en su grado mínimo.

Artículo 277. Los banqueros, dueños, administradores o agentes de casas de juego de suerte, envite o azar, serán castigados con reclusión

---

[347] Este inciso fue modificado por la letra l) del artículo 1° de la Ley N° 19.450, publicada en el Diario Oficial el 18 de marzo de 1996.

[348] Este inciso fue modificado por la letra l) del artículo 1° de la Ley N° 19.450, publicada en el Diario Oficial el 18 de marzo de 1996.

[349] Este inciso fue modificado por la letra i) del artículo 1° de la Ley N° 19.450, publicada en el Diario Oficial el 18 de marzo de 1996.

[350] Este inciso fue modificado por la letra l) del artículo 1° de la Ley N° 19.450, publicada en el Diario Oficial el 18 de marzo de 1996.

menor en cualquiera de sus grados y multa de once a veinte unidades tributarias mensuales[351].

Artículo 278. Los que concurrieren a jugar a las casas referidas, sufrirán la pena de reclusión menor en su grado mínimo o multa de once a veinte unidades tributarias mensuales[352].

Artículo 279. El dinero o efectos puestos en juego y los instrumentos, objetos y útiles destinados a él caerán siempre en comiso.

Artículo 280. El que sin autorización legal estableciere casas de préstamo sobre prendas, sueldos o salarios, sufrirá las penas de reclusión menor en su grado mínimo, multa de once a veinte unidades tributarias mensuales, y comiso de las cantidades prestadas, hasta la suma de veintiuna a treinta unidades tributarias mensuales[353].

Artículo 281. Los que habiendo obtenido autorización no llevaren libros con la debida formalidad, asentando en ellos, sin claros ni entre renglones, las cantidades prestadas, los plazos e intereses, los nombres y domicilio de los que las reciban, la naturaleza, calidad y valor de los objetos dados en prenda y las demás circunstancias que exijan los reglamentos que deberá dictar el Presidente de la República, incurrirán en las penas de multa de seis a diez unidades tributarias mensuales y comiso de las cantidades prestadas, hasta diez unidades tributarias mensuales[354].

---

351 Este inciso fue modificado por la letra i) del artículo 1° de la Ley N° 19.450, publicada en el Diario Oficial el 18 de marzo de 1996.

352 Este inciso fue modificado por la letra i) del artículo 1° de la Ley N° 19.450, publicada en el Diario Oficial el 18 de marzo de 1996.

353 Este inciso fue modificado por las letras i) y l) del artículo 1° de la Ley N° 19.450, publicada en el Diario Oficial el 18 de marzo de 1996.

354 Este inciso fue modificado por la letra i) del artículo 2° de la Ley N° 19.501, publicada en el Diario Oficial el 15 de mayo de 1997.
Con anterioridad fue modificado por las letras d) del artículo 1.° y h) del artículo 2.° de la Ley N.° 19.450, publicada en el Diario Oficial de 18 de marzo de 1996.

Las mismas penas se impondrán a los que no hagan la enajenación de las prendas con arreglo a las leyes y reglamentos.

Artículo 282. El prestamista que no diere resguardo de la prenda o seguridad recibida, será castigado con una multa del duplo al quíntuplo de su valor y la cantidad que hubiere prestado caerá en comiso.

Artículo 283. El prestamista que hiciere préstamos de la clase indicada en los artículos precedentes a una persona manifiestamente incapaz para contratar por su edad o falta de discernimiento, será castigado con las mismas penas del artículo anterior.

§ VII. Crímenes y simples delitos relativos a la industria, al comercio y a las subastas públicas

Artículo 284. El que sin el consentimiento de su legítimo poseedor accediere a un secreto comercial mediante intromisión indebida con el propósito de revelarlo o aprovecharse económicamente de él será castigado con presidio o reclusión menor en su grado medio.

Para efectos de lo dispuesto en el inciso anterior, se entenderá por intromisión:

1. El ingreso a dependencias de la empresa o la captación visual o sonora mediante dispositivos técnicos de lo que tuviere lugar al interior de dependencias de la empresa, siempre que ello no fuere perceptible desde su exterior sin la utilización de dispositivos técnicos como los empleados en la captación o sin recurrir a escalamiento o a algún otro modo de vencimiento de un obstáculo a la percepción.

2. La captación visual o sonora mediante dispositivos técnicos del contenido de la comunicación que dos o más personas mantuvieren de la ejecución de una acción o del desarrollo de una situación por parte de una persona cuando los involucrados tuvieren una expectativa legítima de no estar siendo vistos, escuchados, filmados o grabados, manifestada en las circunstancias de la comunicación, la acción o la situación y que ésta concerniere a la empresa.

3. El acceso a un sistema informático sin autorización o excediendo la autorización que se posea y superando barreras técnicas o medidas tecnológicas de seguridad.

La pena señalada en el inciso primero se impondrá también al que sin el consentimiento de su legítimo poseedor reprodujere la fijación en cualquier formato de información constitutiva de un secreto comercial con el propósito de revelarlo o aprovecharse económicamente de él.

El que, habiendo perpetrado cualquiera de los hechos previstos en los incisos anteriores, sin el consentimiento de su legítimo poseedor revelare o consintiere en que otro accediere al secreto comercial será sancionado con la pena de presidio o reclusión menor en su grado máximo[355].

Artículo 284 bis. Será castigado con presidio o reclusión menor en su grado medio el que sin el consentimiento de su legítimo poseedor revelare o consintiere que otra persona accediere a un secreto comercial que hubiere conocido:

1. Bajo un deber de confidencialidad con ocasión del ejercicio de un cargo o una función pública o de una profesión cuyo título se encontrare legalmente reconocido y siempre que el deber de confidencialidad profesional estuviere fundado en la ley o en un reglamento, o en las reglas que definen su correcto ejercicio.

2. En razón o a consecuencia de una relación contractual o laboral con la empresa afectada o con otra que le haya prestado servicios[356].

Artículo 284 ter. El que sin el consentimiento de su legítimo poseedor se aprovechare económicamente de un secreto comercial que hubiere conocido en alguna de las circunstancias previstas en los incisos primero o segundo del artículo 284 o en el artículo 284 bis, o sabiendo que su cono-

---

[355] Artículo modificado por el numeral 5 del artículo 48 de la Ley Nº 21.595, publicada en el Diario Oficial el 17 de agosto de 2023.

[356] Artículo incorporado por el numeral 5 del artículo 48 de la Ley Nº 21.595, publicada en el Diario Oficial el 17 de agosto de 2023.

cimiento del secreto proviene de alguno de esos hechos, será sancionado con presidio o reclusión menor en su grado máximo[357].

Artículo 284 quáter. Sin perjuicio de las penas previstas en los artículos precedentes, cuando el delito se cometa con ocasión del ejercicio de una de las profesiones a que se refiere el artículo 284 bis se impondrá, además, la pena accesoria de suspensión o inhabilitación del ejercicio de su profesión.

La pena y su duración serán determinadas atendiendo a la pena principal impuesta conforme a las reglas previstas por los artículos 29 y 30 para la inhabilitación o suspensión de cargo u oficio público[358].

Artículo 284 quinquies. No incurre en el delito previsto en los artículos 284 bis y 284 ter quien en el ejercicio de su profesión, oficio, trabajo o actividad económica usa la experiencia y las competencias legítimamente adquiridas en conocimiento lícito de un secreto comercial[359].

Artículo 284 sexies. Para efectos de lo dispuesto en los artículos precedentes, se entenderá por secreto comercial la información que reúna los requisitos exigidos por la ley de propiedad industrial[360].

Artículo 285. El que por medios fraudulentos alterare el precio de bienes o servicios sufrirá las penas de presidio o reclusión menor en sus grados medio a máximo[361].

---

[357] Artículo incorporado por el numeral 5 del artículo 48 de la Ley Nº 21.595, publicada en el Diario Oficial el 17 de agosto de 2023.

[358] Artículo incorporado por el numeral 5 del artículo 48 de la Ley Nº 21.595, publicada en el Diario Oficial el 17 de agosto de 2023.

[359] Artículo incorporado por el numeral 5 del artículo 48 de la Ley Nº 21.595, publicada en el Diario Oficial el 17 de agosto de 2023.

[360] Artículo incorporado por el numeral 5 del artículo 48 de la Ley Nº 21.595, publicada en el Diario Oficial el 17 de agosto de 2023

[361] Artículo modificado por el numeral 6 del artículo 48 de la Ley Nº 21.595, publicada en el Diario Oficial el 17 de agosto de 2023.

Artículo 286. Se impondrá la pena de presidio o reclusión menor en su grado máximo a presidio o reclusión mayor en su grado mínimo cuando el fraude expresado en el artículo anterior recayere sobre el precio de bienes o servicios de primera necesidad o de consumo masivo[362].

Artículo 287. Los que emplearen amenaza o cualquier otro medio fraudulento para alejar a los postores en una subasta pública con el fin de alterar el precio del remate, serán castigados con una multa de diez al cincuenta por ciento del valor de la cosa subastada; a no merecer mayor pena por la amenaza u otro medio ilícito que emplearen.

§ 7° bis. De la corrupción entre particulares[363]

Artículo 287 bis. El director, administrador, mandatario o empleado de una empresa que solicitare o aceptare recibir un beneficio económico o de otra naturaleza, para sí o un tercero, para favorecer o por haber favorecido en el ejercicio de sus labores la contratación con un oferente sobre otro será sancionado con la pena de reclusión menor en su grado medio y multa del tanto al duplo del beneficio solicitado o aceptado[364]. Si el beneficio fuere de naturaleza distinta de la económica, la multa será de cincuenta a quinientas unidades tributarias mensuales[365].

Artículo 287 ter. El que diere, ofreciere o consintiere en dar a un director, administrador, mandatario o empleado de una empresa un beneficio económico o de otra naturaleza, para sí o un tercero, para que favorezca o por haber favorecido la contratación con un oferente por sobre otro será castigado con la pena de reclusión menor en su grado medio, en el caso del

---

362 Artículo incorporado por el numeral 6 del artículo 48 de la Ley N° 21.595, publicada en el Diario Oficial el 17 de agosto de 2023.

363 Párrafo incorporado por el numeral 19 del artículo 1° de la Ley N° 21.121, publicada en el Diario Oficial el 20 de noviembre de 2018.

364 Inciso modificado por el numeral 7 del artículo 48 de la Ley N° 21.595, publicada en el Diario Oficial el 17 de agosto de 2023.

365 Este artículo fue agregado por el numeral 19 del artículo 1° de la Ley N° 21.121, publicada en el Diario Oficial el 20 de noviembre de 2018.

beneficio dado u ofrecido, o de reclusión menor en su grado mínimo, en el caso del beneficio consentido. Además, se le sancionará con las penas de multa señaladas en el artículo precedente[366].

§ VIII. De las infracciones de las leyes y reglamentos relativos a las armas prohibidas

Artículo 288. El que fabricare, vendiere o distribuyere armas absolutamente prohibidas por la ley o por los reglamentos generales que dicte el Presidente de la República, sufrirá la pena de reclusión menor en su grado mínimo o multa de seis a diez unidades tributarias mensuales[367].

Artículo 288 bis. El que portare armas cortantes o punzantes en recintos de expendio de bebidas alcohólicas que deban consumirse en el mismo local, sufrirá la pena de presidio menor en su grado mínimo o multa de 1 a 4 UTM.

Igual sanción se aplicará al que en espectáculos públicos, en establecimientos de enseñanza o en vías o espacios públicos en áreas urbanas portare dichas armas, cuando no pueda justificar razonablemente su porte[368].

Artículo 288 ter. El que, en el contexto de reuniones en lugares de uso público, porte injustificadamente combustible apto para cometer atentados contra las personas o para ocasionar daño en las cosas, será sancionado con presidio menor en su grado mínimo[369].

---

366 Inciso modificado por el numeral 7 del artículo 48 de la Ley N° 21.595, publicada en el Diario Oficial el 17 de agosto de 2023. Con anterioridad, el artículo fue incorporado por el numeral 19 del artículo 1° de la Ley N° 21.121, publicada en el Diario Oficial el 20 de noviembre de 2018.

367 Este inciso fue modificado por la letra d) del artículo 1° de la Ley N° 19.450, publicada en el Diario Oficial el 18 de marzo de 1996.

368 Este artículo fue incorporado por el numeral 2 del artículo 1° de la Ley N° 19.975, publicada en el Diario Oficial el 5 de octubre de 2004.

369 Artículo introducido por el artículo único de la Ley N° 21.620, publicada en el Diario Oficial el 25 de octubre de 2023.

§ IX. Delitos relativos a la salud animal y vegetal[370]

Artículo 289. El que de propósito y sin permiso de la autoridad competente propagare una enfermedad animal o una plaga vegetal, será penado con presidio menor en su grado medio a máximo[371].

Si la propagación se produjere por negligencia inexcusable del tenedor o encargado de las especies animales o vegetales afectadas por la enfermedad o plaga o del funcionario a cargo del respectivo control sanitario, la pena será de presidio menor en su grado mínimo a medio[372].

Si la enfermedad o plaga propagada fuere de aquellas declaradas susceptibles de causar grave daño a la economía nacional, se aplicará la pena asignada al delito correspondiente en su grado máximo[373].

El reglamento determinará las enfermedades y plagas a que se refiere el inciso anterior[374-375].

Artículo 290. Si la propagación de las enfermedades a que se refiere este párrafo se originare con motivo u ocasión de la introducción ilícita al país de animales o especies vegetales, la pena asignada al delito correspondiente podrá aumentarse en un grado[376].

---

370 La denominación de este párrafo fue sustituida por el artículo 2° de la Ley N° 17.155, publicada en el Diario Oficial el 11 de junio de 1969.

371 Este inciso fue modificado por la letra a) del numeral 1 del artículo único de la Ley N° 18.765, publicada en el Diario Oficial el 9 de diciembre de 1988.

372 Este inciso fue modificado por la letra b) del N° 1 del artículo único de la Ley N° 18.765, publicada en el Diario Oficial el 9 de diciembre de 1988.

373 Este inciso fue agregado por la letra c) del N° 1 del artículo único de la Ley N° 18.765, publicada en el Diario Oficial el 9 de diciembre de 1988.

374 Este inciso fue agregado por la letra c) del N° 1 del artículo único de la Ley N° 18.765, publicada en el Diario Oficial el 9 de diciembre de 1988.

375 El artículo fue incorporado por el artículo 2° de la Ley N° 17.155, publicada en el Diario Oficial el 11 de junio de 1969.

376 Este artículo fue sustituido por el numeral 2 del artículo único de la Ley N° 18.765, publicada en el Diario Oficial el 9 de diciembre de 1988. Con anterioridad, fue modificado por el artículo 2° de la Ley N° 17.155, publicada en el Diario Oficial el 11 de junio de 1969.

Artículo 291. Los que propagaren indebidamente organismos, productos, elementos o agentes químicos, virales, bacteriológicos, radiactivos, o de cualquier otro orden que por su naturaleza sean susceptibles de poner en peligro la salud animal o vegetal, o el abastecimiento de la población, serán penados con presidio menor en su grado máximo[377].

Artículo 291 bis. El que cometiere actos de maltrato o crueldad con animales será castigado con la pena de presidio menor en sus grados mínimo a medio y multa de dos a treinta unidades tributarias mensuales, o sólo con esta última[378].

Si como resultado de una acción u omisión se causare al animal daño, la pena será presidio menor en sus grados mínimo a medio y multa de diez a treinta unidades tributarias mensuales, además de la accesoria de inhabilidad absoluta perpetua para la tenencia de cualquier tipo de animales[379].

Si como resultado de las referidas acción u omisión se causaren lesiones que menoscaben gravemente la integridad física o provocaren la muerte del animal se impondrá la pena de presidio menor en su grado medio y multa de veinte a treinta unidades tributarias mensuales, además de la accesoria de inhabilidad absoluta perpetua para la tenencia de animales[380].

Las mismas penas de los incisos anteriores se aplicarán si los actos de maltrato, crueldad, experimentación o sufrimiento innecesario con animales vivos se ejecutan para desarrollar actividades de investigación, fabricación o comercialización de productos cosméticos, de higiene o de odorización personal[381].

---

377 Este artículo fue incorporado por el numeral 3 del artículo único de la Ley N° 18.765, publicada en el Diario Oficial el 9 de diciembre de 1988.

378 Este inciso fue modificado por el artículo 18 de la Ley N° 20.380, publicada en el Diario Oficial el 3 de octubre de 2009.

379 Este inciso fue incorporado por el numeral 3 del artículo 36 de la Ley N° 21.020, publicada en el Diario Oficial el 2 de agosto 2017.

380 Este inciso fue incorporado por el numeral 3 del artículo 36 de la Ley N° 21.020, publicada en el Diario Oficial el 2 de agosto 2017.

381 Este inciso fue incorporado por el artículo 3° de la Ley N° 21.646, publicada en el Diario Oficial el 26 de enero de 2024, pero en período de vacancia, entrando en vigencia el 27 de enero de 2025.

Artículo 291 ter. Para los efectos del artículo anterior se entenderá por acto de maltrato o crueldad con animales toda acción u omisión, ocasional o reiterada, que injustificadamente causare daño, dolor o sufrimiento al animal[382].

§ 10. De las asociaciones delictivas y criminales[383]

Artículo 292. Quien sea parte en una asociación delictiva será sancionado con presidio menor en su grado mínimo a medio.

La pena será de presidio menor en su grado máximo si la participación consiste en cumplir funciones de jefatura, ejercer mando en ella, financiarla o proveerle recursos o medios, o en haberla fundado.

Se entenderá por asociación delictiva toda organización formada por tres o más personas, con acción sostenida en el tiempo, que tenga entre sus fines la perpetración de simples delitos[384].

Artículo 293. Quien sea parte en una asociación criminal será sancionado con presidio menor en su grado máximo.

La pena será presidio mayor en su grado mínimo si la participación consiste en cumplir funciones de jefatura, ejercer mando en ella, financiarla o proveerle recursos o medios, o en haberla fundado.

Se entenderá por asociación criminal toda organización formada por tres o más personas, con acción sostenida en el tiempo, que tenga entre sus fines la perpetración de hechos constitutivos de crímenes.

Si la asociación tiene entre sus fines la perpetración de crímenes y simples delitos se aplicarán las sanciones dispuestas en el inciso primero[385].

---

[382] Este inciso fue incorporado por el numeral 4 del artículo 36 de la Ley N° 21.020, publicada en el Diario Oficial el 2 de agosto 2017.

[383] Párrafo sustituido por el numeral 9 del artículo 1° de la Ley N° 21.577, publicada en el Diario Oficial el 15 de junio de 2023.

[384] Artículo modificado por el numeral 9 del artículo 1° de la Ley N° 21.577, publicada en el Diario Oficial el 15 de junio de 2023.

[385] Artículo agregado por el numeral 9 del artículo 1° de la Ley N° 21.577, publicada en el Diario Oficial el 15 de junio de 2023.

Artículo 293 bis. Será sancionado con presidio menor en su grado máximo el que, en un proceso por asociación delictiva o criminal:

a) Amenace a otro con el objeto de que preste una declaración o un testimonio falso.

b) Amenace o constriña a otro a que omita prestar declaración o testimonio, a que produzca o presente antecedentes o pruebas falsas, o a que omita producir o presentar antecedentes o pruebas relevantes.

c) Ofrezca o entregue a otro un beneficio económico o de otra naturaleza para que preste una declaración o testimonio falso o para que omita declarar o testificar.

d) Ofrezca o entregue a otro un beneficio económico o de otra naturaleza con el objeto de que produzca o presente antecedentes o pruebas falsas u omita producir o presentar antecedentes o pruebas relevantes[386].

Artículo 294. Las penas de los artículos 292 y 293 se impondrán sin perjuicio de las que correspondan por los crímenes o simples delitos cometidos con motivo u ocasión de tales actividades.

Cuando la asociación se ha formado a través de una persona jurídica, se impondrá, además, como consecuencia accesoria de la pena impuesta a los responsables individuales, la disolución o cancelación de la personalidad jurídica.

En todo caso se impondrá el comiso de ganancias, de conformidad con el artículo 24 bis. Asimismo, caerán en comiso todos los activos vinculados a la actividad en cuyo contexto se haya perpetrado el delito, a menos que se acredite su origen lícito.

El comiso de ganancias será impuesto en conformidad con los procedimientos establecidos por la ley[387].

---

386 Artículo agregado por el art. 1 de la Ley 21.577, publicada en el Diario Oficial el 15 de junio de 2023.

387 Artículo agregado por el numeral 9 del artículo 1° de la Ley N° 21.577, publicada en el Diario Oficial el 15 de junio de 2023.

Artículo 294 bis. Se impondrá asimismo el comiso de las ganancias obtenidas por una organización delictiva o criminal, en los términos del artículo anterior, si se dicta:

1. Sobreseimiento temporal conforme a las letras b) y c) del inciso primero, y el inciso segundo del artículo 252 del Código Procesal Penal.

2. Sentencia absolutoria fundada en la falta de convicción a que se refiere el artículo 340 del Código Procesal Penal o sobreseimiento definitivo fundado en la letra b) del artículo 250 del mismo Código.

3. Sobreseimiento definitivo o sentencia absolutoria fundados en la concurrencia de circunstancias eximentes de responsabilidad que no excluyen la ilicitud del hecho.

4. Sobreseimiento definitivo o sentencia absolutoria fundados en haberse extinguido la responsabilidad penal o en haber sobrevenido un hecho que, con arreglo a la ley, pone fin a esa responsabilidad.

El comiso de ganancias sin condena previa también será impuesto respecto de aquellas personas que no han intervenido en la realización del hecho ilícito que se encontraren en cualquiera de las circunstancias señaladas en el artículo 24 ter.

El comiso de ganancias sin condena previa será impuesto de conformidad al procedimiento especial previsto en el Título III bis del Libro IV del Código Procesal Penal.

La acción para obtener el comiso de ganancias en virtud de este artículo prescribirá en el plazo de cuatro años, contado desde que ha transcurrido el plazo de prescripción de la acción penal respectiva[388].

Artículo 294 ter. Cuando la cosa usada como instrumento por una organización delictiva o criminal o que resulte de dichos delitos sea dinero o haya sido enajenada, perdida u ocultada, el juez deberá imponer comiso sustitutivo por un valor equivalente.

El comiso por valor equivalente sólo procederá como consecuencia adicional a la pena. En la determinación del valor equivalente de la cosa a

---

[388] Artículo agregado por el numeral 9 del artículo 1° de la Ley N° 21.577, publicada en el Diario Oficial el 15 de junio de 2023.

ser decomisada no podrán descontarse los gastos que han sido necesarios para perpetrar el hecho. El valor equivalente se extenderá, asimismo, a los frutos o utilidades de los efectos del hecho.

El Ministerio Público deberá solicitar la aplicación del comiso por valor equivalente en la oportunidad procesal prevista para solicitar el comiso de ganancias, y la discusión sobre el monto del valor equivalente tendrá lugar en la oportunidad procesal prevista para la determinación de la magnitud del comiso de ganancias[389].

Artículo 295. El tribunal prescindirá de las penas señaladas en los artículos 292 y 293 o impondrá la pena inferior en uno o dos grados al integrante que:

1. Antes de tener lugar alguno de los hechos cuya perpetración constituye el fin o la actividad de la asociación, revele a la autoridad la existencia de la asociación, sus planes y propósitos o la identidad de sus miembros.

2. Haya o no intervenido en la perpetración de los delitos que constituyen el fin o la actividad de la asociación o que corresponden a medios de los que ella se vale, revele a la autoridad la existencia de la asociación, sus planes y propósitos o la identidad de sus miembros de tal modo que a juicio del tribunal la autoridad haya estado en condiciones de disolverla antes de la perpetración de hechos ulteriores[390].

§ XI. De las amenazas de atentado contra las personas y propiedades

Artículo 296. El que amenazare seriamente a otro con causar a él mismo o a su familia, en su persona, honra o propiedad, un mal que constituya delito, siempre que por los antecedentes aparezca verosímil la consumación del hecho, será castigado:

---

389 Artículo agregado por el numeral 9 del artículo 1° de la Ley N° 21.577, publicada en el Diario Oficial el 15 de junio de 2023.

390 Artículo agregado por el numeral 9 del artículo 1 de la Ley N° 21.577, publicada en el Diario Oficial el 15 de junio de 2023.

1°. Con presidio menor en sus grados medio a máximo, si hubiere hecho la amenaza exigiendo una cantidad o imponiendo ilegítimamente cualquiera otra condición y el culpable hubiere conseguido su propósito[391].

2°. Con presidio menor en sus grados mínimo a medio, si hecha la amenaza bajo condición el culpable no hubiere conseguido su propósito,

3°. Con presidio menor en su grado mínimo, si la amenaza no fuere condicional; a no ser que merezca mayor pena el hecho consumado, caso en el cual se impondrá ésta[392].

Cuando las amenazas se hicieren por escrito o por medio de emisario, éstas se estimarán como circunstancias agravantes.

Para los efectos de este artículo se entiende por familia el cónyuge, los parientes en la línea recta de consanguinidad o afinidad legítima, los padres e hijos naturales y la descendencia legítima de éstos, los hijos ilegítimos reconocidos y los colaterales hasta el tercer grado de consanguinidad o afinidad legítimas.

Artículo 297. Las amenazas de un mal que no constituya delito hechas en la forma expresada en los números 1.° o 2.° del artículo anterior, serán castigadas con la pena de reclusión menor en sus grados mínimo a medio[393].

Artículo 297 bis. Cuando las amenazas se hicieren contra los profesionales y funcionarios de los establecimientos de salud, públicos o privados, o contra los profesionales, funcionarios y manipuladores de alimentos de establecimientos educacionales, públicos o privados, al interior de sus dependencias o mientras éstos se encontraren en el ejercicio de sus funciones o en razón, con motivo u ocasión de ellas, se impondrá el grado

391 Este número fue sustituido por el numeral 1 del artículo 2° de la Ley N° 19.659, publicada en el Diario Oficial el 27 de diciembre de 1999.

392 Este número fue modificado por el numeral 2 del artículo 2° de la Ley N° 19.659, publicada en el Diario Oficial el 27 de diciembre de 1999.

393 Este número fue modificado por el numeral 3 del artículo 2° de la Ley N° 19.659, publicada en el Diario Oficial el 27 de diciembre de 1999.

máximo o el máximum de las penas previstas en los dos artículos anteriores en sus respectivos casos[394].

Artículo 298. En los casos de los tres artículos precedentes se podrá condenar además al amenazador a dar caución de no ofender al amenazado, y en su defecto a la pena de sujeción a la vigilancia de la autoridad[395].

§ XII. De la evasión de los detenidos y el ingreso de los elementos que se señalan a los recintos penitenciarios[396]

Artículo 299. El empleado público culpable de connivencia en la evasión de un preso o detenido cuya conducción o custodia le estuviere confiada, será castigado:

1.º En el caso de que el fugitivo se halle condenado por ejecutoria a alguna pena, con la inferior en dos grados y la de inhabilitación especial perpetua para el cargo u oficio.

2.º Con la pena inferior en tres grados a la señalada por la ley si al fugitivo no se le hubiere condenado por sentencia ejecutoriada, y con la de inhabilitación especial temporal para el cargo u oficio en su grado medio[397].

Artículo 300. El particular que, encargado de la conducción o custodia de un preso o detenido, se hallare en alguno de los casos del artículo precedente, será castigado con las penas inmediatamente inferiores en grado a las señaladas para el empleado público.

---

394 Artículo introducido por el numeral 1 del artículo 1º de la Ley Nº 21.188, publicada el 13 el diciembre de 2019.

395 Artículo modificado por el numeral 2 del artículo 1º de la Ley Nº 21.188, publicada en el Diario Oficial el 13 de diciembre de 2019.

396 Epígrafe sustituido por el numeral 1º del artículo único de la Ley Nº 21.494, publicada en el Diario Oficial el 16 de noviembre de 2022.

397 Este número fue modificado por el artículo 1º de la Ley Nº 19.806, publicada en el Diario Oficial el 31 de mayo de 2002.

Artículo 301. Los que extrajeron de las cárceles o de establecimientos penales a alguna persona presa o detenida en ellos o le proporcionare la evasión, serán castigados con las penas señaladas en el art. 299, según el caso respectivo, si emplearen la violencia o el soborno, y con las inferiores en un grado cuando se valieren de otros medios.

Si fuera de dichos establecimientos se verificare la sustracción o se facilitare la fuga de los presos o detenidos violentando o sorprendiendo a los encargados de conducirlos o custodiarlos, se aplicarán respectivamente las penas inferiores en un grado a las señaladas en el inciso precedente.

Artículo 302. Cuando la evasión o fuga de los presos o detenidos se efectuare por descuido culpable de los guardianes, se aplicará a éstos una pena inferior en un grado a la que les correspondería en caso de connivencia según los artículos anteriores.

Artículo 303. Si los fugados fueron dos o más, se tomará como base para fijar la pena de los procesados a quienes se refiere este párrafo, la mayor de las que estuvieren sufriendo o merecieren aquéllos[398].

Artículo 304. Cuando empleando las reglas anteriores para aplicar la pena, no pudiera ésta determinarse por falta de grados inferiores o por no ser aplicables las de inhabilitación y suspensión, se impondrá la última que contenga la respectiva escala gradual.

Artículo 304 bis. El que sin estar legal o reglamentariamente autorizado al efecto ingresare, intentare o permitiere ingresar por cualquier medio a un establecimiento penitenciario intercomunicadores, teléfonos, partes de ellos, chips telefónicos u otros elementos tecnológicos que permitan comunicarse con el exterior, será sancionado con la pena de presidio menor en su grado mínimo a medio.

Si las conductas a que se refiere el inciso anterior fueren perpetradas por un abogado, procurador o empleado público, la pena no se aplicará

---

[398] Artículo modificado por el artículo 9° de la Ley N° 19.047, publicada en el Diario Oficial el 14 de febrero de 1991.

en su grado mínimo y, además, conllevará desde suspensión en su grado mínimo a inhabilitación absoluta temporal en cualquiera de sus grados para el ejercicio de la profesión y del cargo u oficio, respectivamente[399].

Si la conducta descrita en el inciso primero fuere cometida por el empleado público para facilitar la perpetración de alguno de los crímenes o simples delitos previstos en el artículo 27 letra a) de la ley Nº 19.913, artículos 1, 2, 3 y 4 de la ley Nº 20.000, y en los artículos 141, 142, 268 ter, 391, 438, 467 y 468 del presente Código, se aumentará la pena del inciso primero en un grado y además conllevará la inhabilitación absoluta perpetua para cargos u oficios públicos[400].

Artículo 304 ter. El que, encontrándose privado de libertad en un establecimiento penitenciario, tuviere en su poder cualquiera de los elementos señalados en el artículo anterior, sin estar legal o reglamentariamente autorizado al efecto, será sancionado con la pena de presidio menor en su grado mínimo a medio.

El funcionario público que, teniendo conocimiento de la existencia no autorizada al interior de un establecimiento penitenciario de cualquiera de los elementos señalados en el artículo anterior, omitiere denunciar el hecho a la autoridad competente, será sancionado con presidio menor en su grado mínimo y suspensión en su grado mínimo a inhabilitación absoluta temporal en cualquiera de sus grados para el ejercicio del cargo u oficio.

Está exento de responsabilidad penal el abogado defensor de quien tuviere en su poder los elementos a que se refiere el artículo anterior, y que omitiere denunciar este hecho.

Lo dispuesto en el presente artículo se entiende sin perjuicio de las sanciones que fueren procedentes conforme al Reglamento de Estableci-

---

[399] Artículo agregado por el numeral 2° del artículo único de la Ley Nº 21.494, publicada en el Diario Oficial el 16 de noviembre de 2022.

[400] Inciso agregado por el numeral 1 del artículo 3° de la Ley Nº 21.555, publicada en el Diario Oficial el 10 de abril de 2023.

mientos Penitenciarios, contenido en el decreto N.º 518, promulgado y publicado el año 1998, del Ministerio de Justicia[401].

§ 13. Atentados contra el medio ambiente[402]

Artículo 305. Será sancionado con presidio o reclusión menor en sus grados mínimo a medio el que sin haber sometido su actividad a una evaluación de impacto ambiental a sabiendas de estar obligado a ello:

1. Vierta sustancias contaminantes en aguas marítimas o continentales.
2. Extraiga aguas continentales, sean superficiales o subterráneas, o aguas marítimas.
3. Vierta o deposite sustancias contaminantes en el suelo o subsuelo, continental o marítimo.
4. Vierta tierras u otros sólidos en humedales.
5. Extraiga componentes del suelo o subsuelo.
6. Libere sustancias contaminantes al aire.

La pena será de presidio o reclusión menor en sus grados medio a máximo si el infractor perpetra el hecho estando obligado a someter su actividad a un estudio de impacto ambiental[403].

Artículo 306. Las penas señaladas en el inciso primero del artículo anterior serán aplicables al que, contando con autorización para verter, liberar o extraer cualquiera de las sustancias o elementos mencionados en los números 1 a 6 del artículo 305, incurra en cualquiera de los hechos allí previstos, contraviniendo una norma de emisión o de calidad ambiental, incumpliendo las medidas establecidas en un plan de prevención, de descontaminación o de manejo ambiental, incumpliendo una resolución de ca-

---

[401] Artículo modificado por el artículo único de la Ley N° 21.594, publicado en el Diario Oficial el 8 de septiembre de 2023.

[402] Parágrafo agregado por el numeral 8 del artículo 48 de la Ley N° 21.555, publicada en el Diario Oficial el 10 de abril de 2023.

[403] Artículo agregado por el numeral 8 del artículo 48 de la Ley N° 21.555, publicada en el Diario Oficial el 10 de abril de 2023.

lificación ambiental, o cualquier condición asociada al otorgamiento de la autorización, y siempre que el infractor hubiere sido sancionado administrativamente en, al menos, dos procedimientos sancionatorios distintos, por infracciones graves o gravísimas, dentro de los diez años anteriores al hecho punible y cometidas en relación con una misma unidad sometida a control de la autoridad[404].

Artículo 307. Las penas señaladas en el inciso primero del artículo 305 serán también aplicables al que, contando con autorización para extraer aguas continentales, superficiales o subterráneas, las extraiga infringiendo las reglas de su distribución y aprovechamiento en cualquiera de las siguientes circunstancias:

1. Habiéndose establecido por la autoridad la reducción temporal del ejercicio de esos derechos de aprovechamiento.

2. En una zona que haya sido declarada zona de prohibición para nuevas explotaciones acuíferas, haya sido decretada área de restricción del sector hidrogeológico, que se haya declarado a su respecto el agotamiento de las fuentes naturales de aguas o se la haya declarado zona de escasez hídrica[405].

Artículo 308. El que, vertiendo, depositando o liberando sustancias contaminantes, o extrayendo aguas o componentes del suelo o subsuelo, afectare gravemente las aguas marítimas o continentales, superficiales o subterráneas, el suelo o el subsuelo, fuere continental o marítimo, o el aire, o bien la salud animal o vegetal, la existencia de recursos hídricos o el abastecimiento de agua potable, o que afectare gravemente humedales vertiendo en ellos tierras u otros sólidos, será sancionado:

1. Con la pena de presidio o reclusión mayor en su grado mínimo, si la afectación grave fuere perpetrada concurriendo las circunstancias previstas en los artículos 305, 306 o 307.

---

[404] Artículo agregado por el numeral 8 del artículo 48 de la Ley N° 21.555, publicada en el Diario Oficial el 10 de abril de 2023.

[405] Artículo agregado por el numeral 8 del artículo 48 de la Ley N° 21.555, publicada en el Diario Oficial el 10 de abril de 2023.

2. Con la pena de presidio o reclusión menor en su grado máximo a presidio mayor en su grado mínimo en los casos no comprendidos en el número precedente, y siempre que no estuviere autorizado para ello[406].

Artículo 309. El que por imprudencia temeraria o por mera imprudencia o negligencia con infracción de los reglamentos incurriere en los hechos señalados en el artículo anterior, será sancionado:

1. Con la pena de presidio o reclusión menor en su grado máximo, si la afectación grave fuere perpetrada concurriendo las circunstancias previstas en los artículos 305, 306 o 307.

2. Con la pena de presidio o reclusión menor en cualquiera de sus grados en los casos no comprendidos en el número precedente[407].

Artículo 310. El que afectare gravemente uno o más de los componentes ambientales de una reserva de región virgen, un parque nacional, un monumento natural, una reserva nacional o un humedal de importancia internacional, será sancionado con presidio o reclusión mayor en su grado mínimo.

La misma pena se impondrá al que, infringiendo una resolución de calificación ambiental o sin haber sometido su actividad a una evaluación de impacto ambiental estando obligado a ello, afectare gravemente un glaciar.

La pena será de presidio o reclusión menor en su grado máximo si cualquiera de los hechos señalados en los incisos anteriores fuere perpetrado por imprudencia temeraria o por mera imprudencia o negligencia con infracción de los reglamentos[408].

---

[406] Artículo agregado por el numeral 8 del artículo 48 de la Ley N° 21.555, publicada en el Diario Oficial el 10 de abril de 2023.

[407] Artículo agregado por el numeral 8 del artículo 48 de la Ley N° 21.555, publicada en el Diario Oficial el 10 de abril de 2023.

[408] Artículo agregado por el numeral 8 del artículo 48 de la Ley N° 21.555, publicada en el Diario Oficial el 10 de abril de 2023.

Artículo 310 bis. Para los efectos de los tres artículos precedentes se entenderá por afectación grave de uno o más componentes ambientales el cambio adverso producido en alguno de ellos, siempre que concurra alguna de las siguientes circunstancias:

1. Tener una extensión espacial de relevancia, según las características ecológicas o geográficas de la zona afectada.
2. Tener efectos prolongados en el tiempo.
3. Ser irreparable o difícilmente reparable.
4. Alcanzar a un conjunto significativo de especies, según las características de la zona afectada.
5. Incidir en especies categorizadas como extintas, extintas en grado silvestre, en peligro crítico o en peligro o vulnerables.
6. Poner en serio riesgo de grave daño la salud de una o más personas.
7. Afectar significativamente los servicios o funciones ecosistémicas del elemento o componente ambiental.

Tratándose de los hechos previstos en el número 1 del artículo 308 y en los incisos primero y segundo del artículo 310, si la afectación grave causa un daño irreversible a un ecosistema, se impondrá el máximum de las penas a ellos señaladas[409].

Artículo 310 ter. Además de las penas señaladas en las disposiciones de este Párrafo, el tribunal impondrá la pena de multa:

1. De ciento veinte a sesenta mil unidades tributarias mensuales, si la pena máxima señalada fuere inferior a la de presidio o reclusión menor en su grado máximo.
2. De doce mil a noventa mil unidades tributarias mensuales, si la pena mínima señalada fuere inferior a la de presidio o reclusión menor en su grado máximo.
3. De veinticuatro mil a ciento veinte mil unidades tributarias mensuales, si la pena mínima señalada fuere igual o superior a la de presidio o reclusión menor en su grado máximo.

---

[409] Artículo agregado por el numeral 8 del artículo 48 de la Ley N° 21.555, publicada en el Diario Oficial el 10 de abril de 2023.

El monto de la pena de multa pagada será abonado a la sanción de multa no constitutiva de pena que le fuere impuesta por el mismo hecho. Si el condenado hubiere pagado una multa no constitutiva de pena por el mismo hecho, el monto pagado será abonado a la pena de multa impuesta[410].

Artículo 311. Tratándose de los hechos previstos en los artículos 305, 306 o 307, la pena sólo será la multa de ciento veinte a doce mil unidades tributarias mensuales cuando:

1. La cantidad vertida, liberada o extraída en exceso no supere en forma significativa el límite permitido o autorizado, atendidas las características de la sustancia y la condición del medio ambiente que pudieren verse afectadas por el exceso y, además,
2. El infractor hubiere obrado con diligencia para restablecer las emisiones o extracciones al valor permitido o autorizado y para evitar las consecuencias dañinas del hecho.

El tribunal podrá imponer una multa inferior a la señalada, desde una unidad tributaria mensual, cuando el hecho fuere perpetrado extrayendo aguas continentales, superficiales o subterráneas, se cumpliere la condición señalada en el número 1 y la extracción hubiere estado destinada a las bebidas y usos domésticos de subsistencia[411].

Artículo 311 bis. Tratándose de los hechos previstos en el artículo 310, el tribunal impondrá al condenado como pena accesoria la prohibición perpetua de ingresar al área afectada, y podrá extenderla mediante resolución fundada a otras áreas de las señaladas en dicho artículo que exhiban características ecosistémicas similares.

---

[410] Artículo agregado por el numeral 8 del artículo 48 de la Ley N° 21.555, publicada en el Diario Oficial el 10 de abril de 2023.

[411] Artículo agregado por el numeral 8 del artículo 48 de la Ley N° 21.555, publicada en el Diario Oficial el 10 de abril de 2023.

El tribunal podrá autorizar el ingreso al área con el único objeto de recorrer un trayecto entre dos lugares ubicados fuera de ella, cuando no hubiere vías alternativas disponibles[412].

Artículo 311 ter. Fuera de los casos señalados en el artículo 310, el tribunal podrá apreciar la concurrencia de una atenuante muy calificada conforme al artículo 68 bis cuando el hechor repare el daño ambiental causado por el hecho[413].

Artículo 311 quáter. Las penas previstas en las disposiciones de este Párrafo para los atentados contra el medio ambiente perpetrados extrayendo aguas continentales, superficiales o subterráneas, serán impuestas sin perjuicio de la aplicación de las penas que correspondan por el delito de usurpación[414].

Artículo 311 quinquies. Cuando la persona obligada por las normas ambientales o el infractor a que se refieren las disposiciones de este Párrafo fuere una persona jurídica, se entenderá que esa calidad concurre respecto de quienes hubieren intervenido por ella en el hecho punible[415].

Artículo 311 sexies. Para efectos de lo dispuesto en este Párrafo, cuenta con la autorización correspondiente quien la tiene en el momento del hecho, aun cuando ella sea posteriormente declarada inválida.

No vale como autorización la que hubiere sido obtenida mediante engaño, coacción o cohecho, ni aquella que la persona autorizada sabe que es o ha devenido manifiestamente improcedente.

---

[412] Artículo agregado por el numeral 8 del artículo 48 de la Ley Nº 21.555, publicada en el Diario Oficial el 10 de abril de 2023.

[413] Artículo agregado por el numeral 8 del artículo 48 de la Ley Nº 21.555, publicada en el Diario Oficial el 10 de abril de 2023.

[414] Artículo agregado por el numeral 8 del artículo 48 de la Ley Nº 21.555, publicada en el Diario Oficial el 10 de abril de 2023.

[415] Artículo agregado por el numeral 8 del artículo 48 de la Ley Nº 21.555, publicada en el Diario Oficial el 10 de abril de 2023.

La declaración administrativa de no estar obligado a someter la actividad a una evaluación de impacto ambiental exime de responsabilidad conforme al artículo 305, a menos que concurran las circunstancias señaladas en el inciso precedente[416].

Artículo 312. Si con ocasión de la investigación o el juicio por los hechos previstos en las disposiciones del presente Párrafo, el tribunal estimare procedente la imposición al imputado o condenado de condiciones destinadas a evitar o reparar el daño ambiental, consultará a los organismos técnicos competentes. Si las impusiere, oficiará a la autoridad reguladora pertinente para la fiscalización de su cumplimiento, y ésta última quedará obligada a informar al tribunal. La autoridad requerida podrá ejercer todas las competencias fiscalizadoras establecidas por la ley para tal efecto, y quedará obligada a informar al tribunal[417].

§ XIV. Crímenes y Simples Delitos contra la Salud Pública[418]

Artículo 313. El que, sin hallarse competentemente autorizado, elaborare sustancias o productos nocivos a la salud o traficare en ellos, estando prohibidos su fabricación o tráfico, será castigado con reclusión menor en su grado medio y multa de ciento a quinientos pesos[419].

Artículo 313 A. El que, careciendo de título profesional competente o de la autorización legalmente exigible para el ejercicio profesional, ejerciere actos propios de la respectiva profesión de médico-cirujano, dentista, químico-farmacéutico, bioquímico u otra de características análogas, relativa a la ciencia y arte de precaver y curar las enfermedades del cuerpo

---

416 Artículo agregado por el numeral 8 del artículo 48 de la Ley N° 21.555, publicada en el Diario Oficial el 10 de abril de 2023.

417 Artículo agregado por el numeral 8 del artículo 48 de la Ley N° 21.555, publicada en el Diario Oficial el 10 de abril de 2023.

418 Este párrafo fue sustituido por el artículo 3° de la Ley N° 17.155, publicada en el Diario Oficial el 11 de junio de 1969.

419 Artículo incorporado por el artículo 3° de la Ley N° 17.155, publicada en el Diario Oficial el 11 de junio de 1969.

humano, aunque sea a título gratuito, será penado con presidio menor en su grado medio y multa de seis a veinte unidades tributarias mensuales[420].

Para estos efectos se entenderá que ejercen actos propios de dichas profesiones:

1.- El que se atribuya la respectiva calidad;

2.- El que ofrezca tales servicios públicamente por cualquier medio de propaganda o publicidad;

3.- El que habitualmente realizare diagnósticos, prescribiere tratamientos o llevare a cabo operaciones o DO intervenciones curativas de aquellas cuya ejecución exige los conocimientos o las técnicas propios de tales profesiones.

Las disposiciones de este artículo no se aplicarán en ningún caso a quienes prestaren auxilios cuando no fuere posible obtener oportuna atención profesional.

En las mismas penas incurrirá el que prestare su nombre para amparar el ejercicio profesional de un tercero no autorizado para el mismo[421].

Artículo 313 B. El que, estando legalmente habilitado para el ejercicio de una profesión médica o auxiliar de ella ofreciere abusando de la credulidad del público, la prevención o curación de enfermedades o defectos por fórmulas ocultas o sistemas infalibles, será penado con presidio menor en sus grados mínimo a medio y multa de seis a veinte unidades tributarias mensuales[422].

Artículo 313 C. Las penas señaladas en los artículos precedentes se impondrán sin perjuicio de las que correspondieren por la muerte, lesiones

---

[420] Este inciso fue modificado por la letra f) del artículo 1° de la Ley N° 19.450, publicada en el Diario Oficial el 18 de marzo de 1996.

[421] Artículo incorporado por el artículo 3° de la Ley N° 17.155, publicada en el Diario Oficial el 11 de junio de 1969.

[422] Artículo modificado por la letra f) del artículo 1° de la Ley N° 19.450, publicada en el Diario Oficial el 18 de marzo de 1996. Con anterioridad, el artículo fue incorporado por el artículo 3° de la Ley N° 17.155, publicada en el Diario Oficial el 11 de junio de 1969.

u otras consecuencias punibles que eventualmente resultaren de la comisión de tales delitos[423].

Artículo 313 D. El que fabricare o a sabiendas expendiere a cualquier título sustancias medicinales deterioradas o adulteradas en su especie, cantidad, calidad o proporciones, de modo que sean peligrosas para la salud por su nocividad o por el menoscabo de sus propiedades curativas, será penado con presidio menor en sus grados medio a máximo y multa de seis a cincuenta unidades tributarias mensuales[424].

Si la fabricación o expendio fueren clandestinos, ello se considerará como circunstancia de agravante[425].

Artículo 314. El que, a cualquier título, expendiere otras sustancias peligrosas para la salud, distintas de las señaladas en el artículo anterior, contraviniendo las disposiciones legales o reglamentarias establecidas en consideración a la peligrosidad de dichas sustancias, será penado con presidio menor en sus grados mínimo a medio y multa de seis a veinte unidades tributarias mensuales[426].

Artículo 315. El que envenenare o infectare comestibles, aguas u otras bebidas destinadas al consumo público, en términos de poder provocar la muerte o grave daño para la salud, y el que a sabiendas los vendiere o distribuyere, serán penados con presidio mayor en su grado mínimo y multa de veintiuna a cincuenta unidades tributarias mensuales[427].

---

[423] Artículo incorporado por el artículo 3° de la Ley N° 17.155, publicada en el Diario Oficial el 11 de junio de 1969.

[424] Este inciso fue modificado por la letra g) del artículo 1° de la Ley N° 19.450, publicada en el Diario Oficial el 18 de marzo de 1996.

[425] Artículo incorporado por el artículo 3° de la Ley N° 17.155, publicada en el Diario Oficial el 11 de junio de 1969.

[426] Artículo modificado por la letra f) del artículo 1° de la Ley N° 19.450, publicada en el Diario Oficial el 18 de marzo de 1996. Con anterioridad, el artículo fue incorporado por el artículo 3° de la Ley N° 17.155, publicada en el Diario Oficial el 11 de junio de 1969.

[427] Este inciso fue modificado por la letra m) del artículo 1° de la Ley N° 19.450, publicada en el Diario Oficial el 18 de marzo de 1996.

El que efectuare otras adulteraciones en dichas sustancias destinadas al consumo público, de modo que sean peligrosas para la salud por su nocividad o por el menoscabo apreciable de sus propiedades alimenticias, y el que a sabiendas las vendiere o distribuyere, serán penados con presidio menor en su grado máximo y multa de seis a cincuenta unidades tributarias mensuales[428].

Para los efectos de este artículo, se presumirá que la situación de vender o distribuir establecida en los incisos precedentes se configura por el hecho de tener a la venta en un lugar público los artículos alimenticios a que éstos se refieren. La clandestinidad en la venta o distribución y la publicidad de alguno de estos productos constituirán circunstancias agravantes.

Se presume que son destinados al consumo público los comestibles, aguas u otras bebidas elaborados para ser ingeridos por un grupo de personas indeterminadas.

Los delitos previstos en los incisos anteriores y los correspondientes cuasidelitos a que se refiere el inciso 2° del artículo 317°, sólo podrán perseguirse criminalmente previa denuncia o querella del Ministerio Público o del Director General del Servicio Nacional de Salud o de su delegado, siempre que aquellos no hayan causado la muerte o grave daño para la salud de alguna persona. En los demás, los correspondientes procesos criminales quedarán sometidos a las normas de las causas que se siguen de oficio.

No será aplicable al Ministerio Público ni a los funcionarios del Servicio Nacional de Salud respecto de estos delitos, lo dispuesto en los N.os 1 y 3 del artículo 84, respectivamente, del Código de Procedimiento Penal[429].

Artículo 316. El que diseminare gérmenes patógenos con el propósito de producir una enfermedad, será penado con presidio mayor en su

---

[428] Este inciso fue modificado por la letra g) del artículo 1° de la Ley N° 19.450, publicada en el Diario Oficial el 18 de marzo de 1996.

[429] Artículo incorporado por el artículo 3° de la Ley N° 17.155, publicada en el Diario Oficial el 11 de junio de 1969.

grado mínimo y multa de veintiuna a treinta unidades tributarias mensuales[430-431].

Artículo 317. Si a consecuencia de cualquiera de los delitos señalados en los cuatro artículos precedentes, se produjere la muerte o enfermedad grave de alguna persona, las penas corporales se elevarán en uno o dos grados, según la naturaleza y número de tales consecuencias, y la multa podrá elevarse hasta el doble del máximo señalado en cada caso.

Si alguno de tales hechos punibles se cometiere por imprudencia temeraria o por mera negligencia con infracción de los reglamentos respectivos, las penas serán de presidio menor en su grado mínimo o multa de seis a veinte unidades tributarias mensuales[432-433].

Artículo 318. El que pusiere en peligro la salud pública por infracción de las reglas higiénicas o de salubridad, debidamente publicadas por la autoridad, en tiempo de catástrofe, epidemia o contagio, será penado con presidio menor en su grado mínimo a medio o multa de seis a doscientas unidades tributarias mensuales[434].

Será circunstancia agravante de este delito cometerlo mediante la convocatoria a espectáculos, celebraciones o festividades prohibidas por la autoridad sanitaria en tiempo de catástrofe, pandemia o contagio[435].

En los casos en que el Ministerio Público solicite únicamente la pena de multa de seis unidades tributarias mensuales, se procederá en cualquier

---

430 Este inciso fue modificado por la letra l) del artículo 1° de la Ley N° 19.450, publicada en el Diario Oficial el 18 de marzo de 1996.

431 Artículo incorporado por el artículo 3° de la Ley N° 17.155, publicada en el Diario Oficial el 11 de junio de 1969.

432 Este inciso fue modificado por la letra l) del artículo 1° de la Ley N° 19.450, publicada en el Diario Oficial el 18 de marzo de 1996.

433 Artículo incorporado por el artículo 3° de la Ley N° 17.155, publicada en el Diario Oficial el 11 de junio de 1969.

434 Inciso modificado por el numeral 1 del artículo 1° de la N° Ley 21.240, publicada en el Diario Oficial el 20 de junio de 2020.

435 Inciso incorporado por la letra c) del numeral 1 del artículo 1° de la Ley 21.240, publicada en el Diario Oficial el 20 de junio de 2020.

momento conforme a las reglas generales del procedimiento monitorio, siendo aplicable lo previsto en el artículo 398 del Código Procesal Penal. Tratándose de multas superiores se procederá de acuerdo con las normas que regulan el procedimiento simplificado[436-437].

Artículo 318 bis. El que, en tiempo de pandemia, epidemia o contagio, genere, a sabiendas, riesgo de propagación de agentes patológicos con infracción de una orden de la autoridad sanitaria, será sancionado con la pena de presidio menor en su grado medio a máximo, y multa de veinticinco a doscientas cincuenta unidades tributarias mensuales[438].

Artículo 318 ter. El que, a sabiendas y teniendo autoridad para disponer el trabajo de un subordinado, le ordene concurrir al lugar de desempeño de sus labores cuando éste sea distinto de su domicilio o residencia, y el trabajador se encuentre en cuarentena o aislamiento sanitario obligatorio decretado por la autoridad sanitaria, será castigado con presidio menor en sus grados mínimo a medio y una multa de diez a doscientas unidades tributarias mensuales por cada trabajador al que se le hubiere ordenado concurrir[439].

Artículo 319 A. Derogado[440]

Artículo 319 B. Derogado[441].

---

436 Inciso incorporado por la letra c) del numeral 1 del artículo 1° de la Ley 21.240, publicada en el Diario Oficial el 20 de junio de 2020.

437 Artículo incorporado por el artículo 3° de la Ley N° 17.155, publicada en el Diario Oficial el 11 de junio de 1969.

438 Artículo incorporado por el artículo 2° de la Ley N° 21.240, publicada en el Diario Oficial el 20 de junio de 2020.

439 Artículo incorporado por el artículo 2° de la Ley N° 21.240, publicada en el Diario Oficial el 20 de junio de 2020.

440 Este artículo fue derogado por el artículo 22 de la Ley N° 17.934, publicada en el Diario Oficial el 16 de mayo de 1973.

441 Este artículo fue derogado por el artículo 22 de la Ley N° 17.934, publicada en el Diario Oficial el 16 de mayo de 1973.

Artículo 319 C. Derogado[442].

Artículo 319 D. Derogado[443].

Artículo 319 E. Derogado[444].

Artículo 319 F. Derogado[445].

Artículo 319 G. Derogado[446].

§ XV. De la infracción de las leyes o reglamentos sobre inhumaciones y exhumaciones

Artículo 320. El que practicare o hiciere practicar una inhumación contraviniendo a lo dispuesto por las leyes o reglamentos respecto al tiempo, sitio y demás formalidades prescritas para las inhumaciones, incurrirá en las penas de reclusión menor en su grado mínimo y multa de seis a diez unidades tributarias mensuales[447-448].

---

442 Este artículo fue derogado por el artículo 22 de la Ley Nº 17.934, publicada en el Diario Oficial el 16 de mayo de 1973.

443 Este artículo fue derogado por el artículo 22 de la Ley Nº 17.934, publicada en el Diario Oficial el 16 de mayo de 1973.

444 Este artículo fue derogado por el artículo 22 de la Ley Nº 17.934, publicada en el Diario Oficial el 16 de mayo de 1973.

445 Este artículo fue derogado por el artículo 22 de la Ley Nº 17.934, publicada en el Diario Oficial el 16 de mayo de 1973.

446 Este artículo fue derogado por el artículo 22 de la Ley Nº 17.934, publicada en el Diario Oficial el 16 de mayo de 1973.

447 Este artículo fue modificado por la letra d) del artículo 1º de la Ley Nº 19.450, publicada en el Diario Oficial el 18 de marzo de 1996.

448 El artículo 17 de la Ley Nº 21.717, publicada en el Diario Oficial el 25 de noviembre de 2024, modificó este artículo, entrando a regir la norma transcurrido el plazo de sesenta días contado desde la publicación de su reglamento, en conformidad al artículo segundo transitorio de la ley. Dicha norma incorpora el siguiente inciso segundo al artículo 320: "Si se trata de incumplimientos en lo relativo al tiempo, el sitio y el procedimiento descrito para las inhumaciones o cremaciones relativas a funerales de riesgo se aplicarán las penas de reclusión menor en su grado medio y multa de diez a veinte unidades tributarias mensuales".

Artículo 321. Derogado[449].

Artículo 322. El que exhumare o trasladare los restos humanos con infracción de los reglamentos y demás disposiciones de sanidad, sufrirá las penas de reclusión menor en su grado mínimo y multa de seis a diez unidades tributarias mensuales[450].

§ XV bis. Del ultraje de cadáver y sepultura[451]

Artículo 322 bis. Ultraje de cadáver. Será sancionado con la pena de reclusión menor en su grado medio, el que en menosprecio de la memoria de quien hubiere muerto:

1° Exhumare total o parcialmente sus restos humanos;

2° Sustrajere sus restos humanos de quien los tuviere legítimamente, o

3° Manipulare sus restos humanos o sus cenizas, o realizare sobre cualquiera de ellos actos que los afectaren considerablemente.

Para efectos de este artículo se entenderá que la acción no se realiza en menosprecio de la memoria de quien hubiere muerto si quien la realiza obra con autorización y respetando las reglas de la profesión respectiva o los estándares aceptados en la prestación de servicios mortuorios[452].

Artículo 322 ter. Ultraje de sepultura. Será sancionado con la pena de reclusión menor en su grado medio, el que, en menosprecio de la memoria de quien hubiere muerto, profanare su sepultura[453].

---

[449] Artículo derogado por el artículo único de la ley 21.467, publicada en el Diario Oficial el 30 de julio de 2022.

[450] Este artículo fue modificado por la letra d) del artículo 1° de la Ley N° 19.450, publicada en el Diario Oficial el 18 de marzo de 1996.

[451] Párrafo agregado por el numeral 2° del artículo único de la Ley N° 21.467, publicado en el Diario Oficial el 30 de julio de 2022.

[452] Artículo agregado por el numeral 2° del artículo único de la Ley N° 21.467, publicado en el Diario Oficial el 30 de julio de 2022.

[453] Artículo agregado por el numeral 2° del artículo único de la Ley N° 21.467, publicado en el Diario Oficial el 30 de julio de 2022.

§ XVI. Crímenes y simples delitos relativos a los ferrocarriles, telégrafos y conductores de correspondencia

Artículo 323. El que destruyere o descompusiere una vía férrea o colocare en ella obstáculos que puedan producir el descarrilamiento, o tratare de producirlo de cualquiera otra manera, será castigado con presidio menor en sus grados mínimo a medio.

Artículo 324. Si a virtud de la destrucción, descompostura u obstáculos puestos o por cualquier otro acto ejecutado se verificare el descarrilamiento, la pena será presidio menor en sus grados medio a máximo.

Artículo 325. Cuando a consecuencia del accidente producido por los actos relacionados en el artículo anterior, se causaren lesiones u otros daños a las personas, se aplicará al culpable la pena correspondiente al daño causado, siempre que fuere mayor que la señalada en el artículo anterior; en el caso contrario se le impondrá el grado máximo de ésta.

Artículo 326. Si el accidente ocasionare la muerte de alguna persona, el culpable sufrirá la pena señalada al homicidio voluntario ejecutado con alevosía, en su grado máximo.

Artículo 327. El autor de los hechos que hubieren producido el accidente no sólo es obligado a reparar los daños que la empresa del ferrocarril experimentare, sino también los que sufran los particulares que se encontraban en el tren o que trasportaban por él objetos muebles o semovientes.

Artículo 328. La amenaza hecha de palabra o por escrito, de cometer alguno de los delitos previstos en el art. 323, será castigada con reclusión menor en su grado mínimo o con multa de once a veinte unidades tributarias mensuales[454].

---

454 Este artículo fue modificado por la letra i) del artículo 1° de la Ley N° 19.450, publicada en el Diario Oficial el 18 de marzo de 1996.

Artículo 329. El que por ignorancia culpable, imprudencia o descuido, o por inobservancia de los reglamentos del camino, que deba conocer, causare involuntariamente accidentes que ocasionen lesión o daño a alguna persona, sufrirá las penas de reclusión menor en su grado mínimo y multa de seis a diez unidades tributarias mensuales[455].

Cuando el accidente ocasionare la muerte a una persona, la pena será reclusión menor en cualquiera de sus grados.

Las disposiciones de este artículo son también aplicables a los empresarios, directores o empleados de la línea.

Artículo 330. El maquinista, conductor o guarda-frenos que abandonare su puesto o se embriagare durante su servicio, será castigado con presidio menor en su grado mínimo y multa de seis a diez unidades tributarias mensuales[456].

Si a consecuencia del abandono del puesto o de la embriaguez ocurrieren accidentes que causaren lesiones a alguna persona, las penas serán presidio menor en su grado medio y multa de once a quince unidades tributarias mensuales[457].

Cuando de tales accidentes resultare la muerte de algún individuo, se impondrán al culpable las penas de presidio menor en su grado máximo y multa de dieciséis a veinte unidades tributarias mensuales[458].

Artículo 331. En el caso de abandono intencional por causar daño a alguna de las personas que iban en los trenes, se aplicarán al maquinista,

---

455 Este inciso fue modificado por la letra d) del artículo 1° de la Ley N° 19.450, publicada en el Diario Oficial el 18 de marzo de 1996.

456 Este inciso fue modificado por la letra d) del artículo 1° de la Ley N° 19.450, publicada en el Diario Oficial el 18 de marzo de 1996.

457 Este inciso fue modificado por la letra h) del artículo 1° de la Ley N° 19.450, publicada en el Diario Oficial el 18 de marzo de 1996.

458 Este inciso fue modificado por la letra j) del artículo 1° de la Ley N° 19.450, publicada en el Diario Oficial el 18 de marzo de 1996.

conductor o guarda-frenos, según los casos y aumentadas en un grado, las penas que señalan los arts. 323, 324 y 325[459].

Artículo 332. Las penas que establecen los tres artículos precedentes se aplicarán respectivamente a cualquier otro empleado en el servicio del camino que teniendo un cargo que desempeñar, lo abandonare o ejerciere mal con peligro de la seguridad del tráfico.

Artículo 333. El que por imprudencia rompiere los postes o alambres de una línea telegráfica establecida o en construcción, o ejecutare actos que interrumpan el servicio de los telégrafos, será penado con multa de seis a diez unidades tributarias mensuales[460].

Artículo 334. El que intencionalmente interrumpiere la comunicación telegráfica o causare daño a una línea en construcción rompiendo los alambres o postes, inutilizando los aparatos de trasmisión o por cualquier otro medio, sufrirá las penas de presidio menor en su grado mínimo y multa de seis a diez unidades tributarias mensuales[461].

Artículo 335. Los que en casos de motín, insurrección, guerra exterior u otra calamidad pública, rompieren los alambres o postes, destruyeren las máquinas o aparatos telegráficos, se apoderaren con violencia o amenazas de las oficinas, o empleando los mismos medios impidieren de cualquier modo la correspondencia telegráfica entre los depositarios de la autoridad pública, o se opusieren con fuerza o violencia al restablecimiento de una

---

[459] Este artículo fue modificado por el numeral 4 del artículo 2° de la Ley 19.029, publicada en el Diario Oficial el 23 de enero de 1991. Con anterioridad fue modificado por la letra d) del artículo 1° de la Ley N° 17.266, publicada en el Diario Oficial el 6 de enero de 1970.

[460] Este artículo fue modificado por la letra d) del artículo 1° de la Ley N° 19.450, publicada en el Diario Oficial el 18 de marzo de 1996.

[461] Este artículo fue modificado por la letra d) del artículo 1° de la Ley N° 19.450, publicada en el Diario Oficial el 18 de marzo de 1996.

línea telegráfica, serán castigados con presidio menor en cualquiera de sus grados y multa de once a veinte unidades tributarias mensuales[462].

Artículo 336. Los autores del daño estarán siempre obligados a indemnizar los costos que demanden las reparaciones o el restablecimiento de las líneas deterioradas o destruidas.

Artículo 337. El empleado de una oficina telegráfica que divulgare el contenido de un mensaje sin autorización expresa de la persona que lo dirige o a quien es dirigido, incurrirá en una multa de seis a diez unidades tributarias mensuales y deberá indemnizar los perjuicios provenientes de la divulgación[463].

Las mismas penas se impondrán al empleado que, por descuido culpable, no trasmitiere fielmente un mensaje telegráfico y, si en la trasmisión infiel hubiere mala fe, se estará a lo dispuesto en el art. 195.

Artículo 338. El empleado que habiendo trasmitido órdenes encaminadas a la persecución o aprehensión de delincuentes o para que se practiquen diligencias dirigidas a una averiguación judicial o gubernativa, trasmitiere avisos o prevenciones que hagan ilusorias dichas órdenes, incurrirá en la pena de reclusión menor en su grado medio.

Igual pena se aplicará cuando maliciosamente frustrare las medidas de la autoridad en tales casos, con una trasmisión o traducción infiel.

Artículo 339. En el momento de motín o asonada es prohibido a toda oficina telegráfica:

1°. Trasmitir o tolerar que se trasmitan mensajes dirigidos a fomentar o favorecer el desorden.

---

462 Este artículo fue modificado por la letra i) del artículo 1° de la Ley N° 19.450, publicada en el Diario Oficial el 18 de marzo de 1996.

463 Este artículo fue modificado por la letra d) del artículo 1° de la Ley N° 19.450, publicada en el Diario Oficial el 18 de marzo de 1996.

2°. Dar aviso de la marcha que siguen los sucesos y tumultos, si no es a la autoridad o con asentimiento de ésta.

3°. Instruir del movimiento de tropas o de las medidas tomadas para combatir la insurrección o desorden.

4°. Comunicar toda noticia cuyo objeto sea frustrar las providencias tomadas para restablecer la tranquilidad interior.

La infracción de cualquiera de estas prohibiciones sujeta al infractor a las penas de reclusión menor en su grado medio y multa de seis a diez unidades tributarias mensuales; sin perjuicio de ser castigado como instigador o como cómplice del motín o asonada, siempre que los hechos dieren mérito para considerarlo tal[464].

Artículo 340. Cuando en una oficina telegráfica so reincidiere en las infracciones de que habla el artículo precedente, podrá la autoridad superior inmediata prohibir el uso del telégrafo o someterlo a su dirección o inspección mientras duren las circunstancias extraordinarias de motín, sedición, etc.

Artículo 341. El que acometiere a un conductor de correspondencia pública para interceptarla o detenerla o para apoderarse de ella o de cualquier modo inutilizarla, será castigado con presidio menor en sus grados medio a máximo, si interviniere violencia. Si no interviniere violencia, con presidio menor en sus grados mínimo a medio.

Lo cual no obsta para que se aplique la pena correspondiente al delito cometido en la persona del conductor o en la sustracción de la correspondencia, siempre que fuere mayor.

---

[464] Este artículo fue modificado por la letra d) del artículo 1° de la Ley N° 19.450, publicada en el Diario Oficial el 18 de marzo de 1996.

TÍTULO SÉPTIMO
CRÍMENES Y DELITOS CONTRA EL ORDEN DE LAS FAMILIAS, CONTRA LA MORALIDAD PÚBLICA Y CONTRA LA INTEGRIDAD SEXUAL[465]

§ I. Aborto

Artículo 342. El que maliciosamente causare un aborto será castigado:

1.° Con la pena de presidio mayor en su grado mínimo, si ejerciere violencia en la persona de la mujer embarazada.

2.° Con la de presidio menor en su grado máximo, si, aunque no la ejerza, obrare sin consentimiento de la mujer.

3.° Con la de presidio menor en su grado medio, si la mujer consintiere.

Artículo 343. Será castigado con presidio menor en sus grados mínimo a medio, el que con violencias ocasionare un aborto, aun cuando no haya tenido propósito de causarlo, con tal que el estado de embarazo de la mujer sea notorio o le constare al hechor.

Artículo 344. La mujer que, fuera de los casos permitidos por la ley, causare su aborto o consintiere que otra persona se lo cause, será castigada con presidio menor en su grado máximo.

Si lo hiciere por ocultar su deshonra, incurrirá en la pena de presidio menor en su grado medio[466].

Artículo 345. El facultativo que, abusando de su oficio, causare el aborto o cooperare a él, incurrirá respectivamente en las penas señaladas en el art. 342, aumentadas en un grado.

---

[465] La denominación de este título fue reemplazada por el numeral 4 del artículo 1° de la Ley N° 19.927, publicada en el Diario Oficial el 14 de enero de 2004.

[466] Este artículo fue reemplazado por el artículo 2° de la Ley N° 21.030, publicada en el Diario Oficial el 23 de septiembre de 2017.

§ II. Abandono de niños y personas desvalidas

Artículo 346. El que abandonare en un lugar no solitario a un niño menor de siete años, será castigado con presidio menor en su grado mínimo.

Artículo 347. Si el abandono se hiciere por los padres legítimos o ilegítimos o por personas que tuvieren al niño bajo su cuidado, la pena será presidio menor en su grado máximo, cuando el que lo abandona reside a menos de cinco quilómetros de un pueblo o lugar en que hubiere casa de expósitos, y presidio menor en su grado medio en los demás casos.

Artículo 348. Si a consecuencia del abandono resultaron lesiones graves o la muerte del niño, se impondrá al que lo efectuare la pena de presidio mayor en su grado mínimo, cuando fuere alguna de las personas comprendidas en el artículo anterior, y la de presidio menor en su grado máximo en el caso contrario.

Lo dispuesto en este artículo y en los dos precedentes no se aplica al abandono hecho en casas de expósitos

Artículo 349. El que abandonare en un lugar solitario a un niño menor de diez años, será castigado con presidio menor en su grado medio.

Artículo 350. La pena será presidio mayor en su grado mínimo cuando el que abandona es alguno de los relacionados en el art. 347.

Artículo 351. Si del abandono en un lugar solitario resultaren lesiones graves o la muerte del niño, se impondrá al que lo ejecuta la pena de presidio mayor en su grado medio, cuando fuere alguna de las personas a que se refiere el artículo precedente, y la de presidio mayor en su grado mínimo en el caso contrario.

Artículo 352. El que abandonare a su cónyuge o a un ascendiente o descendiente, legítimo o ilegítimo, enfermo o imposibilitado, si el abandonado sufriere lesiones graves o muriere a consecuencia del abandono, será castigado con presidio mayor en su grado mínimo.

§ III. Crímenes y simples delitos contra el estado civil de las personas

Artículo 353. La suposición de parto y la sustitución de un niño por otro, serán castigadas con las penas de presidio menor en cualquiera de sus grados y multa de veintiuna a veinticinco unidades tributarias mensuales[467].

Artículo 354. El que usurpare el estado civil de otro, sufrirá la pena de presidio menor en sus grados medio a máximo y multa de once a veinte unidades tributarias mensuales[468].

Las mismas penas se impondrán al que sustrajere, ocultare o expusiere a un hijo legítimo o ilegítimo con ánimo verdadero o presunto de hacerle perder su estado civil.

Artículo 355. El que hallándose encargado de la persona de un menor no lo presentare, reclamándolo sus padres, guardadores o la autoridad, a petición de sus demás parientes o de oficio, ni diere explicaciones satisfactorias acerca de su desaparición, sufrirá la pena de presidio menor en su grado medio.

Artículo 356. El que teniendo a su cargo la crianza o educación de un menor de diez años, lo entregare a un establecimiento público o a otra persona, sin la anuencia de la que se lo hubiere confiado o de la autoridad en su defecto, y de ello resultare perjuicio gravo, será castigado con reclusión menor en su grado medio y multa de seis a diez unidades tributarias mensuales[469].

---

[467] Este artículo fue modificado por la letra k) del artículo 1° de la Ley N° 19.450, publicada en el Diario Oficial el 18 de marzo de 1996. Con anterioridad, fue modificado por el N° 5 del artículo único de la Ley N° 12.727, publicada en el Diario Oficial el 27 de septiembre de 1972.

[468] Este artículo fue modificado por la letra i) del artículo 1° de la Ley N° 19.450, publicada en el Diario Oficial el 18 de marzo de 1996.

[469] Este artículo fue modificado por la letra d) del artículo 1° de la Ley N° 19.450, publicada en el Diario Oficial el 18 de marzo de 1996.

Artículo 357. El que indujere a un menor de edad, pero mayor de diez años, a que abandone la casa de sus padres, guardadores o encargados de su persona, sufrirá las penas de reclusión menor en cualquiera de sus grados y multa de once a veinte unidades tributarias mensuales[470].

§ IV. Del rapto. Derogado[471]

Artículo 358. Derogado[472].

Artículo 359. Derogado[473].

Artículo 360. Derogado[474].

§ V. De la violación

Artículo 361. La violación será castigada con la pena de presidio mayor en su grado mínimo a medio[475].

Comete violación el que accede carnalmente, por vía vaginal, anal o bucal, a una persona mayor de catorce años, en alguno de los casos siguientes[476]:

1° Cuando se usa de fuerza o intimidación.

---

470 Este artículo fue modificado por la letra i) del artículo 1° de la Ley N° 19.450, publicada en el Diario Oficial el 18 de marzo de 1996.

471 Este párrafo y los artículos que lo componían fueron derogados por el numeral 4 del artículo 1° de la Ley N° 19.617, publicada en el Diario Oficial el 12 de julio de 1999.

472 Artículo derogado por el numeral 4 del artículo 1° de la Ley N° 19.617, publicada en el Diario Oficial el 12 de julio de 1999.

473 Artículo derogado por el numeral 4 del artículo 1° de la Ley N° 19.617, publicada en el Diario Oficial el 12 de julio de 1999.

474 Artículo derogado por el numeral 4 del artículo 1° de la Ley N° 19.617, publicada en el Diario Oficial el 12 de julio de 1999.

475 Este inciso fue modificado por la letra a) del numeral 5 del artículo 1° de la Ley N° 19.927, publicada en el Diario Oficial el 14 de enero de 2004.

476 Este inciso fue modificado por la letra b) del numeral 5 del artículo 1° de la Ley N° 19.927, publicada en el Diario Oficial el 14 de enero de 2004.

2° Cuando la víctima se halla privada de sentido, o cuando se aprovecha su incapacidad para oponerse[477].

3° Cuando se abusa de la enajenación o trastorno mental de la víctima[478].

Artículo 362. El que accediere carnalmente, por vía vaginal, anal o bucal, a una persona menor de catorce años, será castigado con presidio mayor en sus grados medio a máximo, aunque no concurra circunstancia alguna de las enumeradas en el artículo anterior[479-480].

§ VI. Del estupro y otros delitos sexuales[481]

Artículo 363. Será castigado con presidio menor en su grado máximo a presidio mayor en su grado mínimo, el que accediere carnalmente, por vía vaginal, anal o bucal, a una persona menor de edad pero mayor de catorce años, concurriendo cualquiera de las circunstancias siguientes[482]:

1° Cuando se abusa de una anomalía o perturbación mental, aun transitoria, de la víctima, que por su menor entidad no sea constitutiva de enajenación o trastorno.

2° Cuando se abusa de una relación de dependencia de la víctima, como en los casos en que el agresor está encargado de su custodia, educación o cuidado, o tiene con ella una relación laboral.

---

477 Este número fue modificado por el numeral 2 del artículo 1° de la Ley N° 20.480, publicada en el Diario Oficial el 18 de diciembre de 2010.

478 Este artículo fue sustituido por el numeral 5 del artículo 1° de la Ley N° 19.617, publicada en el Diario Oficial el 12 de julio de 1999.

479 Artículo modificado por el numeral 5 del artículo 1° de la Ley N° 21.483, publicada en el Diario Oficial el 24 de agosto de 2022.

480 Este artículo fue modificado por el numeral 6 del artículo 1° de la Ley N° 19.927, publicada en el Diario Oficial el 14 de enero de 2004. Con anterioridad, fue sustituido por el numeral 6 del artículo 1° de la Ley N° 19.617, publicado en el Diario Oficial el 12 de julio de 1999.

481 Este epígrafe fue reemplazado por el numeral 7 del artículo 1° de la Ley N° 19.617, publicada en el Diario Oficial el 12 de julio de 1999.

482 Este inciso fue modificado por el numeral 7 del artículo 1° de la Ley N° 19.927, publicada en el Diario Oficial el 14 de enero de 2004.

3° Cuando se abusa del grave desamparo en que se encuentra la víctima.

4° Cuando se engaña a la víctima abusando de su inexperiencia o ignorancia sexual[483].

Artículo 364. Derogado[484].

Artículo 365. Derogado[485].

Artículo 365 bis. Si la acción sexual consistiere en la introducción de objetos de cualquier índole, por vía vaginal, anal o bucal, o se utilizaren animales en ello, será castigada:

1.- con presidio mayor en su grado mínimo a medio, si concurre cualquiera de las circunstancias enumeradas en el artículo 361;

2.- con presidio mayor en cualquiera de sus grados, si la víctima fuere menor de catorce años, y 3.- con presidio menor en su grado máximo a presidio mayor en su grado mínimo, si concurre alguna de las circunstancias enumeradas en el artículo 363 y la víctima es menor de edad, pero mayor de catorce años[486].

Artículo 366. El que abusivamente realizare una acción sexual distinta del acceso carnal con una persona mayor de catorce años, será castigado con presidio menor en su grado máximo, cuando el abuso consistiere en la concurrencia de alguna de las circunstancias enumeradas en el artículo 361.

---

483 Este artículo fue sustituido por el numeral 8 del artículo 1° de la Ley N° 19.617, publicada en el Diario Oficial el 12 de julio de 1999.

484 Artículo derogado por el numeral 9 del artículo 1° de la Ley N° 19.617, publicada en el Diario Oficial el 12 de julio de 1999.

485 Artículo derogado por el numeral 6 del artículo 1° de la Ley N° 21.483, publicada en el Diario Oficial el 24 de agosto de 2022.

486 Este artículo fue incorporado por el numeral 8 del artículo 1° de la Ley N° 19.617, publicada en el Diario Oficial el 12 de julio de 1999. Nota de la editora: el texto, en su formato original, contempla en un mismo inciso los numerales 2 y 3.

Igual pena se aplicará cuando el abuso consistiere en la concurrencia de alguna de las circunstancias enumeradas en el artículo 363, siempre que la víctima fuere mayor de catorce y menor de dieciocho años.

Se aplicará la pena de presidio menor en su grado mínimo a medio, cuando el abuso consistiere en el empleo de sorpresa u otra maniobra que no suponga consentimiento de la víctima, siempre que ésta sea mayor de catorce años[487-488].

Artículo 366 bis. El que realizare una acción sexual distinta del acceso carnal con una persona menor de catorce años, será castigado con la pena de presidio menor en su grado máximo a presidio mayor en su grado mínimo[489].

Artículo 366 ter. Para los efectos de los tres artículos anteriores, se entenderá por acción sexual cualquier acto de significación sexual y de relevancia realizado mediante contacto corporal con la víctima, o que haya afectado los genitales, el ano o la boca de la víctima, aun cuando no hubiere contacto corporal con ella[490].

Artículo 366 quáter. El que, sin realizar una acción sexual en los términos anteriores, para procurar su excitación sexual o la excitación sexual de otro, realizare acciones de significación sexual ante una persona menor

---

487 Inciso agregado por el numeral 2 del artículo único de la Ley N° 21.153, publicada en el Diario Oficial el 3 de mayo de 2019.

488 El artículo fue sustituido por el numeral 9 del artículo 1° de la Ley N° 19.927, publicada en el Diario Oficial el 14 de enero de 2004. Con anterioridad, el artículo fue reemplazado por el numeral 11 del artículo 1° de la Ley N° 19.617, publicada en el Diario Oficial el 12 de junio de 1999.

489 Este inciso fue sustituido por el numeral 10 del artículo 1° de la Ley N° 19.927, publicada en el Diario Oficial el 14 de enero de 2004. Con anterioridad, este artículo fue agregado por el numeral 11 del artículo 1° de la Ley N° 19.617, publicada en el Diario Oficial el 12 de julio de 1999.

490 Este artículo fue modificado por el numeral 11 del artículo 1° de la Ley N° 19.927, publicada en el Diario Oficial el 14 de enero de 2004. Con anterioridad, el artículo fue agregado por el numeral 11 del artículo 1° de la Ley N° 19.617, publicada en el Diario Oficial el 12 de julio de 1999.

de catorce años, será castigado con presidio menor en su grado medio a máximo[491].

Si se determinare a una persona menor de catorce años a realizar acciones de significación sexual delante suyo o de otro, o se la hiciere ver o escuchar material pornográfico o de explotación sexual o presenciar espectáculos del mismo carácter, la pena será presidio menor en su grado máximo[492].

Será sancionado con la misma pena del inciso precedente al que determinare a una persona menor de catorce años a enviar, entregar o exhibir:

a) Imágenes o grabaciones en que se representaren acciones de significación sexual de su persona o de otro menor de catorce años de edad.

b) Imágenes o grabaciones de sus genitales o los de otra persona menor de catorce años[493].

Quien realice alguna de las conductas descritas en los incisos anteriores con una persona menor de edad pero mayor de catorce años, concurriendo cualquiera de las circunstancias del numerando 1° del artículo 361 o de las enumeradas en el artículo 363 o mediante amenazas en los términos de los artículos 296 y 297, tendrá las mismas penas señaladas en los incisos anteriores[494].

Las penas señaladas en el presente artículo se aplicarán también cuando los delitos descritos en él sean cometidos a distancia, mediante cualquier medio electrónico[495].

---

491 Artículo modificado por el numeral 2 del artículo 1° de la Ley N° 21.522, publicada en el Diario Oficial el 30 de diciembre de 2022.

492 Artículo modificado por el numeral 2 del artículo 1° de la Ley N° 21.522, publicada en el Diario Oficial el 30 de diciembre de 2022.

493 Artículo modificado por el numeral 2 del artículo 1° de la Ley N° 21.522, publicada en el Diario Oficial el 30 de diciembre de 2022.

494 Este inciso fue sustituido por la letra b) del numeral 1 del artículo 1° de la Ley N° 20.526, publicada en el Diario Oficial el 13 de agosto de 2011.

495 Este inciso fue incorporado por la letra c) del numeral 1 del artículo 1° de la Ley N° 20.526, publicada en el Diario Oficial el 13 de agosto de 2011.

Si en la comisión de cualquiera de los delitos descritos en este artículo, el autor falseare su identidad o edad, se aumentará la pena aplicable en un grado[496-497].

§ 6 bis. Explotación sexual comercial y material pornográfico de niños, niñas y adolescentes[498]

Artículo 366 quinquies. Derogado[499].

Artículo 367. El que promoviere o facilitare la explotación sexual de una persona menor de dieciocho años sufrirá la pena de presidio mayor en su grado mínimo.

Si se perpetrare el hecho explotándola en razón de su dependencia personal o económica o si concurriere habitualidad, la pena será de presidio mayor en cualquiera de sus grados y multa de treinta y una a treinta y cinco unidades tributarias mensuales.

Para efectos de lo dispuesto en el inciso primero, se entenderá por explotación sexual la utilización de una persona menor de dieciocho años para la realización de una acción sexual o de una acción de significación sexual con ella a cambio de cualquier tipo de retribución hacia la víctima o un tercero[500].

---

496 Este inciso fue incorporado por la letra c) del numeral 1 del artículo 1° de la Ley N° 20.526, publicada en el Diario Oficial el 13 de agosto de 2011.

497 Este artículo fue reemplazado por el numeral 12 del artículo 1° de la Ley N° 19.927, publicada en el Diario Oficial el 14 de enero de 2004. Con anterioridad, este artículo fue modificado por los números 1 y 2 del artículo 34 de la Ley N° 19.846, publicada en el Diario Oficial el 4 de enero de 2003; y fue agregado al Código Penal por el numeral 11 del artículo 1° de la Ley N° 19.617, publicada en el Diario Oficial el 12 de julio de 1999.

498 Párrafo incorporado por el numeral 3 del artículo 1° de la Ley N° 21.522, publicada en el Diario Oficial el 30 de diciembre de 2022.

499 Artículo derogado por el numeral 4 del artículo 1° de la Ley N° 21.522, publicada en el Diario Oficial el 30 de diciembre de 2022.

500 Artículo sustituido por el numeral 5 del artículo 1° de la Ley N° 21.522, publicada en el Diario Oficial el 30 de diciembre de 2022.

Artículo 367 bis. Derogado[501].

Artículo 367 ter. El que, obtuviere la realización de una acción sexual de una persona menor de dieciocho años a cambio de cualquier tipo de retribución hacia la víctima o un tercero, será castigado con presidio menor en su grado máximo[502].

Artículo 367 quáter. El que comercializare, importare, exportare, distribuyere, difundiere o exhibiere material pornográfico o de explotación sexual, cualquiera sea su soporte, en cuya elaboración hayan sido utilizadas personas menores de dieciocho años, será sancionado con la pena de presidio menor en su grado máximo.

Con la misma pena señalada en el inciso anterior será sancionado el que participare en la producción de dicho material pornográfico o de explotación sexual.

El que maliciosamente almacenare o adquiriere material pornográfico o de explotación sexual, cualquiera sea su soporte, en cuya elaboración hayan sido utilizadas personas menores de dieciocho años, será castigado con presidio menor en su grado medio.

Para los efectos de este artículo, se entenderá por material pornográfico o de explotación sexual en cuya elaboración hubieren sido utilizadas personas menores de dieciocho años, toda representación de éstos dedicados a actividades sexuales explícitas, reales o simuladas, o toda representación de sus partes genitales con fines primordialmente sexuales, o toda

---

501 Este artículo fue derogado por el numeral 2 del artículo 1° de la Ley N° 20.527, publicada en el Diario Oficial el 8 de abril de 2013. Con anterioridad, el artículo fue agregado por el artículo único de la Ley N° 19.409, publicada en el Diario Oficial el 7 de septiembre de 1995.

502 Artículo sustituido por el numeral 5 del artículo 1° de la Ley N° 21.522, publicada en el Diario Oficial el 30 de diciembre de 2022. Con anterioridad, el artículo fue incorporado por el numeral 16 del artículo 1° de la Ley N° 19.927, publicada en el Diario Oficial el 14 de enero de 2004.

representación de dichos menores en que se emplee su voz o imagen, con los mismos fines[503].

Artículo 367 quinquies. Las conductas de comercialización, distribución, difusión y exhibición, señaladas en el artículo anterior, se entenderán cometidas en Chile cuando se realicen a través de un sistema de telecomunicaciones al que se tenga acceso desde territorio nacional[504].

Artículo 367 sexies. Lo dispuesto en este párrafo no será aplicable si el hecho fuere constitutivo de un delito sancionado con igual o mayor pena por alguna disposición de los párrafos 5 o 6 del Título VII del Libro Segundo, en cuyo caso el ánimo de lucro, la entrega o promesa de entrega de dinero o especies susceptibles de valoración pecuniaria serán considerados como una sola circunstancia agravante[505].

Artículo 367 septies. El que usando dispositivos técnicos transmitiere la imagen o sonido de una situación o interacción que permitiere presenciar, observar o escuchar la realización de una acción sexual o de una acción de significación sexual, por parte de una persona menor de dieciocho años, será sancionado con presidio menor en su grado máximo[506].

Artículo 367 octies. Para los efectos de determinar la reincidencia de la circunstancia 16 del artículo 12, en los delitos sancionados en este párrafo, se considerarán también las sentencias firmes dictadas en un Estado extranjero, aun cuando la pena impuesta no haya sido cumplida[507].

---

503 Artículo incorporado por el numeral 7 del artículo 1° de la Ley N° 21.522, publicada en el Diario Oficial el 30 de diciembre de 2022.

504 Artículo incorporado por el numeral 7 del artículo 1° de la Ley N° 21.522, publicada en el Diario Oficial el 30 de diciembre de 2022.

505 Artículo incorporado por el numeral 7 del artículo 1° de la Ley N° 21.522, publicada en el Diario Oficial el 30 de diciembre de 2022.

506 Artículo incorporado por el numeral 7 del artículo 1° de la Ley N° 21.522, publicada en el Diario Oficial el 30 de diciembre de 2022.

507 Artículo incorporado por el numeral 7 del artículo 1° de la Ley N° 21.522, publicada en el Diario Oficial el 30 de diciembre de 2022.

§ VII. Disposiciones comunes a los tres párrafos anteriores[508]

Artículo 368. Si los delitos previstos en los tres párrafos anteriores hubieren sido cometidos por autoridad pública, ministro de un culto religioso, guardador, maestro, empleado o encargado por cualquier título o causa de la educación, guarda, curación o cuidado del ofendido, se impondrá al responsable la pena señalada al delito con exclusión de su grado mínimo, si ella consta de dos o más grados, o de su mitad inferior, si la pena es un grado de una divisible. La misma regla se aplicará a quien hubiere cometido los mencionados delitos en contra de un menor de edad con ocasión de las funciones que desarrolle, aun en forma esporádica, en recintos educacionales, y al que los cometa con ocasión del servicio de transporte escolar que preste a cualquier título[509].

Exceptúense los casos en que el delito sea de aquellos que la ley describe y pena expresando las circunstancias de usarse fuerza o intimidación, abusarse de una relación de dependencia de la víctima o abusarse de autoridad o confianza[510].

Artículo 368 bis. Sin perjuicio de lo dispuesto en el artículo 63, en los delitos señalados en los tres párrafos anteriores, serán circunstancias agravantes las siguientes[511]:

1° La 1ª del artículo 12.

---

[508] Este epígrafe fue modificado por el numeral 8 del artículo 1° de la Ley N° 21.522, publicada en el Diario Oficial el 30 de diciembre de 2022; con anterioridad, fue modificado por el numeral 13 del artículo 1° de la Ley N° 19.617, publicada en el Diario Oficial el 12 de julio de 1999.

[509] Inciso modificado por el numeral 9 del artículo 1° de la Ley N° 21.522, publicada en el Diario Oficial el 30 de diciembre de 2022. Con anterioridad, la norma fue modificada por la letra a) del artículo 3° de la Ley N° 20.685, publicada en el Diario Oficial el 20 de agosto de 2013.

[510] Este artículo fue sustituido por el numeral 14 del artículo 1° de la Ley N° 19.617, publicada en el Diario Oficial el 12 de julio de 1999.

[511] Inciso modificado por el numeral 10 del artículo 1° de la Ley N° 21.522, publicada en el Diario Oficial el 30 de diciembre de 2022.

2º Ser dos o más los autores del delito[512].

Artículo 368 bis A. La circunstancia atenuante señalada en el Nº 7 del artículo 11 no podrá aplicarse tratándose de los delitos previstos en los artículos 141, inciso final; 142, inciso final; 150 A, 150 D, 361, 362, 363, 365 bis; 366, incisos primero y segundo, 366 bis, 366 quáter, 367 y 367 ter, 372 bis, 411 quáter cuando se cometa con fines de explotación sexual, y 433, número 1, en relación con la violación[513].

Artículo 368 ter. Cuando, en la comisión de los delitos señalados en los artículos 366 quáter, 367, 367 ter o 367 quáter o 367 septies se utilizaren establecimientos o locales, a sabiendas de su propietario o encargado, o no pudiendo éste menos que saberlo, podrá decretarse en la sentencia su clausura definitiva[514].

Asimismo, durante el proceso judicial respectivo, podrá decretarse, como medida cautelar, la clausura temporal de dichos establecimientos o locales[515].

Artículo 369. No se puede proceder por causa de los delitos previstos en los artículos 361 a 366 quáter, sin que, a lo menos, se haya denunciado el hecho a la justicia, al Ministerio Público o a la policía por la persona ofendida o por su representante legal[516].

Si la persona ofendida no pudiere libremente hacer por sí misma la denuncia, ni tuviere representante legal, o si, teniéndolo, estuviere imposibilitado o implicado en el delito, podrá procederse de oficio por el

---

512 Este artículo fue agregado por el numeral 3 del artículo 1º de la Ley Nº 20.480, publicada en el Diario Oficial el 18 de diciembre de 2010.

513 Artículo agregado por el numeral 2 del artículo 1º de la Ley Nº 21.523, publicada en el Diario Oficial el 31 de diciembre de 2022.

514 Inciso modificado por el numeral 11 del artículo 1º de la Ley Nº 21.522, publicada en el Diario Oficial el 30 de diciembre de 2022.

515 Este artículo fue agregado por el numeral 17 del artículo 1º de la Ley Nº 19.927, publicada en el Diario Oficial el 14 de enero de 2004.

516 Este inciso fue sustituido por el artículo 2º de la Ley Nº 19.874, publicada en el Diario Oficial el 13 de mayo de 2003.

Ministerio Público, que también estará facultado para deducir las acciones civiles a que se refiere el artículo 370. Sin perjuicio de lo anterior, cualquier persona que tome conocimiento del hecho podrá denunciarlo[517].

Con todo, tratándose de víctimas menores de edad, se estará a lo dispuesto en el artículo 369 quinquies de este Código y en el inciso segundo del artículo 53 del Código Procesal Penal[518-519].

Artículo 369 bis. Derogado[520].

Artículo 369 bis A. Tratándose de los delitos previstos en los artículos 141, inciso final; 142, inciso final; 150 A, 150 D, 361, 362, 363, 365 bis; 366, incisos primero y segundo, 366 bis, 366 quáter, 367 y 367 ter, 372 bis, 411 quáter cuando se cometa con fines de explotación sexual, y 433, número 1, en relación con la violación, para la determinación de la cuantía de la pena en los términos dispuestos en el artículo 69, el tribunal tendrá en especial consideración la afectación psíquica o mental de la víctima para la calificación de la extensión del mal producido por el delito[521].

Artículo 369 ter. Cuando existieren sospechas fundadas de que una persona hubiere cometido o preparado la comisión de alguno de los delitos previstos en los artículos 367, 367 ter, 367 quáter, incisos primero y segundo, y 367 septies, y la investigación lo hiciere imprescindible, el tribunal, a petición del Ministerio Público, podrá autorizar la interceptación o grabación de las telecomunicaciones de esa persona. La captación, grabación y registro subrepticio de imágenes o sonidos en lugares cerrados

---

517 Este inciso fue sustituido por el artículo 2° de la Ley N° 19.874, publicada en el Diario Oficial el 13 de mayo de 2003.

518 Este inciso fue sustituido por el artículo 1° de la Ley N° 21.160, publicada en el Diario Oficial el 18 de julio de 2019.

519 El inciso final de artículo fue suprimido por el numeral 3 del artículo 56 de la Ley N° 21.675, publicada en el Diario Oficial el 14 de junio de 2024.

520 Artículo derogado por el numeral 13 del artículo 1° de la Ley N° 21.522, publicada en el Diario Oficial el 30 de diciembre de 2022.

521 Artículo incorporado por el numeral 3 del artículo 1° de la Ley N° 21.523, publicada en el Diario Oficial el 31 de diciembre de 2022.

o que no sean de libre acceso al público, podrá ser autorizada por el juez, a solicitud del fiscal cuando existan fundadas sospechas basadas en hechos determinados y graves que lo hagan imprescindible para el esclarecimiento de los hechos. En lo demás, se estará íntegramente a lo dispuesto en los artículos 222 a 225 del Código Procesal Penal[522].

Igualmente, bajo los mismos supuestos previstos en el inciso precedente, podrá el tribunal, a petición del Ministerio Público, autorizar la intervención de agentes encubiertos. Mediando igual autorización y con el objeto exclusivo de facilitar la labor de estos agentes, los organismos policiales pertinentes podrán mantener un registro reservado de producciones del carácter investigado. Asimismo, podrán tener lugar entregas vigiladas de material respecto de la investigación de hechos que se instigaren o materializaren a través del intercambio de dichos elementos, en cualquier soporte.

La actuación de los agentes encubiertos y las entregas vigiladas serán plenamente aplicables al caso en que la actuación de los agentes o el traslado o circulación de producciones se desarrolle a través de un sistema de telecomunicaciones.

Los agentes encubiertos, el secreto de sus actuaciones, registros o documentos y las entregas vigiladas se regirán por las disposiciones del Párrafo 3° bis del Título I del Libro II del Código Procesal Penal[523].

Artículo 369 quáter. Suprimido[524].

Artículo 369 quinquies. Tratándose de los delitos establecidos en los artículos 141, inciso final, y 142, inciso final, ambos en relación con la violación; los artículos 150 B y 150 E, ambos en relación con los artículos 361, 362 y 365 bis; los artículos 361, 362, 363, 365 bis, 366, 366 bis, 366

---

522 Artículo modificado por el numeral 14 del artículo 1° de la Ley N° 21.522, publicada en el Diario Oficial el 30 de diciembre de 2022.

523 Inciso modificado por el numeral 10 del artículo 1° de la Ley N° 21.577, publicada en el Diario Oficial el 15 de junio de 2023.

524 Artículo derogado por el numeral 3 del artículo 1° de la Ley N° 21.160, publicada en el Diario Oficial el 18 de julio de 2019.

quáter, 367, 367 ter; 367 quáter y 367 septies; el artículo 411 quáter en relación con la explotación sexual; y el artículo 433, N° 1, en relación con la violación, perpetrados en contra de una víctima menor de edad, se considerarán delitos de acción pública previa instancia particular y se regirán por lo dispuesto en el artículo 54 del Código Procesal Penal desde que el ofendido por el delito haya cumplido los dieciocho años de edad, si no se ha ejercido antes la acción penal[525].

Artículo 370. Además de la indemnización que corresponda conforme a las reglas generales, el condenado por los delitos previstos en los artículos 361 a 366 bis será obligado a dar alimentos cuando proceda de acuerdo a las normas del Código Civil[526].

Artículo 370 bis. El que fuere condenado por alguno de los delitos a que se refieren los tres párrafos anteriores cometido en la persona de un menor del que sea pariente, quedará privado de la patria potestad si la tuviere o inhabilitado para obtenerla si no la tuviere y, además, de todos los derechos que por el ministerio de la ley se le confirieren respecto de la persona y bienes del ofendido, de sus ascendientes y descendientes. El juez así lo declarará en la sentencia, decretará la emancipación del menor si correspondiere, y ordenará dejar constancia de ello mediante subinscripción practicada al margen de la inscripción de nacimiento del menor. Además, si el condenado es una de las personas llamadas por ley a dar su autorización para que la víctima salga del país, se prescindirá en lo sucesivo de aquélla[527].

---

525 Artículo modificado por el numeral 15 del artículo 1° de la Ley N° 21.522, publicada en el Diario Oficial el 30 de diciembre de 2022. Con anterioridad, el artículo fue incorporado por el numeral 4 del artículo 1° de la Ley N° 21.160, publicada en el Diario Oficial el 18 de julio de 2019.

526 Este artículo fue reemplazado por el numeral 17 del artículo 1° de la Ley N° 19.617, publicada en el Diario Oficial el 12 de julio de 1999.

527 Inciso modificado por el numeral 16 del artículo 1° de la Ley N° 21.522, publicada en el Diario Oficial el 30 de diciembre de 2022. Con anterioridad, fue modificado por el numeral 5 del artículo 1° de la Ley N° 20.480, publicada en el Diario Oficial el 18 de diciembre de 2010.

El pariente condenado conservará, en cambio, todas las obligaciones legales cuyo cumplimiento vaya en beneficio de la víctima o de sus descendientes[528].

Artículo 371. Los ascendientes, guardadores, maestros y cualesquiera personas que con abuso de autoridad o encargo, cooperaren como cómplices a la perpetración de los delitos comprendidos en los tres párrafos anteriores, serán penados como autores[529].

Los maestros o encargados en cualquier manera de la educación o dirección de la juventud, serán además condenados a inhabilitación especial perpetua para el cargo u oficio.

Artículo 372. Los comprendidos en el artículo anterior y cualesquiera otros condenados por la comisión de los delitos previstos en los tres párrafos anteriores en contra de un menor de edad, serán también condenados a las penas de interdicción del derecho de ejercer la guarda y ser oídos como parientes en los casos que la ley designa, y de sujeción a la vigilancia de la autoridad durante los diez años siguientes al cumplimiento de la pena principal. Esta sujeción consistirá en informar a Carabineros cada tres meses su domicilio actual. El incumplimiento de esta obligación configurará la conducta establecida en el artículo 496 Nº 1 de este Código[530].

El que cometiere cualquiera de los delitos previstos en los artículos 361, 362, 363, 365 bis, 366, 366 bis, 366 quáter, 367, 367 ter, 367 quáter, 367 septies y 372 bis en contra de un menor de edad será condenado, además, a la pena de inhabilitación absoluta perpetua para cargos, empleos,

---

528 Artículo incorporado por el numeral 18 del artículo 1º de la Ley Nº 19.617, publicada en el Diario Oficial el 12 de julio de 1999.

529 Inciso modificado por el numeral 17 del artículo 1º de la Ley Nº 21.522, publicada en el Diario Oficial el 30 de diciembre de 2022. Con anterioridad, fue modificado por el numeral 19 del artículo 1º de la Ley Nº 19.617, publicada en el Diario Oficial el 12 de julio de 1999.

530 Artículo modificado por la letra a) del numeral 18 del artículo 1º de la Ley Nº 21.522 publicada en el Diario Oficial el 30 de diciembre de 2022. Con anterioridad, el inciso fue modificado por el numeral 3 del artículo 1º de la Ley Nº 20.594, publicada en el Diario Oficial el 19 de junio de 2012.

oficios o profesiones ejercidos en ámbitos educacionales o que involucren una relación directa y habitual con personas menores de edad. La misma pena se aplicará a quien cometiere cualquiera de los delitos establecidos en los artículos 142 y 433 N° 1°, cuando alguna de las víctimas hubiere sufrido violación y fuere menor de edad[531].

En los casos del inciso anterior, los fiscales del Ministerio Público, de conformidad con lo dispuesto en el literal g) del artículo 259 del Código Procesal Penal, deberán solicitar la pena de inhabilitación cuando formularen acusación, y el tribunal en caso de dictar sentencia condenatoria deberá imponerla de forma específica, de conformidad con lo dispuesto en el artículo 348 del Código Procesal Penal. Si la sentencia condenatoria no cumpliere con esta exigencia, el fiscal siempre deberá deducir recurso en conformidad a la ley[532].

Artículo 372 bis. El que, con ocasión de violación, cometiere además homicidio en la persona de la víctima, será castigado con presidio perpetuo a presidio perpetuo calificado[533].

Si el autor del delito descrito en el inciso anterior es un hombre y la víctima una mujer, el delito tendrá el nombre de violación con femicidio[534].

Artículo 372 ter. En los delitos contemplados en los artículos 141, inciso final; 142, inciso final; 150 A; 150 D; 361; 362; 363; 365 bis; 366; 366 bis; 366 quáter; 367; 367 ter; 372 bis; 411 quáter; cuando se cometan con fines de explotación sexual, y 433, número 1, en relación con la violación, el juez podrá en cualquier etapa de la investigación o del procedimiento, y aun antes de la formalización, a petición de parte, o de oficio por razones

---

531 Artículo modificado por el numeral 18 del artículo 1° de la Ley N° 21.522 publicada en el Diario Oficial el 30 de diciembre de 2022. Con anterioridad, el inciso fue reemplazado por el artículo 2° de la Ley N° 21.418, publicada en el Diario Oficial el 5 de febrero de 2022.

532 Inciso agregado por la letra b) del numeral 2 del artículo 2° de la Ley N° 21.418, publicada en el Diario Oficial el 5 de febrero de 2022.

533 Este artículo fue sustituido por el numeral 20 del artículo 1° de la Ley N° 19.927, publicada en el Diario Oficial el 14 de enero de 2004.

534 Inciso incorporado por el numeral 1 del artículo 1° de la Ley N° 21.212, publicada en el Diario Oficial el 4 de marzo de 2020.

fundadas, disponer las medidas de protección de la víctima y su familia que estime convenientes, tales como la sujeción del imputado a la vigilancia de una persona o institución determinada, las que informarán periódicamente al tribunal; la prohibición de visitar el domicilio, el lugar de trabajo o el establecimiento educacional de la víctima; la prohibición de aproximarse a la víctima o a su familia, la prohibición de tomar contacto con la víctima o con su familia, y, en su caso, la obligación de abandonar el hogar que compartiere con la víctima[535].

§ VIII. De los ultrajes públicos a las buenas costumbres

Artículo 373. Los que de cualquier modo ofendieren el pudor o las buenas costumbres con hechos de grave escándalo o trascendencia, no comprendidos expresamente en otros artículos de este Código, sufrirán la pena de reclusión menor en sus grados mínimo a medio.

Artículo 374. El que vendiere, distribuyere o exhibiere canciones, folletos u otros escritos, impresos o no, figuras o estampas contrarios a las buenas costumbres, será condenado a las penas de reclusión menor en su grado mínimo o multa de once a veinte unidades tributarias mensuales[536].

En las mismas penas incurrirá el autor del manuscrito, de la figura o de la estampa o el que los hubiere reproducido por un procedimiento cualquiera que no sea la imprenta.

La sentencia condenatoria por este delito ordenará la destrucción total o parcial, según proceda, de los impresos o de las grabaciones sonoras o audiovisuales de cualquier tipo que sean objeto de comiso[537].

---

535 Artículo modificado por el numeral 4 del artículo 1° de la Ley N° 21.523, publicada en el Diario Oficial el 31 de diciembre de 2022. Con anterioridad, fue incorporado por el numeral 22 del artículo 1° de la Ley N° 19.617, publicada en el Diario Oficial el 12 de julio de 1999.

536 Inciso modificado por el numeral 23 del artículo 1° de la Ley N° 19.617, publicada en el Diario Oficial el 12 de julio de 1999.

537 Inciso incorporado por el artículo 1° de la Ley N° 19.806, publicada en el Diario Oficial el 31 de mayo de 2002.

Artículo 374 bis. Derogado[538].

Artículo 374 ter. Derogado[539].

§ IX. Del incesto[540]

Artículo 375. El que, conociendo las relaciones que lo ligan, cometiere incesto con un ascendiente o descendiente por consanguinidad o con un hermano consanguíneo, será castigado con reclusión menor en sus grados mínimo a medio[541].

Artículo 376. Derogado[542].

Artículo 377. Derogado[543].

Artículo 378. Derogado[544].

Artículo 379. Derogado[545].

Artículo 380. Derogado[546].

---

538 Artículo derogado por el numeral 20 del artículo 1° de la Ley N° 21.522, publicada en el Diario Oficial el 30 de diciembre de 2022.

539 Artículo derogado por el numeral 20 del artículo 1° de la Ley N° 21.522, publicada en el Diario Oficial el 30 de diciembre de 2022.

540 Este epígrafe fue reemplazado por el numeral 24 del artículo 1° de la Ley N° 19.617, publicada en el Diario Oficial el 12 de julio de 1999.

541 Artículo agregado por el numeral 25 del artículo 1° de la Ley N° 19.617, publicada en el Diario Oficial el 12 de julio de 1999.

542 Artículo derogado por el artículo 34 de la Ley N° 19.335, publicada en Diario Oficial el 23 de septiembre de 1994.

543 Artículo derogado por el artículo 34 de la Ley N° 19.335, publicada en Diario Oficial el 23 de septiembre de 1994.

544 Artículo derogado por el artículo 34 de la Ley N° 19.335, publicada en Diario Oficial el 23 de septiembre de 1994.

545 Artículo derogado por el artículo 34 de la Ley N° 19.335, publicada en Diario Oficial el 23 de septiembre de 1994.

546 Este artículo fue derogado por el artículo 34 de la Ley N.° 19.335, publicada en Diario Oficial de 23 de septiembre de 1994.

Artículo 381. Derogado[547].

§ X. Celebración de matrimonios ilegales

Artículo 382. El que contrajere matrimonio estando casado válidamente, será castigado con reclusión menor en su grado máximo.

En igual pena incurrirá el que contrajere matrimonio estando ordenado in sacris o ligado con voto solemne de castidad.

Artículo 383. El que engañare a una persona simulando la celebración de matrimonio con ella, sufrirá la pena de reclusión menor en sus grados medio a máximo[548].

Artículo 384. El que por sorpresa o engaño hiciere intervenir al funcionario que debe autorizar su matrimonio sin haber observado las prescripciones que la ley exige para su celebración, aun cuando el matrimonio sea válido, sufrirá la pena de reclusión menor en su grado mínimo.

Si lo hiciere intervenir con violencia o intimidación, la pena será reclusión menor en sus grados medio a máximo.

Artículo 385. Derogado[549].

Artículo 386. Derogado[550].

Artículo 387. Derogado[551].

---

547 Artículo derogado por el artículo 34 de la Ley N° 19.335, publicada en Diario Oficial el 23 de septiembre de 1994.

548 Artículo sustituido por el numeral 1 del artículo séptimo de la Ley N° 19.947, publicada en el Diario Oficial el 17 de mayo de 2004.

549 Artículo derogado por el numeral 2 del artículo séptimo de la Ley N° 19.947, publicada en el Diario Oficial el 17 de mayo de 2004.

550 Artículo derogado por el numeral 2 del artículo séptimo de la Ley N° 19.947, publicada en el Diario Oficial el 17 de mayo de 2004.

551 Artículo derogado por el numeral 2 del artículo séptimo de la Ley N° 19.947, publicada en el Diario Oficial el 17 de mayo de 2004.

Artículo 388. El oficial civil que autorice o inscriba un matrimonio prohibido por la ley o en que no se hayan cumplido las formalidades que ella exige para su celebración o inscripción, sufrirá las penas de relegación menor en su grado medio y multa de seis a diez unidades tributarias mensuales. Igual multa se aplicará al ministro de culto que autorice un matrimonio prohibido por la ley.

El ministro de culto que, con perjuicio de tercero, cometiere falsedad en el acta o en el certificado de matrimonio religioso destinados a producir efectos civiles, sufrirá las penas de presidio menor en cualquiera de sus grados[552].

Artículo 389. El tercero que impidiere la inscripción, ante un oficial civil, de un matrimonio religioso celebrado ante una entidad autorizada para tal efecto por la Ley de Matrimonio Civil, será castigado con la pena de presidio menor en su grado mínimo o multa de seis a diez unidades tributarias mensuales[553].

TÍTULO OCTAVO
CRÍMENES Y SIMPLES DELITOS CONTRA LAS PERSONAS

§ I. Del parricidio[554]

Artículo 390. El que, conociendo las relaciones que los ligan, mate a su padre, madre o hijo, a cualquier otro de sus ascendientes o descendientes o a quien es o ha sido su cónyuge o su conviviente, será castigado,

---

[552] Artículo sustituido por el numeral 3 del artículo séptimo de la Ley N° 19.947, publicada en el Diario Oficial el 17 de mayo de 2004.

[553] Este artículo fue reemplazado por el numeral 4 del artículo séptimo de la Ley N° 19.947, publicada en el Diario Oficial el 17 de mayo de 2004.

[554] Título reemplazado por el numeral 2 del artículo 1° de la Ley N° 21.212, publicada en el Diario Oficial el 4 de marzo de 2020.

como parricida, con la pena de presidio mayor en su grado máximo a presidio perpetuo calificado[555-556].

§ 1 bis. Del femicidio

Artículo 390 bis. El hombre que matare a una mujer que es o ha sido su cónyuge o conviviente, o con quien tiene o ha tenido un hijo en común, será sancionado con la pena de presidio mayor en su grado máximo a presidio perpetuo calificado.

La misma pena se impondrá al hombre que matare a una mujer en razón de tener o haber tenido con ella una relación de pareja de carácter sentimental o sexual sin convivencia[557].

Artículo 390 ter. El hombre que matare a una mujer en razón de su género será sancionado con la pena de presidio mayor en su grado máximo a presidio perpetuo.

Se considerará que existe razón de género cuando la muerte se produzca en alguna de las siguientes circunstancias:

1.- Ser consecuencia de la negativa a establecer con el autor una relación de carácter sentimental o sexual.

2.- Ser consecuencia de que la víctima ejerza o haya ejercido la prostitución, u otra ocupación u oficio de carácter sexual.

3.- Haberse cometido el delito tras haber ejercido contra la víctima cualquier forma de violencia sexual, sin perjuicio de lo dispuesto en el artículo 372 bis.

---

555 Artículo modificado por la letra a) del número 6 del artículo 1° de la Ley N° 20.480, publicada en el Diario Oficial el 18 de diciembre de 2010. Con anterioridad, fue modificado por la letra b) del artículo 21 de la Ley N° 20.066, publicada en el Diario Oficial el 7 de octubre de 2005. Por último, el artículo fue modificado por el numeral 15 del artículo 1° de la Ley N° 19.734, publicada en el Diario Oficial el 5 de junio de 2001.

556 Inciso modificado por la letra a) del número 6 del artículo 1.° de la Ley N.° 20.480, publicada en el Diario Oficial de 18 de diciembre de 2010

557 Artículo incorporado por el numeral 4 del artículo 1° de la Ley N° 21.212, publicada en el Diario Oficial el 4 de marzo de 2020.

4.- Haberse realizado con motivo de la orientación sexual, identidad de género o expresión de género de la víctima

5.- Haberse cometido en cualquier tipo de situación en la que se den circunstancias de manifiesta subordinación por las relaciones desiguales de poder entre el agresor y la víctima, o motivada por una evidente intención de discriminación[558].

Artículo 390 quáter. Son circunstancias agravantes de responsabilidad penal para el delito de femicidio, las siguientes:

1. Encontrarse la víctima embarazada.
2. Ser la víctima una niña o una adolescente menor de dieciocho años de edad, una mujer adulta mayor o una mujer en situación de discapacidad en los términos de la ley N° 20.422.
3. Ejecutarlo en presencia de ascendientes o descendientes de la víctima.
4. Ejecutarlo en el contexto de violencia física o psicológica habitual del hechor contra la víctima[559].

Artículo 390 quinquies. Tratándose del delito de femicidio, el juez no podrá aplicar la circunstancia atenuante de responsabilidad penal prevista en el N° 5 del artículo 11[560].

Artículo 390 sexies. El que con ocasión de hechos previos constitutivos de violencia de género, cometidos por éste en contra de la víctima, causare el suicidio de una mujer, será sancionado con la pena de presidio menor en su grado máximo a presidio mayor en su grado mínimo como autor de suicidio femicida.

---

[558] Artículo incorporado por el numeral 4 del artículo 1° de la Ley N° 21.212, publicada en el Diario Oficial el 4 de marzo de 2020.

[559] Artículo incorporado por el numeral 4 del artículo 1° de la Ley N° 21.212, publicada en el Diario Oficial el 4 de marzo de 2020.

[560] Artículo incorporado por el numeral 4 del artículo 1° de la Ley N° 21.212, publicada en el Diario Oficial el 4 de marzo de 2020.

Se entenderá por violencia de género cualquier acción u omisión basada en el género, que causare muerte, daño o sufrimiento físico, sexual o psicológico a la mujer, donde quiera que esto ocurra, especialmente aquellas circunstancias establecidas en el artículo 390 ter[561].

§ 1 ter. Del homicidio[562]

Artículo 391. El que mate a otro y no esté comprendido en los artículos 390, 390 bis y 390 ter, será penado:

1.° Con presidio mayor en su grado máximo a presidio perpetuo, si ejecutare el homicidio con alguna de las circunstancias siguientes[563]:

Primera.- Con alevosía.

Segunda.- Por premio o promesa remuneratoria, o por beneficio económico o de otra naturaleza en provecho propio o de un tercero[564].

Tercera.- Por medio de veneno.

Cuarta.- Con ensañamiento, aumentando deliberada e inhumanamente el dolor al ofendido.

Quinta.- Con premeditación conocida.

2.° Con presidio mayor en su grado medio a máximo en cualquier otro caso[565].

---

561 Artículo agregado por el numeral 5 del artículo 1° de la Ley N° 21.523, publicada en el Diario Oficial el 31 de diciembre de 2022.

562 Epígrafe incorporado por el numeral 5 del artículo 1° de la Ley N° 21.212, publicada en el Diario Oficial el 4 de marzo de 2020.

563 Numeral modificado por el numeral 1 del artículo 1° de la Ley N° 20.779, publicada en el Diario Oficial el 17 de septiembre de 2014. Con anterioridad, este número fue modificado por el artículo 1° de la Ley N° 17.266, publicada en el Diario Oficial el 6 de enero de 1970.

564 Circunstancia modificada por el numeral 1 del artículo único de la Ley N° 21.571, publicada en el Diario Oficial el 11 de mayo de 2023. Con anterioridad, fue modificada por la letra a) del numeral 7 del artículo 1° de la Ley N° 20.779, publicada en el Diario Oficial el 17 de septiembre de 2014; así como por el numeral 1 del artículo 1° de la Ley N° 20.779, publicada en el Diario Oficial el 17 de septiembre de 2014.

565 Numeral modificado por la letra b) del numeral 7 del artículo 1° de la Ley N° 21.483, publicada en el Diario Oficial el 24 de agosto de 2022. Con anterioridad, este número fue modificado por el numeral 2 del artículo 1° de la Ley N° 20.779, publicada en el Diario Oficial el 17 de septiembre de 2014.

Artículo 391 bis. El que conspire para cometer el delito de homicidio calificado previsto en los términos del artículo 391 Nº 1º, circunstancia segunda, será castigado con la pena de presidio menor en su grado máximo.

Si la conducta descrita en el inciso precedente se comete en contra de un juez con competencia en lo penal, de un fiscal del Ministerio Público, de un defensor penal público, de un funcionario de Carabineros de Chile, de la Policía de Investigaciones de Chile o de Gendarmería de Chile, en razón del ejercicio de sus funciones, será castigado con la pena de presidio menor en su grado máximo a presidio mayor en su grado mínimo[566].

Artículo 392. Cometiéndose un homicidio en riña o pelea y no constando el autor de la muerte, pero sí los que causaron lesiones graves al occiso, se impondrá a todos éstos la pena de presidio menor en su grado máximo.

Si no constare tampoco quienes causaron lesiones graves al ofendido, se impondrá a todos los que hubieren ejercido violencia en su persona la de presidio menor en su grado medio.

Artículo 393. El que con conocimiento de causa prestare auxilio a otro para que se suicide, sufrirá la pena de presidio menor en sus grados medio o máximo, si se efectúa la muerte.

Artículo 393 bis. Quien induzca a otra persona a cometer suicidio será sancionado con la pena de presidio menor en sus grados mínimo a medio. Si por tal circunstancia se produjera la muerte, la pena será de presidio menor en sus grados medio a máximo.

Si la inducción al suicidio y la consecuente muerte de la víctima, se produce con ocasión de concurrir cualesquiera de las circunstancias establecidas en el artículo 390 ter, será castigado con la pena de presidio menor en su grado máximo a presidio mayor en su grado mínimo[567].

---

566 Artículo agregado por el numeral 2 del artículo único de la Ley Nº 21.571, publicada en el Diario Oficial el 11 de mayo de 2023.

567 Artículo agregado por el numeral 6 del artículo 1º de la Ley Nº 21.523, publicada en el Diario Oficial el 31 de diciembre de 2022.

§ II. Del infanticidio

Artículo 394. Cometen infanticidio el padre, la madre o los demás ascendientes legítimos o ilegítimos que dentro de las cuarenta y ocho horas después del parto, matan al hijo o descendiente, y serán penados con presidio mayor en sus grados mínimo a medio.

§ III. Lesiones corporales

Artículo 395. El que maliciosamente castrare a otro será castigado con presidio mayor en sus grados mínimo a medio.

Artículo 396. Cualquiera otra mutilación de un miembro importante que deje al paciente en la imposibilidad de valerse por sí mismo o de ejecutar las funciones naturales que antes ejecutaba, hecha también con malicia, será penada con presidio menor en su grado máximo a presidio mayor en su grado mínimo.

En los casos de mutilaciones de miembros menos importantes, como un dedo o una oreja, la pena será presidio menor en sus grados mínimo a medio.

Artículo 397. El que hiriere, golpeare o maltratare de obra a otro, será castigado como responsable de lesiones graves[568]:

1.° Con la pena de presidio mayor en su grado mínimo, si de resultas de las lesiones queda el ofendido demente, inútil para el trabajo, impotente, impedido de algún miembro importante o notablemente deforme.

2.° Con la de presidio menor en su grado medio, si las lesiones produjeren al ofendido enfermedad o incapacidad para el trabajo por más de treinta días.

Artículo 398. Las penas del artículo anterior son aplicables respectivamente al que causare a otro alguna lesión grave, ya sea administrándole

---

568 Este inciso fue modificado por el artículo 1° de la Ley N° 19.806, publicada en el Diario Oficial el 31 de mayo de 2002.

a sabiendas sustancias o bebidas nocivas o abusando de su credulidad o flaqueza de espíritu.

Artículo 399. Las lesiones no comprendidas en los artículos precedentes se reputan menos graves, y serán penadas con relegación o presidio menores en sus grados mínimos o con multa de once a veinte unidades tributarias mensuales[569].

Artículo 400. Si los hechos a que se refieren los artículos anteriores de este párrafo se ejecutan en contra de alguna de las personas que menciona el artículo 5° de la Ley sobre Violencia Intrafamiliar, o con cualquiera de las circunstancias Segunda, Tercera o Cuarta del número 1° del artículo 391 de este Código, las penas se aumentarán en un grado[570].

Asimismo, si los hechos a que se refieren los artículos anteriores de este párrafo se ejecutan en contra de un menor de dieciocho años de edad, adulto mayor o persona en situación de discapacidad, por quienes tengan encomendado su cuidado, la pena señalada para el delito se aumentará en un grado[571].

De la misma forma, si los hechos a que se refieren el numeral 2° del artículo 397 y el artículo 399 se ejecutaren en contra de miembros de los Cuerpos de Bomberos en ejercicio de sus funciones, la pena señalada para el delito se aumentará en un grado[572].

Artículo 401. Las lesiones menos graves inferidas a guardadores, sacerdotes o personas constituidas en dignidad o autoridad pública, serán

---

569 Artículo modificado por la letra i) del artículo 1° de la Ley N° 19.450, publicada en el Diario Oficial el 18 de marzo de 1996.

570 Inciso modificado por la letra c) del artículo 21 de la Ley N° 20.066, publicada en el Diario Oficial el 7 de octubre de 2005.

571 Inciso incorporado por el numeral 4 del artículo 1° de la Ley N° 21.013, publicada en el Diario Oficial el 6 de junio de 2017.

572 Inciso incorporado por el artículo único de la Ley N° 21.246, publicada en el Diario Oficial el 21 de julio de 2020.

castigadas siempre con presidio o relegación menores en sus grados mínimos a medios[573].

Artículo 401 bis. Las lesiones inferidas a los profesionales y funcionarios de los establecimientos de salud, públicos o privados, o contra los profesionales, funcionarios y manipuladores de alimentos de establecimientos educacionales, públicos o privados, al interior de sus dependencias o mientras éstos se encontraren en el ejercicio de sus funciones o en razón, con motivo u ocasión de ellas, serán sancionadas:

1. Con presidio mayor en sus grados mínimo a medio en los casos del número 1° del artículo 397.
2. Con presidio menor en su grado máximo en los casos del número 2° del artículo 397.
3. Con presidio menor en su grado medio en los casos del artículo 399.
4. Con presidio menor en su grado mínimo si las lesiones que se causaren fueren leves.

En los casos en que se maltratare corporalmente de manera relevante a las personas señaladas en el inciso anterior, la pena será de prisión en su grado máximo y multa de una a cuatro unidades tributarias mensuales[574].

Artículo 402. Si resultaren lesiones graves de una riña o pelea y no constare su autor, pero sí los que causaron lesiones menos graves, se impondrán a todos éstos las penas inmediatamente inferiores en grado a las que les hubieran correspondido por aquellas lesiones.

No constando tampoco los que causaron lesiones menos graves, se impondrán las penas inferiores en dos grados a los que aparezca que hicieron uso en la riña o pelea de armas que pudieron causar esas lesiones graves.

Artículo 403. Cuando sólo hubieren resultado lesiones menos graves sin conocerse a los autores de ellas, pero sí a los que hicieron uso de

---

573 Artículo modificado por el numeral 3 del artículo 1° de la Ley N° 21.118, publicada en el Diario Oficial el 13 de diciembre de 2019.

574 Artículo introducido por el numeral 4 del artículo 1° de la Ley N° 21.188, publicada en el Diario Oficial el 13 de diciembre de 2019.

armas capaces de producirlas, se impondrá a todos éstos las penas inmediatamente inferiores en grado a las que les hubieran correspondido por tales lesiones.

En los casos de este artículo y del anterior, se estará a lo dispuesto en el 304 para la aplicación de la pena.

§ III bis. Del maltrato a menores de dieciocho años de edad, adultos mayores o personas en situación de discapacidad[575]

Artículo 403 bis. El que, de manera relevante, maltratare corporalmente a un niño, niña o adolescente menor de dieciocho años, a una persona adulta mayor o a una persona en situación de discapacidad en los términos de la ley Nº 20.422 será sancionado con prisión en cualquiera de sus grados o multa de una a cuatro unidades tributarias mensuales, salvo que el hecho sea constitutivo de un delito de mayor gravedad.

El que teniendo un deber especial de cuidado o protección respecto de alguna de las personas referidas en el inciso primero, la maltratare corporalmente de manera relevante o no impidiere su maltrato debiendo hacerlo, será castigado con la pena de presidio menor en su grado mínimo, salvo que el hecho fuere constitutivo de un delito de mayor gravedad, caso en el cual se aplicará sólo la pena asignada por la ley a éste[576].

Artículo 403 ter. El que sometiere a una de las personas referidas en los incisos primero y segundo del artículo 403 bis a un trato degradante, menoscabando gravemente su dignidad, será sancionado con la pena de presidio menor en su grado mínimo[577].

Artículo 403 quáter. El que cometiere cualquiera de los delitos contemplados en los párrafos 1, 3 y 3 bis del título VIII del libro II de este

---

575 Este párrafo fue incorporado por el numeral 5 del artículo 1º de la Ley Nº 21.013, publicada en el Diario Oficial el 6 de junio de 2017.

576 Artículo agregado por el numeral 5 del artículo 1º de la Ley Nº 21.013, publicada en el Diario Oficial el 6 de junio de 2017.

577 Artículo agregado por el numeral 5 del artículo 1º de la Ley Nº 21.013, publicada en el Diario Oficial el 6 de junio de 2017.

código, en contra de un menor de dieciocho años de edad, adulto mayor o persona en situación de discapacidad, además será condenado a la pena de inhabilitación absoluta temporal para ejercer los cargos contemplados en el artículo 39 ter, en cualquiera de sus grados. En caso de reincidencia en delitos de la misma especie, el juez podrá imponer la inhabilitación absoluta con el carácter de perpetua[578].

Artículo 403 quinquies. Las condenas dictadas en virtud del artículo anterior deberán inscribirse en la respectiva sección del Registro Seccional de Inhabilidades[579], establecido en el decreto ley Nº 645, de 1925, del Ministerio de Justicia, sobre el Registro Seccional de Inhabilitaciones[580].

Artículo 403 sexies. Además de las penas establecidas en los artículos anteriores, el juez podrá decretar, como pena accesoria, la asistencia a programas de rehabilitación para maltratadores o el cumplimiento de un servicio comunitario por el plazo que prudencialmente determine, el cual no podrá exceder de sesenta días, debiendo las instituciones respectivas dar cuenta sobre el cumplimiento efectivo de dichas penas ante el tribunal.

Asimismo, el juez podrá decretar, como penas o medidas accesorias, la prohibición de acercarse a la víctima o a su domicilio, lugar de cuidado, trabajo o estudio, así como a cualquier otro lugar al que ésta concurra o visite habitualmente; también, la prohibición de porte y tenencia y, en su

---

578 Artículo agregado por el numeral 5 del artículo 1º de la Ley Nº 21.013, publicada en el Diario Oficial el 6 de junio de 2017.

579 Nota de la editora: la disposición fue modificada por el numeral 3 del artículo 2º de la Ley Nº 21.418, publicada en el Diario Oficial el 5 de febrero de 2022, sustituyendo la antigua expresión "General de Condenas" por la frase "Seccional de Inhabilidades". Ahora, la página de BCN que contiene el Código Penal no exhibe esta modificación, razón por la cual todavía aparece el antiguo texto, a pesar de que, de conformidad al artículo segundo transitorio de la Ley Nº 21.418, el nuevo registro seccional bajo la denominación de Registro Seccional de Inhabilidades se constituirá después de transcurridos seis meses desde la publicación de la Ley Nº 21.418 en el Diario Oficial, lo que ya tuvo lugar.

580 Artículo agregado por el numeral 5 del artículo 1º de la Ley Nº 21.013, publicada en el Diario Oficial el 6 de junio de 2017.

caso, el comiso de armas de fuego; y, además, la asistencia obligatoria a programas de tratamiento para la rehabilitación del consumo problemático de drogas o alcohol, si ello corresponde[581].

Artículo 403 septies. Los delitos contemplados en este párrafo serán de acción penal pública[582].

§ 4. Del duelo

Artículo 404. La provocación a duelo será castigada con reclusión menor en su grado mínimo.

Artículo 405. En igual pena incurrirá el que denostare o públicamente desacreditare a otro por haber rehusado un duelo.

Artículo 406. El que matare en duelo a su adversario sufrirá la pena de reclusión mayor en su grado mínimo.

Si le causare las lesiones señaladas en el núm. 1.° del art. 397, será castigado con reclusión menor en su grado máximo.

Cuando las lesiones fueren de las relacionadas en el núm. 2.° de dicho art. 397, la pena será reclusión menor en sus grados mínimo a medio.

En los demás casos se impondrá a los combatientes reclusión menor en su grado mínimo o multa de once a veinte unidades tributarias mensuales[583].

Artículo 407. El que incitare a otro a provocar o aceptar un duelo, será castigado respectivamente con las penas señaladas en el artículo anterior, si el duelo se lleva a efecto.

---

581 Artículo agregado por el numeral 5 del artículo 1° de la Ley N° 21.013, publicada en el Diario Oficial el 6 de junio de 2017.

582 Artículo agregado por el numeral 5 del artículo 1° de la Ley N° 21.013, publicada en el Diario Oficial el 6 de junio de 2017.

583 Artículo modificado por la letra i) del artículo 1° de la Ley N° 19.450, publicada en el Diario Oficial el 18 de marzo de 1996.

Artículo 408. Los padrinos de un duelo que se lleve a efecto incurrirán en la pena de reclusión menor en su grado mínimo; pero si ellos lo hubieron concertado a muerte o con ventaja conocida de alguno de los combatientes, la pena será reclusión menor en su grado máximo.

Artículo 409. Se impondrán las penas generales de este Código para los casos de homicidio y lesiones:

1.° Si el duelo se hubiere verificado sin la asistencia de padrinos.

2.° Cuando se provocare o diere causa a un desafío proponiéndose un interés pecuniario o un objeto inmoral.

3.° Al combatiente que faltare a las condiciones esenciales concertadas por los padrinos.

§ V. Disposiciones comunes a los párrafos 1, 1 bis, 1 ter, 3 y 4 de este título[584]

Artículo 410. En los casos de homicidio o lesiones a que se refieren los párrafos 1, 1 bis, 1 ter, 3 y 4 del presente título, el ofensor, a más de las penas que en ellos se establecen, quedará obligado[585]:

1.° A suministrar alimentos a la familia del occiso.

2.° A pagar la curación del demente o imposibilitado para el trabajo y a dar alimentos a él y a su familia.

3.° A pagar la curación del ofendido en los demás casos de lesiones y a dar alimentos a él y a su familia mientras dure la imposibilidad para el trabajo ocasionada por tales lesiones.

Los alimentos serán siempre congruos tratándose del ofendido, y la obligación de darlos cesa si éste tiene bienes suficientes con que atender a su cómoda subsistencia y para suministrarlos a su familia en los casos y en la forma que determina el Código Civil.

---

584 Denominación modificada por el numeral 7 de artículo 1 de la Ley N° 21.212, publicada en el Diario Oficial el 4 de marzo de 2020.

585 Inciso modificado por el numeral 8 de artículo 1 de la Ley N° 21.212, publicada en el Diario Oficial el 4 de marzo de 2020.

Artículo 411. Para los efectos del artículo anterior se entiende por familia todas las personas que tienen derecho a pedir alimentos al ofendido.

§ V bis. De los delitos de tráfico ilícito de migrantes y trata de personas[586]

Artículo 411 bis. Tráfico de migrantes. El que con ánimo de lucro facilite o promueva la entrada ilegal al país de una persona que no sea nacional o residente, será castigado con reclusión menor en su grado medio a máximo y multa de cincuenta a cien unidades tributarias mensuales.

La pena señalada en el inciso anterior se aplicará en su grado máximo si se pusiere en peligro la integridad física o salud del afectado.

Si se pusiere en peligro la vida del afectado o si éste fuere menor de edad, la pena señalada en el inciso anterior se aumentará en un grado.

Las mismas penas de los incisos anteriores, junto con la de inhabilitación absoluta temporal para cargos u oficios públicos en su grado máximo, se impondrá si el hecho fuere ejecutado, aun sin ánimo de lucro, por un funcionario público en el desempeño de su cargo o abusando de él. Para estos efectos se estará a lo dispuesto en el artículo 260.

Por entrada ilegal se entenderá el paso de fronteras sin haber cumplido los requisitos necesarios para entrar legalmente a Chile[587-588].

Artículo 411 ter. El que promoviere o facilitare la entrada o salida del país de personas para que ejerzan la prostitución en el territorio nacional o en el extranjero, será castigado con la pena de reclusión menor en su grado máximo y multa de veinte unidades tributarias mensuales[589].

---

586 Este párrafo fue intercalado por el numeral 4 del artículo primero de la Ley N° 20.507, publicada en el Diario Oficial el 8 de abril de 2013.

587 Inciso incorporado por el numeral 15 del artículo 175 de la Ley N° 21.325, publicada en el Diario Oficial el 20 de abril de 2021.

588 Artículo incorporado por el numeral 4 del artículo primero de la Ley N° 20.507, publicada en el Diario Oficial el 8 de abril de 2013.

589 Artículo incorporado por el numeral 4 del artículo primero de la Ley N° 20.507, publicada en el Diario Oficial el 8 de abril de 2013.

Artículo 411 quáter. El que mediante violencia, intimidación, coacción, engaño, abuso de poder, aprovechamiento de una situación de vulnerabilidad o de dependencia de la víctima, o la concesión o recepción de pagos u otros beneficios para obtener el consentimiento de una persona que tenga autoridad sobre otra capte, traslade, acoja o reciba personas para que sean objeto de alguna forma de explotación sexual, incluyendo la pornografía, trabajos o servicios forzados, servidumbre o esclavitud o prácticas análogas a ésta, o extracción de órganos, será castigado con la pena de reclusión mayor en cualquiera de sus grados y multa de cincuenta a cien unidades tributarias mensuales[590].

Si la víctima fuere menor de edad, aun cuando no concurriere violencia, intimidación, coacción, engaño, abuso de poder, aprovechamiento de una situación de vulnerabilidad o de dependencia de la víctima, o la concesión o recepción de pagos u otros beneficios para obtener el consentimiento de una persona que tenga autoridad sobre otra, se impondrán las penas de reclusión mayor en sus grados medio a máximo y multa de cincuenta a cien unidades tributarias mensuales[591].

El que promueva, facilite o financie la ejecución de las conductas descritas en este artículo será sancionado como autor del delito[592].

Artículo 411 quinquies. Los que se asociaren u organizaren con el objeto de cometer alguno de los delitos de este párrafo serán sancionados, por este solo hecho, conforme a lo dispuesto en los artículos 292 y siguientes de este Código[593].

---

590 Inciso modificado por el numeral 6 del artículo 175 de la Ley N° 21.325, publicada en el Diario Oficial el 20 de abril de 2021.

591 Inciso modificado por el numeral 7 del artículo 1° de la Ley N° 21.523, publicada en el Diario Oficial el 31 de diciembre de 2022.

592 Artículo incorporado por el numeral 4 del artículo primero de la Ley N° 20.507, publicada en el Diario Oficial el 8 de abril de 2013.

593 Artículo incorporado por el numeral 4 del artículo primero de la Ley N° 20.507, publicada en el Diario Oficial el 8 de abril de 2013.

Artículo 411 sexies. Derogado[594].

Artículo 411 septies. Para los efectos de determinar la reincidencia del artículo 12, circunstancia 16ª en los delitos sancionados en este párrafo, se considerarán también las sentencias firmes dictadas en un Estado extranjero, aun cuando la pena impuesta no haya sido cumplida[595].

Artículo 411 octies. Previa autorización del juez de garantía competente, el fiscal podrá autorizar, en las investigaciones por los delitos previstos en el presente párrafo, que funcionarios policiales se desempeñen como agentes encubiertos y, a propuesta de dichos funcionarios, que determinados informantes de esos servicios actúen en esa calidad.

Cuando existan fundadas sospechas de que una persona ha cometido o preparado la comisión de alguno de los delitos indicados en este Párrafo y la investigación lo haga imprescindible, el tribunal, a petición del Ministerio Público, podrá autorizar la interceptación o grabación de las telecomunicaciones de esa persona. La captación, grabación y registro subrepticio de imágenes o sonidos en lugares cerrados o que no sean de libre acceso al público, podrá ser autorizada por el juez, a solicitud del fiscal, cuando existan fundadas sospechas basadas en hechos determinados y graves que lo hagan imprescindible para el esclarecimiento de los hechos. En lo demás, se estará íntegramente a lo dispuesto en los artículos 222 a 225 del Código Procesal Penal[596].

Igualmente, cuando la investigación lo haga imprescindible, el tribunal, a petición del Ministerio Público, podrá autorizar la utilización de otra u otras de las diligencias especiales de investigación reguladas en el Párrafo 3° bis del Título I del Libro II del Código Procesal Penal[597].

---

594 Artículo derogado por el numeral 5 del artículo primero de la Ley N° 21.694, publicada en el Diario Oficial el 4 de septiembre de 2024.

595 Artículo incorporado por el numeral 4 del artículo primero de la Ley N° 20.507, publicada en el Diario Oficial el 8 de abril de 2013.

596 Inciso modificado por la letra a) del numeral 11 del artículo 1° de la Ley N° 21.577, publicada en el Diario Oficial el 15 de junio de 2023.

597 Inciso modificado por la letra b) del numeral 11 del artículo 1° de la Ley N° 21.577, publicada en el Diario Oficial el 15 de junio de 2023.

En todo aquello no regulado por este artículo los agentes encubiertos e informantes se regirán por las disposiciones respectivas del Párrafo 3° bis del Título I del Libro II del Código Procesal Penal[598-599].

§ VI. De la calumnia

Artículo 412. Es calumnia la imputación de un delito determinado pero falso y que pueda actualmente perseguirse de oficio.

Artículo 413. La calumnia propagada por escrito y con publicidad será castigada:

1.° Con las penas de reclusión menor en su grado medio y multa de once a veinte unidades tributarias mensuales, cuando se imputare un crimen[600].

2.° Con las de reclusión menor en su grado mínimo y multa de seis a diez unidades tributarias mensuales, si se imputare un simple delito[601].

Artículo 414. No propagándose la calumnia con publicidad y por escrito, será castigada:

1° Con las penas de reclusión menor en su grado mínimo y multa de seis a quince unidades tributarias mensuales, cuando se imputare un crimen[602].

2° Con las de reclusión menor en su grado mínimo y multa de seis a diez unidades tributarias mensuales, si se imputare un simple delito[603].

---

598 Inciso modificado por la letra a) del numeral 11 del artículo 1° de la Ley N° 21.577, publicada en el Diario Oficial el 15 de junio de 2023.

599 Artículo incorporado por el numeral 4 del artículo primero de la Ley N° 20.507, publicada en el Diario Oficial el 8 de abril de 2013.

600 Este número fue modificado por la letra i) del artículo 1° de la Ley N° 19.450, publicada en el Diario Oficial el 18 de marzo de 1996.

601 Este número fue modificado por la letra d) del artículo 1° de la Ley N° 19.450, publicada en el Diario Oficial el 18 de marzo de 1996.

602 Este número fue modificado por la letra e) del artículo 1° de la Ley N° 19.450, publicada en el Diario Oficial el 18 de marzo de 1996.

603 Este número fue modificado por la letra d) del artículo 1° de la Ley N° 19.450, publicada en el Diario Oficial el 18 de marzo de 1996.

Artículo 415. El acusado de calumnia quedará exento de toda pena probando el hecho criminal que hubiere imputado.

La sentencia en que se declare la calumnia, si el ofendido lo pidiere, se publicará por una vez a costa del calumniante en los periódicos que aquél designare, no excediendo de tres.

§ VII. De las injurias.

Artículo 416. Es injuria toda expresión proferida o acción ejecutada en deshonra, descrédito o menosprecio de otra persona.

Artículo 417. Son injurias graves:

1.° La imputación de un crimen o simple delito de los que no dan lugar a procedimiento de oficio.

2.° La imputación de un crimen o simple delito penado o prescrito.

3.° La de un vicio o falta de moralidad cuyas consecuencias puedan perjudicar considerablemente la fama, crédito o intereses del agraviado.

4.° Las injurias que por su naturaleza, ocasión o circunstancias fueren tenidas en el concepto público por afrentosas.

5.° Las que racionalmente merezcan la calificación de graves atendido el estado, dignidad y circunstancias del ofendido y del ofensor.

Artículo 418. Las injurias graves hechas por escrito y con publicidad, serán castigadas con las penas de reclusión menor en sus grados mínimo a medio y multa de once a veinte unidades tributarias mensuales[604].

No concurriendo aquellas circunstancias, las penas serán reclusión menor en su grado mínimo y multa de seis a diez unidades tributarias mensuales[605].

---

[604] Este número fue modificado por la letra i) del artículo 1° de la Ley N° 19.450, publicada en el Diario Oficial el 18 de marzo de 1996.

[605] Este número fue modificado por la letra d) del artículo 1° de la Ley N° 19.450, publicada en el Diario Oficial el 18 de marzo de 1996.

Artículo 419. Las injurias leves se castigarán con las penas de reclusión menor en su grado mínimo y multa de seis a diez unidades tributarias mensuales, cuando fueren hechas por escrito y con publicidad. No concurriendo estas circunstancias se penarán como faltas[606].

Artículo 420. Al acusado de injuria no se admitirá prueba sobre la verdad de las imputaciones, sino cuando éstas fueren dirigidas contra empleados públicos sobre hechos concernientes al ejercicio de su cargo.

En este caso será absuelto el acusado si probare la verdad de las imputaciones.

§ VIII. Disposiciones comunes a los dos párrafos anteriores

Artículo 421. Se comete el delito de calumnia o injuria no sólo manifiestamente, sino por medio de alegorías, caricaturas, emblemas o alusiones.

Artículo 422. La calumnia y la injuria se reputan hechas por escrito y con publicidad cuando se propagaren por medio de carteles o pasquines fijados en los sitios públicos; por papeles impresos, no sujetos a la ley de imprenta, litografías, grabados o manuscritos comunicados a más de cinco personas, o por alegorías, caricaturas, emblemas o alusiones reproducidos por medio de la litografía, el grabado, la fotografía u otro procedimiento cualquiera.

Artículo 423. El acusado de calumnia o injuria encubierta o equívoca que rehusare dar en juicio explicaciones satisfactorias acerca de ella, será castigado con las penas de los delitos de calumnia o injuria manifiesta[607].

---

606 Este número fue modificado por la letra d) del artículo 1° de la Ley N° 19.450, publicada en el Diario Oficial el 18 de marzo de 1996.

607 Artículo modificado por el artículo 1° de la Ley N° 19.806, publicada en el Diario Oficial el 31 de mayo de 2002.

Artículo 424. Derogado[608].

Artículo 425. Respecto de las calumnias o injurias publicadas por medio de periódicos extranjeros, podrán ser acusados los que, desde el territorio de la República, hubieren enviado los artículos o dado orden para su inserción, o contribuido a la introducción o expendición de esos periódicos en Chile con ánimo manifiesto de propagar la calumnia o injuria[609].

Artículo 426. La calumnia o injuria causada en juicio se juzgará disciplinariamente por el tribunal que conoce de la causa; sin perjuicio del derecho del ofendido para deducir, una vez que el proceso haya concluido, la acción penal correspondiente[610].

Artículo 427. Las expresiones que puedan estimarse calumniosas o injuriosas, consignadas en un documento oficial, no destinado a la publicidad, sobre asuntos del servicio público, no dan derecho para acusar criminalmente al que las consignó.

Artículo 428. El condenado por calumnia o injuria puede ser relevado de la pena impuesta mediante perdón del acusador; pero la remisión no producirá efecto respecto de la multa una vez que ésta haya sido satisfecha[611].

La calumnia o injuria se entenderá tácitamente remitida cuando hubieren mediado actos positivos que, en concepto del tribunal, importen reconciliación o abandono de la acción

---

608 Artículo derogado por el artículo 1° de la Ley N° 19.806, publicada en el Diario Oficial el 31 de mayo de 2002.

609 Artículo modificado por el artículo 1° de la Ley N° 19.806, publicada en el Diario Oficial el 31 de mayo de 2002.

610 Artículo modificado por el artículo 1° de la Ley N° 19.806, publicada en el Diario Oficial el 31 de mayo de 2002.

611 Artículo modificado por el artículo 1° de la Ley N° 19.806, publicada en el Diario Oficial el 31 de mayo de 2002.

Artículo 429. Derogado[612].

Artículo 430. En el caso de calumnias o injurias recíprocas, se observarán las reglas siguientes:

1.° Si las más graves de las calumnias o injurias recíprocamente inferidas merecieren igual pena, el tribunal las dará todas por compensadas.

2.° Cuando la más grave de las calumnias o injurias imputadas por una de las partes, tuviere señalado mayor castigo que la más grave de las imputadas por la otra, al imponer la pena correspondiente a aquélla se rebajará la asignada para ésta

Artículo 431. La acción de calumnia o injuria prescribe en un año, contado desde que el ofendido tuvo o pudo racionalmente tener conocimiento de la ofensa.

La misma regla se observará respecto de las demás personas enumeradas en el artículo 108 del Código Procesal Penal; pero el tiempo trascurrido desde que el ofendido tuvo o pudo tener conocimiento de la ofensa hasta su muerte, se tomará en cuenta al computarse el año durante el cual pueden ejercitar esta acción las personas comprendidas en dicho artículo[613].

No podrá entablarse acción de calumnia o injuria después de cinco años, contados desde que se cometió el delito. Pero si la calumnia o injuria hubiere sido causada en juicio, este plazo no obstará al cómputo del año durante el cual se podrá ejercer la acción[614].

---

612 Artículo derogado por el artículo 1° de la Ley N° 19.806, publicada en el Diario Oficial el 31 de mayo de 2002.

613 Artículo modificado por el artículo 1° de la Ley N° 19.806, publicada en el Diario Oficial el 31 de mayo de 2002.

614 Artículo modificado por el artículo 1° de la Ley N° 19.806, publicada en el Diario Oficial el 31 de mayo de 2002.

TÍTULO NOVENO
CRÍMENES Y SIMPLES DELITOS CONTRA LA PROPIEDAD

§ I. De la apropiación de las cosas muebles ajenas contra la voluntad de su dueño

Artículo 432. El que sin la voluntad de su dueño y con ánimo de lucrarse se apropia cosa mueble ajena usando de violencia o intimidación en las personas o de fuerza en las cosas, comete robo; si faltan la violencia, la intimidación y la fuerza, el delito se califica de hurto[615].

§ II. Del robo con violencia o intimidación en las personas

Artículo 433. El culpable de robo con violencia o intimidación en las personas, sea que la violencia o la intimidación tenga lugar antes del robo para facilitar su ejecución, en el acto de cometerlo o después de cometido para favorecer su impunidad, será castigado:

1°. Con presidio mayor en su grado máximo a presidio perpetuo calificado cuando, con motivo u ocasión del robo, se cometiere, además, homicidio o violación.

2°. Con presidio mayor en su grado máximo a presidio perpetuo cuando, con motivo u ocasión del robo, se cometiere alguna de las lesiones comprendidas en los artículos 395, 396 y 397, número 1°.

3°. Con presidio mayor en su grado medio a máximo cuando se cometieren lesiones de las que trata el número 2° del artículo 397 o cuando las víctimas fueren retenidas bajo rescate o por un lapso mayor a aquel que resulte necesario para la comisión del delito[616].

---

[615] Artículo modificado por el numeral 7 del artículo 4° de la Ley N° 11.183, publicada en el Diario Oficial el 10 de junio de 1953, en el sentido de derogar su segundo inciso.

[616] Artículo modificado por el numeral 2 del artículo 1° de la Ley N° 20.931, publicada en el Diario Oficial el 5 de julio de 2016.

Artículo 434. Los que cometieren actos de piratería serán castigados con la pena de presidio mayor en su grado mínimo a presidio perpetuo[617].

Artículo 435. Derogado[618].

Artículo 436. Fuera de los casos previstos en los artículos precedentes, los robos ejecutados con violencia o intimidación en las personas, serán penados con presidio mayor en sus grados mínimo a máximo, cualquiera que sea el valor de las especies sustraídas.

Se considerará como robo y se castigará con la pena de presidio menor en sus grados medio a máximo, la apropiación de dinero u otras especies que los ofendidos lleven consigo, cuando se proceda por sorpresa o aparentando riñas en lugares de concurrencia o haciendo otras maniobras dirigidas a causar agolpamiento o confusión[619].

También será considerado robo, y se sancionará con la pena de presidio menor en su grado máximo, la apropiación de vehículos motorizados, siempre que se valga de la sorpresa, de la distracción de la víctima o se genere por parte del autor cualquier maniobra distractora cuyo objeto sea que la víctima abandone el vehículo para facilitar su apropiación, en ambos casos, en el momento en que ésta se apreste a ingresar o hacer abandono de un lugar habitado, destinado a la habitación o sus dependencias, o su lugar de trabajo, salvo en aquellos casos en que medie violencia o intimidación, en los que se aplicará lo dispuesto en el inciso primero[620].

---

617 Artículo modificado por el numeral 6 del artículo 2° de la Ley N° 19.029, publicada en el Diario Oficial de 23 de enero de 1991. Con anterioridad, fue modificada por el artículo 3° de la Ley N° 13.303, publicada en el Diario Oficial el 31 de marzo de 1959.

618 Artículo derogado por el artículo 44 de la Ley N° 11.625, publicada en el Diario Oficial el 4 de octubre de 1954.

619 Inciso modificado por el numeral 7 del artículo único de la Ley N° 17.727, publicada en el Diario Oficial el 27 de septiembre de 1972.

620 Inciso agregado por el numeral 1 del artículo 1° de la Ley N° 21.170, publicada en el Diario Oficial el 26 de julio de 2019.

Artículo 437. Derogado[621].

Artículo 438. El que para obtener un provecho patrimonial para sí o para un tercero constriña a otro con violencia o intimidación a suscribir, otorgar o entregar un instrumento público o privado que importe una obligación estimable en dinero, o a ejecutar, omitir o tolerar cualquier otra acción que importe una disposición patrimonial en perjuicio suyo o de un tercero, será castigado con las penas respectivamente señaladas en este párrafo para el culpable de robo[622].

Artículo 439. Para los efectos del presento párrafo se estimarán por violencia o intimidación en las personas los malos tratamientos de obra, las amenazas ya para hacer que se entreguen o manifiesten las cosas, ya para impedir la resistencia u oposición a que se quiten, o cualquier otro acto que pueda intimidar o forzar a la manifestación o entrega. Hará también violencia el que para obtener la entrega o manifestación alegare orden falsa de alguna autoridad, o la diere por sí fingiéndose ministro de justicia o funcionario público. Por su parte, hará también intimidación el que para apropiarse u obtener la entrega o manifestación de un vehículo motorizado o de las cosas ubicadas dentro del mismo, fracture sus vidrios, encontrándose personas en su interior; o amenace la integridad de niños que se encuentren al interior del vehículo, sin perjuicio de la prueba que se pudiere presentar en contrario[623].

---

621 Artículo derogado por el artículo 46 de la Ley N° 11.625, publicada en el Diario Oficial el 4 de octubre de 1954.

622 Artículo modificado por el numeral 2 del artículo 3° de la Ley N° 21.555, publicada en el Diario Oficial el 10 de abril de 2023.

623 Artículo modificado por el numeral 8 del artículo 1° de la Ley N° 21.483, publicada en el Diario Oficial el 24 de agosto de 2022. Con anterioridad, el artículo fue modificado por el numeral 2 del artículo 1° de la Ley N° 21.170, publicada en el Diario Oficial el 26 de julio de 2019.

§ III. Del robo con fuerza en las cosas

Artículo 440. El culpable de robo con fuerza en las cosas efectuado en lugar habitado o destinado a la habitación o en sus dependencias, sufrirá la pena de presidio mayor en su grado mínimo si cometiere el delito[624]:

1.° Con escalamiento, entendiéndose que lo hay cuando se entra por vía no destinada al efecto, por forado o con rompimiento de pared o techos, o fractura de puertas o ventanas.

2.° Haciendo uso de llaves falsas, o verdadera que hubiere sido sustraída, de ganzúas u otros instrumentos semejantes para entrar en el lugar del robo.

3.° A Introduciéndose en el lugar del robo mediante la seducción de algún doméstico, o a favor de nombres supuestos o simulación de autoridad.

4.° Eliminado[625].

Artículo 441. Derogado[626].

Artículo 442. El robo en lugar no habitado, se castigará con presidio menor en sus grados medio a máximo, siempre que concurra alguna de las circunstancias siguientes[627]:

1.° A Escalamiento.

2.° Fractura de puertas interiores, armarios, arcas u otra clase de muebles u objetos cerrados o sellados.

3.° Haber hecho uso de llaves falsas, o verdadera que se hubiere sustraído, de ganzúas u otros instrumentos semejantes para entrar en el lugar del robo o abrir los muebles cerrados.

---

624 Inciso modificado por el numeral 1 del artículo único de la Ley N° 19.449, publicada en el Diario Oficial el 8 de marzo de 1996.

625 Numeral eliminado por el artículo 47 de la Ley N° 11.625, publicada en el Diario Oficial el 4 de octubre de 1954.

626 Artículo derogado por el artículo 48 de la Ley N° 11.625, publicada en el Diario Oficial el 4 de octubre de 1954.

627 Inciso fue modificado por el artículo 49 de la Ley N° 11.625, publicada en el Diario Oficial el 4 de octubre de 1954.

Artículo 443. Con la misma pena señalada en el artículo anterior se castigará el robo de cosas que se encuentren en bienes nacionales de uso público, en sitio no destinado a la habitación o en el interior de vehículos motorizados, si el autor hace uso de llaves falsas o verdaderas que se hayan substraído, de ganzúas u otros instrumentos semejantes o si se procede, mediante fractura de puertas, vidrios, cierros, candados u otros dispositivos de protección o si se utilizan medios de tracción[628].

Si el delito a que se refiere el inciso precedente recayere sobre un vehículo motorizado, se impondrá la pena de presidio menor en su grado máximo[629].

Se considerará robo y se castigará con la pena del inciso precedente la apropiación de un vehículo motorizado mediante la generación de cualquier maniobra distractora cuyo objeto sea que la víctima abandone el vehículo, fuera de los casos a los que se refiere el artículo 436[630].

Si con ocasión de alguna de las conductas señaladas en el inciso primero, se produce la interrupción o interferencia del suministro de un servicio público o domiciliario, tales como electricidad, gas, agua, alcantarillado, colectores de aguas lluvia o telefonía, la pena se aplicará en su grado máximo[631-632].

Artículo 443 bis. El robo con fuerza de cajeros automáticos, dispensadores o contenedores de dinero, o del dinero y valores contenidos en ellos, será sancionado con la pena de presidio menor en su grado máximo. Para los efectos del presente artículo se entenderá que hay fuerza en las cosas

---

628 Inciso modificado por la letra a) del numeral 3 del artículo 1° de la Ley N° 21.170, publicada en el Diario Oficial el 26 de julio de 2019.

629 Inciso incorporado por la letra a) del numeral 1 del artículo único de la Ley N° 20.639, publicada en el Diario Oficial el 11 de diciembre de 2012.

630 Inciso modificado por la letra b) del numeral 3 del artículo 1° de la Ley N° 21.170, publicada en el Diario oficial el 26 de julio de 2019.

631 Inciso incorporado por la letra b) del numeral 1 del artículo único de la Ley N° 20.639, publicada en el Diario Oficial el 11 de diciembre de 2012.

632 Artículo modificado por la letra a) del artículo 1° de la Ley N° 20.273, publicada en el Diario Oficial el 28 de junio de 2008. Con anterioridad, fue modificado por el artículo 50 de la Ley N° 11.625, publicada en el Diario Oficial el 4 de octubre de 1954.

si se ha procedido con alguno de los medios señalados en el artículo 440, Nos 1° y 2°; si se ha fracturado, destruido o dañado el cajero automático o dispensador o sus dispositivos de protección o sujeción mediante el uso de instrumentos contundentes o cortantes de cualquier tipo, incluyendo el empleo de medios químicos; o si se utilizan medios de tracción[633].

Artículo 444. Se presume autor de tentativa de robo al que se introdujere con forado, fractura, escalamiento, uso de llave falsa o de llave verdadera sustraída o de ganzúa en algún aposento, casa, edificio habitado o destinado a la habitación o en sus dependencias.

Artículo 445. El que fabricare, expendiere o tuviere en su poder llaves falsas, ganzúas u otros instrumentos destinados conocidamente para efectuar el delito de robo y no diere descargo suficiente sobre su fabricación, expendición, adquisición o conservación, será castigado con presidio menor en su grado mínimo.

§ IV. Del hurto

Artículo 446. Los autores de hurto serán castigados:

1.° Con presidio menor en sus grados medio a máximo y multa de once a quince unidades tributarias mensuales, si el valor de la cosa hurtada excediera de cuarenta unidades tributarias mensuales.

2.° Con presidio menor en su grado medio y multa de seis a diez unidades tributarias mensuales, si el valor excediere de cuatro unidades tributarias mensuales y no pasare de cuarenta unidades tributarias mensuales.

3.° Con presidio menor en su grado mínimo y multa de cinco unidades tributarias mensuales, si excediere de media unidad tributaria mensual y no pasare de cuatro unidades tributarias mensuales[634].

---

633 Artículo incorporado por el artículo 1° de la Ley N° 20.601, publicada en el Diario Oficial el 14 de julio de 2012.

634 Numeral modificado por el numeral 1 del artículo 1° de la Ley N° 19.950, publicada en el Diario Oficial el 5 de junio de 2004.

Si el valor de la cosa hurtada excediere de cuatrocientas unidades tributarias mensuales, se aplicará la pena de presidio menor en su grado máximo y multa de veintiuna a treinta unidades tributarias mensuales[635].

Artículo 447. En los casos del artículo anterior podrá aplicarse la pena inmediatamente superior en grado:

1.° Si el hurto se cometiere por dependiente, criado o sirviente asalariado, bien sea en la casa en que sirve o bien en aquella a que lo hubiere llevado su amo o patrón.

2.° Cuando se cometiere por obrero, oficial o aprendiz en la casa, taller o almacén de su maestro o de la persona para quien trabaja, o por individuo que trabaja habitualmente en la casa donde hubiere hurtado.

3.° Si se cometiere por el posadero, fondista u otra persona que hospede gentes en cosas que hubieren llevado a la posada o fonda.

4.° Cuando se cometiere por patrón o comandante de buque, lanchero, conductor o bodeguero de tren, guarda almacenes, carruajero, carretero o arriero en cosas que se hayan puesto en su buque, carro, bodega, etc.[636].

Artículo 447 bis. El hurto de cosas que forman parte de redes de suministro de servicios públicos o domiciliarios, tales como electricidad, gas, agua, alcantarillado, colectores de aguas lluvia o telefonía, será castigado con presidio menor en sus grados medio a máximo.

Si con ocasión de alguna de las conductas señaladas en este artículo se produce la interrupción o interferencia del servicio, la pena se aplicará en su grado máximo[637].

---

635 Artículo sustituido por la letra k) del artículo 2° de la Ley N° 19.501, publicada en el Diario Oficial el 15 de mayo de 1997. Con anterioridad, el artículo fue sustituido por la letra j) del artículo 2° de la Ley N° 19.450, publicada en el Diario Oficial el 18 de marzo de 1996.

636 Artículo modificado por el artículo 5° de la Ley N° 13.303, publicada en el Diario Oficial el 31 de marzo de 1959.

637 Artículo intercalado por la letra b) del artículo 1° de la Ley N° 20.273, publicada en el Diario Oficial el 28 de junio de 2008.

Artículo 448. El que, hallándose una especie mueble, al parecer perdida, cuyo valor exceda de una unidad tributaria mensual, no la entregare a la autoridad o a su dueño, siempre que le conste quién sea éste, por hechos coexistentes posteriores al hallazgo, será castigado con presidio menor en su grado mínimo y multa de cinco unidades tributarias mensuales[638].

También será castigado con presidio menor en su grado mínimo y multa de cinco unidades tributarias mensuales, el que hallare especies, al parecer perdidas o abandonadas, a consecuencia de naufragio, inundación, incendio, terremoto, accidente en ferrocarril u otra causa análoga, cuyo valor exceda la cantidad mencionada en el inciso anterior, y no las entregare a los dueños o a la autoridad en su defecto[639-640].

§ IV bis. Del Abigeato[641]

Artículo 448 bis. El que robe o hurte uno o más caballos o bestias de silla o carga, o especies de ganado mayor o menor, comete abigeato y será castigado con las penas señaladas en los Párrafos 2, 3 y 4[642].

Asimismo, se considerará autor del delito de abigeato al que sin el consentimiento de quienes pueden disponer del ganado[643]:

1.° Altere o elimine marcas o señales en animales ajenos.

2.° Marque, señale, contramarque o contraseñale animales ajenos.

---

638 Inciso modificado por el artículo 1° de la Ley N° 19.806, publicada en el Diario Oficial el 31 de mayo de 2002.

639 Inciso modificado por el artículo 1° de la Ley N° 19.806, publicada en el Diario Oficial de 31 de mayo de 2002.

640 Artículo modificado por el artículo 1° de la Ley N° 3.988, publicada en el Diario Oficial el 20 de octubre de 1923.

641 Párrafo intercalado por la letra d) del artículo 1° de la Ley N° 20.090, publicada en el Diario Oficial el 11 de enero de 2006.

642 Inciso modificado por el artículo 31 de la Ley N° 21.489, publicada en el Diario Oficial el 12 de octubre de 2022. Con anterioridad, el inciso fue modificado por la letra a) del numeral 1 del artículo 3° de la Ley N° 20.596, publicada en el Diario Oficial el 4 de julio de 2012.

643 Inciso incorporado por la letra b) del numeral 1 del artículo 3° de la Ley N° 20.596, publicada en el Diario Oficial el 4 de julio de 2012.

3.° Expida o porte certificados falsos para obtener guías o formularios o haga conducir animales ajenos sin estar debidamente autorizado[644-645].

Artículo 448 ter. Una vez determinada la pena que correspondería a los autores, cómplices y encubridores de abigeato sin el requisito de tratarse de la substracción de animales y considerando las circunstancias modificatorias de responsabilidad penal concurrentes, el juez deberá aumentarla en un grado y aplicará, en todo caso, la pena de comiso en los términos del artículo 31 de este Código[646].

Cuando las especies substraídas tengan un valor que exceda las cinco unidades tributarias mensuales, se aplicará, además, la accesoria de multa de setenta y cinco a cien unidades tributarias mensuales[647].

Si la pena consta de dos o más grados, el aumento establecido en el inciso primero se hará después de determinar la pena que habría correspondido al imputado, con prescindencia del requisito de tratarse de la substracción de animales.

Será castigado como autor de abigeato el que beneficie o destruya una especie para apropiarse de toda ella o de alguna de sus partes[648].

La regla del inciso primero de este artículo se observará también en los casos previstos en el artículo 448, si se trata de animales comprendidos en el artículo anterior[649].

---

644 Este inciso fue agregado por la letra b), del número 1 del artículo 3.° de la Ley N.° 20.596, publicada en el Diario Oficial de 4 de julio de 2012.

645 Artículo incorporado por la letra d) del artículo 1° de la Ley N° 20.090, publicada en el Diario Oficial el 11 de enero de 2006.

646 Inciso modificado por la letra a) del numeral 2 del artículo 3° de la Ley N° 20.596, publicada en el Diario Oficial el 4 de julio de 2012.

647 Inciso sustituido por la letra b) del numeral 2 del artículo 3° de la Ley N° 20.596, publicada en el Diario Oficial el 4 de julio de 2012.

648 Inciso sustituido por la letra c) del numeral 2 del artículo 3° de la Ley N° 20.596, publicada en el Diario Oficial el 4 de julio de 2012.

649 Artículo intercalado por la letra d) del artículo 1° de la Ley N° 20.090, publicada en el Diario Oficial el 11 de enero de 2006.

Artículo 448 quáter. Se castigará como autor de abigeato a aquel en cuyo poder se encuentren animales o partes de los mismos referidos en este Párrafo, cuando no pueda justificar su adquisición o legítima tenencia y, del mismo modo, al que sea habido en predio ajeno, arreando, transportando, manteniendo cautivas, inmovilizadas o maniatadas dichas especies animales. El porte de armas, herramientas o utensilios comúnmente empleados para el faenamiento de animales por quien no diere descargo suficiente de su tenencia, se castigará de conformidad a lo establecido en el artículo 445[650].

Las marcas registradas, señales conocidas, dispositivos de identificación individual oficial registrados ante el Servicio Agrícola y Ganadero u otras de carácter electrónico o tecnológico puestas sobre el animal, constituyen presunción de dominio a favor del dueño de la marca o señal[651].

Para los efectos previstos en el inciso primero, en los casos de traslado de animales o de partes de los mismos, realizado en vehículos de transporte de carga, Carabineros de Chile deberá exigir, además del formulario de movimiento animal, la boleta, factura o guía de despacho correspondiente, a efectos de acreditar el dominio, posesión o legítima tenencia de las especies. Ante la imposibilidad de acreditar dicho dominio, posesión o legítima tenencia, según corresponda, por carecer de los mencionados documentos o por negarse a su exhibición, los funcionarios policiales se incautarán de las especies, sus partes y del medio de transporte, dando aviso a la fiscalía correspondiente para el inicio de la investigación que proceda, al Servicio de Impuestos Internos ante un eventual delito tri-

---

650 Inciso sustituido por la letra a) del artículo 3° de la Ley N° 20.596, publicada en el Diario Oficial el 4 de julio de 2012.

651 Este inciso fue modificado por los número i) y ii) de la letra b), del número 3.° del artículo 3.° de la Ley N.° 20.596, publicada en el diario Oficial de 4 de julio de 2012, en el sentido de reemplazar la expresión "de la guía de libre tránsito" por "del formulario de movimiento animal y sustituir la conjunción copulativa "y" entre las palabras "procede" y "al" por una coma (,), reemplazar el punto final (,) por una coma (,) y agregar, a continuación, la siguiente frase "a la autoridad sanitaria competente para que instruya sumario sanitario y al Servicio Agrícola y Ganadero para determinar la eventual existencia de infracciones a la normativa agropecuaria".

butario, a la autoridad sanitaria competente para que instruya sumario sanitario y al Servicio Agrícola y Ganadero para determinar la eventual existencia de infracciones a la normativa agropecuaria[652].

Ante la sospecha o la comisión de los delitos a que se refiere este párrafo, el Ministerio Público podrá, en lo pertinente, autorizar la correspondiente investigación bajo la técnica de entrega vigilada en los términos regulados en el Párrafo 3° bis del Título I del Libro II del Código Procesal Penal[653-654].

Artículo 448 quinquies. El que se apropie de las plumas, pelos, crines, cerdas, lanas o cualquier elemento del pelaje de animales ajenos, por cualquier medio que ello se realice, será castigado con presidio menor en sus grados mínimo a medio[655].

Artículo 448 sexies. Los vehículos motorizados o de otra clase, las herramientas y los instrumentos utilizados en la comisión del delito de abigeato, caerán en comiso.

Durante el curso del procedimiento dichos bienes serán incautados de conformidad a las reglas generales, sin perjuicio del derecho establecido en el artículo 189 del Código Procesal Penal[656].

---

652 Inciso sustituido por la letra b) del artículo 3° de la Ley N° 20.596, publicada en el Diario Oficial el 4 de julio de 2012.

653 Inciso modificado por el numeral 12 del artículo 1° de la Ley N° 21.577, publicada en el Diario Oficial el 15 de junio de 2023. Con anterioridad, fue incorporado por la letra c) del artículo 3° de la Ley N° 20.596, publicada en el Diario Oficial el 4 de julio de 2012.

654 Artículo intercalado por la letra d) del artículo 1° de la Ley N° 20.090, publicada en el Diario Oficial el 11 de enero de 2006.

655 Artículo sustituido por el numeral 4 del artículo 3° de la Ley N° 20.596, publicada en el Diario Oficial el 4 de julio de 2012. Con anterioridad, fue intercalado por la letra d) del artículo 1° de la Ley N° 20.090, publicada en el Diario Oficial el 11 de enero de 2006.

656 Artículo incorporado por el numeral 5 del artículo 3° de la Ley N° 20.596, publicada en el Diario Oficial el 4 de julio de 2012.

§ IV ter. De la sustracción de madera[657]

Artículo 448 septies. El que robe o hurte troncos o trozas de madera comete el delito de sustracción de madera y será sancionado con las penas señaladas en los Párrafos II, III y IV del presente Título. Cuando la madera sustraída tenga un valor que exceda las 10 unidades tributarias mensuales se aplicará además la accesoria de multa de 75 a 100 unidades tributarias mensuales.

Si la madera sustraída tiene un valor superior a las 50 unidades tributarias mensuales o si la sustracción obedece a un proceder sistemático u organizado, se podrán aplicar las técnicas especiales de investigación previstas en el artículo 226 bis del Código Procesal Penal.

Los vehículos motorizados o de otra clase, las herramientas y los instrumentos utilizados en la comisión del delito, caerán en comiso[658].

Artículo 448 octies. Se castigará como autor de sustracción de madera, con las penas previstas en el artículo 446, a quien en cuyo poder se encuentren troncos o trozas de madera, cuando no pueda justificar su adquisición, su legítima tenencia o su labor en dichas faenas o actividades conexas destinadas a la tala de árboles y, del mismo modo, al que sea habido en predio ajeno, en idénticas faenas o actividades, sin consentimiento de su propietario ni autorización de tala.

Asimismo, será sancionado con la pena de presidio menor en sus grados medio a máximo quien falsifique o maliciosamente haga uso de documentos falsos para obtener guías o formularios con miras a trasladar o comercializar madera de manera ilícita[659].

---

[657] Párrafo incorporado por el numeral 1 del artículo 1° de la Ley N° 21.488, publicada en el Diario Oficial el 27 de septiembre de 2022.

[658] Artículo incorporado por el numeral 1 del artículo 1° de la Ley N° 21.488, publicada en el Diario Oficial el 27 de septiembre de 2022.

[659] Artículo incorporado por el numeral 1 del artículo 1° de la Ley N° 21.488, publicada en el Diario Oficial el 27 de septiembre de 2022.

§ V. Disposiciones comunes a los cuatro Párrafos anteriores[660]

Artículo 449. Para determinar la pena de los delitos comprendidos en los Párrafos 1 a 4 ter, con excepción de aquellos contemplados en los artículos 448, inciso primero, y 448 quinquies, y del artículo 456 bis A, no se considerará lo establecido en los artículos 65 a 69, con excepción del artículo 68 ter, y se aplicará la siguiente regla[661]:

1ª. Dentro del límite del grado o grados señalados por la ley como pena al delito, el tribunal determinará la cuantía de la pena en atención al número y entidad de las circunstancias atenuantes y agravantes concurrentes, así como a la mayor o menor extensión del mal causado, fundamentándolo en su sentencia.

2ª. Derogada[662].

Artículo 449 bis. Será circunstancia agravante de los delitos contemplados en los Párrafos 1, 2, 3, 4, 4 bis y 4 ter de este Título, y del descrito en el artículo 456 bis A, el hecho de que el imputado haya actuado formando parte de una agrupación u organización de dos o más personas destinada a cometer dichos hechos punibles, siempre que ésta o aquélla no constituyere una asociación ilícita de que trata el Párrafo 10 del Título VI del Libro Segundo[663].

Artículo 449 ter. Cuando los delitos sancionados en los Párrafos 3 y 4 de este Título se perpetraren con ocasión de calamidad pública o altera-

---

[660] Epígrafe reemplazado por la letra e) del artículo 1º de la Ley Nº 20.090, publicado en el Diario Oficial el 11 de enero de 2006.

[661] Inciso modificado por la letra a) del numeral 6 del artículo primero de la Ley Nº 21.694, publicada en el Diario Oficial el 4 de septiembre de 2024. Con anterioridad, había sido modificado por artículo 1 de la ley 21.488, publicada el 27 de septiembre de 2022.

[662] Regla derogada por la letra b) del numeral 4 del artículo primero de la Ley Nº 21.694, publicada en el Diario Oficial el 4 de septiembre de 2024.

[663] Inciso modificado por el numeral 3 del artículo 1º de la Ley Nº 21.488, publicada en el Diario Oficial el 27 de septiembre de 2022. Con anterioridad, el artículo fue agregado por el numeral 3 del artículo 1º de la Ley Nº 20.931, publicada en el Diario Oficial el 5 de julio de 2016.

ción del orden público, sea que se actúe en grupo o individualmente pero amparado en este, se aumentará la pena privativa de libertad respectiva en un grado.

Tratándose de la conducta sancionada en el inciso primero del artículo 436, y concurriendo las circunstancias descritas en el inciso anterior, se aplicará la pena privativa de libertad respectiva, con exclusión de su grado mínimo[664].

Artículo 449 quáter. Se aplicará en todo caso la regla 2ª del artículo 449, aun cuando el responsable no sea reincidente, si los delitos señalados en dicho artículo se cometen en circunstancias tales que contribuyan a la sustracción o destrucción de todo o la mayor parte de aquello que había o se guardaba en algún establecimiento de comercio o industrial o del propio establecimiento. En estos casos el hecho se denominará saqueo.

Si el responsable fuere reincidente en los términos de las circunstancias agravantes de los numerales 15 y 16 del artículo 12, el juez podrá considerar suficiente fundamento esta circunstancia para la imposición del máximo de la pena resultante[665].

Artículo 450. Los delitos a que se refiere al Párrafo 2 y el artículo 440 del Párrafo 3 de este Título se castigarán como consumados desde que se encuentren en grado de tentativa[666].

La misma regla se aplicará a los delitos sancionados en los Párrafos 3, 4, 4 bis y 4 ter de este Título cuando se cometieren con las circunstancias señaladas en el inciso primero de los artículos 449 ter o 449 quáter[667].

---

664 Artículo agregado por el numeral 3 del artículo único de la Nº Ley 21.208, publicada en el Diario Oficial el 30 de enero de 2020.

665 Artículo agregado por el numeral 3 del artículo único de la Ley Nº 21.208, publicada en el Diario Oficial el 30 de enero de 2020.

666 Los anteriores incisos segundo, tercero y cuarto de este artículo fueron suprimidos por el numeral 3 del artículo 5º de la Ley Nº 20.813, publicada en el Diario Oficial el 6 de febrero de 2015. Con anterioridad, este inciso fue sustituido por el numeral 9 del artículo único de la Ley Nº 17.727, publicada en el Diario Oficial el 27 de septiembre de 1972.

667 Inciso modificado por el numeral 4 del artículo 1º de la Ley Nº 21.488, publicada en el Diario Oficial el 27 de septiembre de 2022. Con anterioridad, el inciso fue agregado por el

Artículo 450 bis. En el robo con violencia o intimidación en las personas no procederá la atenuante de responsabilidad penal contenida en el artículo 11, Nº 7[668].

Artículo 451. En los casos de reiteración de hurtos, aunque se trate de faltas, a una misma persona, o a distintas personas en una misma casa, establecimiento de comercio, centro comercial, feria, recinto o lugar el tribunal calificará el ilícito y hará la regulación de la pena tomando por base el importe total de los objetos sustraídos, y la impondrá al delincuente en su grado superior[669].

Esta regla es sin perjuicio de lo dispuesto en el art. 447.

Artículo 452. El que después de haber sido condenado por robo o hurto cometiere cualquiera de estos delitos, además de las penas que le correspondan por el hecho o hechos en que hubiere reincidido, el tribunal podrá imponerle la de sujeción a la vigilancia de la autoridad dentro de los límites fijados en el art. 25.

Artículo 453. Cuando se reunieren en un hecho varias de las circunstancias a que se señala pena diversa según los párrafos precedentes, se aplicará la de las circunstancias que en aquel caso particular la merezcan más grave, pudiendo el tribunal aumentarla en un grado.

Artículo 454. Se presumirá autor del robo o hurto de una cosa aquel en cuyo poder se encuentre, salvo que justifique su legítima adquisición

---

numeral 4 del artículo único de la Ley Nº 21.208, publicada en el Diario Oficial el 30 de enero de 2020.

668 Artículo incorporado por el numeral 3 del artículo único de la Ley Nº 19.449, publicada en el Diario Oficial el 8 de marzo de 1996.

669 Inciso modificado por el numeral 2 del artículo 1º de la Ley Nº 19.950, publicada en el Diario Oficial el 5 de junio de 2004. Con anterioridad, fue sustituido por la letra II) del artículo 2º de la Ley Nº 19.501, publicada en el Diario Oficial el 15 de mayo de 1997.

o que la prueba de su irreprochable conducta anterior establezca una presunción en contrario[670].

Artículo 455. Cuando del proceso no resulte probado el valor de la cosa sustraída ni pudiere estimarse por peritos u otro arbitrio legal, el tribunal hará su regulación prudencialmente.

Artículo 455 bis. Si en el momento de producirse el robo o hurto de un vehículo motorizado, se encontrare en su interior un infante o una persona que no pudiere abandonar el vehículo por sus propios medios, y el autor del robo o hurto inicia la conducción del mismo, se aplicará la pena de presidio mayor en sus grados medio a máximo[671].

Artículo 456. Si antes de perseguir al responsable o antes de decretar su prisión devolviere voluntariamente la cosa robada o hurtada, no hallándose comprendido en los casos de los arts. 433 y 434, se le aplicará la pena inmediatamente inferior en grado a la señalada para el delito[672].

Artículo 456 bis. En los delitos de robo y hurto serán circunstancias agravantes las siguientes:

1°) Ejecutar el delito en sitios faltos de vigilancia policial, obscuros, solitarios, sin tránsito habitual o que por cualquiera otra condición favorezcan la impunidad.

2°) Ser la víctima niño, anciano, inválido o persona en manifiesto estado de inferioridad física;

3°) Ejecutar el delito usando un vehículo motorizado sin placa patente delantera, trasera o ambas; o con cualquiera oculta o con vidrios oscuros o

---

670 Artículo modificado por la letra b) del artículo 1° de la Ley N° 20.090, publicada en el Diario Oficial el 11 de enero de 2006. Con anterioridad, fue modificado por el numeral 1 del artículo único de la Ley N° 19.413, publicada en el Diario Oficial el 20 de septiembre de 1995.

671 Artículo incorporado por el numeral 4 del artículo 1° de la Ley N° 21.170, publicada en el Diario Oficial el 26 de julio de 2019.

672 Artículo modificado por el artículo 1° de la Ley N° 19.806, publicada en el Diario Oficial el 31 de mayo de 2002.

polarizados, en contravención a la ley Nº 18.290, de Tránsito; o en el que se haya utilizado cualquier otra práctica, técnica, intervención, herramienta, dispositivo o condición que favorezca su impunidad[673];

4°) Ejercer la violencia en las personas que intervengan en defensa de la víctima, salvo que este hecho importe otro delito; y

5°) Actuar con personas exentas de responsabilidad criminal, según el número 1.o del artículo 10.

Las circunstancias agravantes de los números 1.o y 5° del artículo 12 serán aplicables en los casos en que se ejerciere violencia sobre las personas.

En estos delitos no podrá estimarse que concurre la circunstancia atenuante del número 7° del artículo 11, por la mera restitución a la víctima de las especies robadas o hurtadas y, en todo caso, el Juez deberá considerar, especificada, la justificación del celo con que el delincuente ha obrado[674].

§ 5 bis. De la receptación[675]

Artículo 456 bis A. El que conociendo su origen o no pudiendo menos que conocerlo, tenga en su poder, a cualquier título, especies hurtadas, robadas u objeto de abigeato o sustracción de madera, de receptación o de apropiación indebida del artículo 470, número 1°, las transporte, compre, venda, transforme o comercialice en cualquier forma, aun cuando ya hubiese dispuesto de ellas, sufrirá la pena de presidio menor en cualquiera de sus grados y multa de cinco a cien unidades tributarias mensuales[676].

---

673 Numeral introducido por el artículo 3° de la Ley N° 21.601, publicada en el Diario Oficial el 11 de septiembre de 2023.

674 Artículo agregado por el artículo 53 de la Ley N° 11.625, publicada en el Diario Oficial el 4 de octubre de 1954.

675 Párrafo agregado por el numeral 2 del artículo único de la Ley N° 19.413, publicada en el Diario Oficial de 20 de septiembre de 1995.

676 Inciso modificado por la letra a) del numeral 5 del artículo 1° de la Ley N° 21.488, publicada en el Diario Oficial el 27 de septiembre de 2022.

Para la determinación de la pena aplicable el tribunal tendrá especialmente en cuenta el valor de las especies, así como la gravedad del delito en que se obtuvieron, si éste era conocido por el autor.

Cuando el objeto de la receptación sean vehículos motorizados o cosas que forman parte de redes de suministro de servicios públicos o domiciliarios, tales como electricidad, gas, agua, alcantarillado, colectores de aguas lluvia o telefonía, se impondrá la pena de presidio menor en su grado máximo y multa equivalente al valor de la tasación fiscal del vehículo o a la pena de presidio menor en sus grados máximo, y multa de cinco a veinte unidades tributarias mensuales, respectivamente. La sentencia condenatoria por delitos de este inciso dispondrá el comiso de los instrumentos, herramientas o medios empleados para cometerlos o para transformar o transportar los elementos sustraídos. Si dichos elementos son almacenados, ocultados o transformados en algún establecimiento de comercio con conocimiento del dueño o administrador, se podrá decretar, además, la clausura definitiva de dicho establecimiento, oficiándose a la autoridad competente[677].

Sin perjuicio de lo dispuesto en el inciso anterior, se aplicará el máximum de la pena privativa de libertad allí señalada y multa equivalente al doble de la tasación fiscal, al autor de receptación de vehículos motorizados que conociere o no pudiere menos que conocer que en la apropiación de éste se ejerció sobre su legítimo tenedor alguna de las conductas descritas en el artículo 439. Lo dispuesto en este inciso no será aplicable a quien, por el mismo hecho, le correspondiere participación responsable por cualquiera de las hipótesis del delito de robo previstas en el artículo 433 y en el inciso primero del artículo 436[678].

---

677 Inciso modificado por la letra a) del numeral 5 del artículo 1° de la Ley N° 21.170, publicada en el Diario Oficial el 26 de julio de 2019. Con anterioridad, este inciso fue sustituido por el numeral 5 del artículo 1° de la Ley N° 20.253, publicada en el Diario Oficial el 14 de marzo de 2008; y modificado por la letra c) del artículo 1° de la Ley N° 20.090, publicada en el Diario Oficial el 11 de enero de 2006.

678 Inciso agregado por la letra b) del numeral 5 del artículo 1° de la Ley N° 21.170, publicada en el Diario Oficial el 26 de julio de 2019.

Se impondrá el grado máximo de la pena establecida en el inciso primero, cuando el autor haya incurrido en reiteración de esos hechos o sea reincidente en ellos. En los casos de reiteración o reincidencia en la receptación de los objetos señalados en el inciso tercero, se aplicará la pena privativa de libertad allí establecida, aumentada en un grado[679].

Tratándose del delito de abigeato o sustracción de madera y la multa establecida en el inciso primero será de setenta y cinco a cien unidades tributarias mensuales y el juez podrá disponer la clausura definitiva del establecimiento[680].

Si el valor de lo receptado excediere de cuatrocientas unidades tributarias mensuales, se impondrá el grado máximo de la pena o el máximun de la pena que corresponda en cada caso[681-682].

§ VI. De la usurpación

Artículo 457. Al que, con violencia o intimidación en las personas, ocupare total o parcialmente un inmueble, sea público o privado, o usurpare un derecho real que otro poseyere o tuviere legítimamente y al que, hecha la ocupación en ausencia del legítimo poseedor o tenedor, vuelto

---

679 Inciso modificado por la letra c) del numeral 5 del artículo 1° de la Ley N° 21.170, publicada en el Diario Oficial el 26 de julio de 2019. Con anterioridad, el inciso fue modificado por la letra c) del numeral 5 del artículo 1° de la Ley N° 21.170, publicada en el Diario Oficial el 26 de julio de 2019; y por el numeral 3 del artículo único de la Ley N° 20.639, publicada en el Diario Oficial el 11 de diciembre de 2012. Antes, el inciso fue reemplazado por la letra c) del artículo 1° de la Ley N° 20.273, publicada en el Diario Oficial el 28 de junio de 2008.

680 Inciso modificado por la letra b) del numeral 5 del artículo 1° de la Ley N° 21.488, publicada en el Diario Oficial el 27 de septiembre de 2022. Este inciso fue agregado por la letra c) del artículo 1° de la Ley N° 20.273, publicada en el Diario Oficial el 28 de junio de 2008.

681 Este inciso fue agregado por el numeral 5 del artículo 1° de la Ley N° 20.931, publicada en el Diario Oficial el 5 de julio de 2016.

682 Artículo agregado por el numeral 2 del artículo único de la Ley N° 19.413, publicada en el Diario Oficial el 20 de septiembre de 1995.

éste le repeliere, se le aplicará una pena de presidio menor en su grado medio a máximo[683].

Si tales actos se ejecutaren por el dueño o poseedor regular contra el que posee o tiene ilegítimamente la cosa, aunque con derecho aparente, la pena será multa de seis a diez unidades tributarias mensuales, sin perjuicio de las que correspondieren por la violencia causada[684].

Artículo 457 bis. Cuando, en los casos del inciso primero del artículo anterior, el hecho se llevare a efecto sin violencia o intimidación en las personas, pero causando daño en las cosas, la pena será:

1. Presidio menor en su grado medio, si causare daño cuyo importe exceda de cuarenta unidades tributarias mensuales.

2. Presidio menor en su grado mínimo a medio, si causare daño cuyo importe exceda de cuatro unidades tributarias mensuales y no pasare de cuarenta unidades tributarias mensuales.

3. Presidio menor en su grado mínimo, si causare daño cuyo importe no excediere de cuatro unidades tributarias mensuales, ni bajare de una unidad tributaria mensual[685].

Artículo 458. Cuando, en los casos del inciso primero del artículo 457, el hecho se llevare a efecto sin violencia o intimidación en las personas, ni daño en las cosas, la pena será de presidio menor en su grado mínimo o multa de seis a diez unidades tributarias mensuales.

Para imponer la pena mayor, el tribunal deberá tener en especial consideración las siguientes circunstancias:

1.° Que el imputado haya sido condenado por delito de usurpación anteriormente.

---

683 Artículo modificado por el numeral 1 del artículo 1 de la Ley N° 21.633, publicada en el Diario Oficial el 24 de noviembre de 2023.

684 Artículo modificado por la letra d) del artículo 1° de la Ley N° 19.450, publicada en el Diario Oficial el 18 de marzo de 1996.

685 Artículo introducido por el numeral 2 del artículo 1° de la Ley N° 21.633, publicada en el Diario Oficial el 24 de noviembre de 2023.

2.° Que el imputado haya desplegado acciones tendientes a eludir la acción de la justicia.

3.° Que el mismo inmueble haya sido previamente objeto de delito de usurpación y que el imputado haya tenido conocimiento de dicha circunstancia.

Para imponer la pena menor, el tribunal deberá tener en especial consideración las siguientes circunstancias:

1.° El hecho de haber actuado el imputado por necesidad habitacional.

2.° Que se haya restituido el inmueble voluntariamente[686].

Artículo 458 bis. Se impondrá el máximum o el grado máximo, según corresponda, de las penas previstas en los tres artículos anteriores si la ocupación se realiza:

1.° En un lugar habitado o destinado a la habitación.

2.° Obstaculizando una acción destinada a impedir o dificultar la propagación de incendios.

3.° Obstaculizando el suministro de servicios públicos o domiciliarios, tales como electricidad, gas, agua, alcantarillado, colectores de aguas lluvia o telefonía[687].

Artículo 459. Sufrirán las penas de presidio menor en sus grados medio a máximo y multa de veinte a cinco mil unidades tributarias mensuales, los que sin título legítimo e invadiendo derechos ajenos[688]:

1.° Sacaren aguas de represas, estanques u otros depósitos; de ríos, arroyos o fuentes, sean superficiales o subterráneas; de canales o acueductos, redes de agua potable e instalaciones domiciliarias de éstas, y se las apropiaren para hacer de ellas un uso cualquiera[689].

---

686 Artículo modificado por el numeral 3 del artículo 1° de la Ley N° 21.633, publicada en el Diario Oficial el 24 de noviembre de 2023.

687 Artículo introducido por el numeral 4 del artículo 1° de la Ley N° 21.633, publicada en el Diario Oficial el 24 de noviembre de 2023.

688 Artículo modificado por la letra a) del numeral 9 del artículo 48 de la Ley N° 21.595, publicada en el Diario Oficial el 17 de agosto de 2023.

689 Numeral modificado por el artículo 1° de la Ley N° 18.119, publicada en el Diario Oficial el 19 de mayo de 1982.

2.° Rompieren o alteraren con igual fin diques, esclusas, compuertas, marcos u otras obras semejantes existentes en los ríos, arroyos, fuentes, depósitos, canales o acueductos.

3.° Pusieren embarazo al ejercicio de los derechos que un tercero tuviere sobre dichas aguas.

4.° Usurparen un derecho cualquiera referente al curso de ellas o turbaren a alguno en su legítima posesión.

Las sanciones establecidas en este artículo no se aplicarán a quienes hagan uso del agua para consumo personal o familiar en los términos señalados en el artículo 56 del Código de Aguas[690].

Artículo 460. Cuando los simples delitos a que se refiere el artículo anterior se ejecutaren con violencia o intimidación en las personas, si el culpable no mereciere mayor pena por la violencia o intimidación que causare, sufrirá la de presidio menor en cualquiera de sus grados y multa de cincuenta a cinco mil unidades tributarias mensuales[691].

Artículo 460 bis. El que a sabiendas duplique la inscripción de su derecho en el Registro de Propiedad de Aguas del Conservador de Bienes Raíces sufrirá las penas de presidio menor en su grado mínimo, multa de once a veinte unidades tributarias mensuales, la revocación del título duplicado y la cancelación de la inscripción duplicada[692].

Artículo 461. Serán castigados con las penas del artículo 459, los que teniendo derecho para sacar aguas o usarlas se hubieren servido fraudulentamente, con tal fin, de orificios, conductos, marcos, compuertas o

---

690 Inciso final agregado por la letra b) del numeral 9 del artículo 48 de la Ley N° 21.595, publicada en el Diario Oficial el 17 de agosto de 2023.

691 Artículo modificado por el numeral 2 del artículo 2° de la Ley N° 21.064, publicada en el Diario Oficial el 27 de enero de 2018. Con anterioridad, fue modificado por la letra i) del artículo 1° de la Ley N° 19.450, publicada en el Diario Oficial el 18 de marzo de 1996.

692 Artículo introducido por el numeral 3 del artículo 2° de la Ley N° 21.064, publicada en el Diario Oficial el 27 de junio de 2018.

esclusas de una forma diversa a la establecida o de una capacidad superior a la medida a que tienen derecho[693].

Artículo 462. El que destruyere o alterare términos o límites de propiedades públicas o particulares con ánimo de lucrarse, será penado con presidio menor en su grado mínimo y multa de once a veinte unidades tributarias mensuales[694].

Artículo 462 bis. El que sin estar legalmente autorizado destruya o altere los términos o límites de un inmueble con el objetivo de posibilitar una posesión será sancionado con multa de seis a diez unidades tributarias mensuales.

Con la misma pena será sancionado quien, sin tener la posesión material de un bien inmueble, instale banderas, estacas u otras demarcaciones destinadas a manifestar intención de posesión de sitios no destinados a la habitación, sin el consentimiento de quien lo posee en virtud de título legítimo[695].

§ 7. De los delitos concursales y de las defraudaciones[696].

Artículo 463. Será castigado con la pena de presidio menor en cualquiera de sus grados el que, dentro de los dos años anteriores a la dictación de la resolución de liquidación a la que se refiere la ley N° 20.720, que Sustituye el régimen concursal vigente por una ley de reorganización y liquidación de empresas y personas, y perfecciona el rol de la superintendencia del ramo, o durante el tiempo que medie entre la notificación de la

---

693 Artículo modificado por el artículo 1° de la Ley N° 19.806, publicada en el Diario Oficial el 31 de mayo de 2002.

694 Artículo modificado por la letra i) del artículo 1° de la Ley N° 19.450, publicada en el Diario Oficial el 18 de marzo de 1996.

695 Artículo modificado por el numeral 5 del artículo 1° de la Ley N° 21.633, publicada en el Diario Oficial el 24 de noviembre de 2023.

696 La denominación de este párrafo fue sustituida por el numeral 2 del artículo 345 de la Ley N° 20.720, publicada en el Diario Oficial el 9 de enero de 2014.

demanda de liquidación forzosa y la dictación de la respectiva resolución, conociendo el mal estado de sus negocios:

1.° Redujere considerablemente su patrimonio destruyendo, dañando, inutilizando o dilapidando, activos o valores o renunciando sin razón a créditos.

2.° Dispusiere de sumas relevantes en consideración a su patrimonio aplicándolas en juegos o apuestas o en negocios inusualmente riesgosos en relación con su actividad económica normal.

3.° Diere créditos sin las garantías habituales en atención a su monto, o se desprendiere de garantías sin que se hubieren satisfecho los créditos caucionados.

4.° Realizare otro acto manifiestamente contrario a las exigencias de una administración racional del patrimonio.

Tratándose de una empresa deudora en el sentido de la ley N° 20.720, la pena señalada en el inciso anterior se impondrá también al que hubiere actuado con ignorancia inexcusable del mal estado de sus negocios.

En el caso del número 4.° del inciso primero, las penas no serán impuestas si el hecho no hubiere contribuido relevantemente a ocasionar la insolvencia del deudor[697].

Artículo 463 bis. Será castigado con la pena de presidio menor en su grado medio a presidio mayor en su grado mínimo, el deudor que realizare alguna de las siguientes conductas:

1.° Favorecer a uno o más acreedores en desmedro de otro pagando deudas que no fueren actualmente exigibles u otorgando garantías para deudas contraídas previamente sin garantía, dentro de los dos años anteriores a la resolución de reorganización o liquidación o durante el tiempo que medie entre la notificación de la demanda de liquidación forzosa y la dictación de la respectiva resolución.

---

[697] Artículo modificado por el numeral 10 del artículo 48 de la Ley N° 21.595, publicada en el Diario Oficial el 17 de agosto de 2023.

2.º Percibir, apropiarse o distraer bienes que deban ser objeto de cualquier clase de procedimiento concursal de liquidación, después de dictada la resolución de liquidación.

3.º Realizar actos de disposición de bienes de su patrimonio, reales o simulados, o constituir prenda, hipoteca u otro gravamen sobre ellos, después de la resolución de liquidación.

4.º Ocultar total o parcialmente sus bienes o sus haberes, dentro de los dos años anteriores a la resolución de liquidación o reorganización, o con posterioridad a esa resolución[698].

Artículo 463 ter. Será castigado con la pena de presidio menor en sus grados mínimo a medio el deudor que:

1.º Durante cualquier clase de procedimiento concursal de reorganización o de liquidación, proporcionare al veedor o liquidador, en su caso, o a sus acreedores, información o antecedentes falsos o incompletos, en términos que no reflejen la verdadera situación de su activo o pasivo.

2.º Dentro de los dos años anteriores a la dictación de la resolución de liquidación o durante el tiempo que medie entre la notificación de la demanda de liquidación forzosa y la dictación de la respectiva resolución, no hubiese llevado o conservado los libros de contabilidad y sus respaldos exigidos por la ley que deben ser puestos a disposición del liquidador una vez dictada la resolución de liquidación, o si hubiese ocultado, inutilizado, destruido o falseado la información en términos que ella no refleje la verdadera situación de su activo y pasivo[699].

Artículo 463 quáter. Será castigado como autor de los delitos contemplados en los artículos 463, 463 bis y 463 ter quien, en la dirección o administración de los negocios del deudor, sometido a un procedimiento concursal de reorganización a un procedimiento concursal de reorganización simplificada, a un procedimiento concursal de liquidación o a un

---

698 Artículo modificado por el numeral 11 del artículo 48 de la Ley N° 21.595, publicada en el Diario Oficial el 17 de agosto de 2023.

699 Artículo sustituido por el numeral 12 del artículo 48 de la Ley N° 21.595, publicada en el Diario Oficial el 17 de agosto de 2023.

procedimiento concursal de liquidación simplificada, hubiese ejecutado alguno de los actos o incurrido en alguna de las omisiones allí señalados, o hubiese autorizado expresamente dichos actos u omisiones[700].

Artículo 464. Será castigado con la pena de presidio menor en su grado máximo a presidio mayor en su grado mínimo y con la sanción accesoria de inhabilidad especial perpetua para ejercer el cargo, el veedor o liquidador designado en cualquier clase de procedimiento concursal de reorganización o de liquidación que:

1. Proporcionare ventajas indebidas al deudor, a un acreedor o a un tercero.
2. Perpetrare cualquiera de los hechos previstos en los números 1 u 11 del artículo 470[701].

Artículo 464 bis. El deudor, veedor, liquidador, o aquellos a los que se refiere el artículo 463 quáter, que se valiere de quien no tuviere esa calidad para perpetrar cualquiera de los delitos previstos en los artículos precedentes de este Párrafo será castigado como autor del respectivo delito.

El que sin tener alguna de las calidades señaladas en el inciso precedente interviniere en la perpetración del delito será castigado como inductor o cómplice según las circunstancias[702].

Artículo 464 ter. El que mediante engaño determinare a un deudor, veedor, liquidador, o aquellos a los que se refiere el artículo 463 quáter, a incurrir en cualquiera de los hechos previstos en los artículos precedentes de este Párrafo, será castigado con las mismas penas en ellos señalada[703].

---

[700] Artículo modificado por el numeral 4 del artículo 2° de la Ley N° 21.563, publicada en el Diario Oficial el 10 de mayo de 2023. El artículo fue agregado por el numeral 3 del artículo 345 de la Ley N° 20.720, publicada en el Diario Oficial el 9 de enero de 2014.

[701] Artículo modificado por el numeral 13 del artículo 48 de la Ley N° 21.595, publicada en el Diario Oficial el 17 de agosto de 2023.

[702] Artículo modificado por el numeral 14 del artículo 48 de la Ley N° 21.595, publicada en el Diario Oficial el 17 de agosto de 2023.

[703] Artículo modificado por el numeral 15 del artículo 48 de la Ley N°21.595, publicada en el Diario Oficial el 17 de agosto de 2023.

Artículo 464 quáter. Además de lo dispuesto en los artículos 27 a 31, el profesional que, con ocasión del ejercicio de su profesión, fuere penalmente responsable por haber intervenido en la perpetración de cualquiera de los delitos previstos en el presente Párrafo, será sancionado también con la pena accesoria de suspensión o inhabilitación para su ejercicio.

La pena y su duración serán determinadas atendiendo a la pena principal impuesta conforme a las reglas previstas en los artículos 29 y 30 de este Código, para la inhabilitación o suspensión de cargo u oficio público[704].

Artículo 465. La persecución penal de los delitos contemplados en este Párrafo sólo podrá iniciarse previa instancia particular de la Superintendencia de Insolvencia y Reemprendimiento; del veedor o liquidador del proceso concursal respectivo; de cualquier acreedor que haya verificado su crédito si se tratare de un procedimiento concursal de liquidación o de liquidación simplificada, lo que se acreditará con copia autorizada del respectivo escrito y su proveído; o en el caso de un procedimiento concursal de reorganización o reorganización simplificada, de todo acreedor a quien le afecte el Acuerdo de Reorganización de conformidad a lo establecido en los artículos 66 y 286 F de la ley N° 20.720[705].

Si se tratare de delitos de este Párrafo cometidos por veedores o liquidadores, la Superintendencia de Insolvencia y Reemprendimiento deberá denunciarlos si alguno de los funcionarios de su dependencia toma conocimiento de aquéllos en el ejercicio de sus funciones. Además, podrá interponer querella criminal, entendiéndose para este efecto cumplidos los requisitos que establece el inciso tercero del artículo 111 del Código Procesal Penal.

Cuando se celebren acuerdos reparatorios de conformidad al artículo 241 y siguientes del Código Procesal Penal, los términos de esos acuerdos

---

704 Artículo modificado por el numeral 15 del artículo 48 de la Ley N°21.595, publicada en el Diario Oficial el 17 de agosto de 2023.

705 Inciso modificado por el numeral 7 del artículo 2° de la Ley N° 21.563, publicada en el Diario Oficial el 10 de mayo de 2023.

deberán ser aprobados previamente por la junta de acreedores respectiva y las prestaciones que deriven de ellos beneficiarán a todos los acreedores, a prorrata de sus respectivos créditos, sin distinguir para ello la clase o categoría de los mismos.

Conocerá de los delitos concursales regulados en este Párrafo el tribunal con competencia en lo criminal del domicilio del deudor[706].

Artículo 465 bis. Derogado[707].

Artículo 466. Derogado[708].

§ VIII. Estafas y otros engaños

Artículo 467. El que para obtener provecho patrimonial para sí o para un tercero mediante engaño provocare un error en otro, haciéndolo incurrir en una disposición patrimonial consistente en ejecutar, omitir o tolerar alguna acción en perjuicio suyo o de un tercero será sancionado:

1. Con presidio menor en su grado máximo y multa de veintiuna a trescientas unidades tributarias mensuales, si el perjuicio excede de cuatrocientas unidades tributarias mensuales y no pasa de cuarenta mil.
2. Con presidio menor en sus grados medio a máximo y multa de once a quince unidades tributarias mensuales, si excede de cuarenta unidades tributarias mensuales y no pasa de cuatrocientas.
3. Con presidio menor en su grado medio y multa de seis a diez unidades tributarias mensuales, si excede de cuatro unidades tributarias mensuales y no pasa de cuarenta.
4. Con presidio menor en su grado mínimo y multa de cinco unidades tributarias mensuales, si excede de una unidad tributaria mensual y no pasa de cuatro.

---

706 Este artículo fue modificado por el numeral 3 del artículo 345 de la Ley N° 20.720, publicada en el Diario Oficial el 9 de enero de 2014.

707 Artículo derogado por el numeral 16 del artículo 48 de la Ley N°21.595, publicada en el Diario Oficial el 17 de agosto de 2023.

708 Artículo derogado por el numeral 16 del artículo 48 de la Ley N°21.595, publicada en el Diario Oficial el 17 de agosto de 2023.

Si el perjuicio excede de cuarenta mil unidades tributarias mensuales, se aplicará la pena de presidio menor en su grado máximo a presidio mayor en su grado mínimo y multa de trescientas a quinientas unidades tributarias mensuales[709].

Artículo 468. Incurrirá en el delito previsto en el artículo anterior el que defraudare a otro usando de nombre fingido, atribuyéndose poder, influencia o crédito supuestos, aparentando bienes, crédito, comisión, empresa o negociación imaginarios, o valiéndose de cualquier otro engaño semejante[710].

Las penas del artículo anterior serán aplicadas también al que para obtener un provecho para sí o para un tercero irrogue perjuicio patrimonial a otra persona[711]:

1. Manipulando los datos contenidos en un sistema informático o el resultado del procesamiento informático de datos a través de una intromisión indebida en la operación de éste.

2. Utilizando sin la autorización del titular una o más claves confidenciales que habiliten el acceso u operación de un sistema informático, o

3. Haciendo uso no autorizado de una tarjeta de pago ajena o de los datos codificados en una tarjeta de pago que la identifiquen y habiliten como medio de pago.

Sin perjuicio de las penas que correspondan conforme al inciso anterior, sufrirá la pena de presidio menor en su grado medio y multa de seis a diez unidades tributarias mensuales el que obtenga indebidamente los datos codificados en una tarjeta de pago que la identifiquen y habiliten como medio de pago. La misma pena sufrirá el que los adquiera o ponga a disposición de otro a cualquier título.

---

709 Artículo modificado por el numeral 17 del artículo 48 de la Ley Nº 21.595, publicada en el Diario Oficial el 17 de agosto de 2023.

710 Inciso modificado por la Ley 21.595, publicada en el Diario Oficial el 17 de agosto de 2023.

711 Artículo modificado por la letra b) del numeral 18 del artículo 48 de la Ley Nº 21.595, publicada en el Diario Oficial el 17 de agosto de 2023.

En la investigación de los delitos previstos en este artículo será aplicable lo dispuesto en el artículo 8 de la ley N° 20.009.

Lo dispuesto en los incisos segundo y tercero de este artículo será aplicable si el hecho no tuviere mayor pena conforme a otra ley[712].

Artículo 469. Se impondrá respectivamente el máximum de las penas señaladas en el art. 467:

1.° A los plateros y joyeros que cometieren defraudaciones alterando en su calidad, ley o peso los objetos relativos a su arte o comercio.

2.° A los traficantes que defraudaren usando de pesos o medidas falsos en el despacho de los objetos de su tráfico.

3.° A los comisionistas que cometieren defraudación alterando en sus cuentas los precios o las condiciones de los contratos, suponiendo gastos o exagerando los que hubieren hecho.

4.° A los capitanes de buques que defrauden suponiendo gastos o exagerando los que hubieren hecho, o cometiendo cualquiera otro fraude en sus cuentas.

5.° A los que cometieren defraudación con pretexto de supuestas remuneraciones a empleados públicos, sin perjuicio de la acción de calumnia que a éstos corresponda.

6.° Al dueño de la cosa embargada, o a cualquier otro que, teniendo noticia del embargo, hubiere destruido fraudulentamente los objetos en que se ha hecho la traba.

Artículo 470. Las penas privativas de libertad del art. 467 se aplicarán también:

1.° A los que en perjuicio de otro se apropiaren o distrajeren dinero, efectos o cualquiera otra cosa mueble que hubieren recibido en depósito, comisión o administración, o por otro título que produzca obligación de entregarla o devolverla.

---

712 Artículo modificado por la letra a) del numeral 18 del artículo 48 de la Ley N° 21.595, publicada en el Diario Oficial el 17 de agosto de 2023.

En cuanto a la prueba del depósito en el caso a que se refiere el art. 2.217 del Código Civil, se observará lo que en dicho artículo se dispone.

2.º A los capitanes de buques que, fuera de los casos y sin las solemnidades prevenidas por la ley, vendieren dichos buques, tomaren dinero a la gruesa sobre su casco y quilla, giraren letras a cargo del naviero, enajenaren mercaderías o vituallas o tomaren provisiones pertenecientes a los pasajeros.

3.º A los que cometieren alguna defraudación abusando de firma de otro en blanco y extendiendo con ella algún documento en perjuicio del mismo o de un tercero.

4.º A los que defraudaren haciendo suscribir a otro con engaño algún documento.

5.º A los que cometieren defraudaciones sustrayendo, ocultando, destruyendo o inutilizando en todo o en parte algún proceso, expediente, documento u otro papel de cualquiera clase.

6.º A los que con datos falsos u ocultando antecedentes que les son conocidos, celebraren dolosamente contratos aleatorios basados en dichos datos o antecedentes.

7.º A los que en el juego se valieren de fraude para asegurar la suerte.

8.º A los que fraudulentamente obtuvieren del Fisco, de las municipalidades, de las Cajas de Previsión y de las instituciones centralizadas o descentralizadas del Estado, prestaciones improcedentes, tales como remuneraciones, bonificaciones, subsidios, pensiones, jubilaciones, asignaciones, devoluciones o imputaciones indebidas[713].

9.º Al que, con ánimo de defraudar, con o sin representación de persona natural o jurídica dedicada al rubro inmobiliario o de la construcción, suscribiere o hiciere suscribir contrato de promesa de compraventa de inmueble dedicado a la vivienda, local comercial u oficina, sin cumplir con las exigencias establecidas por el artículo 138 bis de la Ley General de

---

[713] Este número fue agregado por el artículo 3° del Decreto Ley N° 3443, publicado en el Diario Oficial el 2 de julio de 1980.

Urbanismo y Construcciones, siempre que se produzca un perjuicio patrimonial para el promitente comprador[714].

10.° A los que maliciosamente obtuvieren para sí, o para un tercero, el pago total o parcialmente indebido de un seguro, sea simulando la existencia de un siniestro, provocándolo intencionalmente, presentándolo ante el asegurador como ocurrido por causas o en circunstancias distintas a las verdaderas, ocultando la cosa asegurada o aumentando fraudulentamente las pérdidas efectivamente sufridas.

Si no se verifica el pago indebido por causas independientes de su voluntad, se aplicará el mínimo o, en su caso, el grado mínimo de la pena.

La pena se determinará de acuerdo con el monto de lo indebidamente solicitado[715].

11.° Al que teniendo a su cargo la salvaguardia o la gestión del patrimonio de otra persona, o de alguna parte de éste, en virtud de la ley, de una orden de la autoridad o de un acto o contrato, le irrogare perjuicio, sea ejerciendo abusivamente facultades para disponer por cuenta de ella u obligarla, sea ejecutando u omitiendo cualquier otra acción de modo manifiestamente contrario al interés del titular del patrimonio afectado.

Si el hecho recayere sobre el patrimonio de una persona en relación con la cual el sujeto fuere guardador, tutor o curador, o de una persona incapaz que el sujeto tuviere a su cargo en alguna otra calidad, se impondrá, según sea el caso, el máximum o el grado máximo de las penas señaladas en el artículo 467.

En caso de que el patrimonio encomendado fuere el de una sociedad anónima abierta o especial u otro patrimonio administrado por esa sociedad, el administrador que realizare alguna de las conductas descritas en el párrafo primero de este numeral, irrogando perjuicio al patrimonio social, será sancionado con las penas señaladas en el artículo 467 aumentadas en un grado. Además, se impondrá la pena de inhabilitación especial temporal

---

[714] Este número fue agregado por el artículo 2° de la Ley N° 19.332, publicada en el Diario Oficial el 3 de febrero de 2004.

[715] Este número fue agregado por el artículo 3° de la Ley N° 20.667, publicada en el Diario Oficial el 9 de mayo de 2013.

en su grado mínimo para desempeñarse como gerente, director, liquidador o administrador a cualquier título de una sociedad o entidad sometida a fiscalización de una Superintendencia o de la Comisión para el Mercado Financiero[716].

En los casos previstos en este artículo se impondrá, además, pena de multa de la mitad al tanto de la defraudación[717].

Artículo 470 bis. Se impondrán respectivamente las penas señaladas en el artículo 467, aumentadas en un grado, al que mediante engaño dispusiera a otro a celebrar cualquiera clase de actos o contratos que tengan por finalidad última o inmediata la transferencia del dominio o la concesión del uso y goce de un sitio, lote o terreno sin tener título legítimo de dominio o posesión, ni autorización del que lo detenta legítimamente para celebrar actos o contratos, siempre que le ocasione un perjuicio patrimonial a la víctima[718].

Artículo 471. Será castigado con presidio o relegación menores en sus grados mínimos o multa de once a veinte unidades tributarias mensuales[719]:

1.° El dueño de una cosa mueble que la sustrajere de quien la tenga legítimamente en su poder, con perjuicio de éste o de un tercero.

2.° El que otorgare en perjuicio de otro un contrato simulado.

3.° Derogado[720].

Los ejemplares, máquinas u objetos contrahechos, introducidos o expendidos fraudulentamente, se aplicarán al perjudicado y también las

---

716 Inciso modificado por el numeral 19 del artículo 48 de la Ley N° 21.595, publicada en el Diario Oficial el 17 de agosto de 2023.

717 Este artículo fue modificado por la letra a) del numeral 20 del artículo 1° de la Ley N° 21.121, publicada en el Diario Oficial el 20 de noviembre de 2018.

718 Artículo introducido por el numeral 6 del artículo 1° de la Ley N° 21.633, publicada en el Diario Oficial el 24 de noviembre de 2023.

719 Inciso modificado por la letra i) del artículo 1° de la Ley N° 19.450, publicada en el Diario Oficial el 18 de marzo de 1996.

720 Numeral derogado por el artículo 27 del Decreto Ley N° 345, publicado en el Diario Oficial de 5 de mayo de 1925.

láminas o utensilios empleados en la ejecución del fraude, cuando solo pudieren usarse para cometerlo.

Artículo 472. El que suministre valores, de cualquiera manera que sea, a un interés que exceda del máximo que la ley permita estipular, será castigado con presidio o reclusión menores en cualquiera de sus grados.

Se impondrá el grado máximo de la pena establecida en el inciso anterior cuando la conducta que allí se sanciona se realice simulando, de cualquier forma, que se suministran los valores a un interés permitido por la ley[721].

Condenado por usura un extranjero, será expulsado del país; y condenado como reincidente en delito de usura un nacionalizado, se le cancelará su nacionalización y se le expulsará del país.

En ambos casos la expulsión se hará después de cumplida la pena.

En la sustanciación y fallo de los procesos instruidos para la investigación de estos delitos, los Tribunales apreciarán la prueba en conciencia.

Artículo 472 bis. El que con abuso grave de una situación de necesidad, de la inexperiencia o de la incapacidad de discernimiento de otra persona, le pagare una remuneración manifiestamente desproporcionada e inferior al ingreso mínimo mensual previsto por la ley o le diere en arrendamiento un inmueble como morada recibiendo una contraprestación manifiestamente desproporcionada, será castigado con la pena de presidio o reclusión menor en cualquiera de sus grados[722].

Artículo 472 ter. En los casos en que alguno de los hechos previstos en este Párrafo irrogare un perjuicio que exceda de ochenta mil unidades tributarias mensuales o afecte a un número considerable de

---

721 Inciso modificado por el numeral 20 del artículo 48 de la Ley Nº 21.595, publicada en el Diario Oficial el 17 de agosto de 2023.

722 Artículo modificado por el numeral 21 del artículo 48 de la Ley Nº 21.595, publicada en el Diario Oficial el 17 de agosto de 2023.

personas, se podrá imponer la pena superior en un grado a la señalada por la ley[723].

Artículo 473. El que defraudare o perjudicare a otro usando de cualquier engaño que no se halle expresado en los artículos anteriores de este párrafo, será castigado con presidio o relegación menores en sus grados mínimos y multa de once a veinte unidades tributarias mensuales[724].

§ IX. Del incendio y otros estragos

Artículo 474. El que incendiare edificio, aeronave, buque, plataforma naval, automóviles de dos o más plazas, camiones, instalaciones de servicios sanitarios, de almacenamiento o transporte de combustibles, de distribución o generación de energía eléctrica, portuaria, aeronáutica o ferroviaria, incluyendo las de trenes subterráneos, u otro lugar, medio de transporte, instalación o bien semejante, siempre que hubiere personas en su interior, causando la muerte de una o más personas cuya presencia allí pudo prever, será castigado con presidio mayor en su grado máximo a presidio perpetuo.

La misma pena se impondrá cuando del incendio no resultare muerte sino mutilación de miembro importante o lesión grave de las comprendidas en el número 1° del artículo 397[725].

Artículo 475. El que incendiare edificio, aeronave, buque, plataforma naval, vehículos de transporte público de pasajeros, automóviles de dos o más plazas, camiones, instalaciones de servicios sanitarios, de almacenamiento o transporte de combustibles, de distribución o generación de energía eléctrica, portuaria, aeronáutica o ferroviaria, incluyendo las de trenes subterráneos, u otro lugar, medio de transporte, instalación o bien

---

723 Artículo modificado por el numeral 21 del artículo 48 de la Ley N° 21.595, publicada en el Diario Oficial el 17 de agosto de 2023.

724 Artículo modificado por la letra i) del artículo 1° de la Ley N° 19.450, publicada en el Diario Oficial de 18 de marzo de 1996.

725 Este artículo fue modificado por el numeral 2 del artículo único de la Ley N° 21.402 publicada en el Diario Oficial el 24 de diciembre de 2021.

semejante, siempre que allí hubiere una o más personas y su presencia se pudiese prever, será castigado con presidio mayor en su grado medio a presidio perpetuo[726].

Artículo 476. Se castigará con presidio mayor en cualquiera de sus grados:

1.° Al que incendiare un edificio o lugar destinado a servir de morada, que no estuviere actualmente habitado[727].

2.° Al que dentro de poblado ejecutare el incendio en edificio, aeronave, buque, plataforma naval, vehículos de transporte público de pasajeros, automóviles de dos o más plazas, camiones, instalaciones de servicios sanitarios, de almacenamiento o transporte de combustibles, de distribución o generación de energía eléctrica, portuaria, aeronáutica o ferroviaria, incluyendo las de trenes subterráneos, u otro lugar, medio de transporte, instalación o bien semejante, cuando no hubiere personas en su interior o su presencia no se pudiese prever[728].

3.° Al que incendiare bosques, mieses, pastos, montes, cierros, plantíos o formaciones xerofíticas de aquellas definidas en la ley N.° 20.283[729].

4.° Al que fuera de los casos señalados en los números anteriores provoque un incendio que afectare gravemente las condiciones de vida animal o vegetal de un Área Silvestre Protegida[730].

Artículo 477. El incendiario de objetos no comprendidos en los artículos anteriores será penado:

---

726 Este artículo fue modificado por el artículo único de la Ley N.° 21.402 publicada en el Diario Oficial el 24 de diciembre de 2021.

727 Numeral modificado por la letra a) del numeral 3 del artículo único de la Ley N° 21.402, publicada en el Diario Oficial el 24 de diciembre de 2021.

728 Numeral modificado por la letra b) del numeral 3 del artículo único de la Ley N° 21.402, publicada en el Diario Oficial el 24 de diciembre de 2021.

729 Numeral modificado por el artículo 1° de la Ley N° 20.653, publicada en el Diario Oficial el 2 de febrero de 2013. Con anterioridad, este número fue modificado por el artículo 1° del Decreto Ley N° 400, publicado en el Diario Oficial el 8 de abril de 1974.

730 Este número fue agregado por la letra b) del artículo 1° de la Ley N° 20.653, publicada en el Diario Oficial el 2 de febrero de 2013.

1.° Con presidio menor en su grado máximo a presidio mayor en su grado mínimo y multa de once a quince unidades tributarias mensuales, si el daño causado a terceros excediere de cuarenta unidades tributarias mensuales.

2.° Con presidio menor en sus grados medio a máximo y multa de seis a diez unidades tributarias mensuales, si el daño excediere de cuatro unidades tributarias mensuales y no pasare de cuarenta unidades tributarias mensuales.

3.° Con presidio menor en sus grados mínimo a medio y multa de cinco unidades tributarias mensuales, si el daño excediere de una unidad tributaria mensual y no pasare de cuatro unidades tributarias mensuales[731].

Artículo 478. En caso de aplicarse el incendio a chozas, pajar o cobertizo deshabitado o a cualquier otro objeto cuyo valor no excediere de cuatro sueldos vitales, en tiempo y con circunstancias que manifiestamente excluyan todo peligro de propagación, el culpable no incurrirá en las penas señaladas en este párrafo; pero sí en las que mereciera por el daño que causare con arreglo a las disposiciones del párrafo siguiente.

Artículo 479. Cuando el fuego se comunicare del objeto que el culpable se propuso quemar, a otro u otros cuya destrucción, por su naturaleza o consecuencias, debe penarse con mayor severidad, se aplicará la pena más grave, siempre que los objetos incendiados estuvieren colocados de tal modo que el fuego haya debido comunicarse de unos a otros, atendidas las circunstancias del caso[732].

Artículo 480. Incurrirán respectivamente en las penas de este párrafo los que causen estragos por medio de sumersión o varamiento de nave, inundación, destrucción de puentes o máquinas de vapor, y en general por

---

[731] Este artículo fue sustituido por la letra n) del artículo 2° de la Ley N° 19.501, publicada en el Diario Oficial el 15 de mayo de 1997.

[732] Artículo modificado por el numeral 11 del artículo 1° de la Ley N° 17.437, publicada en el Diario Oficial el 9 de junio de 1971. Con anterioridad, fue modificado por el artículo 1° de la Ley N° 3.988, publicada en el Diario Oficial el 20 de octubre de 1923.

la aplicación de cualquier otro agente o medio de destrucción tan poderoso como los expresados[733].

Artículo 481. El que fuere aprehendido con artefactos, implementos o preparativos conocidamente dispuestos para incendiar o causar alguno de los estragos expresados en este párrafo, será castigado con presidio menor en sus grados mínimo a medio; salvo que pudiendo considerarse el hecho como tentativa de un delito determinado debiera castigarse con mayor pena[734].

Artículo 482. El culpable de incendio o estragos no se eximirá de las penas de los artículos anteriores, aunque para cometer el delito hubiere incendiado o destruido bienes de su pertenencia.

Pero no incurrirá en tales penas el que rozare a fuego, incendiare rastrojos u otros objetos en tiempos y con circunstancias que manifiestamente excluyan todo propósito de propagación, y observando los reglamentos que se dicten sobre esta materia.

Artículo 483. Se presume responsable de un incendio al comerciante en cuya casa o establecimiento tiene origen aquél, si no justificare con sus libros, documentos u otra clase de prueba, que no reportaba provecho alguno del siniestro.

Se presume también responsable de un incendio al comerciante cuyo seguro sea exageradamente superior al valor real del objeto asegurado en el momento de producirse el siniestro. En los casos de seguros con pólizas flotantes se presumirá responsable al comerciante que, en la declaración inmediatamente anterior al siniestro, declare valores manifiestamente superiores a sus existencias. Asimismo, se presume responsable si en todo o en parte a (sic) disminuido o retirado las cosas aseguradas del lugar

---

733 Artículo modificado por el numeral 4 del artículo 5° de la Ley N° 20.813, publicada en el Diario Oficial el 6 de febrero de 2015.

734 Artículo modificado por el numeral 5 del artículo 5° de la Ley N° 20.813, publicada en el Diario Oficial el 6 de febrero de 2015.

señalado en la póliza respectiva sin motivo justificado o sin dar aviso previo al asegurador[735].

Las presunciones de este artículo no obstan a la apreciación de la prueba en conciencia.

Artículo 483 A. El contador o cualquiera persona que falsee o adultere la contabilidad del comerciante que sufra un siniestro, será sancionado con la pena señalada en el inciso segundo del artículo 197; pero no le afectará responsabilidad al contador por las existencias y precios inventariados[736].

Artículo 483 B. A los comerciantes responsables del delito de incendio se les aplicará también una multa de veintiuna a cincuenta unidades tributarias mensuales, tomándose en cuenta para graduarla la naturaleza, entidad y gravedad del siniestro y las facultades económicas del condenado[737].

Si no se paga la multa el condenado sufrirá por vía de sustitución y apremio, un día de reclusión por un quinto de unidad tributaria mensual de multa, no pudiendo exceder la reclusión de seis meses[738].

La multa impuesta se mantendrá en una cuenta especial a la orden de la Superintendencia de Compañía de Seguros Sociedades Anónimas y Bolsas de Comercio, la cual anualmente la distribuirá proporcionalmente entre los distintos Cuerpos de Bomberos en el país.

---

[735] Inciso modificado por el artículo 1° de la Ley N° 7.632, publicada en el Diario Oficial el 6 de noviembre de 1943.

[736] Inciso modificado por el artículo 2° de la Ley N° 7.632, publicada en el Diario Oficial el 6 de noviembre de 1943.

[737] Inciso modificado por el artículo 1° de la Ley N° 19.806, publicada en el Diario Oficial el 31 de mayo de 2002. Con anterioridad, fue modificado por la letra m) del artículo 1° de la Ley N° 19.450, publicada en el Diario Oficial el 18 de marzo de 1996.

[738] Artículo modificado por la letra ñ) del artículo 2° de la Ley N° 19.501, publicada en el Diario Oficial el 15 de mayo de 1997. Con anterioridad, fue modificado por la letra m) del artículo 1° de la Ley N° 19.450, publicada en el Diario Oficial el 18 de marzo de 1996.

§ X. De los daños

Artículo 484. Incurren en el delito de daños y están sujetos a las penas de este párrafo, los que en la propiedad ajena causaren alguno que no se halle comprendido en el párrafo anterior[739].

Artículo 485. Serán castigados con la pena de reclusión menor en sus grados medio a máximo y multa de once a veinte unidades tributarias mensuales, los que causaren daño cuyo importe exceda de cuarenta unidades tributarias mensuales[740]:

1.° Con la mira de impedir el libre ejercicio de la autoridad o en venganza de sus determinaciones, bien se cometiere el delito contra empleados públicos, bien contra particulares que, como testigos o de cualquiera otra manera, hayan contribuido o puedan contribuir a la ejecución o aplicación de las leyes;

2.° Produciendo, por cualquier medio, infección o contagio en animales o aves domésticas;

3.° Empleando sustancias venenosas o corrosivas;

4.° En cuadrilla y en despoblado;

5.° En archivos, registros, bibliotecas o museos públicos;

6.° En puentes, caminos, paseos u otros bienes de uso público;

7.° En tumbas, signos conmemorativos, monumentos, estatuas, cuadros u otros objetos de arte colocados en edificios o lugares públicos;

8.° Arruinando al perjudicado.

9.° En medios de transporte público de pasajeros o en bienes o infraestructura asociada a dicha actividad[741].

---

739 Inciso modificado por el artículo 1° de la Ley N° 19.806, publicada en el Diario Oficial el 31 de mayo de 2002. Con anterioridad fue modificado por la letra m) del artículo único del Decreto con Fuerza de Ley N° 3, publicada en el Diario Oficial el 3 de septiembre de 1992.

740 Artículo modificado por la letra o) del artículo 2° de la Ley N° 19.501, publicada en el Diario Oficial el 15 de mayo de 1997. Con anterioridad fue modificado por la letra n) del artículo 2° de la Ley N° 19.450, publicada en el Diario Oficial el 8 de marzo de 1996.

741 Numeral agregado por el artículo 2 de la Ley N° 21.587, publicada en el Diario Oficial el 5 de agosto de 2023.

Artículo 486. El que, con alguna de las circunstancias expresadas en el artículo anterior, causare daño cuyo importe exceda de cuatro unidades tributarias mensuales y no pase de cuarenta unidades tributarias mensuales, sufrirá la pena de reclusión menor en sus grados mínimo a medio y multa de seis a diez unidades tributarias mensuales.

Cuando dicho importe no excediere de cuatro unidades tributarias mensuales ni bajare de una unidad tributaria mensual, la pena será reclusión menor en su grado mínimo y multa de cinco unidades tributarias mensuales[742].

Artículo 487. Los daños no comprendidos en los artículos anteriores, serán penados con reclusión menor en su grado mínimo o multa de once a veinte unidades tributarias mensuales[743].

Esta disposición no es aplicable a los daños causados por el ganado y a los demás que deben calificarse de faltas, con arreglo a lo que se establece en el Libro tercero.

Artículo 488. Las disposiciones del presente párrafo sólo tendrán lugar cuando el hecho no pueda considerarse como otro delito que merezca mayor pena.

§ XI. Disposiciones generales

Artículo 489. Están exentos de responsabilidad criminal y sujetos únicamente a la civil por los hurtos, defraudaciones o daños que recíprocamente se causaren:

1.° Los parientes consanguíneos en toda la línea recta[744].

---

[742] Inciso modificado por la letra p) del artículo 2° de la Ley N° 19.501, publicada en el Diario Oficial el 15 de mayo de 1997. Con anterioridad, fue modificado por la letra ñ) artículo 2° de la Ley N° 19.450, publicada en el Diario Oficial el 18 de marzo de 1996.

[743] Inciso modificado por la letra i) del artículo 1° de la Ley N° 19.450, publicada en el Diario Oficial el 18 de maro de 1996.

[744] Número modificado por el numeral 1 del artículo 3° de la Ley N° 20.427, publicada en el Diario Oficial el 18 de marzo de 2010.

2.° Los parientes consanguíneos hasta el segundo grado inclusive de la línea colateral[745].

3.° Los parientes afines en toda la línea recta[746].

4.° Derogado[747].

5.° Los cónyuges.

6.° Los convivientes civiles[748].

La excepción de este artículo no es aplicable a los extraños que participaren del delito, ni tampoco entre cónyuges cuando se trate de los delitos de daños indicados en el párrafo anterior[749].

Además, esta exención no será aplicable cuando la víctima sea una persona mayor de sesenta años[750].

TÍTULO DÉCIMO
DE LOS CUASIDELITOS

Artículo 490. El que por imprudencia temeraria ejecutare un hecho que, si mediara malicia, constituiría un crimen o un simple delito contra las personas, será penado:

1.° Con reclusión o relegación menores en sus grados mínimos a medios, cuando el hecho importare crimen.

---

745 Número modificado por el numeral 1 del artículo 3° de la Ley N° 20.427, publicada en el Diario Oficial el 18 de marzo de 2010.

746 Número modificado por el numeral 1 del artículo 3° de la Ley N° 20.427, publicada en el Diario Oficial el 18 de marzo de 2010.

747 Número derogado por el numeral 2 del artículo 3° de la Ley N° 20.427, publicada en el Diario Oficial el 18 de marzo de 2010.

748 Número agregado por el numeral vii) del artículo 39 de la Ley N° 20.830, publicada en el Diario Oficial el 21 de abril de 2015.

749 Inciso modificado por el número 7 del artículo 1° de la Ley N° 20.480, publicada en el Diario Oficial el 18 de diciembre de 2010.

750 Inciso incorporado por el numeral 3 del artículo 3° de la Ley N° 20.427, publicada en el Diario Oficial el 18 de marzo de 2010.

2.º Con reclusión o relegación menores en sus grados mínimos o multa de once a veinte unidades tributarias mensuales, cuando importare simple delito[751].

Artículo 491. El médico, cirujano, farmacéutico flebotomiano o matrona que causare mal a las personas por negligencia culpable en el desempeño de su profesión, incurrirá respectivamente en las penas del artículo anterior.

Iguales penas se aplicarán al dueño de animales feroces que, por descuido culpable de su parte, causaren daño a las personas.

Artículo 492. Las penas del artículo 490 se impondrán también respectivamente al que, con infracción de los reglamentos y por mera imprudencia o negligencia, ejecutare un hecho o incurriere en una omisión que, a mediar malicia, constituiría un crimen o un simple delito contra las personas.

A los responsables de cuasidelito de homicidio o lesiones, ejecutados por medio de vehículos a tracción mecánica o animal, se los sancionará, además de las penas indicadas en el artículo 490, con la suspensión del carné, permiso o autorización que los habilite para conducir vehículos, por un período de uno a dos años, si el hecho de mediar malicia constituyera un crimen, y de seis meses a un año, si constituyera simple delito. En caso de reincidencia, podrá condenarse al conductor a inhabilidad perpetua para conducir vehículos a tracción mecánica o animal, cancelándose el carné, permiso o autorización[752].

Artículo 493. Las disposiciones del presente párrafo no se aplicarán a los cuasidelitos especialmente penados en este Código.

---

[751] Numeral modificado por la letra i) del artículo 1° de la Ley N° 19.450, publicada en el Diario Oficial el 18 de marzo de 1996.

[752] Artículo sustituido por el artículo 3° de la Ley N° 20.068, publicada en el Diario Oficial el 10 de diciembre de 2005.

LIBRO TERCERO

TÍTULO PRIMERO
DE LAS FALTAS

Artículo 494. Sufrirán la pena de multa de una a cuatro unidades tributarias mensuales[753]:

1.° El que asistiendo a un espectáculo público provocare algún desorden o tomare parte en él.

2.° El que excitare o dirigiere cencerradas u otras reuniones tumultuosas en ofensa de alguna persona o del sosiego de las poblaciones.

3.° El que ensuciare, arrojare o abandonare basura, materiales o desechos de cualquier índole en playas, riberas de ríos o de lagos, parques nacionales, reservas nacionales, monumentos naturales o en otras áreas de conservación de la biodiversidad declaradas bajo protección oficial[754].

La pena consistirá en la prestación de servicios en beneficio de la comunidad consistente en la limpieza de playas, lagos o ríos. Esta pena se regulará conforme a lo dispuesto en los artículos 49, 49 bis, 49 ter, 49 quáter, 49 quinquies y 49 sexies, debiendo existir consentimiento previo del condenado. En caso de no haber consentimiento, se aplicará la pena de multa[755].

4.° El que amenazare a otro con armas blancas y el que riñendo con otro las sacare, como no sea con motivo justo[756].

5.° El que causare lesiones leves, entendiéndose por tales las que, en concepto del tribunal, no se hallaren comprendidas en el art. 399, atendi-

---

753 Este inciso fue modificado por la letra b) del artículo 1° de la Ley N° 19.501, publicada en el Diario Oficial el 15 de mayo de 1997. Con anterioridad, fue modificado por el numeral 1 de la letra o) del artículo 2° de la Ley N° 19.450, publicada en el Diario Oficial el 18 de marzo de 1996.

754 Este artículo fue incorporado por el artículo único de la Ley N° 21.123, publicada en el Diario Oficial el 10 de diciembre de 2018.

755 Este inciso fue modificado por el artículo 2° de la Ley N° 21.413, publicada en el Diario Oficial el 1 de febrero de 2022.

756 Este número fue modificado por el numeral 6 del artículo 5° de la Ley N° 20.813, publicada en el Diario Oficial el 6 de febrero de 2015.

das la calidad de las personas y circunstancias del hecho. En ningún caso el tribunal podrá calificar como leves las lesiones cometidas en contra de las personas mencionadas en el artículo 5° de la Ley sobre Violencia Intrafamiliar, ni aquéllas cometidas en contra de las personas a que se refiere el inciso primero del artículo 403 bis de este Código[757].

6.° El que corriere carruajes o caballerías con peligro de las personas, haciéndolo en poblado, ya sea de noche o de día cuando haya aglomeración de gente.

7.° El farmacéutico que despachare medicamentos en virtud de receta que no se halle debidamente autorizada.

8.° El que habitualmente y después de apercibimiento ejerciere, sin título legal ni permiso de autoridad competente, las profesiones de médico, cirujano, farmacéutico o Dentista.

9.° El facultativo que, notando en una persona o en un cadáver señales de envenenamiento o de otro delito grave, no diere parte a la autoridad oportunamente.

10.° El médico, cirujano, farmacéutico, Dentista o matrona que incurriere en descuido culpable en el desempeño de su profesión, sin causar daño a las personas.

11.° Los mismos individuos expresados en el número anterior, que no prestaren los servicios de su profesión durante el turno que les señale la autoridad administrativa.

12.° El médico, cirujano, farmacéutico, matrona o cualquiera otro que, llamado en clase de perito o testigo, se negare a practicar una operación propia de su profesión u oficio o a prestar una declaración requerida por la autoridad judicial, en los casos y en la forma que determine el Código de Procedimiento y sin perjuicio de los apremios legales.

---

757 Este número fue modificado por el numeral 6 del artículo 1° de la Ley N.° 21.013, publicada en el Diario Oficial de 6 de junio de 2017. Con anterioridad, fue modificado por la letra d) del artículo 21 de la Ley N° 20.066, publicada en el Diario Oficial de 7 de octubre de 2005.

13.° El que encontrando perdido o abandonado a un menor de siete años no lo entregare a su familia o no lo recogiere o depositare en lugar seguro, dando cuenta a la autoridad en los dos últimos casos.

14.° El que no socorriere o auxiliare a una persona que encontrare en despoblado herida, maltratada o en peligro de perecer, cuando pudiere hacerlo sin detrimento propio.

15.° Los padres de familia o los que legalmente hagan sus veces que abandonen a sus hijos, no procurándoles la educación que permiten y requieren su clase y facultades.

16.° El que sin estar legítimamente autorizado impidiere a otro con violencia hacer lo que la ley no prohíbe, o le compeliere a ejecutar lo que no quiera.

17.° El que quebrantare los reglamentos o disposiciones de la autoridad sobre la custodia, conservación y trasporte de materias inflamables o corrosivas o productos químicos que puedan causar estragos.

18.° El dueño de animales feroces que en lugar accesible al público los dejare sueltos o en disposición de causar mal.

Para estos efectos, se comprenderán como feroces los animales potencialmente peligrosos[758].

19. El que ejecutare alguno de los hechos penados en los artículos 189, 233, 448, 467, 469, 470 y 477, siempre que el delito se refiera a valores que no excedan de una unidad tributaria mensual[759].

20.° El que con violencia se apoderare de una cosa perteneciente a su deudor para hacerse pago con ella.

21.° El que con violencia en las cosas entrare a cazar o pescar en lugar cerrado, o en lugar abierto contra expresa prohibición intimada personalmente.

---

758 Este párrafo fue incorporado por el numeral 5 del artículo 36 de la Ley N° 21.020, publicada en el Diario Oficial el 2 de agosto de 2017.

759 Este número fue modificado por el numeral 3 del artículo 1° de la Ley N° 19.950, publicada en el Diario Oficial el 5 de junio de 2004. Con anterioridad, fue modificado por la letra q) del artículo 1° de la Ley N° 19.501, publicada en el Diario Oficial el 15 de mayo de 1997.

Con todo, tratándose de las faltas mencionadas en el número 19, la multa no será inferior al valor malversado o defraudado, al de la cosa hurtada o del daño causado, en su caso, y podrá alcanzar el doble de ese valor, aun cuando supere una unidad tributaria mensual[760].

Artículo 494 bis. Los autores de hurto serán castigados con prisión en su grado mínimo a medio y multa de una a cuatro unidades tributarias mensuales, si el valor de la cosa hurtada no pasa de media unidad tributaria mensual.

La falta de que trata este artículo se castigará con multa de una a cuatro unidades tributarias mensuales, si se encuentra en grado de frustrada. En estos casos, el tribunal podrá conmutar la multa por la realización de trabajos determinados en beneficio de la comunidad, señalando expresamente el tipo de trabajo, el lugar donde deba realizarse, su duración y la persona o institución encargada de controlar su cumplimiento. Los trabajos se realizarán, de preferencia, sin afectar la jornada laboral o de estudio que tenga el infractor, con un máximo de ocho horas semanales. La no realización cabal y oportuna de los trabajos determinados por el tribunal dejará sin efecto la conmutación por el solo ministerio de la ley, y deberá cumplirse íntegramente la sanción primitivamente aplicada.

En los casos en que participen en el hurto individuos mayores de dieciocho años y menores de esa edad, se aplicará a los mayores la pena que les habría correspondido sin esa circunstancia, aumentada en un grado, si éstos se han prevalido de los menores en la perpetración de la falta.

En caso de reincidencia en hurto falta frustrado, se duplicará la multa aplicada. Se entenderá que hay reincidencia cuando el responsable haya sido condenado previamente por delito de la misma especie, cualquiera haya sido la pena impuesta y su estado de cumplimiento. Si el responsable ha reincidido dos o más veces se triplicará la multa aplicada.

---

[760] Este inciso fue agregado por la letra q) del artículo 2° de la Ley N° 19.501, publicada en el Diario Oficial el 15 de mayo de 1997. Con anterioridad, fue modificado por la letra o) del numeral 3 del artículo 2° de la Ley N° 19.450, publicada en el Diario Oficial el 18 de marzo de 1996.

La agravante regulada en el inciso precedente prescribirá de conformidad con lo dispuesto en el artículo 104. Tratándose de faltas, el término de la prescripción será de seis meses[761].

Artículo 494 ter. Comete acoso sexual el que realizare, en lugares públicos o de libre acceso público, y sin mediar el consentimiento de la víctima, un acto de significación sexual capaz de provocar una situación objetivamente intimidatoria, hostil o humillante, y que no constituya una falta o delito al que se imponga una pena más grave, que consistiere en:

1. Actos de carácter verbal o ejecutados por medio de gestos. En este caso se impondrá una multa de una a tres unidades tributarias mensuales.

2. Conductas consistentes en acercamientos o persecuciones, o actos de exhibicionismo obsceno o de contenido sexual explícito. En cualquiera de estos casos se impondrá la pena de prisión en su grado medio a máximo y multa de cinco a diez unidades tributarias mensuales[762].

Artículo 495. Serán castigados con multa de una unidad tributaria mensual[763]:

1.° El que contraviniere a las reglas que la autoridad dictare para conservar el orden público o evitar que se altere, salvo que el hecho constituya crimen o simple delito.

2.° El que por quebrantar los reglamentos sobre espectáculos públicos ocasionare algún desorden.

3.° El subordinado del orden civil que faltare al respeto y sumisión debidos a sus jefes o superiores.

---

761 Este artículo fue reemplazado por el artículo único de la Ley N° 20.140, publicada en el Diario Oficial el 30 de diciembre de 2006. Con anterioridad, fue modificado por el numeral 4 del artículo 1° de la Ley N° 19.950, publicada en el Diario Oficial de 5 de junio de 2004.

762 Artículo introducido por el artículo único de la Ley N° 21.153, publicada en el Diario Oficial el 3 de mayo de 2019.

763 Este encabezamiento fue modificado por la letra r) del artículo 2° de la Ley N° 19.501, publicada en el Diario Oficial el 15 de mayo de 1997. Con anterioridad, fue modificado por la letra p) del artículo 2° de la Ley N° 19.450, publicada en el Diario Oficial el 18 de marzo de 1996.

4.º El particular que cometiere igual falta respecto de cualquier funcionario revestido de autoridad pública, mientras ejerce sus funciones, y respecto de toda persona constituida en dignidad, aun cuando no sea en el ejercicio de sus funciones, siempre que fuere conocida o se anunciare como tal; sin perjuicio de imponer, tanto en este caso como en el anterior, la pena correspondiente al crimen o simple delito, si los hubiere.

5.º El que públicamente ofendiere el pudor con acciones o dichos deshonestos.

6.º El cónyuge que escandalizare con sus disensiones domésticas después de haber sido amonestado por la autoridad.

7.º El que infringiere los reglamentos de policía en lo concerniente a quienes ejercen el comercio sexual[764].

8.º El que diere espectáculos públicos sin licencia de la autoridad, o traspasando la que se le hubiere concedido.

9.º El que abriere establecimientos sin licencia de la autoridad, cuando sea necesaria.

10.º El que en la exposición de niños quebrantare los reglamentos.

11.º El que infringiere las reglas establecidas para la quema de bosques, rastrojos u otros productos de la tierra, o para evitar la propagación de fuego en máquinas de vapor, caleras, hornos u otros lugares semejantes.

12.º El que infringiere los reglamentos sobre corta de bosques o arbolados.

13.º El que infringiere las leyes o reglamentos sobre apertura, conservación y reparación de vías públicas.

14.º El que en caminos públicos, calles, plazas, ferias u otros sitios semejantes de reunión estableciere rifas u otros juegos de envite o azar.

15.º El que defraudare al público en la venta de mantenimientos, ya sea en calidad, ya en cantidad, por valor que no exceda de una unidad tri-

---

764 Este número fue modificado por el numeral 23 del artículo 1º de la Ley Nº 19.927, publicada en el Diario Oficial el 14 de enero de 2004.

butaria mensual, y el que vendiere bebidas o mantenimientos deteriorados o nocivos[765].

16.° El traficante que tuviere medidas o pesos falsos, aunque con ellos no hubiere defraudado

17.° El que usare en su tráfico medidas o pesos no contrastados.

18.° El dueño o encargado de fondas, cafés, confiterías u otros establecimientos destinados al despacho de comestibles o bebidas que faltare a los reglamentos de policía relativos a la conservación o uso de vasijas o útiles destinados para el servicio.

19.° El que faltando a las órdenes de la autoridad, descuidare reparar o demoler edificios ruinosos.

20.° El que infringiere las reglas de seguridad concernientes a la apertura de pozos o excavaciones y al depósito de materiales o escombros, o a la colocación de cualesquiera otros objetos en las calles, plazas, paseos públicos o en la parte exterior de los edificios que embaracen el tráfico o puedan causar daño a los transeúntes.

21.° El que intencionalmente o con negligencia culpable causare daño que no exceda de una unidad tributaria mensual en bienes públicos o de propiedad particular[766].

22.° El que aprovechando aguas de otro o distrayéndolas de su curso, causare daño que no exceda de una unidad tributaria mensual[767].

Con todo, la multa para las faltas señaladas en los números 15, 21 y 22 será a lo menos equivalente al valor de lo defraudado o del daño cau-

---

765 Este inciso fue agregado por la letra s) del artículo 2° de la Ley N° 19.501, publicada en el Diario Oficial el 15 de mayo de 1997. Con anterioridad, fue modificado por la letra p) del numeral 2 del artículo 2° de la Ley N° 19.450, publicada en el Diario Oficial el 18 de marzo de 1996.

766 Este inciso fue agregado por la letra s) del artículo 2° de la Ley N° 19.501, publicada en el Diario Oficial el 15 de mayo de 1997. Con anterioridad, fue modificado por la letra p) del numeral 2 del artículo 2° de la Ley N° 19.450, publicada en el Diario Oficial de 18 de marzo de 1996.

767 Este inciso fue agregado por la letra s) del artículo 2° de la Ley N° 19.501, publicada en el Diario Oficial el 15 de mayo de 1997. Con anterioridad, fue modificado por la letra p) del numeral 2 del artículo 2° de la Ley N° 19.450, publicada en el Diario Oficial el 18 de marzo de 1996.

sado y podrá llegar hasta el doble de ese valor, aunque exceda una unidad tributaria mensual[768].

Artículo 496. Sufrirán la pena de multa de una a cuatro unidades tributarias mensuales[769]:

1.° El que faltare a la obediencia debida a la autoridad dejando de cumplir las órdenes particulares que ésta le diere, en todos aquellos casos en que la desobediencia no tenga señalada mayor pena por este Código o por leyes especiales.

2.° El que pudiendo, sin grave detrimento propio, prestar a la autoridad el auxilio que reclamare en casos de incendio, inundación, naufragio u otra calamidad, se negare a ello.

3.° El que impidiere el ejercicio de las funciones fiscalizadoras de los inspectores municipales[770].

4.° El que no diere los partes de defunción, contraviniendo a la ley o reglamentos.

5.° El que ocultare su verdadero nombre y apellido a la autoridad o a persona que tenga derecho para exigir que los manifieste o se negare a manifestarlos o diere domicilio falso.

6.° El que infringiere las reglas de policía dirigidas a asegurar el abastecimiento de los pueblos.

7.° El que con rondas u otros esparcimientos nocturnos altere el sosiego público, desobedeciendo a la autoridad.

8.° El que tomare parte en cencerradas u otras reuniones ofensivas a alguna persona, no estando comprendida en el núm. 2.° del art. 494.

---

768 Este inciso fue agregado por la letra t) del artículo 2° de la Ley N° 19.501, publicada en el Diario Oficial el 15 de mayo de 1997. Con anterioridad, fue modificado por la letra p) del numeral 3 del artículo 2° de la Ley N° 19.450, publicada en el Diario Oficial el 18 de marzo de 1996.

769 Este encabezamiento fue modificado por la letra b) del artículo 1° de la Ley N° 19.501, publicada en el Diario Oficial el 15 de mayo de 1997. Con anterioridad, fue modificado por la letra p) del artículo 2° de la Ley N° 19.450, publicada en el Diario Oficial el 18 de marzo de 1996.

770 Este número fue agregado por el numeral 6 del artículo 1° de la Ley N° 20.931, publicada en el Diario Oficial el 5 de julio de 2016.

9.° El que se bañare quebrantando las reglas de decencia o seguridad establecidas por la autoridad.

10.° El que riñere en público sin armas, salvo el caso de justa defensa propia o de un tercero.

11.° El que injuriare a otro livianamente de obra o de palabra, no siendo por escrito y con publicidad.

12.° Derogado[771].

13.° El que corriere carruajes o caballerías dentro de una población, no siendo en los casos previstos por el núm. 6.° del art. 494.

14.° El que infringiere los reglamentos relativos a carruajes públicos o de particulares.

15.° El que infringiere las reglas de policía relativas a posadas, fondas, tabernas y otros establecimientos públicos.

16.° El encargado de la guarda de un loco o demente que le dejare vagar por sitios públicos sin la debida seguridad.

17.° El dueño de animales dañinos que los dejare sueltos o en disposición de causar mal en las poblaciones.

18.° El que con su embriaguez molestare a tercero en público.

19.° El que arrojare animales muertos en sitios vedados o quebrantando las reglas de policía.

20.° El que infringiere las reglas de policía en la elaboración de objetos fétidos o insalubres, o los arrojare a las calles, plazas o paseos públicos.

21.° El que arrojare escombros u objetos punzantes o cortantes en lugares públicos, contraviniendo a las reglas de policía.

22.° El que no entregare a la policía de aseo las basuras o desperdicios que hubiere en el interior de su habitación.

23.° El que echare en las acequias de las poblaciones objetos que, impidiendo el libre y fácil curso de las aguas, puedan ocasionar anegación.

24.° El que tuviere en balcones, ventanas, azoteas u otros puntos exteriores de sus casas tiestos u otros objetos, con infracción de las reglas de policía.

---

[771] Este número fue derogado por el artículo 3° de la Ley N° 21.310, publicada en el Diario Oficial el 3 de febrero de 2021.

25.° El que arrojare a la calle por balcones, ventanas o por cualquiera otra parte agua u objetos que puedan causar daño.

26.° El que tirare piedras u otros objetos arrojadizos en parajes públicos, con riesgo de los transeúntes, o lo hiciere a las casas o edificios, en perjuicio de los mismos o con peligro de las personas.

27.° El que infringiere los reglamentos en materia de juegos o diversiones dentro de las poblaciones.

28.° El que entrare con carruajes, caballerías o animales dañinos en heredades plantadas o sembradas.

29.° El que en contravención a los reglamentos construyere chimeneas, estufas u hornos, o dejare de limpiarlos o cuidarlos.

30.° El que, empleando el fuego, elevare globos sin permiso de la autoridad.

31.° El que, habiendo recibido de buena fe moneda falsa o cercenada o títulos de crédito falsos, los circulare después de constarle su falsedad o cercenamiento, siempre que su valor no exceda de una unidad tributaria mensual[772].

32.° Derogado[773].

33.° El que entrare en heredad ajena para coger frutas y comerlas en el acto.

34.° El que entrare sin violencia a cazar o pescar en sitio vedado o cerrado.

35.° Derogado[774].

36.° El que infringiere los reglamentos de caza o pesca en el modo y tiempo de ejecutar una u otra o de vender sus productos.

---

772 Este inciso fue modificado por la letra u) del artículo 2° de la Ley N° 19.501, publicada en el Diario Oficial el 15 de mayo de 1997. Con anterioridad, fue modificada por la letra q) del numeral 2 del artículo 2° de la Ley N° 19.450, publicada en el Diario Oficial el 18 de marzo de 1996.

773 Este número fue derogado por el artículo único de la Ley N° 19.918, publicada en el Diario Oficial el 18 de diciembre de 2003.

774 Este número fue derogado por el numeral 2 del artículo único de la Ley N° 18.859, publicada en el Diario oficial el 29 de noviembre de 1989.

37.° Los empresarios del alumbrado público que faltaren a las reglas establecidas para su servicio, y los particulares que infringieren dichas reglas.

38.° El que indebidamente apagare el alumbrado público o del exterior de los edificios, o de los portales, teatros, u otros lugares de espectáculo o reunión, o el de las escaleras de los mismos.

Artículo 497. El dueño de ganados que entraren en heredad ajena cerrada y causaren daño, será castigado con multa, por cada cabeza de ganado:

1.° De una unidad tributaria mensual, si fuere vacuno, caballar, mular o asnal[775].

2.° De un quinto de unidad tributaria mensual, si fuere lanar o cabrío y la heredad tuviere arbolado[776].

3.° Del tanto del daño causado a un tercio más, si fuere de otra especie no comprendida en los números anteriores.

Esto mismo se observará si el ganado fuere lanar o cabrío y la heredad no tuviere arbolado.

TÍTULO SEGUNDO
DISPOSICIONES COMUNES A LAS FALTAS

Artículo 498. Los cómplices en las faltas serán castigados con una pena que no exceda de la mitad de la que corresponda a los autores.

Artículo 499. Caerán en comiso:

1.° Las armas que llevare el ofensor al hacer un daño o inferir injuria, si las hubiere mostrado.

2.° Las bebidas y comestibles deteriorados y nocivos.

---

[775] Este número fue modificado por la letra b) del artículo 1° de la Ley N° 19.450, publicada en el Diario Oficial el 18 de marzo de 1996.

[776] Este inciso fue modificado por la letra a) del artículo 1° de la Ley N° 19.501, publicada en el Diario Oficial el 15 de mayo de 1997, la que modificó a la Ley N° 19.450, publicada en el Diario Oficial el 18 de marzo de 1996.

3.° Los efectos falsificados, adulterados o averiados que se expendieren como legítimos o buenos.

4.° Los comestibles en que se defraudare al público en cantidad o calidad.

5.° Las medidas o pesos falsos.

6.° Los enseres que sirvan para juegos o rifas.

7.° Los efectos que se empleen para adivinaciones u otros engaños semejantes

Artículo 500. El comiso de los instrumentos y efectos de las faltas, expresados en el artículo anterior, lo decretará el tribunal a su prudente arbitrio según los casos y circunstancias.

Artículo 501. En las ordenanzas municipales y en los reglamentos generales o particulares que dictare en lo sucesivo la autoridad administrativa no se establecerán mayores penas que las señaladas en este libro, aun cuando hayan de imponerse en virtud de atribuciones gubernativas, a no ser que se determine otra cosa por leyes especiales.

TÍTULO FINAL
DE LA OBSERVANCIA DE ESTE CÓDIGO

Artículo final. El presente Código comenzará a regir el primero de marzo de mil ochocientos setenta y cinco, y en esa fecha quedarán derogadas las leyes y demás disposiciones preexistentes sobre todas las materias que en él se tratan.

Y por cuanto, oído el Consejo de Estado, he tenido a bien aprobarlo y sancionarlo; por tanto promúlguese y llévese a efecto en todas sus partes como ley de la República.

FEDERICO ERRÁZURIZ

JOSÉ MARÍA BARCELÓ

LEY 18.216
ESTABLECE PENAS QUE INDICA COMO SUSTITUTIVAS A LAS PENAS PRIVATIVAS O RESTRICTIVAS DE LIBERTAD

TÍTULO PRELIMINAR

Artículo 1. La ejecución de las penas privativas o restrictivas de libertad podrá sustituirse por el tribunal que las imponga, por alguna de las siguientes penas:

a) Remisión condicional.

b) Reclusión parcial.

c) Libertad vigilada.

d) Libertad vigilada intensiva.

e) Expulsión, en el caso señalado en el artículo 34.

f) Prestación de servicios en beneficio de la comunidad.

No procederá la facultad establecida en el inciso precedente ni la del artículo 33 de esta ley, tratándose de los autores de los delitos consumados previstos en los artículos 141, incisos tercero, cuarto y quinto; 142, 150 A, 150 B, 293, 361, 362, 363, 365 bis, 366 incisos primero y segundo, 366 bis, 372 bis, 390, 390 bis, 390 ter, 391 y 411 quáter del Código Penal; o de los delitos o cuasidelitos que se cometan empleando alguna de las armas o elementos mencionados en las letras a), b), c), d) y e) del artículo 2° y en el artículo 3° de la ley N.° 17.798, salvo en los casos en que en la determinación de la pena se hubiere considerado la circunstancia primera establecida en el artículo 11 del mismo Código. Tampoco procederá respecto de aquellos delitos contra la vida y la integridad física de funcionarios de Carabineros de Chile, Policía de Investigaciones y Gendarmería de Chile, o de funcionarios de las Fuerzas Armadas y servicios de su dependencia. En estos últimos dos supuestos, cuando los delitos se cometan mientras el funcionario ejerce funciones de resguardo del orden público, de protección de la infraestructura crítica, de resguardo de fronteras y/o funciones de fiscalización[777].

En ningún caso podrá imponerse la pena establecida en la letra f) del inciso primero a los condenados por crímenes o simples delitos señalados por las leyes números 20.000, 19.366 y 18.403. No se aplicará ninguna de las penas sustitutivas contempladas en esta ley a las personas que hubieren sido condenadas con anterioridad por alguno de dichos crímenes o simples delitos en virtud de sentencia ejecutoriada, hayan cumplido o no efectivamente la condena[778].

Tampoco podrán imponerse las penas establecidas en el inciso primero a los condenados por crímenes o simples delitos contemplados en la ley N.º 17.798[779].

Tratándose de simples delitos previstos en dicha ley, sólo procederán las penas sustitutivas de reclusión parcial y libertad vigilada intensiva[780].

Tampoco podrá el tribunal aplicar las penas señaladas en el inciso primero a los autores del delito consumado previsto en el artículo 436, inciso primero, del Código Penal, que hubiesen sido condenados anteriormente por alguno de los delitos contemplados en los artículos 433, 436 y 440 del mismo Código.

No regirán las prohibiciones dispuestas en los incisos anteriores respecto de quienes se les hubiere reconocido la circunstancia atenuante de cooperación eficaz, cuando ésta fuere procedente de conformidad con la ley[781].

---

[777] Inciso modificado por el numeral 1 del artículo cuarto de la Ley Nº 21.694, publicada en el Diario Oficial el 4 de septiembre de 2024. La misma ley suprimió el antiguo inciso segundo de la norma.

[778] Inciso modificado por el numeral 2 del artículo cuarto de la Ley Nº 21.694, publicada en el Diario Oficial el 4 de septiembre de 2024. La misma ley, en el numeral 3 del artículo cuarto, suprimió el antiguo inciso cuarto de la norma.

[779] Inciso modificado por el numeral 4 del artículo cuarto de la Ley Nº 21.694, publicada en el Diario Oficial el 4 de septiembre de 2024.

[780] Inciso modificado por el numeral 5 del artículo cuarto de la Ley Nº 21.694, publicada en el Diario Oficial el 4 de septiembre de 2024.

[781] Inciso incorporado por el numeral 6 del artículo cuarto de la Ley Nº 21.694, publicada en el Diario Oficial el 4 de septiembre de 2024.

Para los efectos de esta ley, no se considerarán las condenas por crimen o simple delito cumplidas, respectivamente, diez o cinco años antes de la comisión del nuevo ilícito.

Igualmente, si una misma sentencia impusiere a la persona dos o más penas privativas de libertad, se sumará su duración, y el total que así resulte se considerará como la pena impuesta a efectos de su eventual sustitución y para la aplicación de la pena mixta del artículo 33.

Artículo 2. En los casos de faltas, regirá lo dispuesto en el artículo 398 del Código Procesal Penal o en la ley N° 18.287, según sea el tribunal que conozca del proceso.

Artículo 2 bis. Las penas del artículo 1° y el régimen del artículo 33 sólo serán aplicables por los delitos previstos en los artículos 433, 436 inciso primero, 440, 443, 443 bis y 448 bis del Código Penal, a aquellos condenados respecto de quienes se tome la muestra biológica para la obtención de la huella genética, de acuerdo a las previsiones de la ley N° 19.970, sin perjuicio del cumplimiento de los requisitos que, para cada una de las penas sustitutivas o para el régimen intensivo del artículo 33, establecen esta ley y su reglamento.

Para el cumplimiento de lo dispuesto en el inciso anterior, el tribunal deberá ordenar la diligencia señalada en la respectiva sentencia. En aquellos casos en que el condenado, debidamente notificado, no compareciere para tales efectos, el tribunal podrá revocar la pena sustitutiva y ordenar que se cumpla la pena efectiva.

TÍTULO I
DE LA REMISIÓN CONDICIONAL Y DE LA RECLUSIÓN PARCIAL

Párrafo 1°
De la remisión condicional

Artículo 3. La remisión condicional consiste en la sustitución del cumplimiento de la pena privativa de libertad por la discreta observación y asistencia del condenado ante la autoridad administrativa durante cierto tiempo.

Artículo 4. La remisión condicional podrá decretarse:

a) Si la pena privativa o restrictiva de libertad que impusiere la sentencia no excediere de tres años;

b) Si el penado no hubiese sido condenado anteriormente por crimen o simple delito. En todo caso, no se considerarán para estos efectos las condenas cumplidas diez o cinco años antes, respectivamente, de la comisión del nuevo ilícito;

c) Si los antecedentes personales del condenado, su conducta anterior y posterior al hecho punible y la naturaleza, modalidades y móviles determinantes del delito permitieren presumir que no volverá a delinquir, y

d) Si las circunstancias indicadas en las letras b) y c) precedentes hicieren innecesaria una intervención o la ejecución efectiva de la pena.

Con todo, no procederá la remisión condicional como pena sustitutiva si el sentenciado fuere condenado por aquellos ilícitos previstos en los artículos 15, letra b), o 15 bis, letra b), debiendo el tribunal, en estos casos, imponer la pena de reclusión parcial, libertad vigilada o libertad vigilada intensiva, si procediere.

Artículo 5. Al aplicar esta sanción, el tribunal establecerá un plazo de observación que no será inferior al de la duración de la pena, con un mínimo de un año y un máximo de tres, e impondrá al condenado las siguientes condiciones:

a) Residencia en un lugar determinado, que podrá ser propuesto por el condenado. Éste podrá ser cambiado, en casos especiales, según la calificación efectuada por Gendarmería de Chile;

b) Sujeción al control administrativo y a la asistencia de Gendarmería de Chile, en la forma que precisará el reglamento. Dicho servicio recabará anualmente, al efecto, un certificado de antecedentes prontuariales, y

c) Ejercicio de una profesión, oficio, empleo, arte, industria o comercio, si el condenado careciere de medios conocidos y honestos de subsistencia y no poseyere la calidad de estudiante.

Artículo 6. Derogado.

Párrafo 2°
De la reclusión parcial

Artículo 7. La pena de reclusión parcial consiste en el encierro en el domicilio del condenado o en establecimientos especiales, durante cincuenta y seis horas semanales. La reclusión parcial podrá ser diurna, nocturna o de fin de semana, conforme a los siguientes criterios:

1) La reclusión diurna consistirá en el encierro en el domicilio del condenado, durante un lapso de ocho horas diarias y continuas, las que se fijarán entre las ocho y las veintidós horas.

2) La reclusión nocturna consistirá en el encierro en el domicilio del condenado o en establecimientos especiales, entre las veintidós horas de cada día hasta las seis horas del día siguiente.

3) La reclusión de fin de semana consistirá en el encierro en el domicilio del condenado o en establecimientos especiales, entre las veintidós horas del día viernes y las seis horas del día lunes siguiente.

Para el cumplimiento de la reclusión parcial, el juez preferirá ordenar su ejecución en el domicilio del condenado, estableciendo como mecanismo de control de la misma el sistema de monitoreo telemático, salvo que Gendarmería de Chile informe desfavorablemente la factibilidad técnica de su imposición, de conformidad a lo dispuesto en los artículos 23 bis y siguientes de esta ley. En tal caso, entendido como excepcional, se podrán decretar otros mecanismos de control similares, en la forma que determine el tribunal.

Para los efectos de esta ley, se entenderá por domicilio la residencia regular que el condenado utilice para fines habitacionales.

Artículo 8. La reclusión parcial podrá disponerse:

a) Si la pena privativa o restrictiva de libertad que impusiere la sentencia no excediere de tres años;

b) Si el penado no hubiese sido condenado anteriormente por crimen o simple delito, o lo hubiese sido a una pena privativa o restrictiva de libertad que no excediere de dos años, o a más de una, siempre que en total no superaren de dicho límite. En todo caso, no se considerarán para estos efectos las condenas cumplidas diez o cinco años antes, respectivamente, de la comisión del nuevo ilícito. No obstante lo anterior, si dentro de los diez o cinco años anteriores, según corresponda, a la comisión del nuevo crimen o simple delito, le hubieren sido impuestas dos reclusiones parciales, no será procedente la aplicación de esta pena sustitutiva. Respecto de los delitos comprendidos en los Párrafos 1 a 4 bis del Título IX del Libro Segundo y en el artículo 456 bis A, todos del Código Penal, con excepción de aquellos contemplados en los artículos 438; 448, inciso primero, y 448 quinquies de ese cuerpo legal, no será procedente la aplicación de esta pena sustitutiva si dentro de los diez o cinco años anteriores, según corresponda, a la comisión del nuevo crimen o simple delito, le hubiere sido impuesta al condenado una reclusión parcial, y

c) Si existieren antecedentes laborales, educacionales o de otra naturaleza similar que justificaren la pena, así como si los antecedentes personales del condenado, su conducta anterior y posterior al hecho punible y la naturaleza, modalidades y móviles determinantes del delito, permitieren presumir que la pena de reclusión parcial lo disuadirá de cometer nuevos ilícitos.

Artículo 9. Para los efectos de la conversión de la pena inicialmente impuesta, se computarán ocho horas continuas de reclusión parcial por cada día de privación o restricción de libertad.

Artículo 10. Derogado.

Artículo 10 bis. Derogado.

Artículo 11. Derogado.

Artículo 12. Derogado.

Párrafo 3º
Prestación de servicios en beneficio de la comunidad

Artículo 10. La pena de prestación de servicios en beneficio de la comunidad consiste en la realización de actividades no remuneradas a favor de la colectividad o en beneficio de personas en situación de precariedad, coordinadas por un delegado de Gendarmería de Chile.

El trabajo en beneficio de la comunidad será facilitado por Gendarmería de Chile, pudiendo establecer los convenios que estime pertinentes para tal fin con organismos públicos y privados sin fines de lucro.

Artículo 11. La pena de prestación de servicios en beneficio de la comunidad podrá decretarse por el juez si se cumplen, copulativamente, los siguientes requisitos:

a) Si la pena originalmente impuesta fuere igual o inferior a trescientos días.

b) Si existieren antecedentes laborales, educacionales o de otra naturaleza similar que justificaren la pena, o si los antecedentes personales del condenado, su conducta anterior y posterior al hecho punible y la naturaleza, modalidades y móviles determinantes del delito permitieren presumir que la pena de prestación de servicios en beneficio de la comunidad lo disuadirá de cometer nuevos ilícitos.

c) Si concurriere la voluntad del condenado de someterse a esta pena. El juez deberá informarle acerca de las consecuencias de su incumplimiento.

Esta pena procederá por una sola vez y únicamente para el caso en que los antecedentes penales anteriores del condenado hicieren improcedente la aplicación de las demás penas sustitutivas establecidas en la presente ley.

Artículo 12. La duración de la pena de prestación de servicios en beneficio de la comunidad se determinará considerando cuarenta horas de trabajo comunitario por cada treinta días de privación de libertad. Si la pena originalmente impuesta fuere superior a treinta días de privación de libertad, corresponderá hacer el cálculo proporcional para determinar el número exacto de horas por las que se extenderá la sanción. En todo caso, la pena impuesta no podrá extenderse por más de ocho horas diarias.

Si el condenado aportare antecedentes suficientes que permitieren sostener que trabaja o estudia regularmente, el juez deberá compatibilizar las reglas anteriores con el régimen de estudio o trabajo del condenado.

Artículo 12 bis. En caso de decretarse la sanción de prestación de servicios en beneficio de la comunidad, el delegado de Gendarmería de Chile responsable de gestionar su cumplimiento informará al tribunal que dictó la sentencia, dentro de los treinta días siguientes a la fecha en que la condena se encontrare firme o ejecutoriada, el lugar donde ella se llevará a cabo, el tipo de servicio que se prestará y el calendario de su ejecución. El mencionado tribunal notificará lo anterior al Ministerio Público y al defensor.

Artículo 12 ter. Los delegados de prestación de servicios en beneficio de la comunidad son funcionarios dependientes de Gendarmería de Chile, encargados de supervisar la correcta ejecución de esta pena sustitutiva.

La habilitación para ejercer las funciones de delegado de prestación de servicios en beneficio de la comunidad será otorgada por el Ministerio de Justicia a quienes acrediten idoneidad y preparación, en la forma que determine el reglamento.

Sin perjuicio de lo anterior, para desempeñar el cargo de delegado de prestación de servicios en beneficio de la comunidad se requiere poseer título profesional de una carrera de al menos ocho semestres de duración, otorgado por una universidad o instituto profesional reconocidos por el Estado o su equivalente, en el caso de profesionales titulados en universidades extranjeras.

Párrafo 4º
Normas especiales

Artículo 13. Si alguna de las penas establecidas en este Título se impusiere al personal de las Fuerzas Armadas y Carabineros de Chile mientras esté en servicio, se observarán las normas siguientes:

a) En el caso de aplicarse la remisión condicional, el control administrativo y la asistencia del sujeto se ejercerá por el juez institucional respectivo, quien podrá delegar tal facultad en la autoridad que estime conveniente y que corresponda a la institución a que perteneciere el condenado, como asimismo, solicitar se revoque la sustitución de la pena, en caso de incumplimiento, y

b) En el caso de aplicarse la pena de reclusión parcial en establecimientos especiales, ésta se cumplirá en la unidad militar o policial a que perteneciere el condenado.

Se entenderá que concurren las condiciones señaladas en las letras a) y c) del artículo 5°, por el solo hecho de permanecer el condenado en servicio.

Si el condenado dejare de pertenecer a la institución durante la época de cumplimiento de alguna de las penas establecidas en este Título, el tiempo de sujeción a la vigilancia del juez institucional o de permanencia en reclusión parcial en la unidad militar o policial correspondiente, se computará como período sometido a la vigilancia de Gendarmería de Chile o como tiempo cumplido en un establecimiento penal, según el caso. Este tiempo le será computable, además, para los efectos previstos en el artículo 2°, letra d), del decreto ley N° 409, de 1932. El lapso que restare se cumplirá de acuerdo con las normas generales.

Artículo 13 bis. En caso de aplicarse la pena de prestación de servicios en beneficio de la comunidad, el juez podrá, de oficio o a solicitud del condenado, efectuar un control sobre las condiciones de su cumplimiento, debiendo citar, en ese caso, a una audiencia de seguimiento durante el período que dure su ejecución.

Al concluir dicho período, el delegado responsable de gestionar el cumplimiento de la pena remitirá al tribunal un informe sobre la ejecución efectiva de la misma.

TÍTULO II
DE LA LIBERTAD VIGILADA Y LA LIBERTAD VIGILADA INTENSIVA

Párrafo 1°
De la libertad vigilada y la libertad vigilada intensiva

Artículo 14. La libertad vigilada consiste en someter al penado a un régimen de libertad a prueba que tenderá a su reinserción social a través de una intervención individualizada, bajo la vigilancia y orientación permanentes de un delegado.

La libertad vigilada intensiva consiste en la sujeción del condenado al cumplimiento de un programa de actividades orientado a su reinserción social en el ámbito personal, comunitario y laboral, a través de una intervención individualizada y bajo la aplicación de ciertas condiciones especiales.

Artículo 15. La libertad vigilada podrá decretarse:

a) Si la pena privativa o restrictiva de libertad que impusiere la sentencia fuere superior a dos años y no excediere de tres, o

b) Si se tratare de alguno de los delitos contemplados en el artículo 4° de la ley N° 20.000, que sanciona el tráfico ilícito de estupefacientes y sustancias sicotrópicas, o en los incisos segundo y tercero del artículo 196 del decreto con fuerza de ley N° 1, de 2009, del Ministerio de Transportes y Telecomunicaciones, que fija el texto refundido, coordinado y sistematizado de la Ley de Tránsito, y la pena privativa o restrictiva de libertad que se impusiere fuere superior a quinientos cuarenta días y no excediere de tres años.

En los casos previstos en las dos letras anteriores, deberá cumplirse, además, lo siguiente:

1.- Que el penado no hubiere sido condenado anteriormente por crimen o simple delito. En todo caso, no se considerarán para estos efectos las condenas cumplidas diez o cinco años antes, respectivamente, del ilícito sobre el que recayere la nueva condena, y

2.- Que los antecedentes sociales y características de personalidad del condenado, su conducta anterior y posterior al hecho punible y la naturaleza, modalidades y móviles determinantes del delito permitieren concluir que una intervención individualizada de conformidad al artículo 16 de esta ley, parece eficaz en el caso específico, para su efectiva reinserción social. Dichos antecedentes deberán ser aportados por los intervinientes antes del pronunciamiento de la sentencia o en la oportunidad prevista en el artículo 343 del Código Procesal Penal. Excepcionalmente, si éstos no fueren aportados en dicha instancia, podrá el juez solicitar informe a Gendarmería de Chile, pudiendo suspender la determinación de la pena dentro del plazo previsto en el artículo 344 del Código Procesal Penal.

Artículo 15 bis. La libertad vigilada intensiva podrá decretarse:

a) Si la pena privativa o restrictiva de libertad que impusiere la sentencia fuere superior a tres años y no excediere de cinco, o

b) Si se tratare de alguno de los delitos establecidos en los artículos 296, 297, 390, 390 bis, 390 ter, 391, 395, 396, 397, 398 o 399 del Código Penal, cometidos en el contexto de violencia intrafamiliar, y aquellos contemplados en los artículos 363, 365 bis, 366, 366 bis, 366 quáter, 367, 367 ter, 367 quáter inciso segundo, y 411 ter del mismo Código, y la pena privativa o restrictiva de libertad que se impusiere fuere superior a quinientos cuarenta días y no excediere de cinco años.

En los casos previstos en las dos letras anteriores, deberán cumplirse, además, las condiciones indicadas en ambos numerales del inciso segundo del artículo anterior.

Artículo 16. Al imponer la pena de libertad vigilada o libertad vigilada intensiva, el tribunal establecerá un plazo de intervención igual al que correspondería cumplir si se aplicara efectivamente la pena privativa o restrictiva de libertad que se sustituye.

El delegado que hubiere sido designado para el control de estas penas, deberá proponer al tribunal que hubiere dictado la sentencia, en un plazo máximo de cuarenta y cinco días, un plan de intervención individual, el que deberá comprender la realización de actividades tendientes a la rehabilitación y reinserción social del condenado, tales como la nivelación escolar, la participación en actividades de capacitación o inserción laboral, o de intervención especializada de acuerdo a su perfil. El plan deberá considerar el acceso efectivo del condenado a los servicios y recursos de la red intersectorial, e indicar con claridad los objetivos perseguidos con las actividades programadas y los resultados esperados.

El juez, a propuesta del respectivo delegado, podrá ordenar que el condenado sea sometido, en forma previa, a los exámenes médicos, psicológicos o de otra naturaleza que parezcan necesarios para efectos de la elaboración del plan de intervención individual. En tal caso, podrá suspenderse el plazo a que se refiere el inciso anterior por un máximo de 60 días.

Una vez aprobado judicialmente el plan, el delegado informará al juez acerca de su cumplimiento, de conformidad a lo dispuesto en el artículo 23 de esta ley.

Sin perjuicio de lo anterior, el delegado podrá proponer al juez la reducción del plazo de intervención, o bien, el término anticipado de la pena, en los casos que considere que el condenado ha dado cumplimiento a los objetivos del plan de intervención.

Artículo 17. Al decretar la pena sustitutiva de libertad vigilada o de libertad vigilada intensiva, el tribunal impondrá al condenado las siguientes condiciones:

a) Residencia en un lugar determinado, el que podrá ser propuesto por el condenado, debiendo, en todo caso, corresponder a una ciudad en que preste funciones un delegado de libertad vigilada o de libertad vigilada intensiva. La residencia podrá ser cambiada en casos especiales calificados por el tribunal y previo informe del delegado respectivo;

b) Sujeción a la vigilancia y orientación permanentes de un delegado por el período fijado, debiendo el condenado cumplir todas las normas de conducta y las instrucciones que aquél imparta respecto a educación, trabajo, morada, cuidado del núcleo familiar, empleo del tiempo libre y cualquiera otra que sea pertinente para una eficaz intervención individualizada, y

c) Ejercicio de una profesión, oficio, empleo, arte, industria o comercio, bajo las modalidades que se determinen en el plan de intervención individual, si el condenado careciere de medios conocidos y honestos de subsistencia y no poseyere la calidad de estudiante.

Artículo 17 bis. Junto con la imposición de las condiciones establecidas en el artículo anterior, si el condenado presentare un consumo problemático de drogas o alcohol, el tribunal deberá imponerle, en la misma sentencia, la obligación de asistir a programas de tratamiento de rehabilitación de dichas sustancias, de acuerdo a lo señalado en este artículo.

Para estos efectos, durante la etapa de investigación, los intervinientes podrán solicitar al tribunal que decrete la obligación del imputado de asistir a una evaluación por un médico calificado por el Servicio de Salud correspondiente para determinar si éste presenta o no consumo problemático de drogas o alcohol. El juez accederá a lo solicitado si existieren antecedentes que permitan presumir dicho consumo problemático.

La Secretaría Regional Ministerial de Justicia, previo informe de la Secretaría Regional Ministerial de Salud, entregará a la Corte de Apelaciones respectiva la nómina de facultativos habilitados para practicar los exámenes y remitir los informes a que se refiere este artículo.

Si se decretare la evaluación y el imputado se resistiere o negare a la práctica de el o los exámenes correspondientes, el juez podrá considerar dicha resistencia o negativa como antecedente para negar la sustitución de la pena privativa o restrictiva de libertad.

La obligación de someterse a un tratamiento podrá consistir en la asistencia a programas ambulatorios, la internación en centros especializados o una combinación de ambos tipos de tratamiento. El plazo de la internación no podrá ser superior al total del tiempo de la pena sustitutiva. Lo anterior deberá enmarcarse dentro del plan de intervención individual aprobado judicialmente.

Habiéndose decretado la obligación de someterse a tratamiento, el delegado informará mensualmente al tribunal respecto del desarrollo del mismo. El juez efectuará un control periódico del cumplimiento de esta condición, debiendo citar bimestralmente a audiencias de seguimiento, durante todo el período que dure el tratamiento, sin perjuicio de lo dispuesto en el artículo 23 de esta ley.

Artículo 17 ter. En caso de imponerse la libertad vigilada intensiva deberán decretarse, además, una o más de las siguientes condiciones:

a) Prohibición de acudir a determinados lugares;

b) Prohibición de aproximarse a la víctima, o a sus familiares u otras personas que determine el tribunal, o de comunicarse con ellos;

c) Obligación de mantenerse en el domicilio o lugar que determine el juez, durante un lapso máximo de ocho horas diarias, las que deberán ser continuas, y

d) Obligación de cumplir programas formativos, laborales, culturales, de educación vial, sexual, de tratamiento de la violencia u otros similares.

Artículo 17 quáter. El control del delegado en las penas sustitutivas de libertad vigilada y libertad vigilada intensiva, se ejecutará en base a las medidas de supervisión que sean aprobadas por el tribunal, las que incluirán la asistencia obligatoria del condenado a encuentros periódicos previamente fijados con el delegado y a programas de intervención psicosocial. Tratándose de la libertad vigilada intensiva, el tribunal considerará, especialmente, la periodicidad e intensidad en la aplicación del plan de intervención individualizada.

Artículo 18. El Estado, a través de los organismos pertinentes, promoverá y fortalecerá especialmente la formación educacional, la capacitación y la colocación laboral de los condenados a la pena sustitutiva de libertad vigilada y a la de libertad vigilada intensiva, con el fin de permitir e incentivar su inserción al trabajo. Asimismo, el delegado deberá apoyar y articular el acceso del condenado a la red de protección del Estado, particularmente, en las áreas de salud mental, educación, empleo y de desarrollo comunitario y familiar, según se requiera.

Los organismos estatales y comunitarios que otorguen servicios pertinentes a salud, educación, capacitación profesional, empleo, vivienda, recreación y otros similares, deberán considerar especialmente toda solicitud que los delegados de libertad vigilada formularen para el adecuado tratamiento de las personas sometidas a su orientación y vigilancia.

Artículo 19. Derogado.

Párrafo 2°
De los delegados de libertad vigilada y de libertad vigilada intensiva

Artículo 20. Los delegados de libertad vigilada y de libertad vigilada intensiva son funcionarios de Gendarmería de Chile, encargados de conducir el proceso de reinserción social de la persona condenada a la pena sustitutiva de la libertad vigilada y libertad vigilada intensiva, mediante la intervención, orientación y supervisión de los condenados, a fin de evitar su reincidencia y facilitar su integración a la sociedad.

La habilitación para ejercer las funciones de delegado de libertad vigilada y de libertad vigilada intensiva será otorgada por el Ministerio de Justicia a quienes acrediten idoneidad y preparación, en la forma que determine el reglamento.

Artículo 20 bis. Sin perjuicio de los restantes requisitos que señale el reglamento, para desempeñar el cargo de delegado de libertad vigilada y libertad vigilada intensiva se requiere:

a) Poseer el título de psicólogo o asistente social, otorgado por una universidad reconocida por el Estado o su equivalente, en el caso de profesionales titulados en universidades extranjeras;

b) Experiencia mínima de un año en el área de la intervención psicosocial, y

c) Aprobar el curso de habilitación de delegado de libertad vigilada y libertad vigilada intensiva.

Artículo 21. El Ministerio de Justicia podrá celebrar convenios con personas naturales o jurídicas, estatales o privadas, para el control de la libertad vigilada y de la libertad vigilada intensiva, quienes deberán ejercer este cometido por intermedio de delegados habilitados para el ejercicio de estas funciones y en conformidad con las normas que fije el reglamento.

Artículo 22. Un reglamento establecerá las normas relativas a la organización de los sistemas de libertad vigilada y de libertad vigilada intensiva, incluyendo los programas, las características y los aspectos particulares que éstos deberán tener. El Ministerio de Justicia impartirá las normas técnicas que sean necesarias a este respecto y evaluará, periódicamente, su cumplimiento y los resultados de dichos sistemas.

Artículo 23. Los delegados de libertad vigilada deberán informar al respectivo tribunal, al menos semestralmente, sobre la evolución y cumplimiento del plan de intervención individualizada impuesto por el juez a las personas sometidas a su vigilancia y orientación. Emitirán, además, los informes que los tribunales les soliciten sobre esta materia cada vez que ellos fueren requeridos.

Lo mismo les será aplicable a los delegados de libertad vigilada intensiva, quienes informarán al respectivo tribunal al menos trimestralmente.

En todo caso, el tribunal citará a lo menos anualmente a una audiencia de revisión de la libertad vigilada y, a lo menos, semestralmente, en el caso de la libertad vigilada intensiva.

A estas audiencias deberán comparecer el condenado y su defensor.

En el caso del delegado de libertad vigilada o de libertad vigilada intensiva, el tribunal podrá estimar como suficiente la entrega del informe periódico que se remita por el delegado, salvo que solicite su comparecencia personal.

El Ministerio Público podrá comparecer cuando lo estimare procedente.

TÍTULO III
DEL MONITOREO TELEMÁTICO

Artículo 23 bis. Se entenderá por monitoreo telemático toda supervisión por medios tecnológicos de las penas establecidas por esta ley.

Dicho control podrá ser utilizado para la supervisión de las penas de reclusión parcial y de libertad vigilada intensiva.

Tratándose de la pena de libertad vigilada intensiva prevista en el artículo 15 bis, el monitoreo sólo se utilizará para el control de los delitos establecidos en la letra b) de dicho precepto. Para decretarlo, el tribunal tendrá en cuenta las circunstancias de comisión del delito y especialmente las necesidades de protección de la víctima.

Si se estimare conveniente que la víctima porte un dispositivo de control para su protección, el tribunal requerirá, en forma previa a su entrega, el consentimiento de aquélla. En cualquier caso, la ausencia de dicho consentimiento no obstará a que el tribunal pueda imponer al condenado la medida de monitoreo telemático.

A fin de resolver acerca de la imposición de esta medida de control, el tribunal deberá considerar la factibilidad técnica informada por Gendarmería de Chile para cada caso particular. Este informe deberá ser presentado en la oportunidad prevista en el artículo 343 del Código Procesal Penal. La elaboración del informe podrá solicitarse a Gendarmería de Chile directamente por el fiscal, el defensor o el tribunal en subsidio, durante la etapa de investigación.

Este mecanismo se aplicará por un plazo igual al de la duración de la pena sustitutiva que se impusiere.

Sin perjuicio de lo anterior, a solicitud del condenado, el tribunal podrá citar a una audiencia a fin de resolver acerca de la mantención, modificación o cesación de esta medida. En este caso, podrá ordenar la modificación o cesación de la medida cuando hubieren variado las circunstancias consideradas al momento de imponer esta supervisión.

Artículo 23 bis A. Tratándose del régimen de pena mixta, previsto en el artículo 33 de esta ley, la supervisión a través de monitoreo telemático será obligatoria durante todo el período de la libertad vigilada intensiva.

Artículo 23 ter. Toda orden de aplicación del mecanismo de monitoreo contemplado en el artículo anterior, deberá ser expedida por escrito por el tribunal, y contendrá los siguientes datos:

a) Identificación del proceso;

b) Identificación del condenado;

c) La fecha de inicio y de término de la aplicación del mecanismo de control, y

d) Todos aquellos datos que el tribunal estimare importantes para su correcta aplicación.

Artículo 23 quáter. La responsabilidad de la administración del dispositivo será de cargo de Gendarmería de Chile, institución que podrá contratar servicios externos para estos efectos, de conformidad a la ley Nº 19.886, de Bases sobre Contratos Administrativos de Suministro y Prestación de Servicios.

Los requisitos y características técnicas del sistema de monitoreo telemático, así como los procedimientos para su instalación, administración y retiro, serán regulados en el reglamento a que alude el artículo 23 octies.

Artículo 23 quinquies. La información obtenida en la aplicación del sistema de monitoreo telemático sólo podrá ser utilizada para controlar el cumplimiento de la pena sustitutiva de que se trate. Sin perjuicio de lo anterior, podrá ser utilizada por un fiscal del Ministerio Público que se encontrare conduciendo una investigación en la cual el condenado sometido a monitoreo telemático apareciere como imputado. Para ello, el fiscal deberá solicitar previamente autorización al juez de garantía, en conformidad con lo previsto en los artículos 9º y 236 del Código Procesal Penal.

Cuando se pusiere término a la utilización del monitoreo telemático, y transcurridos dos años desde el cumplimiento de la condena, Gendarmería de Chile procederá a la destrucción de la información proporcionada por este sistema, en la forma que determine el reglamento al que se refiere el artículo 23 octies.

El que conociendo, en razón de su cargo, la información a que alude el inciso anterior, la revelare indebidamente, será sancionado con la pena prevista en el inciso primero del artículo 246 del Código Penal.

Artículo 23 sexies. El sujeto afecto al sistema de control de monitoreo que dolosamente arrancare, destruyere, hiciere desaparecer o, en general, inutilizare de cualquier forma el dispositivo, responderá por el delito de daños, de conformidad a lo establecido en los artículos 484 y siguientes del Código Penal, sin perjuicio de lo dispuesto en los artículos 25 y 27 de esta ley.

Asimismo, si por cualquier circunstancia el dispositivo de monitoreo quedare inutilizado o sufriere un desperfecto, pudiendo advertirlo el condenado, éste deberá informarlo a la brevedad a Gendarmería de Chile. En caso de no hacerlo, el tribunal podrá otorgar mérito suficiente a dicha omisión para dejar sin efecto la sustitución de la pena, de conformidad con lo dispuesto en el artículo 25 de esta ley.

Artículo 23 septies. La instalación, mantención y utilización de los dispositivos de control telemático de que trata esta ley, serán siempre gratuitas para los sujetos afectos al sistema de monitoreo telemático.

Artículo 23 octies. Las normas referidas al mecanismo de control de monitoreo telemático contenidas en este Título, se aplicarán en conformidad a un reglamento especialmente dictado al efecto, el que será suscrito por los Ministros de Justicia y de Hacienda.

TÍTULO IV
DEL INCUMPLIMIENTO Y EL QUEBRANTAMIENTO

Párrafo 1°
Disposiciones generales

Artículo 24. El tribunal, dentro de las cuarenta y ocho horas siguientes desde que se encuentre firme y ejecutoriada la sentencia, deberá informar a Gendarmería de Chile respecto de la imposición de alguna de las penas sustitutivas establecidas en esta ley.

El condenado a una pena sustitutiva deberá presentarse a Gendarmería de Chile dentro del plazo de cinco días, contado desde que estuviere firme y ejecutoriada la sentencia. Si transcurrido el referido plazo el condenado no se presentare a cumplirla, dicho organismo informará al tribunal de tal situación. Con el mérito de esta comunicación, el juez podrá despachar inmediatamente una orden de detención.

Artículo 25. Para determinar las consecuencias que se impondrán en caso de incumplimiento del régimen de ejecución de las penas sustitutivas de que trata esta ley, se observarán las siguientes reglas:

1.- Tratándose de un incumplimiento grave o reiterado de las condiciones impuestas y atendidas las circunstancias del caso, el tribunal deberá revocar la pena sustitutiva impuesta o reemplazarla por otra pena sustitutiva de mayor intensidad.

2.- Tratándose de otros incumplimientos injustificados, el tribunal deberá imponer la intensificación de las condiciones de la pena sustitutiva. Esta intensificación consistirá en establecer mayores controles para el cumplimiento de dicha pena.

Artículo 26. La decisión del tribunal de dejar sin efecto la pena sustitutiva, sea como consecuencia de un incumplimiento o por aplicación de lo dispuesto en el artículo siguiente, someterá al condenado al cumplimiento del saldo de la pena inicial, abonándose a su favor el tiempo de ejecución de dicha pena sustitutiva de forma proporcional a la duración de ambas.

Tendrán aplicación, en su caso, las reglas de conversión del artículo 9º de esta ley.

Artículo 27. Las penas sustitutivas reguladas en esta ley siempre se considerarán quebrantadas por el solo ministerio de la ley y darán lugar a su revocación, si durante su cumplimiento el condenado cometiere nuevo crimen o simple delito y fuere condenado por sentencia firme.

Artículo 28. Recibida por el tribunal la comunicación de un incumplimiento de condiciones, deberá citar al condenado a una audiencia que se celebrará dentro del plazo de quince días, en la que se discutirá si efectivamente se produjo un incumplimiento de condiciones o, en su caso, un quebrantamiento. Dicha resolución se notificará por cédula al condenado.

El condenado tendrá derecho a asistir a la audiencia con un abogado y, si no dispusiere de uno, el Estado deberá designarle un defensor penal público.

Las audiencias se regirán conforme a lo dispuesto en el Código Procesal Penal, en lo que fuere pertinente. En todo caso, si fuere necesario presentar prueba para acreditar algún hecho, no regirán las reglas sobre presentación de prueba en el juicio oral, debiendo procederse desformalizadamente.

Párrafo 2°
Normas especiales para la pena de prestación de servicios en beneficio de la comunidad

Artículo 29. En caso de incumplimiento de la pena de prestación de servicios en beneficio de la comunidad, el delegado deberá informar al tribunal competente.

El tribunal citará a una audiencia para resolver sobre la mantención o la revocación de la pena.

Artículo 30. El juez deberá revocar la pena de prestación de servicios en beneficio de la comunidad cuando expresamente el condenado solicitare su revocación o por aplicación de lo dispuesto en el artículo 27 de esta ley.

Adicionalmente, podrá revocarla, previo informe del delegado, cuando el condenado se encontrare en alguna de las siguientes situaciones:

a) Se ausentare del trabajo en beneficio de la comunidad que estuviere realizando, durante al menos dos jornadas laborales. Si el penado faltare al trabajo por causa justificada, no se entenderá dicha ausencia como abandono de la actividad.

b) Su rendimiento en la ejecución de los servicios fuere sensiblemente inferior al mínimo exigible, a pesar de los requerimientos del responsable del centro de trabajo.

c) Se opusiere o incumpliere en forma reiterada y manifiesta las instrucciones que se le dieren por el responsable del centro de trabajo.

Artículo 31. Habiéndose decretado la revocación de la pena de prestación de servicios en beneficio de la comunidad, se abonará al tiempo de reclusión un día por cada ocho horas efectivamente trabajadas.

Si el tribunal no revocare la pena, podrá ordenar que su cumplimiento se ejecute en un lugar distinto a aquel en que originalmente se desarrollaba. En este caso, y para efectos del cómputo de la pena, se considerará el período efectivamente trabajado con anterioridad, en los términos del inciso anterior.

TÍTULO V
DEL REEMPLAZO DE LA PENA SUSTITUTIVA Y LAS PENAS MIXTAS

Párrafo 1°
Del reemplazo de la pena sustitutiva

Artículo 32. Sin perjuicio de lo dispuesto en el artículo 25 de esta ley, una vez cumplida la mitad del período de observación de la pena sustitutiva respectiva, y previo informe favorable de Gendarmería de Chile, el tribunal, de oficio o a petición de parte, podrá reemplazar la pena conforme a lo siguiente:

a) En caso que la pena sustitutiva que se encontrare cumpliendo el condenado fuere la libertad vigilada intensiva, podrá sustituirla por la libertad vigilada.

b) En caso que la pena sustitutiva que se encontrare cumpliendo el condenado fuere la libertad vigilada, podrá sustituirla por la remisión condicional.

Cuando a un penado se le hubiere sustituido la libertad vigilada intensiva por la libertad vigilada, sólo podrá reemplazarse esta última por la remisión condicional si se contare con informe favorable de Gendarmería de Chile y el condenado hubiere cumplido más de dos tercios de la pena originalmente impuesta.

Para estos efectos, el tribunal citará a los intervinientes a audiencia, en la que examinará los antecedentes, oirá a los presentes y resolverá.

En caso que el tribunal se pronunciare rechazando el reemplazo de la pena sustitutiva, éste no podrá discutirse nuevamente sino hasta transcurridos seis meses desde de su denegación.

Párrafo 2°
De las penas mixtas

Artículo 33. El tribunal podrá, de oficio o a petición de parte, previo informe favorable de Gendarmería de Chile, disponer la interrupción de la pena privativa de libertad originalmente impuesta, reemplazándola por el régimen de libertad vigilada intensiva, siempre que concurran los siguientes requisitos:

a) Que la sanción impuesta al condenado fuere de cinco años y un día de presidio o reclusión mayor en su grado mínimo, u otra pena inferior;

b) Que al momento de discutirse la interrupción de la pena privativa de libertad, el penado no registrare otra condena por crimen o simple delito, sin perjuicio de lo dispuesto en el inciso segundo del artículo 15 bis;

c) Que el penado hubiere cumplido al menos un tercio de la pena privativa de libertad de manera efectiva, y

d) Que el condenado hubiere observado un comportamiento calificado como "muy bueno" o "bueno" en los tres bimestres anteriores a su solicitud, de conformidad a lo dispuesto en el decreto supremo N° 2.442, de 1926, del Ministerio de Justicia, Reglamento de la Ley de Libertad Condicional.

En el caso que el tribunal dispusiere la interrupción de la pena privativa de libertad, reemplazándola por el régimen de libertad vigilada intensiva, ésta deberá ser siempre controlada mediante monitoreo telemático.

Para estos efectos, el informe de Gendarmería de Chile a que se refiere el inciso primero, deberá contener lo siguiente:

1) Una opinión técnica favorable que permita orientar sobre los factores de riesgo de reincidencia, a fin de conocer las posibilidades del condenado para reinsertarse adecuadamente en la sociedad, mediante una pena a cumplir en libertad. Dicha opinión contendrá, además, los antecedentes sociales y las características de personalidad del condenado y una propuesta de plan de intervención individual que deberá cumplirse en libertad. Considerará, asimismo, la existencia de investigaciones formalizadas o acusaciones vigentes en contra del condenado.

2) Informe de comportamiento, de conformidad a lo dispuesto en el decreto supremo N° 2.442, de 1926, del Ministerio de Justicia, Reglamento de la Ley de Libertad Condicional.

3) Factibilidad técnica de la aplicación del monitoreo telemático, la cual incluirá aspectos relativos a la conectividad de las comunicaciones en el domicilio y la comuna que fije el condenado para tal efecto.

Con lo anterior, el tribunal citará a los intervinientes a audiencia, en la que examinará los antecedentes, oirá a los presentes y resolverá.

En dicha audiencia, el tribunal podrá requerir a Gendarmería de Chile mayores antecedentes respecto a la factibilidad técnica del monitoreo.

En caso de disponerse la interrupción de la pena privativa de libertad, el tribunal fijará el plazo de observación de la libertad vigilada intensiva por un período igual al de duración de la pena que al condenado le restare por cumplir. Además, determinará las condiciones a que éste quedará sujeto conforme a lo prescrito en los artículos 17, 17 bis y 17 ter de esta ley.

Si el tribunal no otorgare la interrupción de la pena regulada en este artículo, ésta no podrá discutirse nuevamente sino hasta transcurridos seis meses desde de su denegación.

Si el penado cumpliere satisfactoriamente la pena de libertad vigilada intensiva, el tribunal lo reconocerá en una resolución fundada, remitiendo el saldo de la pena privativa de libertad interrumpida y teniéndola por cumplida con el mérito de esta resolución.

Los condenados que fueren beneficiados con la interrupción de la pena privativa de libertad no podrán acceder al reemplazo de la pena sustitutiva a que se refiere el artículo 32 de esta ley.

Párrafo 3°
De la regla especial aplicable a los extranjeros

Artículo 34. Si el condenado a una pena igual o inferior a cinco años de presidio o reclusión menor en su grado máximo fuere un extranjero que no residiere legalmente en el país, el juez, de oficio o a petición de parte, podrá sustituir el cumplimiento de dicha pena por la expulsión de aquél del territorio nacional. La misma sustitución se aplicará respecto del extranjero que resida legalmente en el país, a menos que el juez, fundadamente, establezca que su arraigo en el país aconseje no aplicar esta medida, debiendo recabar para estos efectos un informe técnico al Servicio Nacional de Migraciones, el que deberá ser evacuado al tenor del artículo 129 de la Ley de Migración y Extranjería. No procederá esta sustitución respecto de los delitos cometidos con infracción de la ley Nº 20.000 y de los incisos segundo, tercero, cuarto y quinto del artículo 168 de la Ordenanza de Aduanas, ni de los condenados por los delitos contemplados en el párrafo V bis, de los delitos de tráfico ilícito de migrantes y trata de personas, del Título octavo del Libro Segundo del Código Penal.

A la audiencia que tenga por objetivo resolver acerca de la posible sustitución de la pena privativa de libertad por la expulsión del territorio nacional deberá ser citado el Ministerio del Interior y Seguridad Pública, a fin de ser oído. Si se ordenare la expulsión, deberá oficiarse a la Policía de Investigaciones de Chile para efectos de que lleve a cabo la implementación de esta pena y se ordenará la internación del condenado hasta la ejecución de la misma, debiendo informarse de ello al Servicio Nacional de Migraciones.

El condenado extranjero al que se le aplicare la pena de expulsión no podrá regresar al territorio nacional en un plazo de diez años, contado desde la fecha de la sustitución de la pena.

En caso que el condenado regresare al territorio nacional dentro del plazo señalado en el inciso anterior, se revocará la pena de expulsión, debiendo cumplirse el saldo de la pena privativa de libertad originalmente impuesta.

TÍTULO VI
DISPOSICIONES GENERALES

Artículo 35. El tribunal que impusiere, de oficio o a petición de parte, alguna de las penas sustitutivas previstas en esta ley, deberá así ordenarlo en la respectiva sentencia condenatoria, expresando los fundamentos en que se apoya y los antecedentes que fundaren su convicción.

Si el tribunal negare la solicitud para conceder alguna de las penas sustitutivas establecidas en esta ley, deberá exponer los fundamentos de su decisión en la sentencia.

Tratándose de delitos de acción privada o de acción penal pública previa instancia particular, el juez de garantía o el tribunal de juicio oral en lo penal deberá citar a la víctima o a quien la represente, a la audiencia a que se refiere el artículo 343 del Código Procesal Penal, para debatir sobre la procedencia de aplicar cualquiera de las penas sustitutivas contenidas en esta ley.

Artículo 36. El conocimiento de las gestiones a que dé lugar la ejecución de las penas sustitutivas que contempla esta ley, se regirá por las normas generales de competencia del Código Orgánico de Tribunales y del Código Procesal Penal.

Sin perjuicio de lo anterior, en casos excepcionales, el tribunal que conozca o deba conocer de la ejecución de una pena sustitutiva podrá declararse incompetente, a fin de que conozca del asunto el juzgado de garantía del lugar en que deba cumplirse dicha pena, cuando exista una distancia considerable entre el lugar donde se dictó la sentencia condenatoria y el de su ejecución.

Artículo 37. La decisión acerca de la concesión, denegación, revocación, sustitución, reemplazo, reducción, intensificación y término anticipado de las penas sustitutivas que establece esta ley y la referida a la interrupción de la pena privativa de libertad a que alude el artículo 33, será apelable para ante el tribunal de alzada respectivo, de acuerdo a las reglas generales.

Sin perjuicio de lo anterior, cuando la decisión que conceda o deniegue una pena sustitutiva esté contenida formalmente en la sentencia definitiva, el recurso de apelación contra dicha decisión deberá interponerse dentro de los cinco días siguientes a su notificación o, si se impugnare además la sentencia definitiva por la vía del recurso de nulidad, se interpondrá conjuntamente con éste, en carácter de subsidiario y para el caso en que el fallo del o de los recursos de nulidad no altere la decisión del tribunal a quo relativa a la concesión o denegación de la pena sustitutiva.

Habiéndose presentado uno o más recursos de nulidad, conjuntamente o no con el recurso de apelación, el tribunal a quo se pronunciará de inmediato sobre la admisibilidad de este último, pero sólo lo concederá una vez ejecutoriada la sentencia definitiva condenatoria y únicamente para el evento de que la resolución sobre el o los recursos de nulidad no altere la decisión del tribunal a quo respecto de la concesión o denegación de la pena sustitutiva.

En caso contrario, se tendrá por no interpuesto.

Artículo 38. La imposición por sentencia ejecutoriada de alguna de las penas sustitutivas establecidas en esta ley a quienes no hubieren sido condenados anteriormente por crimen o simple delito tendrá mérito suficiente para la omisión, en los certificados de antecedentes, de las anotaciones a que diere origen la sentencia condenatoria. El tribunal competente deberá oficiar al Servicio de Registro Civil e Identificación al efecto.

Para los efectos previstos en el inciso precedente no se considerarán las condenas por crimen o simple delito cumplidas, respectivamente, diez o cinco años antes de la comisión del nuevo ilícito.

El cumplimiento satisfactorio de las penas sustitutivas que prevé el artículo 1.º de esta ley por personas que no hubieren sido condenadas anteriormente por crimen o simple delito, en los términos que señala el inciso primero, tendrá mérito suficiente para la eliminación definitiva, para todos los efectos legales y administrativos, de tales antecedentes prontuariales. El tribunal que declare cumplida la respectiva pena sustitutiva deberá oficiar al Servicio de Registro Civil e Identificación, el que practicará la eliminación.

Exceptúanse de las normas de los incisos anteriores los certificados que se otorguen para el ingreso a las Fuerzas Armadas, a las Fuerzas de Orden y Seguridad Pública y a Gendarmería de Chile, y los que se requieran para su agregación a un proceso criminal.

Artículo 39. En aquellos tribunales de garantía integrados por más de tres jueces, el Comité de Jueces, a propuesta del Juez Presidente, deberá considerar, en el procedimiento objetivo y general de distribución de causas, la designación preferente de jueces especializados para el conocimiento de las materias previstas en esta ley.

Artículo 40. Las disposiciones contenidas en esta ley no serán aplicables a aquellos adolescentes que hubieren sido condenados de conformidad a lo establecido en la ley N.° 20.084, que establece un sistema de responsabilidad de los adolescentes por infracciones a la ley penal.

ARTÍCULOS TRANSITORIOS (DEROGADO)

Artículo 1. Derogado.

Artículo 2. Derogado.

DECRETO 518
REGLAMENTO DE ESTABLECIMIENTOS PENITENCIARIOS

Santiago, 22 de mayo de 1998.- Hoy se decretó lo que sigue:

Núm. 518.- Vistos: Estos antecedentes y lo dispuesto en el artículo 32, N° 8, de la Constitución Política de la República; lo prescrito en los artículos 32, 80, 86, 88 y 89 del Código Penal y 290, 291, 292, 293, 294, 295 y 304 del Código de Procedimiento Penal; lo establecido en los Decretos Leyes N°s 321, de 1925 y 409, de 1932, y en las leyes N°s. 18.050, 18.216 y 19.047, y lo contemplado en los artículos 3°, 8°, 15° y 16° del Decreto Ley N° 2.859 de 1979, y en el Dictamen N° 4926/271, de 19 de agosto de 1997, de la Dirección del Trabajo, y Considerando:

1.- Que con fecha 9 de febrero de 1993 se publicó en el Diario Oficial el Decreto Supremo N° 1771, que establece el Reglamento de Establecimientos Penitenciarios;

2.- Que durante su vigencia se ha detectado la necesidad de introducir modificaciones destinadas al cumplimiento de las metas que permitan facilitar la reinserción social, y

3.- Que el uso práctico del Reglamento requiere un texto integral de sus disposiciones que sea de fácil consulta,

D e c r e t o:

Apruébese como "Reglamento de Establecimientos Penitenciarios" el siguiente:

TÍTULO PRELIMINAR

Artículo 1°.- La actividad penitenciaria se regirá por las normas establecidas en el presente Reglamento y tendrá como fin primordial tanto la atención, custodia y asistencia de detenidos, sujetos a prisión preventiva y condenados, como la acción educativa necesaria para la reinserción social de los sentenciados a penas privativas de libertad o sustitutivas de ellas.

Artículo 2°.- Será principio rector de dicha actividad el antecedente que el interno se encuentra en una relación de derecho público con el Estado, de manera que fuera de los derechos perdidos o limitados por su detención, prisión preventiva o condena, su condición jurídica es idéntica a la de los ciudadanos libres.

Artículo 3°.- Para los fines del presente Reglamento, las expresiones "Administración Penitenciaria" y "Administración" se entenderán referidas a Gendarmería de Chile.

Artículo 4°.- La actividad penitenciaria se desarrollará con las garantías y dentro de los límites establecidos por la Constitución Política de la República, los tratados internacionales ratificados por Chile y vigentes, las leyes y sus reglamentos y las sentencias judiciales.

Los funcionarios que quebranten estos límites incurrirán en responsabilidad, de acuerdo con la legislación vigente.

Artículo 5°.- Las normas establecidas en el presente Reglamento deben ser aplicadas imparcialmente no pudiendo existir diferencias de trato fundadas en el nacimiento, raza, opinión política, creencia religiosa, condición social o cualesquiera otras circunstancias.

La Administración Penitenciaria procurará la realización efectiva de los derechos humanos compatibles con la condición del interno.

Artículo 6°.- Ningún interno será sometido a torturas, a tratos crueles, inhumanos o degradantes, de palabra u obra, ni será objeto de un rigor innecesario en la aplicación de las normas del presente Reglamento.

Se garantiza la libertad ideológica y religiosa de los internos, su derecho al honor, a ser designados por su propio nombre, a la intimidad personal, a la información, a la educación y el acceso a la cultura, procurando el desarrollo integral de su personalidad, y a elevar peticiones a las autoridades, en las condiciones legalmente establecidas.

La Administración Penitenciaria velará por la vida, integridad y salud de los internos y permitirá el ejercicio de los derechos compatibles con su situación procesal.

Los internos que hayan cumplido su condena en un establecimiento penitenciario de régimen cerrado, podrán al momento de su egreso pernoctar extraordinariamente hasta las 07:00 horas del día siguiente al de la fecha de su cumplimiento, siempre y cuando lo soliciten como medida de resguardo de su integridad.

La forma en que se implemente esta medida, se establecerá mediante resolución fundada por cada Director Regional. Con todo, el interno deberá permanecer siempre separado del resto de la población penal, debiendo adoptar la administración penitenciaria las medidas de seguridad que correspondan.

Artículo 7°.- El principio de inocencia presidirá el régimen penitenciario de todos los internos detenidos y sujetos a prisión preventiva.

Artículo 8°.- Gendarmería de Chile cautelará la confidencialidad de los datos y de la información que maneje de las personas sometidas a su custodia y control.

Artículo 9°.- Los internos, en defensa de sus derechos e intereses, podrán dirigirse a las autoridades competentes y formular las reclamaciones y peticiones pertinentes, a través de los recursos legales.

También podrán presentar a las autoridades penitenciarias peticiones y quejas relativas a su tratamiento o al régimen del establecimiento.

Artículo 10.- Los establecimientos penitenciarios se organizarán conforme a los siguientes principios:

a) Una ordenación de la convivencia adecuada a cada tipo de establecimiento, basada en el respeto de los derechos y la exigencia de los deberes de cada persona.

b) El desarrollo de actividades y acciones tendientes a la reinserción social y disminución del compromiso delictivo de los condenados.

c) La asistencia médica, religiosa, social, de instrucción y de trabajo y formación profesional, en condiciones que se asemejen en lo posible a las de la vida libre.

d) Un sistema de vigilancia que garantice la seguridad de los internos, funcionarios, recintos y de toda persona que en el ejercicio de un cargo o en uso de una facultad legal o reglamentaria ingrese a ellos.

e) La recta gestión y administración para el buen funcionamiento de los establecimientos.

TÍTULO PRIMERO
DE LOS ESTABLECIMIENTOS PENITENCIARIOS

Artículo 11.- Se denominan genéricamente establecimientos penitenciarios, los recintos donde deban permanecer custodiadas las personas privadas de libertad en razón de detención y mientras están puestas a disposición del Tribunal pertinente; las personas sometidas a prisión preventiva y las personas condenadas al cumplimiento de penas privativas de libertad todas las cuales estarán sujetas a la atención, vigilancia y custodia de la Administración, según corresponda.

Corresponden también a esta denominación los establecimientos destinados al cumplimiento de las penas sustitutivas, los destinados al control de los beneficios legales y reglamentarios que se ejecuten en el sistema abierto, como, asimismo, las dependencias que brindan apoyo postpenitenciario a las personas que hubiesen dado cumplimiento a su condena y las que supervisan y controlan la libertad condicional.

Los establecimientos penitenciarios serán administrados por Gendarmería de Chile.

Artículo 12.- Los establecimientos penitenciarios se crearán, modificarán o suprimirán mediante decreto supremo del Ministerio de Justicia, previo informe o a proposición del Director Nacional de Gendarmería de Chile, y su administración interna será materia de una Resolución de dicho Jefe de Servicio.

Artículo 13.- En la creación de los establecimientos penitenciarios, intervendrán los siguientes criterios orientadores:

a) La edad de las personas que deben ingresar a ellos.

b) El sexo de las mismas.

c) La naturaleza de las actividades y acciones para la reinserción social que proceda.

d) El tipo de infracción cometida.

e) El nivel de compromiso delictual de los internos.

f) Las especiales medidas de seguridad o de salud que la situación de ciertos internos haga necesarias.

g) Otros criterios adoptados complementariamente por la Administración Penitenciaria.

Artículo 14.- La Administración Penitenciaria promoverá, dentro de las posibilidades financieras, la creación de establecimientos dedicados a la atención especializada de detenidos, sujetos a prisión preventiva, y condenados. Cuando ello no fuere posible, en los establecimientos penitenciarios deberán existir dependencias para detenidos y, a lo menos, para sujetos a prisión preventiva, por una parte, y condenados, por otra, con las separaciones adecuadas.

Artículo 15.- Los establecimientos penitenciarios destinados a la atención de detenidos y sujetos a prisión preventiva se denominan Centros de Detención Preventiva (C.D.P.).

Los establecimientos penitenciarios destinados al cumplimiento de penas privativas de libertad, se denominan Centros de Cumplimiento Penitenciario (C.C.P.), los que podrán tener los siguientes regímenes: cerrado, semiabierto y abierto, definidos en los artículos 29, 30 y 31, respectivamente.

Artículo 16.- Los establecimientos penitenciarios que coexistan en un mismo perímetro, y apliquen un régimen interno y tratamiento diferenciado a los reclusos, con el apoyo de servicios únicos centralizados de seguridad, administración, salud, reinserción social, laboral y de registro y movimiento de la población penal, se denominarán Complejos Penitenciarios.

Los establecimientos que formen parte de un Complejo Penitenciario podrán albergar exclusivamente a personas detenidas, sujetas a prisión preventiva, o condenadas, con excepción de los Centros Penitenciarios

Femeninos (C.P.F.), los cuales podrán recibir mujeres de toda calidad procesal.

Artículo 17.- Los Centros de Cumplimiento Penitenciario que contemplen un determinado tipo de tratamiento de reinserción social, se denominan Centros de Educación y Trabajo (C.E.T.), Centros Abiertos, Centros Agrícolas o tendrán otra denominación específica aprobada por la Administración Penitenciaria.

Artículo 18.- Los menores de edad entre 16 y 18 años que, por orden del tribunal competente ingresen a los establecimientos penitenciarios administrados por Gendarmería de Chile, deberán permanecer en recintos de uso exclusivo, totalmente separados de los internos adultos y corresponderá a la Administración Penitenciaria resguardar su seguridad.

Si por situación especial y por orden del Juez competente ingresaren a establecimientos penitenciarios administrados por Gendarmería de Chile, menores de 16 años de edad, éstos deberán permanecer totalmente separados de los internos adultos y se procurará su separación de los mayores de 16 años. El Jefe del Establecimiento, dentro de las 24 horas de ingresado el menor, debe comunicar este hecho al Director Regional de Gendarmería y al Servicio Nacional de Menores para que adopten las medidas correspondientes.

Artículo 19.- Los establecimientos penitenciarios destinados a la atención de mujeres se denominan Centros Penitenciarios Femeninos (C.P.F.) y en ellos existirán dependencias que contarán con espacios y condiciones adecuados para el cuidado y tratamiento pre y post-natal, así como para la atención de hijos lactantes de las internas.

En aquellos lugares en que no existan estos Centros, las internas permanecerán en dependencias separadas del resto de la población penal, sin perjuicio de que se incorporen a actividades conjuntas con la población penal masculina.

Toda vez que ingrese una interna con hijos lactantes, el Jefe del Establecimiento deberá comunicar de inmediato este hecho al Servicio Nacional de Menores para los efectos de la respectiva subvención y de los programas o medidas que dicha Institución deberá desarrollar para el adecuado cuidado de los niños.

En los establecimientos en que se ejecute un contrato de concesiones, se estará además a lo que éste establezca respecto del cuidado, residencia y atención del lactante.

Artículo 20.- Los establecimientos penitenciarios destinados fundamentalmente al seguimiento, asistencia y control de las personas condenadas a penas sustitutivas, se denominan Centros de Reinserción Social. Dichos establecimientos podrán además realizar el seguimiento, asistencia y control de las personas condenadas que se encuentren haciendo uso del beneficio de libertad condicional, así como también, de aquellas que estén en proceso de eliminación de antecedentes penales, en aquellos casos en que los Centros de Apoyo para la Integración Social, que se establecen en el inciso siguiente, no tengan cobertura.

Los establecimientos penitenciarios destinados fundamentalmente al seguimiento, asistencia y acompañamiento a las personas que, habiendo cumplido sus condenas, requieran de apoyo para su reinserción social, a través de la entrega de oferta programática, así como los destinados al seguimiento, asistencia y control de las personas condenadas que se encuentren haciendo uso del beneficio de libertad condicional y de aquellas que estén en proceso de eliminación de antecedentes penales, se denominan Centros de Apoyo para la Integración Social.

Artículo 21.- En la forma señalada en el artículo 12 podrán crearse establecimientos penitenciarios especiales para la atención de ciertos detenidos y sujetos a prisión preventiva, o para el cumplimiento de penas de determinados tipos de condenados.

Artículo 22.- En los establecimientos penitenciarios podrán existir departamentos separados para los reclusos que reuniendo los requisitos, deseen permanecer en ellos mediante el pago de una mensualidad, cuyo monto y modalidad se fijarán en la forma prevista en el artículo 116.

Los fondos así recaudados, podrán ser aplicados en beneficio de los internos y de los establecimientos penitenciarios en que estos pensionados existen, reglamentándose por Resolución del Director Nacional de Gendarmería de Chile, los requisitos de ingreso y permanencia, como asimismo, la forma de administración e inversión de los fondos recaudados.

El Director Nacional de Gendarmería de Chile podrá eximir del pago de pensionado en casos calificados y excepcionales y delegar esta facultad en los Jefes de Establecimientos.

Artículo 23.- Estará prohibido en los establecimientos penitenciarios la elaboración, venta, distribución o consumo de bebidas alcohólicas, estupefacientes y drogas que no hayan sido autorizadas por prescripción médica.

TÍTULO SEGUNDO
DEL RÉGIMEN PENITENCIARIO

Artículo 24.- Régimen penitenciario es el conjunto de normas y medidas destinadas a mantener una convivencia pacífica y ordenada de las personas que, por resolución del tribunal competente, ingresen a los establecimientos penitenciarios administrados por Gendarmería de Chile, cumplir los fines previstos en la ley procesal para los detenidos y sujetos a prisión preventiva, y llevar a cabo las actividades y acciones para la reinserción social de los condenados.

Artículo 25. El régimen de los detenidos, sujetos a prisión preventiva y penados se sujetará a lo establecido en la Constitución Política de la República, los tratados internacionales ratificados por Chile y vigentes, la ley procesal pertinente, la Ley Orgánica de Gendarmería de Chile y otras leyes y reglamentos relacionados con materias penitenciarias, y las normas del presente reglamento.

Artículo 26.- Todos los internos están obligados a cumplir los preceptos reglamentarios y especialmente, los de orden y disciplina, sanidad e higiene, corrección en sus relaciones y en su presentación personal, así como conservar cuidadosamente las instalaciones del establecimiento y el utensilio y vestuario que eventualmente les sean proporcionados.

La Administración Penitenciaria abrirá al ingreso de un interno, una ficha única individual cuyo objetivo será la identificación y registro del mismo, así como la aplicación diferenciada del tratamiento penitenciario; en ella se anotarán los datos personales, procesales, de salud, educación, trabajo, conductuales, psicológicos y sociales, y todo otro dato relevante sobre su vida penitenciaria. Esta ficha acompañará al interno a todo establecimiento al que fuere trasladado.

Artículo 27.- La Administración Penitenciaria, por Resolución del Director Regional respectivo, establecerá el horario que regirá las actividades de los establecimientos penitenciarios, que fomente hábitos similares al del medio libre, tales como horas de inicio y término de la jornada diaria, y de alimentación, garantizando al menos ocho horas diarias para el descanso. En el resto del horario deberán atenderse las necesidades espirituales y físicas, las actividades de tratamiento, formativas y culturales de los internos.

Artículo 27 bis.- La administración penitenciaria, como medida de seguridad, y con el objeto de detectar la tenencia de elementos declarados prohibidos por la autoridad, podrá disponer la realización de registros corporales a los internos, que consistirán en una revisión visual y táctil exhaustiva de la vestimenta y especies que éstos porten. Dichas actuaciones se realizarán por funcionarios del mismo sexo de la persona a quien se registra, en espacios previamente determinados y de conformidad a los procedimientos establecidos por resolución del Director Nacional.

Con todo, en la realización de los registros corporales, quedará prohibido el desprendimiento integral de la vestimenta de los internos, la ejecución de registros intrusivos, la realización de ejercicios físicos y, en general, cualquier otra actividad que menoscabe la dignidad de éstos. Para tales efectos, la administración penitenciaria propenderá a la utilización de elementos tecnológicos.

Cuando existan antecedentes que hagan presumir que un interno oculta en su cuerpo algún elemento prohibido, susceptible de causar daño a la salud o integridad física de éste, o de otras personas, o de alterar la seguridad del establecimiento, el interno será derivado a la respectiva unidad médica para la realización del procedimiento correspondiente.

Artículo 28.- Por Resolución fundada del Director Nacional, quien podrá delegar esta facultad en los Directores Regionales, serán ingresados o trasladados a departamentos, módulos, pabellones o establecimientos especiales, los penados cuya situación haga necesaria la adopción de medidas dirigidas a garantizar la vida e integridad física o psíquica de las personas y el orden y seguridad del recinto.

Estas medidas podrán adoptarse en razón de la reincidencia, tipo de delito, de reiteradas infracciones al régimen normal de los establecimientos penitenciarios, de requerimientos sanitarios, y de otros antecedentes de carácter técnico que las hagan necesarias.

Este régimen de extrema seguridad no tendrá otro objetivo que la preservación de la seguridad de los internos, sus compañeros de internación, del régimen del establecimiento, de los funcionarios, y de las tareas impuestas a la administración y en su cumplimiento se observarán todas las normas de trato humanitario.

La Resolución será revisada en una primera ocasión, a lo menos en los 60 días siguientes a aquél en que se produjo el ingreso o traslado. Si es confirmada, será revisada nuevamente a los 90 días de la primera revisión y posteriormente a los 120 días de la última. En caso de producirse una nueva confirmación, la internación y las condiciones especiales de seguridad serán revisadas a lo menos cada seis meses.

Los Jefes de los establecimientos serán personalmente responsables del cumplimiento de las condiciones excepcionales de este régimen e informarán trimestralmente, a lo menos, a las Direcciones Regionales acerca de su cumplimiento.

En el día o a más tardar el día siguiente, se notificará al condenado de la resolución pertinente, entregándole copia de la misma.

Para la aplicación de medidas extraordinarias de seguridad respecto de detenidos y sujetos a prisión preventiva, se estará a lo prevenido en la ley procesal pertinente.

La Resolución que ordene alguna de estas medidas, deberá estar precedida de un informe técnico que las recomiende.

Artículo 29.- En los establecimientos de régimen cerrado los principios de seguridad, orden y disciplina, serán los propios de un internado. Estos principios deberán armonizar, en su caso, con la exigencia de que no impidan las tareas de tratamiento de los internos.

Se cuidará especialmente la observancia puntual del horario, de los encierros y desencierros, de los allanamientos, requisas, recuentos numéricos y del desplazamiento de los internos de unas dependencias a otras.

Por razones de seguridad, podrán ser intervenidas o restringidas las comunicaciones orales y escritas.

Todas las actividades serán programadas y/o autorizadas y controladas por la Administración Penitenciaria.

Artículo 29 bis.- El registro corporal a que pueden ser sometidos los internos se hará de manera individual, respetando su integridad y dignidad. Existirán tres tipos de registro: el cotidiano o en situación normal; el especial y el correspondiente a situaciones de emergencia.

El registro cotidiano o en situación normal consiste en una revisión visual y táctil superficial. Se propenderá a que este registro se realice una vez terminado el horario de visita.

El registro especial consiste en la realización de una revisión corporal visual y táctil de las prendas y especies que porte el interno en el contexto de procedimientos especiales o preventivos relacionados con salidas fuera del establecimiento penitenciario o ante procedimientos catalogados como sensibles, a juicio del Jefe de Unidad, al interior del mismo, tales como los allanamientos.

El registro en situación de emergencia, se realizará cuando exista la necesidad real y urgente de pesquisar, detectar o incautar cualquier elemento prohibido por la Administración o este Reglamento, respecto de situaciones que revistan características de delito o quiebre del régimen interno, a partir de la vulneración de la seguridad integral del establecimiento.

Los procedimientos de registro corporal deben ser realizados por funcionarios del mismo sexo del interno a quien se registra.

Artículo 30.- Los establecimientos de régimen semi-abierto se caracterizan por el cumplimiento de la condena en un medio organizado en torno a la actividad laboral y la capacitación, donde las medidas de seguridad adopten un carácter de autodisciplina de los condenados.

Estos establecimientos se caracterizan por el principio de confianza que la Administración Penitenciaria deposita en los internos, quienes pueden moverse sin vigilancia en el interior del recinto y están sujetos a normas de convivencia que se asemejerán (sic) a las del medio libre.

Artículo 31.- En los establecimientos de régimen abierto, el orden y la disciplina serán los propios para el logro de una convivencia normal en toda colectividad civil, con ausencia de controles rígidos, tales como formaciones, allanamientos, requisas, intervención de visitas y correspondencia. No obstante, el Director Regional, en casos calificados, podrá ordenar dichos controles.

Artículo 32.- En los establecimientos penitenciarios en que se encuentren menores internados, el régimen para ellos se caracterizará por una acción educativa intensa, con la adopción de métodos pedagógicos y psicopedagógicos que permitan la creación de un ambiente que se asemeje en cuanto a libertad, disciplina y responsabilidad al de un establecimiento educacional de internado.

Para aquellos menores que se encuentren condenados la educación será personalizada, encaminada a la capacitación laboral y a la reinserción social y a dar una formación que propenda al desarrollo de sus potencialidades.

La Administración deberá efectuar las acciones tendientes a lograr la plena reinserción social, pudiendo establecer convenios con instituciones públicas o privadas para el cumplimiento de su cometido.

La Administración dispondrá de personal especializado para la custodia y aplicación de las acciones y actividades para la reinserción social de los menores de edad de que trata este artículo.

En los establecimientos en que se ejecute un contrato de concesiones, se estará además a lo que establezca el respectivo contrato para la atención de los menores.

TÍTULO TERCERO
DE LOS DERECHOS Y OBLIGACIONES DE LOS INTERNOS

Párrafo 1º: De las obligaciones de los internos

Artículo 33.- Los internos deberán:

a) Permanecer en el establecimiento a disposición de la autoridad que hubiere decretado su internación o para cumplir las condenas que se les impongan, hasta el momento de su liberación.

b) Acatar las normas de régimen interno del establecimiento, cumpliendo las sanciones disciplinarias que les sean impuestas en el caso de infracción de aquéllas, de conformidad con lo establecido en el Título Cuarto de este Reglamento.

c) Mantener una normal actitud de respeto y consideración con sus compañeros de internación o cualquier persona que se encuentre al interior del establecimiento, con los funcionarios de la Administración Penitenciaria y autoridades judiciales o de otro orden, tanto dentro de los establecimientos penitenciarios como fuera de ellos, en ocasiones de traslados o prácticas de diligencias.

d) Conservar el orden y aseo de las dependencias que habitan y del establecimiento, y mantener una presentación personal aseada.

Párrafo 2º: De la atención médica de los internos

Artículo 34.- Los internos que requieran tratamiento y hospitalización serán atendidos en las unidades médicas que existan en el establecimiento penitenciario. En los establecimientos penitenciarios en que se ejecute un contrato de concesión, se estará además, a lo que establezca el respectivo contrato respecto de la atención médica.

Artículo 35.- Excepcionalmente el Director Regional podrá autorizar la internación de penados en establecimientos hospitalarios externos, previa certificación efectuada por personal médico del Servicio que dé cuenta de alguna de las siguientes situaciones:

a) Casos graves que requieran con urgencia, atención o cuidados médicos especializados que no se pueda otorgar en la unidad médica del establecimiento.

En este caso, si la urgencia lo amerita el Jefe del Establecimiento podrá autorizar la salida, lo que deberá ser ratificado por el Director Regional, dentro de las 48 horas siguientes;

b) Cuando el penado requiera atenciones médicas que, sin revestir caracteres de gravedad o urgencia, no puedan ser prestadas en el establecimiento.

Artículo 36.- De conformidad con lo establecido en el artículo 20 del D.L. Nº 2.859, de 1979, Ley Orgánica de Gendarmería de Chile, las autorizaciones de que trata el artículo precedente serán otorgadas para llevar a los penados a los establecimientos hospitalarios públicos que forman parte de los Servicios de Salud, a menos que el interno desee ser atendido en algún otro establecimiento y cuente con recursos para financiar dicha atención.

En los establecimientos en que se ejecute un contrato de concesiones que considere la atención de salud para los internos, la autorización de atención o internación en el exterior de la unidad penal, podrá referirse a clínicas u hospitales privados, sin que ello pueda importar costo alguno para la Institución.

En ambos casos, el establecimiento propuesto deberá satisfacer los requerimientos de seguridad que Gendarmería determine.

Artículo 37.- La duración de la internación de los penados en recintos hospitalarios externos, será determinada por el personal médico de Gendarmería de Chile, el que realizará o solicitará evaluaciones de la salud del interno con la periodicidad que el caso amerite.

Artículo 38.- Los detenidos y sujetos a prisión preventiva podrán salir de los establecimientos penitenciarios por orden del Juez de la causa en casos graves de enfermedad o accidentes.

En caso de enfermedad grave y de extrema urgencia, el Jefe del Establecimiento podrá autorizar bajo su responsabilidad salidas sin la correspondiente autorización judicial, siempre que ésta no pudiere ser recabada oportunamente, adoptando las medidas necesarias para no entorpecer la acción de la justicia y dando inmediata cuenta de lo actuado al Juez de la causa y al Director Regional de Gendarmería de Chile.

Párrafo 3º: De las comunicaciones e informaciones

Artículo 39.- Los internos tendrán derecho a informar a su familia o a quien haya determinado al momento de su ingreso, el hecho de su internación o del traslado de establecimiento. La información señalada se efectuará por el propio interno a través del teléfono del establecimiento, en una sola comunicación, salvo que el Tribunal competente haya decretado su incomunicación, circunstancia en la que dicha información se llevará a cabo por personal de asistencia social o en su defecto, por personal encargado del ingreso, tan pronto como ello sea posible y dentro de las veinticuatro horas siguientes al ingreso o al traslado.

En casos especiales, como el de traslados o ingresos masivos, la Administración Penitenciaria deberá efectuar la comunicación a que se refiere el inciso precedente, por medios igualmente eficaces.

Artículo 40.- Los internos tendrán derecho a la información, el que se ejercerá mediante la libre lectura de libros, diarios, periódicos, revistas, y a través de aparatos de radio y televisión del establecimiento o de los internos, cuyo ingreso haya autorizado el Alcaide.

Este derecho se ejercerá de manera que no perturbe la seguridad o las actividades normales del establecimiento y el derecho de los demás internos al descanso y a vivir en un ambiente tranquilo. El ejercicio de este derecho podrá limitarse mediante una Resolución fundada del Jefe del Establecimiento, del Director Regional respectivo o del Director Nacional, que restrinja la circulación de los medios de comunicación social cuando se refieran a temas que pudieren afectar gravemente la seguridad o las actividades normales del establecimiento.

Artículo 41.- Los internos condenados podrán comunicarse en forma escrita, en su propio idioma, con sus familiares, amigos, representantes de organismos e instituciones de cooperación penitenciaria y en general, con las personas que ellos deseen.

Estas comunicaciones se efectuarán de manera que se respete al máximo la privacidad y, en todo caso se regularán por el procedimiento establecido en los artículos siguientes.

Los detenidos y sujetos a prisión preventiva, se regirán por lo que al respecto disponen las leyes procesales pertinentes.

Artículo 42.- La correspondencia del interno que no hable español, será traducida a expensas del interno remitente a menos que careciere de medios, en cuyo caso la traducción se hará a expensas de la Administración.

Artículo 43.- De toda correspondencia enviada por los internos o recibida por éstos se llevará un control estricto con el fin de detectar cualquier irregularidad de la cual el funcionario encargado deberá dar cuenta en su caso al Jefe del Establecimiento.

La obligación de comunicar las irregularidades se refiere en particular, a la presencia de claves o a la referencia a temas delictivos o que propendan a la alteración del orden interno del establecimiento o de la sociedad, relacionados con conductas terroristas, subversivas, de narcotráfico o crimen organizado.

Artículo 44.- Las comunicaciones con el abogado defensor no podrán suspenderse en caso alguno. En los de incomunicación judicial ellas se realizarán con arreglo a lo establecido en las leyes procesales pertinentes. Las comunicaciones con el abogado defensor o con los procuradores que acrediten tal calidad, se llevarán a efecto en la forma dispuesta en el reglamento que regula las visitas de abogados y otras personas habilitadas a los establecimientos penales del país. Se deberá observar además, lo dispuesto en la ley procesal pertinente respecto de la privacidad de las conferencias del defendido con su defensor.

Párrafo 4°: De las condiciones básicas de vida

Artículo 45.- Cuando el establecimiento entregue vestuario a los internos, éste deberá ser digno y apropiado. Sin perjuicio de ello, los internos tendrán derecho a usar su propio vestuario en cuyo caso éste deberá reunir iguales requisitos.

Artículo 46.- Todo interno tiene derecho a que la Administración Penitenciaria le otorgue al menos el catre, colchón y frazada.

Artículo 47.- Los internos tendrán derecho a que la Administración les proporcione una alimentación supervigilada por un especialista en nutrición, médico o paramédico, y que corresponda en calidad y cantidad a las normas mínimas dietéticas y de higiene.

Sin perjuicio de lo anterior, los internos podrán adquirir en los economatos que funcionen en los establecimientos penitenciarios, bienes o especies para su consumo o uso personal. En ningún caso el servicio de economato tendrá fines de lucro.

Párrafo 5°: De las encomiendas

Artículo 48.- Los internos podrán recibir paquetes o encomiendas, cuyo ingreso, registro y control serán regulados por Resolución del Director Nacional.

Esta regulación, que contendrá una nómina de las especies y alimentos prohibidos, deberá publicarse en un lugar visible para los visitantes.

Párrafo 6.°: De las visitas.

Visitas ordinarias

Artículo 49. Los condenados podrán ser visitados a lo menos una vez a la semana, por un lapso mínimo de dos horas cada vez, por sus familiares y personas que aquellos previamente hayan autorizado. En este tipo de visitas los menores de edad deberán tener más de catorce años. Las visitas se realizarán conforme a las disposiciones internas de cada establecimiento, pudiendo ser visitado cada interno por un máximo de 5 personas simultáneamente.

Se llevará un registro de visitas que incluirá al menos, el nombre y apellidos de las personas autorizadas por el interno y su cédula de identidad.

Las visitas a los internos recluidos en los módulos o dependencias señaladas en el artículo 28 del presente reglamento, se efectuarán en locutorios, sin perjuicio de que el Director Nacional, por resolución fundada, permita otras modalidades de visita, en atención a las circunstancias que hayan motivado la internación o las condiciones propias de la dependencia de que se trate.

Visitas extraordinarias

Artículo 50.- Excepcionalmente, en casos debidamente justificados, el Jefe del Establecimiento permitirá visitas extraordinarias por un lapso no superior a 30 minutos, previa autorización del interno visitado. De estas visitas se llevará un control estricto.

Visitas especiales

Artículo 51.- Los Alcaides podrán autorizar visitas familiares e íntimas, si las condiciones del establecimiento lo permiten, a los internos que no gocen de permisos de salida y que lo hayan solicitado previamente.

El interno deberá acreditar en su solicitud, la relación de parentesco, conyugal o afectiva, que lo liga con la o las personas que desea que lo visiten.

Las visitas íntimas se concederán una vez al mes y su duración no será inferior a una ni superior a tres horas cada vez. Las visitas familiares se concederán a lo menos dos veces al mes y su duración no será inferior a una ni superior a tres horas cada vez, pudiendo exceder el número de personas, el límite máximo establecido en el artículo 49 del presente Reglamento, lo que será determinado caso a caso, y pudiendo ingresar menores de cualquier edad.

INCISO ELIMINADO

Artículo 52.- La visita familiar se concederá en los términos señalados en el artículo precedente y a ella podrán asistir su cónyuge o pareja, los hijos del recluso y/o de su cónyuge o pareja, parientes o personas respecto de las cuales tenga un vínculo de consanguinidad.

Los hijos menores del interno y/o de su cónyuge o pareja, sólo podrán ingresar con ocasión de la visita familiar y acompañados del adulto a cuyo cuidado se encuentren, prohibiéndose el ingreso de cualquier otro menor.

Los visitantes no podrán ingresar bolsos ni paquetes, salvo autorización expresa del Alcaide.

Disposiciones comunes

Artículo 53.- El Director Nacional, mediante resolución, podrá, para casos especiales no previstos en este reglamento, regular la forma en que se realizarán las visitas, pudiendo delegar esta facultad en los Directores Regionales.

En resguardo del derecho a visitas, los condenados deberán permanecer recluidos preferentemente cerca de su lugar habitual de residencia.

Artículo 54.- Las visitas ordinarias y extraordinarias se realizarán en los días, horas y recintos determinados por el Jefe del Establecimiento.

Las visitas especiales se llevarán a efecto en dependencias especialmente habilitadas.

Todos los visitantes y sus pertenencias serán registrados por razones de seguridad. El registro será realizado y dirigido por personal del mismo sexo del visitante conforme a los procedimientos determinados en la regulación que al respecto dicte el Director Nacional, respetándose siempre la dignidad de la persona.

El registro podrá ser manual, pero se propenderá a su reemplazo por sensores u otros aparatos no táctiles.

Artículo 55.- Las visitas de detenidos y sujetos a prisión preventiva, se regirán por las disposiciones de este Reglamento y las correspondientes de la ley procesal pertinente.

Limitaciones y restricciones

Artículo 56.- Todas las visitas se celebrarán de manera que se respete al máximo la intimidad y no tendrán más restricciones que las impuestas por razones de seguridad y de buen orden del establecimiento. Por estas razones el Alcaide podrá limitar o suspender temporalmente las visitas a toda la población penal o a parte de ella.

La Resolución que, con carácter general restrinja las visitas, será refrendada por el Director Regional respectivo.

Artículo 57.- Los Jefes de los establecimientos podrán impedir las visitas de determinadas personas por razones de seguridad, mala conducta de ellas, o cuya presentación sea indecorosa, claramente desaseada o alterada, o que se encuentren bajo el efecto del alcohol o drogas.

Párrafo 7°: Del derecho a efectuar peticiones

Artículo 58.- Los internos tendrán derecho a efectuar peticiones a las autoridades penitenciarias, las que deberán efectuarse en forma individual, verbalmente o por escrito, debiendo ser necesariamente cursadas y contestadas por escrito o verbalmente por el Alcaide en las audiencias que conceda. En ningún caso el encargado de su recepción podrá negarse a recibirlas o a tramitar las peticiones.

Toda petición debe ser respondida en el plazo de quince días corridos o, a lo menos, dentro del mismo plazo, deberá informarse el estado de tramitación en que se encuentra.

El ejercicio de este derecho no obsta a la interposición de los recursos judiciales que sean pertinentes.

Párrafo 8º: Del derecho a la educación

Artículo 59.- Todo interno tendrá derecho a que la Administración Penitenciaria le permita, dentro del régimen del establecimiento, efectuar estudios de enseñanza básica en forma gratuita. Ello constituirá una obligación para la Administración Penitenciaria, con los alcances y limitaciones que las disposiciones legales pertinentes establecen para la población no recluida.

La Administración Penitenciaria incentivará, con fines de reinserción social, a que los internos efectúen estudios de enseñanza media, técnica o de otro tipo.

Párrafo 9º: De la capacitación y el trabajo penitenciario. Derogado.

Artículo 60.- (Derogado)

Artículo 61.- (Derogado)

Artículo 62.- (Derogado)

Artículo 63.- (Derogado)

Artículo 64.- (Derogado)

Artículo 65.- (Derogado)

Artículo 66.- (Derogado)

Artículo 67.- (Derogado)

Artículo 68.- (Derogado)

Artículo 69.- (Derogado)

Artículo 70.- (Derogado)

Artículo 71.- (Derogado)

Párrafo 10°: De las especies de los internos y su custodia

Artículo 72.- En todos los establecimientos penitenciarios, con excepción de los Centros de Reinserción Social y los Centros Abiertos, queda prohibido a los internos ingresar, recibir o mantener en su poder, objetos de valor y joyas.

La Administración Penitenciaria por resolución interna regulará la forma en que se custodiarán los objetos de valor y joyas que fueren retenidos a los internos y el dinero que portaren al momento de su ingreso al establecimiento.

Párrafo 11°: De la circulación de dinero y administración de remuneraciones

Artículo 73.- En los establecimientos de régimen cerrado y semiabierto los internos podrán mantener en su poder el monto máximo de dinero efectivo que a través de una Resolución determine el Director Regional respectivo.

En casos calificados, el Director Nacional podrá suspender, prohibir o restringir la circulación de dinero en un establecimiento penitenciario o secciones del mismo.

Artículo 74.- Derogado.

TÍTULO CUARTO
DEL RÉGIMEN DISCIPLINARIO

Párrafo 1°: De las restricciones de los derechos por razones de seguridad

Artículo 75.- Los derechos de que gocen los internos podrán ser restringidos excepcionalmente como consecuencia de alteraciones en el orden y la convivencia del establecimiento penitenciario o de actos de indisciplina o faltas, mediante las sanciones que establece el presente Reglamento.

Párrafo 2º: De las faltas disciplinarias

Artículo 76.- La Administración Penitenciaria, a fin de proteger adecuadamente los derechos de la población penal, resguardar el orden interno de los establecimientos y hacer cumplir las disposiciones del régimen penitenciario, podrá sancionar las faltas disciplinarias que cometan los internos, en la forma establecida en este Reglamento.

Artículo 77.- Las faltas disciplinarias se calificarán como graves, menos graves o leves.

Artículo 78.- Sólo se considerarán faltas graves las siguientes:

a) La agresión, amenaza o coacción a cualquiera persona, tanto dentro como fuera del establecimiento;

b) La resistencia activa al cumplimiento de las órdenes recibidas de autoridad o funcionario en el ejercicio legítimo de sus atribuciones;

c) La participación en motines, huelgas de hambre, en desórdenes colectivos o la instigación a estos hechos cuando se produzcan efectivamente;

d) El intento, la colaboración o la consumación de la fuga;

e) Inutilizar o dañar de consideración, deliberadamente, dependencias, materiales o efectos del establecimiento, o las pertenencias de otras personas;

f) La sustracción de materiales o efectos del establecimiento y de las pertenencias de otras personas, internos o funcionarios;

g) Divulgar noticias falsas o proporcionar antecedentes o datos, con la intención de menoscabar la seguridad del establecimiento o el régimen interno del mismo;

h) El porte, tenencia, uso, fabricación o proporción de elementos para la fabricación de armas blancas o de fuego, de explosivos, gases o tóxicos;

i) La tenencia, consumo o elaboración de substancias o drogas estupefacientes o psicotrópicas, bebidas alcohólicas o similares;

j) La introducción al establecimiento o la tenencia de elementos prohibidos por la Administración Penitenciaria por razones de seguridad, tales como máquinas fotográficas, lentes de larga vista, filmadoras, grabadoras, intercomunicadores, teléfonos celulares y otros similares previamente determinados; el uso efectivo de dichos elementos o la salida del establecimiento de los productos de su utilización;

k) Reñir con los demás internos usando armas de cualquier tipo;

l) Dar muerte o causar lesiones a cualquier persona;

ll) Cometer violación, estupro y otros delitos sexuales;

m) La comisión de cualquier otro hecho que revista los caracteres de crimen o simple delito;

n) Desencerrarse, vulnerar el aislamiento o romper la incomunicación por cualquier medio;

ñ) El no regresar al establecimiento después de hacer uso de un permiso de salida;

o) Forzar o inducir a otro a realizar algunas de las conductas descritas precedentemente, y

p) La comisión de tres faltas menos graves durante un bimestre.

Artículo 79.- Sólo se considerarán faltas menos graves las siguientes:

a) Denigrar e insultar a los funcionarios penitenciarios, a cualquier persona que trabaje o se encuentre al interior de un establecimiento penitenciario, a funcionarios judiciales, defensores públicos, fiscales y autoridades en general.

b) Desobedecer pasivamente las órdenes recibidas de autoridades o funcionarios en el ejercicio legítimo de sus atribuciones;

c) Entorpecer los procedimientos de seguridad o de régimen interno (allanamientos, registros, recuentos, encierros, desencierros y otros similares);

d) Dañar deliberadamente dependencias, materiales, efectos del establecimiento o las pertenencias de internos, funcionarios o de otras personas, cuando el daño sea de escasa consideración;

e) Dañar los mismos bienes con negligencia temeraria o culpa grave;

f) La introducción y el despacho de correspondencia por procedimientos distintos de los reglamentarios del establecimiento;

g) Organizar y participar en juegos de azar no permitidos;

h) Entorpecer las actividades de trabajo, de capacitación, de estudio, y en general todas aquellas que digan relación con el tratamiento penitenciario de los internos;

i) Negarse a concurrir a los tribunales, Fiscalía o lugares que se indique por mandato de la autoridad competente;

j) La participación en movimientos colectivos que no constituyan motín pero que alteren el normal desarrollo de las actividades del establecimiento;

k) Negarse a dar su identificación cuando se le solicite por personal de servicio o dar una identificación falsa;

l) Regresar del medio libre en estado de manifiesta ebriedad o drogadicción;

ll) Atentar contra la moral y las buenas costumbres al interior del establecimiento, o fuera de ellos, con actos de grave escándalo y trascendencia;

m) La comisión de cualquier hecho que importe una falta de las sancionadas en el Libro Tercero del Código Penal o en leyes especiales;

n) Forzar o inducir a otro a cometer alguna de las faltas contempladas en el presente artículo;

ñ) Mantener o recibir objetos de valor, joyas o sumas de dinero que excedan los máximos autorizados, y

o) La comisión de 3 faltas leves en un bimestre.

Artículo 80.- Sólo se considerarán faltas leves, las siguientes:

a) Los atrasos en llegar a las cuentas (encierros, desencierros, medio día, salida a Tribunales, Fiscalías y otros similares);

b) Pretextar enfermedades inexistentes, o dar excusas falsas, como medio para sustraerse a las cuentas o al cumplimiento de sus deberes;

c) El desaseo en su presentación personal o en las dependencias que habite el interno, entendiéndose por tal la suciedad o mal olor evidentes;

d) La participación culpable en actos que afecten el orden y el aseo de recintos del establecimiento;

e) Alterar el descanso de los demás internos en cualquier forma;

f) Tener mal comportamiento en los traslados y permanencia en Tribunales, actuaciones judiciales dispuestas por el tribunal o la autoridad competente, o en comisiones exteriores (gritar, mofarse del público, insultar y otros actos similares) o realizar actos reñidos con la moral y las buenas costumbres, sin grave escándalo y trascendencia;

g) Presentarse a los establecimientos penitenciarios después de las horas fijadas cuando se hace uso de permiso de salida, o regresar a ellos en estado de intemperancia o causando alteraciones o molestias a los demás internos, aun cuando no exista ebriedad, y

h) Formular reclamaciones relativas a su internación, sin hacer uso de los medios reglamentarios o establecidos en disposiciones internas del establecimiento.

Párrafo 3°: De las sanciones y procedimientos de aplicación

Artículo 81.- Las faltas de los internos serán sancionadas con alguna de las medidas siguientes, sin que sea procedente su acumulación:

a) Amonestación verbal;

b) Anotación negativa en su ficha personal;

c) Prohibición de recibir paquetes o encomiendas por un lapso de hasta 15 días;

d) Privación de participar en actos recreativos comunes hasta por 30 días;

e) Prohibición de recibir paquetes o encomiendas por un lapso de hasta 30 días;

f) Limitación de las visitas a un tiempo mínimo que no podrá ser inferior a cinco minutos, durante un lapso que no excederá de un mes, debiendo realizarse ella en una dependencia que permita el control de la sanción;

g) Privación hasta por una semana de toda visita o correspondencia con el exterior;

h) Revocación de permisos de salida;

i) Privación hasta por un mes de toda visita o correspondencia con el exterior;

j) Aislamiento de hasta cuatro fines de semana en celda solitaria, desde el desencierro del sábado hasta el encierro del domingo, y

k) Internación en celda solitaria por períodos que no podrán exceder de 10 días. El Alcaide del establecimiento certificará que el lugar donde se cumplirá esta medida reúne las condiciones adecuadas para su ejecución, y el médico o paramédico del establecimiento certificará que el interno se encuentra en condiciones aptas para cumplir la medida.

Esta medida se cumplirá en la misma celda o en otra de análogas condiciones de higiene, iluminación y ventilación.

Tratándose de infracciones leves podrán aplicarse las sanciones señaladas en las letras a), b) o c). En caso de infracciones menos graves podrá aplicarse cualquiera de las sanciones consignadas en las letras d), e), f), g) y h). Tratándose de infracciones graves podrá aplicarse cualquiera de las sanciones señaladas en las letras i), j) o k).

Artículo 82.- Toda sanción será aplicada por el Jefe del Establecimiento donde se encuentra el interno, el que procederá teniendo a la vista el parte de rigor, al cual se acompañará la declaración del infractor, de testigos y afectados si los hubiere y estuvieren en condiciones de declarar, así como también si procede, la recomendación del Consejo Técnico si éste hubiere intervenido. De todo ello se dejará constancia sucintamente en la Resolución que aplica la sanción, de manera que el castigo sea justo, esto es, oportuno y proporcional a la falta cometida tanto en su drasticidad como en su duración y considerando las características del interno.

En caso de infracción grave y antes de aplicarse la sanción, el Jefe del Establecimiento deberá escuchar personalmente al infractor.

Para aplicar la sanción, se deberá notificar personalmente al interno de la medida impuesta y de sus fundamentos.

Artículo 83.- Copia de la Resolución que sanciona una falta grave deberá ser remitida al Director Regional de Gendarmería para su conocimiento, quien podrá modificarla o anularla por razones fundadas.

Artículo 84.- Los Jefes de turno al interior del establecimiento podrán disponer la incomunicación o aislamiento provisorio de cualquier interno que incurriere en falta grave, por un plazo máximo de veinticuatro horas, dando cuenta de inmediato al Jefe del Establecimiento quien procederá en la forma señalada en las normas anteriores. Esta incomunicación o aislamiento provisorio deberá computarse como un día para el cumplimiento de la sanción que en definitiva se imponga, aunque ella no sea la de aislamiento.

Artículo 85.- Mientras dure el castigo disciplinario en celda solitaria, los sancionados deberán ser conducidos a un lugar al aire libre, previamente determinado por el Jefe del Establecimiento, a lo menos, durante una hora diaria, a fin de que si lo desean puedan realizar ejercicio físico.

Artículo 86.- Los internos sancionados con permanencia en celda solitaria deberán ser visitados diariamente por el Jefe del Establecimiento, el médico o paramédico y si el afectado lo pidiera, el Ministro de su religión, quienes deberán dejar constancia escrita, si los internos hubieren sido objeto de castigos corporales o no se hubiere dado cumplimiento a lo dispuesto en el presente Reglamento. El médico o paramédico deberá pronunciarse sobre la necesidad de poner término o de modificar el encierro en celda solitaria, por razones de salud física o mental del afectado, lo que informará por escrito al Alcaide.

Todo interno afectado por esta medida disciplinaria no podrá recibir paquetes, salvo artículos de higiene y limpieza, que no importen riesgo para su seguridad o integridad, y los medicamentos autorizados por el médico del establecimiento.

No se aplicará esta sanción a las mujeres embarazadas y hasta seis meses después del término del embarazo, a las madres lactantes, y a las que tuvieren hijos consigo.

Artículo 87.- La repetición de toda medida disciplinaria deberá comunicarse al Juez del lugar de reclusión antes de su aplicación, quien sólo podrá autorizarla por resolución fundada y adoptando las medidas para resguardar la seguridad e integridad del interno.

Tratándose de personas sujetas a prisión preventiva, la aplicación de cualquiera de las medidas disciplinarias establecidas en el artículo 81 y los fundamentos de la misma, deberán ser informados inmediatamente al tribunal que conoce de la causa.

Artículo 88.- La aplicación de toda sanción correspondiente a faltas graves o menos graves, implica necesariamente una rebaja en la calificación de la conducta en uno o más grados, para la consideración de este requisito en la concesión de la libertad condicional.

La gradualidad de la rebaja de conducta la determinará el Tribunal de Conducta pertinente.

Artículo 89.- Para la adopción de una sanción en forma ajustada a la falta, se considerarán, además de la gravedad de la misma, la conducta del interno dentro del año. En caso de reincidencia se podrá aplicar hasta el máximo la sanción y en caso de primerizos se podrá aplicar el mínimo de ella de acuerdo a la gravedad de la falta.

Artículo 90.- Bajo ninguna circunstancia podrán aplicarse castigos diversos a los señalados, o por otros funcionarios que los facultados por este Reglamento. Las infracciones a esta norma serán sancionadas administrativamente, sin perjuicio de la responsabilidad penal que pudiera perseguirse por los mismos hechos.

Artículo 91.- La comisión de falta disciplinaria que pudiere constituir delito, será puesta en conocimiento de la autoridad competente, según la ley procesal vigente, sin perjuicio de la aplicación de las sanciones previstas en este Reglamento.

TÍTULO QUINTO
DE LAS ACTIVIDADES Y ACCIONES PARA LA REINSERCIÓN SOCIAL

Párrafo 1º: Normas generales

Artículo 92.- La Administración Penitenciaria desarrollará actividades y acciones orientadas a remover, anular o neutralizar los factores que han influido en la conducta delictiva y estarán dirigidas a las personas privadas de libertad o que se encuentren en el medio libre, cuando corresponda, a fin de prepararlas para que, por propia voluntad, participen de la convivencia social respetando las normas que la regulan.

Artículo 93.- Las actividades y acciones, tendrán como referente el carácter progresivo del proceso de reinserción social del interno y en su programación deberá atenderse a las necesidades específicas de cada persona a quien se dirigen.

Artículo 94.- Sin perjuicio de lo anterior, se propenderá a que la persona privada de libertad o que se encuentre en el medio libre, participe en la programación de estas actividades. Podrá, sin embargo, rehusarse a esto último sin que ello le reporte consecuencias disciplinarias.

Los internos podrán tener conocimiento de los resultados de la observación de cada especialista, cuando la deontología profesional aconseje comunicarlos. Serán igualmente informados de los programas disponibles y de los fines y alternativas de posible aplicación.

Artículo 95.- La Administración Penitenciaria fomentará el desarrollo de actividades deportivas, recreativas y culturales por parte de los internos.

Párrafo 2.º: De los permisos de salida

Artículo 96.- Los permisos de salida son beneficios que forman parte de las actividades de reinserción social y confieren a quienes se les otorgan gradualmente, mayores espacios de libertad. Dichos permisos de salida son los siguientes:

a) la salida esporádica;
b) la salida dominical;
c) la salida de fin de semana, y
d) la salida controlada al medio libre.

Los permisos señalados en la letra a) se considerarán permisos extraordinarios, en tanto que los de los literales b), c) y d) se considerarán permisos ordinarios[782].

Los permisos mencionados, ordenados según la extensión de la salida, se inspiran en el carácter progresivo del proceso de reinserción social y se concederán de modo que sólo el cumplimiento satisfactorio de las obligaciones que impone el uso provechoso del que se conceda, permitirá postular al siguiente.

El cumplimiento de los requisitos formales sólo da derecho al interno a solicitar el permiso de salida correspondiente, en tanto que su concesión dependerá, fundamentalmente, de las necesidades de reinserción social del interno y de la evaluación que se efectúe respecto de su participación en las actividades para la reinserción social que, con su colaboración, se hayan determinado según los requerimientos específicos de atención, de modo que pueda presumirse que respetará las normas que regulan el beneficio y no continuará su actividad delictiva.

Artículo 97.- Sin perjuicio de lo señalado en el artículo precedente, los permisos de salida sólo podrán concederse a quienes hayan demostrado avances efectivos en su proceso de reinserción social.

Para estos efectos será fundamental el informe psicológico que dé cuenta de la conciencia de delito, del mal causado con su conducta y de la disposición al cambio, de modo que se procure, por una parte, constatar que el interno responde efectiva y positivamente a las orientaciones de los planes y programas de reinserción social y, por otra, evitar la mera instrumentalización del sistema con el fin de conseguir beneficios. Tratándose de la concesión de permisos a las personas a que se refiere el artículo 109

---

[782] Inciso agregado por el numeral 1 del artículo 2° del Decreto 64, del Ministerio de Justicia, publicado en el Diario Oficial el 24 de julio de 2024.

bis, el informe respectivo deberá dar cuenta, además, del arrepentimiento del interno por los hechos cometidos.

Por su parte, el informe social deberá referirse expresamente a las posibilidades del interno de contar con medios o recursos de apoyo o asistencia en los términos previstos en la letra d) del artículo 110 de este Reglamento.

Si la persona postulante estuviese condenada a presidio perpetuo, la jefatura del establecimiento penitenciario respectivo deberá comunicar dicha postulación al tribunal a cargo de la ejecución de la pena el mismo día de la recepción de la solicitud o al día siguiente hábil[783].

Artículo 98.- La concesión, suspensión o revocación de los permisos señalados en el artículo 96 será una facultad privativa del Jefe de Establecimiento; sin embargo, sólo podrá concederlos a los internos que gocen de informe favorable del Consejo Técnico.

Para estos efectos se entenderá que existe informe favorable cuando el Consejo Técnico se pronuncie positivamente acerca de la postulación del interno. Con todo, tratándose de la concesión de permisos a las personas a que se refiere el artículo 109 bis, se entenderá que el informe es favorable, cuando la unanimidad de los miembros del Consejo Técnico se pronuncie positivamente acerca de la postulación del interno al permiso de que se trate.

Las deliberaciones y acuerdos de las sesiones de los Consejos Técnicos constarán en el acta respectiva[784].

---

[783] Inciso agregado por el numeral 2 del artículo 2° del Decreto N° 64, del Ministerio de Justicia, publicado en el Diario Oficial el 24 de julio de 2024.

[784] Esta norma ha sido modificada por el numeral 3 del artículo 2° del Decreto N° 64, del Ministerio de Justicia, publicado en el Diario Oficial el 24 de julio de 2024, la que ha incorporado dos incisos. El artículo transitorio del Decreto dispone la modificación de los nuevos incisos del numeral 3° del artículo en comento entrará en vigencia conjuntamente con el nuevo artículo 16 bis del Decreto Ley N° 2.859, de 1979. La norma, entonces, se le agregarían los nuevos incisos 4° y 5°:

La concesión de cualquiera de los permisos ordinarios señalados en el artículo 96 deberá ser comunicada por escrito al tribunal encargado de la ejecución de la pena, dentro de los cinco días siguientes contados desde la notificación del permiso a la persona condenada.

Artículo 98 bis.- Sin perjuicio de lo dispuesto en el artículo anterior, para la concesión de permisos a las personas señaladas en el artículo 109 bis, se requerirá, además del informe favorable del Consejo Técnico y de la aprobación de la solicitud por parte del Jefe del Establecimiento, la ratificación de esta última por el Director Regional respectivo[785].

Artículo 99.- Antes de renovar o conceder un nuevo permiso, el Jefe del Establecimiento evaluará el uso que se haya hecho de la salida anterior. El incumplimiento de cualquiera de las obligaciones que correspondan a los beneficiarios facultará al Jefe del Establecimiento para suspenderlos o revocarlos.

Del mismo modo, si las circunstancias existentes al momento de conceder el beneficio se modifican, de modo que ya no resulte aconsejable

---

Dicha comunicación deberá contener tanto el tipo de permiso otorgado como su extensión.

Con todo, los permisos de salida que se concedan a las personas condenadas a presidio perpetuo deberán ser autorizados por el juez de garantía de la comuna de asiento del respectivo establecimiento penitenciario. Para tales efectos, en aquellos casos en que la jefatura del establecimiento penitenciario considere procedente la concesión de un permiso de salida, deberá remitir todos los antecedentes, en un plazo de tres días posteriores a la realización del acta del Consejo Técnico en que conste el pronunciamiento positivo para su concesión, al juez, quien deberá autorizar o denegar dicho permiso.

785 Esta norma ha sido modificada por el numeral 4 del artículo 2° del Decreto N° 64, del Ministerio de Justicia, publicado en el Diario Oficial el 24 de julio de 2024, la que ha modificado el inciso 1° e incorporado el inciso 2°. El artículo transitorio del Decreto dispone la modificación de los nuevos incisos del numeral 3° del artículo en comento entrará en vigencia conjuntamente con el nuevo artículo 16 bis del Decreto Ley N° 2.859, de 1979. La norma, entonces, quedaría de la siguiente manera:

Sin perjuicio de lo dispuesto en el artículo anterior, para la concesión de permisos a las personas que se encuentren cumpliendo condena por los delitos señalados en el artículo 109 bis, se requerirá, además del informe favorable del Consejo Técnico y de la aprobación de la solicitud por parte del Jefe del Establecimiento, la ratificación de esta última por el Director Regional respectivo.

Si las personas a que se refiere el presente artículo hubiesen sido condenadas a presidio perpetuo, el mencionado Director Regional deberá remitir los antecedentes al juez de garantía de la comuna de asiento del respectivo establecimiento penitenciario, dentro de los cinco días siguientes a la correspondiente ratificación otorgada, con el objeto de dar cumplimiento a lo señalado en el inciso quinto del artículo 98.

que el interno continúe gozando de él, el Jefe del Establecimiento deberá suspenderlo o revocarlo.

Antes de hacerse efectivo un permiso de salida, el Jefe del Establecimiento informará a los internos, individual o colectivamente, de las obligaciones que deben cumplir tales como las limitaciones horarias, presentación personal al regreso u otras que el caso amerite. Deberá indicarles expresamente que el incumplimiento de cualquiera de las obligaciones importará la suspensión o revocación del beneficio.

De las salidas esporádicas

Artículo 100.- Los Jefes de los Establecimientos Penitenciarios podrán autorizar, con vigilancia, la salida esporádica de los internos condenados con el objeto que éstos visiten a sus parientes próximos o a las personas íntimamente ligadas con ellos, en caso de enfermedad, accidente grave o muerte de ellos o que estén afectados por otros hechos de semejante naturaleza, importancia o trascendencia en la vida familiar, por un período no superior a diez horas, para lo cual tendrán en cuenta los antecedentes respecto a la conducta y confiabilidad del interno y las medidas de seguridad que se requieran.

Artículo 101.- La autorización del artículo anterior, con custodia, podrá igualmente otorgarse para la realización de diligencias urgentes que requieren de la comparecencia personal del condenado y se extenderá por el tiempo estrictamente necesario para ello, no pudiendo exceder de seis horas la duración total de la salida.

Artículo 102.- El Jefe del Establecimiento podrá autorizar la salida, con vigilancia, una vez al año y por un máximo de diez horas, de los internos que habiendo cumplido un tercio de su pena privativa de libertad hayan sido propuestos por el Consejo Técnico como merecedores de este permiso como premio o estímulo especial.

Asimismo, el Alcaide, previo informe del Consejo Técnico respectivo, podrá otorgar permisos de salida, con custodia, a los internos que ejecuten alguna de las actividades indicadas en el artículo 95, por el tiempo estrictamente necesario para el cumplimiento de sus fines.

De la salida dominical

Artículo 103.- Los internos condenados, previo informe favorable del Consejo Técnico del respectivo establecimiento penitenciario y a partir de los doce meses anteriores al día en que cumplan el tiempo mínimo para optar a la libertad condicional, podrán solicitar autorización al Alcaide para salir del establecimiento los días domingos, sin custodia, por un período de hasta quince horas por cada salida.

De la salida de fin de semana

Artículo 104.- Previo informe favorable del Consejo Técnico del establecimiento penitenciario respectivo, podrán solicitar al Alcaide la salida de fin de semana, los internos condenados que durante tres meses continuos hayan dado cumplimiento cabal a la totalidad de las obligaciones que impone el beneficio de salida dominical. En este caso podrán ser autorizados para salir del establecimiento desde las dieciocho horas del día viernes hasta las veintidós horas del día domingo como máximo.

De la salida controlada al medio libre

Artículo 105.- Los internos condenados, previo informe del Consejo Técnico del respectivo establecimiento penitenciario y a partir de los seis meses anteriores al día en que cumplan el tiempo mínimo para optar a la libertad condicional, podrán ser autorizados para salir durante la semana por un período no superior a quince horas diarias, con el objeto de concurrir a establecimientos laborales, de capacitación laboral o educacional, a instituciones de rehabilitación social o de orientación personal, con el fin de buscar o desempeñar trabajos.

El permiso se concederá por los días y extensión horaria estrictamente necesarios para la satisfacción del objetivo que le sirva de causa. En todo caso, este objetivo deberá corresponder a alguno de los señalados en el inciso precedente.

Los internos a quienes se haya concedido este permiso para salir todos los días de la semana podrán ser autorizados para gozar de la salida de fin de semana.

Artículo 106.- Los internos beneficiados con el permiso regulado en el artículo anterior tendrán la obligación de presentar, con la periodicidad que determine el Jefe del Establecimiento, los antecedentes que den cuenta del provecho que les haya reportado el uso de la salida, tales como contratos de trabajo, certificados de estudio o capacitación, u otros de similar naturaleza, correspondiendo a la Administración Penitenciaria establecer los controles necesarios.

Párrafo 3º: Reglas comunes a los permisos de salida

Artículo 107.- La reinserción familiar y social del condenado tiene carácter progresivo, por lo que los permisos de salida pueden concederse por un lapso inferior al máximo permitido, debiendo el Jefe del Establecimiento fijar el día, la hora de salida y la extensión horaria del permiso.

Asimismo, tratándose de las salidas esporádicas, los permisos no podrán ser otorgados en forma conjunta o acumulativa.

A excepción de la salida de fin de semana se procurará que se haga uso de los permisos preferentemente en horario diurno.

Artículo 108.- Cuando se trate de extranjeros condenados que tengan decreto de expulsión del país, antes de otorgarles alguno de los beneficios deberá darse aviso del día y hora y la duración de la salida a la Policía de Investigaciones de Chile. En caso de ignorarse si el interno tiene o no orden de expulsión, debe recabarse tal antecedente antes de conceder la salida.

Artículo 109.- Antes de la concesión de cualquiera de los permisos de que trata este Título, deberán analizarse por el Consejo Técnico, cuando corresponda, y en todo caso por el Jefe del Establecimiento, los antecedentes que lo ameriten: la gravedad de los delitos cometidos; la gravedad de la pena asignada al delito; el número de delitos que se le imputaren y el carácter de los mismos; la existencia de procesos pendientes; el hecho de encontrarse sujeto a alguna medida cautelar personal y la existencia de condenas anteriores cuyo cumplimiento se encontrare pendiente, atendiendo a la gravedad de los delitos de que trataren, y en general cualquier referencia relativa a la confiabilidad del beneficiario que permitan presumir que no quebrantará su condena.

Artículo 109 bis.- Para efectos de lo dispuesto en el artículo precedente, se entenderá que son especialmente graves los delitos de homicidio, castraciones, mutilaciones, lesiones graves gravísimas, lesiones graves, lesiones menos graves, violación, abuso sexual, secuestro, sustracción de menores, tormentos o apremios ilegítimos, asociación ilícita, inhumaciones y exhumaciones, cualquiera haya sido la denominación que dichas conductas hubieren tenido al momento de su condena, que fueren perpetrados en el contexto de violaciones a los Derechos Humanos, por agentes del Estado o por personas o grupos de personas que actuaron con la autorización, el apoyo o la aquiescencia del Estado.

Artículo 109 ter.- Para poder autorizar alguno de los permisos de salida regulados en este Título a los condenados por los delitos que se señalan en el artículo precedente, éstos, además de cumplir con los requisitos generales para su obtención, deberán acreditar por cualquier medio idóneo que han aportado antecedentes serios y efectivos en causas criminales por delitos de la misma naturaleza. Para estos efectos se considerará la colaboración realizada en las causas en que actualmente se investigue, se juzgue o se haya juzgado al condenado, incluso cuando aquélla se hubiere prestado con posterioridad a la dictación de la respectiva sentencia condenatoria. La misma regla se aplicará tratándose de la colaboración prestada en causas de la misma naturaleza, seguidas en contra de otras personas.

Artículo 110.- Tratándose de los permisos contemplados en las letras b), c) y d) del artículo 96 serán considerados los internos que cumplan los siguientes requisitos:

a) Haber observado muy buena conducta en los tres bimestres anteriores a su postulación. No obstante ello, se examinará la conducta del interno durante toda su vida intrapenitenciaria a fin de constatar si, con anterioridad a los tres bimestres referidos, registra infracciones disciplinarias graves a considerar antes de conceder el beneficio;

b) Haber asistido regularmente y con provecho a la escuela del establecimiento, según conste del informe emanado del Director de la escuela, salvo que el postulante acredite a través de certificados pertinentes, tener dificultades de aprendizaje o estudios superiores a los que brinda el establecimiento;

c) Haber participado en forma regular y constante en las actividades programadas en la Unidad, tales como de capacitación y trabajo, culturales, recreacionales, según informe del Jefe operativo, y

d) Tener la posibilidad cierta de contar con medios o recursos de apoyo o asistencia, sean familiares, penitenciarios o de las redes sociales.

En la consideración de estos requisitos deberán tenerse presente las circunstancias personales del interno y las características y recursos del establecimiento.

Artículo 111.- Los internos que hayan quebrantado o que voluntariamente hayan dejado de cumplir sus condenas, deberán cumplir a lo menos, un tercio del saldo insoluto de la condena quebrantada antes de poder postular nuevamente a los beneficios, cualquiera sea el plazo que les falte para cumplir el tiempo mínimo para postular a la libertad condicional.

Sin perjuicio de lo anterior, el Jefe del Establecimiento, mientras no exista sentencia ejecutoriada en el juicio por quebrantamiento, podrá considerar la concesión de un beneficio al interno procesado cuando existan antecedentes comprobados que así lo ameriten.

Artículo 112.- La concesión de permisos de salida a internos que hayan quebrantado o voluntariamente hayan dejado de cumplir las condiciones de los permisos, se sujetará a los siguientes criterios reguladores:

- Al reingreso, el interno tendrá una conducta calificada con la nota mínima.

- Cada vez que se presente un interno que haya quebrantado alguno de estos beneficios deberá ser recibido en el establecimiento y se suspenderá o revocará el beneficio según corresponda.

Artículo 113.- A los internos que ingresen o reingresen al establecimiento en calidad de detenidos, sujetos a prisión preventiva o condenados por un nuevo delito, cometido mientras hacían uso de alguno de los beneficios señalados en el artículo 96, les será revocado el permiso del que gozaban.

Estos internos deberán cumplir, efectivamente privados de libertad, la totalidad del saldo de la condena que cumplían cuando se les concedió el permiso de que gozaban, sin que puedan acceder a nuevos permisos de salida, los que serán considerados por la Administración Penitenciaria, sólo respecto de la condena que se les imponga por el nuevo delito y una vez que cumplan los requisitos para ello.

Para estos efectos, cualquiera sea el orden en que deban cumplirse las penas que se hayan impuesto al interno, el tiempo durante el cual no pueda postular a nuevos beneficios corresponderá, al menos, al lapso que restare de la condena que estaba cumpliendo al revocársele el permiso.

La libertad por falta de mérito, la revocación de la resolución que lo somete a proceso, los sobreseimientos temporal y definitivo y la sentencia absolutoria que se dicten respecto de estos internos, restituirán su derecho a postular a nuevos beneficios en las condiciones que poseían antes del nuevo encarcelamiento o en los términos previstos en el artículo 111, según corresponda.

Artículo 114.- Los Directores Regionales deberán preocuparse especialmente del cumplimiento de estas disposiciones, así como de las instrucciones que al respecto dicte internamente la Administración Penitenciaria.

Salvo en el caso de lo señalado en el artículo 98 bis, esta disposición no constituye el establecimiento de una instancia superior al Alcaide en la resolución de los beneficios, sino que corresponde a una expresión de las obligaciones generales de supervisión y fiscalización que a los Directores

Regionales asisten respecto de todo el quehacer penitenciario en su respectivo territorio jurisdiccional.

Los Directores Regionales informarán anualmente a la Subdirección Técnica de Gendarmería de Chile respecto del funcionamiento de los Consejos Técnicos de los establecimientos de su región y de los beneficios que hayan concedido, con indicación de los resultados que se hayan observado.

Artículo 115.- Los condenados a penas inferiores a un año tendrán derecho a postular a los permisos de salida de que trata el presente Título, cumpliendo los requisitos generales enunciados precedentemente, cuando les sean aplicables.

TÍTULO SEXTO
DE LA ADMINISTRACIÓN DE LOS ESTABLECIMIENTOS PENITENCIARIOS

Párrafo 1°: De la organización de los establecimientos

Artículo 116.- La organización interna de los establecimientos penitenciarios será establecida por Resolución del Director Nacional de Gendarmería, la que se ajustará, a lo menos, a los criterios establecidos en los siguientes artículos, sin perjuicio de las disposiciones relativas a los Centros de Reinserción Social que contempla el Reglamento de la Ley N° 18.216 aprobado por Decreto Supremo de Justicia N° 1.120, de 1984.

Artículo 117.- Los Jefes de los Complejos Penitenciarios, Centros Penitenciarios Femeninos, Centros de Cumplimiento Penitenciario, y Centros de Detención Preventiva, serán autoridades unipersonales que se denominarán Alcaides.

Párrafo 2°: Del Consejo Técnico

Artículo 118.- El Jefe de Establecimiento será asesorado por un organismo colegiado que se denominará Consejo Técnico, que él presidirá.

El Consejo Técnico estará integrado, además, por el Jefe Operativo y por los oficiales penitenciarios, personal de vigilancia, profesionales y funcionarios a cargo de áreas y programas de rehabilitación y del normal desarrollo del régimen interno.

En los establecimientos en que se ejecute un contrato de concesión, el Alcaide podrá invitar y/o citar a las sesiones del Consejo Técnico, a miembros del personal profesional o técnico de la empresa concesionaria, con el fin de que expliquen o complementen los informes que hayan emitido, sin perjuicio de la facultad de requerirles informes adicionales por escrito con el mismo objeto, para ser analizados en la misma reunión. Estas personas participarán en dichas sesiones sólo con derecho a voz.

El Jefe del Establecimiento podrá invitar a las sesiones del Consejo a miembros de la comunidad, representantes de organismos comunitarios, o a personas vinculadas con los temas a tratar.

El Jefe del Establecimiento será responsable de la marcha general del Consejo Técnico y del efectivo desarrollo de sus labores.

Artículo 119.- Los Consejos Técnicos tendrán el carácter de ente articulador de las acciones de tratamiento de la población penal, y sus funciones serán entre otras, las siguientes:

a) Formular, proponer y evaluar los proyectos y programas de reinserción dirigidos a la población penal, sean éstos psicosociales, laborales, educacionales, de capacitación, culturales, deportivos, recreativos u otros;

b) Proponer modificaciones al régimen interno, sobre la base de criterios técnicos claramente definidos;

c) Definir y proponer estrategias tendientes a lograr o mejorar las relaciones con la comunidad y colaborar con el Alcaide en gestiones con el empresariado destinadas a fomentar su participación en los proyectos laborales y productivos que se desarrollen;

d) Proponer al Alcaide los criterios para la selección y evaluación del personal que se desempeñará en programas de tratamiento;

e) Proponer actividades de capacitación y perfeccionamiento para el personal del establecimiento en relación a los programas o proyectos de reinserción que se implementen;

f) En los establecimientos en que se ejecute un contrato de concesión, el Consejo Técnico deberá asumir las funciones y/o actividades que le hayan sido asignadas en el contrato respectivo y además, asesorar al Alcaide en la revisión de la propuesta técnica elaborada por la sociedad concesionaria para la ejecución del programa de reinserción social y cada uno de sus subprogramas.

Artículo 120.- El Director Nacional de Gendarmería de Chile regulará, por resolución interna, la forma de funcionamiento de los Consejos Técnicos, la frecuencia de sus sesiones de acuerdo con la complejidad y naturaleza del establecimiento y toda otra cuestión no incluida en las normas de este Reglamento.

TÍTULO FINAL

Artículo 121.- Todas las referencias efectuadas al Reglamento Carcelario, D.S. (J) N° 805 de 1928 y al Reglamento de Establecimientos Penitenciarios, D.S. (J) N° 1.771 de 1992, contenidas en textos legales o reglamentarios generales o especiales, se entenderán hechas al presente Reglamento.

Artículo 122.- Las Secciones Cárceles que funcionan en las Unidades de Carabineros de Chile, son consideradas como establecimientos penitenciarios para todos los efectos.

Artículo 123.- Derógase el Decreto Supremo de Justicia N° 1.771, de 1992.

Tómese razón, comuníquese y publíquese.- EDUARDO FREI RUIZ-TAGLE, Presidente de la República.- María Soledad Alvear Valenzuela, Ministro de Justicia.

Lo que transcribo para su conocimiento.- Le saluda atentamente, José Antonio Gómez Urrutia, Subsecretario de Justicia.

DECRETO LEY N° 321,
QUE ESTABLECE LA LIBERTAD CONDICIONAL PARA LAS PERSONAS CONDENADAS A PENAS PRIVATIVAS DE LIBERTAD

Núm. 321.- Santiago, 10 de marzo de 1925.- La Junta de Gobierno, de acuerdo con el Consejo de Secretarios de Estado, ha acordado y dicta el siguiente DECRETO-LEI:

Artículo 1.- La libertad condicional es un medio de prueba de que la persona condenada a una pena privativa de libertad y a quien se le concediere, demuestra, al momento de postular a este beneficio, avances en su proceso de reinserción social.

La libertad condicional es un beneficio que no extingue ni modifica la duración de la pena, sino que es un modo particular de hacerla cumplir en libertad por la persona condenada y según las disposiciones que se regulan en este decreto ley y en su reglamento.

Artículo 2.- Toda persona condenada a una pena privativa de libertad de más de un año de duración podrá postular al beneficio de libertad condicional, siempre que cumpla con los siguientes requisitos:

1) Haber cumplido la mitad de la condena que se le impuso por sentencia definitiva, o los tiempos establecidos en los artículos 3°, 3° bis y 3° ter. Si la persona condenada estuviere privada de libertad cumpliendo dos o más penas, o si durante el cumplimiento de éstas se le impusiere una nueva, se sumará su duración, y el total que así resulte se considerará como la condena impuesta para estos efectos. Si hubiere obtenido, por gracia, alguna rebaja o se le hubiere fijado otra pena, se considerará ésta como condena definitiva.

2) Haber observado conducta intachable durante el cumplimiento de la condena. Será calificado con esta conducta la persona condenada que tenga nota "muy buena", de conformidad al reglamento de este decreto ley, en los cuatro bimestres anteriores a su postulación. En caso que la condena impuesta no excediere de quinientos cuarenta y un días, se considerará

como conducta intachable haber obtenido nota "muy buena" durante los tres bimestres anteriores a su postulación.

3) Contar con un informe de postulación psicosocial elaborado por un equipo profesional del área técnica de Gendarmería de Chile, que permita orientar sobre los factores de riesgo de reincidencia, con el fin de conocer sus posibilidades para reinsertarse adecuadamente en la sociedad. Dicho informe será un antecedente calificado al momento de resolver la respectiva solicitud y contendrá, además, los antecedentes sociales y las características de personalidad de la persona condenada, dando cuenta de la conciencia de la gravedad del delito, del mal que éste causa y de su rechazo explícito a tales delitos. Asimismo, deberá contener información sobre eventuales beneficios intrapenitenciarios que la persona postulante hubiese obtenido, especialmente si éstos hubiesen sido revocados y las razones para ello[786].

Sin perjuicio de lo señalado en el inciso anterior, la persona condenada a presidio perpetuo, a quien le fuere negada la libertad condicional, no podrá postular nuevamente sino hasta la primera quincena de abril u octubre del año siguiente, cuando la postulación rechazada se hubiere solicitado durante los meses de abril u octubre, respectivamente[787].

Artículo 3.- Las personas condenadas a presidio perpetuo calificado sólo podrán postular a la libertad condicional una vez que hubieren cumplido cuarenta años de privación de libertad efectiva. Si la solicitud del beneficio fuere rechazada, no podrá deducirse nuevamente sino después de transcurridos dos años desde su última presentación.

Las personas condenadas a presidio perpetuo sólo podrán postular al beneficio de la libertad condicional una vez cumplidos veinte años de privación de libertad.

---

[786] Inciso modificado por la letra a) del numeral 1 del artículo 1° de la Ley N° 21.627, publicada en el Diario Oficial el 9 de noviembre de 2023.

[787] Inciso agregado por la letra b) del numeral 1 del artículo 1° de la Ley N° 21.627, publicada en el Diario Oficial el 9 de noviembre de 2023.

Asimismo, las personas condenadas por los delitos de parricidio, femicidio, homicidio simple, homicidio calificado, robo con homicidio, robo con violación, violación con homicidio, violación, infanticidio, y por los delitos contemplados en el número 2° del artículo 365 bis, en los incisos tercero, cuarto y quinto del artículo 141, en el número 1 del inciso primero y en el inciso segundo del artículo 142 y en los artículos 363, 365 bis, 366 incisos primero y segundo, 366 bis, 367, 367 ter, 367 quáter, 367 septies, 411 quáter, 436, 440 y 474, todos del Código Penal, en los artículos 281 bis, 281 ter, 281 quáter, 416, 416 bis N°1 y 2, y 416 ter del Código de Justicia Militar; en los artículos 17, 17 bis N° 1 y 2, y 17 ter de la ley orgánica de la Policía de Investigaciones de Chile; en los artículos 15 A, 15 B N° 1 y 2, y 15 C de la ley orgánica de Gendarmería de Chile, y homicidio de integrantes del Cuerpo de Bomberos de Chile, de integrantes de las Fuerzas Armadas y servicios bajo su dependencia, en el ejercicio de sus funciones, y el de elaboración o tráfico de estupefacientes, sólo podrán postular a este beneficio cuando hubieren cumplido dos tercios de la pena. Para los casos establecidos en el presente inciso y en los incisos primero y segundo de este artículo, se considerará como conducta intachable haber obtenido nota "muy buena" durante los seis bimestres anteriores a su postulación.

Las personas condenadas a dos o más penas, cuya suma alcance o supere los cuarenta años de privación de libertad, sólo podrán postular al beneficio de libertad condicional una vez que hayan cumplido veinte años de reclusión. En caso de concederse, el período de supervisión a que se refiere el artículo 8° se extenderá hasta cumplir cuarenta años contados desde el inicio de la condena.

Las personas condenadas por los incisos tercero y cuarto del artículo 196 de la ley N° 18.290, de Tránsito, podrán postular a este beneficio sólo una vez que hayan cumplido dos tercios de la condena.

Las personas condenadas por el delito contemplado en el artículo 293 del Código Penal sólo podrán postular al beneficio de la libertad condicional cuando hayan cumplido dos tercios de la pena, salvo quienes han cooperado eficazmente con la investigación, los que podrán postular de conformidad a lo señalado en el artículo anterior.

Las personas condenadas a presidio perpetuo por delitos contemplados en la ley Nº 18.314, que determina conductas terroristas y fija su penalidad y, además condenadas por delitos sancionados en otros cuerpos legales, podrán postular al beneficio de la libertad condicional una vez que hayan cumplido diez años de pena, siempre que los hechos punibles hayan ocurrido entre el 1 de enero de 1989 y el 1 de enero de 1998 y suscriban, en forma previa, una declaración que contenga una renuncia inequívoca al uso de la violencia.[788] .

Artículo 3 bis.- Las personas condenadas por delitos de homicidio, homicidio calificado, secuestro, secuestro calificado, sustracción de menores, detención ilegal, inhumación o exhumación ilegal, tormentos o rigor innecesario, y asociación ilícita, que la sentencia, en conformidad al derecho internacional, hubiere considerado como genocidio, crímenes de lesa humanidad o crímenes de guerra, cualquiera haya sido la denominación o clasificación que dichas conductas hubieren tenido al momento de su condena; o por alguno de los delitos tipificados en la ley Nº 20.357; podrán postular a este beneficio cuando, además de los requisitos del artículo 2º, hubieren cumplido dos tercios de la pena o, en caso de presidio perpetuo, los años de privación de libertad efectiva establecidos en los incisos primero y segundo del artículo 3º, según corresponda.

Además de lo anterior, al momento de postular, el condenado deberá acreditar la circunstancia de haber colaborado sustancialmente al esclarecimiento del delito o confesado su participación en el mismo; o aportado antecedentes serios y efectivos de los que tenga conocimiento en otras causas criminales de similar naturaleza. Lo anterior se acreditará con la

---

[788] Artículo modificado tanto por el artículo 2º de la Ley Nº 21.483, publicada en el Diario Oficial el 24 de agosto de 2022, como por el artículo 6º de la Ley Nº 21.522, publicada en el Diario Oficial el 30 de diciembre de 2022, como por el artículo 7º de la Ley Nº 21.523, publicada en el Diario Oficial con fecha 31 de diciembre de 2022, como por el artículo 2º de la Ley Nº 21.560, publicada en el Diario Oficial el 10 de abril de 2023 como por el artículo 4º de la Ley Nº 21.577, publicada en el Diario Oficial con fecha 15 de junio de 2023 y finalmente por el numeral 2 letras a), b), c), d) y e) del artículo 1º de la Ley Nº 21.627, publicada en el Diario Oficial el 9 de noviembre de 2023.

sentencia, en el caso que se hubiere considerado alguna de las atenuantes de los números 8° y 9° del artículo 11 del Código Penal, o con un certificado que así lo reconozca expedido por el tribunal competente.

Con el fin de determinar si es procedente la concesión del beneficio, se valorará, además, los siguientes factores:

a) Si el otorgamiento de la libertad condicional no afectare la seguridad pública por el riesgo de comisión de nuevos delitos de igual naturaleza;

b) Si el condenado ha facilitado de manera espontánea la ejecución de las resoluciones durante la etapa de investigación y enjuiciamiento, en particular colaborando en la localización de los bienes sobre los que recaigan multas, comisos o de reparación que puedan usarse en beneficio de las víctimas, y

c) Si con el otorgamiento de la libertad condicional pudiese presumirse que el condenado no proferirá expresiones o realizará acciones que afecten a las víctimas o a sus familiares.

Artículo 3 ter.- En caso de los delitos señalados en los incisos tercero y quinto del artículo 3°, se podrá conceder la libertad condicional una vez cumplida la mitad de la pena privativa de libertad de forma efectiva a las mujeres condenadas en estado de embarazo o maternidad de hijo menor de 3 años.

Para los efectos de lo dispuesto en este artículo, el informe de Gendarmería de Chile señalado en el artículo 2° deberá contener la indicación del estado de embarazo o maternidad de hijo menor de 3 años de la mujer que postula al beneficio.

Artículo 4.- La postulación al beneficio de libertad condicional será conocida por una Comisión de Libertad Condicional, que funcionará en la Corte de Apelaciones respectiva, durante los primeros quince días de los meses de abril y octubre de cada año, previo informe de Gendarmería de Chile. Este informe deberá acreditar el cumplimiento de los requisitos establecidos en el artículo 2°, y de los artículos 3°, 3° bis y 3° ter, según sea el caso, en la forma que determine el reglamento respectivo.

Para efectos de lo dispuesto en el literal g) del inciso primero del artículo 109 del Código Procesal Penal, a lo menos quince días antes de las fechas señaladas en el inciso anterior, Gendarmería de Chile deberá comunicar al tribunal a cargo de la ejecución de la pena respectiva las postulaciones a la libertad condicional presentadas por los condenados. El tribunal deberá notificar a la víctima dentro del plazo de cinco días de recibida la comunicación de Gendarmería de Chile.

La víctima, personalmente o a través de su representante, podrá dar a conocer sus alegaciones, por escrito, ante la Comisión de Libertad Condicional respectiva, durante los primeros cinco días de los meses de abril y octubre, según corresponda. La Comisión podrá además oír en audiencia a la víctima o a sus representantes, si ésta así lo solicita, por fundamentos especialmente calificados, ya sea en atención a la gravedad de los hechos por los que la persona postulante fue condenada o por su calidad de reincidente[789].

Cada Comisión de Libertad Condicional estará integrada por:

a) Un Ministro de Corte de Apelaciones, quien será su presidente. Dicho Ministro será elegido por el Pleno de la respectiva Corte.

b) Cuatro jueces de juzgados de garantía o de tribunales de juicio oral en lo penal, elegidos por la Corte de Apelaciones respectiva. La Comisión de Libertad Condicional correspondiente a la Corte de Apelaciones de Santiago estará integrada por diez jueces de juzgados de garantía o de tribunales de juicio oral en lo penal.

Será Secretario de la Comisión de Libertad Condicional el funcionario que designe la Corte de Apelaciones respectiva.

Los jueces elegidos serán subrogados, en caso de impedimento o licencia, por los otros jueces con competencia en lo criminal en orden decreciente conforme a la votación obtenida. El empate se resolverá mediante sorteo.

---

[789] Incisos segundo y tercero incorporados por el numeral 3 del artículo 1° de la Ley N° 21.627, publicada en el Diario Oficial el 9 de noviembre de 2023.

La Comisión podrá conceder también la libertad condicional en favor de aquellas personas condenadas que cumplan el tiempo mínimo de su condena en los dos meses siguientes a los indicados en el inciso primero.

Artículo 5.- Será facultad de la Comisión de Libertad Condicional conceder, rechazar y revocar, en su caso, el beneficio, mediante resolución fundada.

La Comisión deberá constatar el cumplimiento de los requisitos establecidos en el artículo 2°, y de los artículos 3°, 3° bis y 3° ter, según sea el caso, para lo cual se tendrán a la vista los antecedentes emanados de Gendarmería de Chile, y todos los demás que la Comisión considere necesarios para mejor resolver.

Tratándose de una postulación en que la persona estuviese condenada por alguno de los delitos señalados en los artículos 3° o 3° bis, y cuando dicha postulación hubiese sido rechazada previamente, la respectiva Comisión de Libertad Condicional deberá fundamentar de manera expresa, en caso de su concesión, el cambio de circunstancias por el cual amerita el otorgamiento del beneficio.

La Comisión deberá comunicar al tribunal a cargo de la ejecución de la pena el resultado de la postulación de la libertad condicional, dentro del plazo de cinco días hábiles contado desde la resolución correspondiente. Recibida dicha comunicación, el tribunal deberá notificar a la víctima, dentro del plazo de cinco días hábiles contado desde su recepción[790].

Artículo 6.- Las personas en libertad condicional quedarán sujetas a la supervisión de un delegado de Libertad Condicional de Gendarmería de Chile.

El delegado que hubiere sido designado para el control de la libertad condicional, dentro de los siguientes 45 días, deberá elaborar un plan de intervención individual, el que deberá comprender reuniones periódicas, las que durante el primer año de supervisión deberán ser a lo menos

---

790 Incisos cuarto y quinto incorporados por el numeral 5 del artículo 1° de la Ley N° 21.627, publicada en el Diario Oficial el 9 de noviembre de 2023.

mensuales, la realización de actividades tendientes a la rehabilitación y reinserción social del condenado, tales como la nivelación escolar, la participación en actividades de capacitación o inserción laboral, o de intervención especializada de acuerdo a su perfil.

El plan deberá considerar el acceso efectivo del condenado a los servicios y recursos de la red intersectorial, e indicar con claridad los objetivos perseguidos con las actividades programadas y los resultados esperados.

Los planes de seguimiento e intervención individual a los que se refieren los incisos precedentes propenderán a prevenir la victimización secundaria de la persona ofendida por el delito.

La persona condenada deberá firmar un compromiso de no realizar acciones de amedrentamiento u hostigamiento en contra de la víctima. En caso de que la víctima considere que se ha incumplido dicho compromiso, podrá comunicar al tribunal a cargo de la ejecución de la pena las acciones que ha realizado la persona condenada[791].

Asimismo, la persona condenada deberá firmar un compromiso de dar cumplimiento a las condiciones de su plan, las que se deberán expresar en el citado documento.

Artículo 7.- Si la persona en libertad condicional fuere condenada por cualquier delito, o incumpliere las condiciones establecidas en su plan de intervención individual, sin justificación suficiente, Gendarmería de Chile deberá, dentro del plazo de tres días, informar de ello a la Comisión de Libertad Condicional, para que ésta se pronuncie dentro del plazo de quince días, respecto de la continuidad o revocación de la libertad condicional.

En caso de revocación del beneficio, la Comisión ordenará el ingreso de la persona al establecimiento penitenciario que corresponda, con el fin de que cumpla el tiempo que le falte para completar su condena, y sólo después de haber cumplido la mitad de ese tiempo podrá volver a postular a la libertad condicional, en las mismas condiciones y con las obligaciones señaladas en este decreto ley.

---

791 Incisos cuarto y quinto incorporados por el numeral 5 del artículo 1º de la Ley Nº 21.627, publicada en el Diario Oficial el 9 de noviembre de 2023.

Artículo 8.- Las personas que se encontraren gozando del beneficio de libertad condicional que hubieren cumplido la mitad del período de ésta y las condiciones establecidas en su plan de seguimiento e intervención individual podrán ser beneficiadas con la concesión de su libertad completa, por medio de una resolución de la respectiva Comisión.

Quedan exceptuados del beneficio del inciso anterior los que gozaren de libertad condicional conforme a lo dispuesto en el artículo 3° bis.

Artículo 9.- Para los efectos del presente decreto ley, se entenderá que los requisitos para la obtención del beneficio de la libertad condicional son aquellos que se exigen al momento de la postulación.

Artículo 10.- El Estado, a través de los organismos pertinentes, promoverá y fortalecerá especialmente la formación educacional, la capacitación y la colocación laboral de los condenados que gocen de la libertad condicional, con el fin de permitir e incentivar su inserción al trabajo. Asimismo, el delegado deberá apoyar y articular el acceso del condenado a la red de protección del Estado, particularmente en las áreas de salud mental, educación, empleo y de desarrollo comunitario y familiar, según se requiera.

Los organismos estatales y comunitarios que otorguen servicios pertinentes a salud, educación, capacitación profesional, empleo, vivienda, recreación y otros similares deberán considerar especialmente toda solicitud que los delegados de libertad condicional formularen para el adecuado tratamiento de las personas sometidas a su orientación y vigilancia.

Artículo 11.- Un reglamento dictado por el Ministerio de Justicia y Derechos Humanos establecerá las normas relativas a:

a) La organización del sistema de libertad condicional, incluyendo los programas, las características y los aspectos particulares que éstos deberán tener.

b) Los informes de Gendarmería de Chile que se contemplan en los artículos 2°, 3° ter, 4°, 5°, 6° y 7° del presente decreto.

c) Las características y requisitos que deberán reunir los delegados de libertad condicional.

Artículo 12.- Este decreto ley regirá desde su publicación en el Diario Oficial.

Tómese razón, comuníquese, publíquese e insértese en el Boletín de las Leyes y Decretos del Gobierno.- Emilio Bello C. - C. A. Ward.- Pedro P. Dartnell E.- José Maza.

DECRETO 338
APRUEBA EL REGLAMENTO DEL DECRETO LEY N° 321, DE 1925, QUE ESTABLECE LA LIBERTAD CONDICIONAL PARA LAS PERSONAS CONDENADAS A PENAS PRIVATIVAS DE LIBERTAD[792]

Núm. 338.- Santiago, 17 de mayo de 2019.

Vistos:

Lo dispuesto en los artículos 32 N° 6 y 35, de la Constitución Política de la República de Chile, cuyo texto refundido, coordinado y sistematizado fue fijado por el decreto supremo N° 100, de 2005, del Ministerio Secretaría General de la Presidencia; en el decreto con fuerza de ley N° 1/19.653, de 2000, que fija el texto refundido, coordinado y sistematizado de la Ley N° 18.575, Orgánica Constitucional de Bases Generales de la Administración del Estado; en la Ley N° 19.880, que Establece Bases de los Procedimientos Administrativos que Rigen los Actos de los Órganos de la Administración del Estado; en el Código Penal; en la Ley N° 19.696, que Establece Código Procesal Penal; en la Ley N° 7.421, que Aprueba Código Orgánico de Tribunales; en la ley N° 21.124, que modifica el decreto ley N° 321, de 1925, que establece la libertad condicional para los penados; en el decreto ley N° 321, de 1925, del Ministerio de Justicia, que Establece la Libertad Condicional para las Personas Condenadas a Penas Privativas de Libertad; en el decreto supremo N° 2.442, de 1926, del Ministerio de Justicia, que fija el texto del reglamento de la Ley de Libertad Condicional; en el decreto supremo N° 518, de 1998, del Ministerio de Justicia, que aprueba Reglamento de Establecimientos Penitenciarios; en el decreto ley N° 2.859, de 1979, del Ministerio de Justicia, que Fija Ley Orgánica de Gendarmería de Chile; en el decreto con fuerza de ley N° 3, de 2016,

---

792 Título modificado por el numeral 1 del artículo 1° del Decreto N° 64, publicado en el Diario Oficial el 24 de julio de 2024.

que fija el texto refundido, coordinado y sistematizado de la Ley Orgánica del Ministerio de Justicia y Derechos Humanos; en el decreto supremo N° 1.597, de 1980, del Ministerio de Justicia, Reglamento Orgánico del Ministerio de Justicia; y en la resolución N° 1.600, de 2008, de la Contraloría General de la República, y

Considerando:

1°.- Que, con fecha 18 de enero de 2019, se publicó en el Diario Oficial la ley N° 21.124, que modifica el decreto ley N° 321, de 1925, que establece la libertad condicional para los penados.

2°.- Que, entre las modificaciones introducidas, se incorpora un artículo 11 nuevo al referido decreto ley, el cual determina que un reglamento dictado por el Ministerio de Justicia y Derechos Humanos establecerá las normas relativas a la organización del sistema de libertad condicional, a los informes de Gendarmería de Chile y a las características y requisitos que deberían reunir los delegados de libertad condicional.

3°.- Que, no obstante estar vigente el decreto supremo N° 2.442, de 1926, del Ministerio de Justicia, que fija el texto del reglamento de la ley de libertad condicional, es necesario derogar dicho reglamento y dictar un nuevo cuerpo normativo que regule la materia, dado la profundidad de las modificaciones introducidas al decreto ley N° 321, de 1925, mediante la ley N° 21.124.

4°.- Que, el decreto supremo N° 518, de 1998, del Ministerio de Justicia, que Aprueba Reglamento de Establecimientos Penitenciarios, regula, entre otras materias, los distintos tipos de establecimientos penitenciarios y sus funciones, siendo necesario realizar ajustes al mismo, para dar cabida al sistema a través del cual se realizará la supervisión de las personas beneficiadas con la libertad condicional.

Decreto:

Artículo primero.- Apruébase el siguiente Reglamento del decreto ley N° 321, de 1925, que establece la libertad condicional para las personas condenadas a penas privativas de libertad:

TÍTULO I
DISPOSICIONES GENERALES

Artículo 1°. Objeto. El presente reglamento tiene por objeto establecer las normas relativas a la organización del sistema de libertad condicional, incluyendo los programas, las características y los aspectos particulares que éstos deberán tener; a los informes de Gendarmería de Chile que se contemplan en los artículos 2°, 3° ter, 4°, 5° y 7° del decreto ley N° 321, de 1925; a los planes de intervención individual; a las características y requisitos que deberán reunir los delegados de libertad condicional; así como toda otra cuestión que el decreto ley N° 321, de 1925, mandata a regular.

Artículo 2°. De la libertad condicional. La libertad condicional es un modo particular de cumplir en libertad la pena privativa a que está condenada una persona por sentencia ejecutoriada, bajo determinadas condiciones, que no extingue ni modifica la duración de la pena.

Este beneficio podrá concederse a la persona condenada a una pena privativa de libertad de más de un año que, por su conducta intachable durante el cumplimiento de su condena y sus posibilidades de reinsertarse de manera efectiva en la sociedad, haya demostrado, al momento de postular, que se encuentra en un proceso de reinserción social que muestra avances, habiendo dado cumplimiento a los requisitos establecidos en el artículo siguiente.

Artículo 3°. Requisitos para postular a la libertad condicional. Tiene derecho a postular para obtener la libertad condicional toda persona condenada a una pena privativa de libertad de más de un año de duración, y que, además, reúna los siguientes requisitos:

a) Haber cumplido la mitad de la condena que se le impuso por sentencia ejecutoriada, o los tiempos establecidos en los artículos 3°, 3° bis y 3° ter del decreto ley N° 321, de 1925;

b) Haber observado conducta intachable durante el cumplimiento de su condena, mediante la calificación de su conducta como "muy buena", durante los últimos cuatro bimestres anteriores a su postulación, los últimos seis bimestres, tratándose de las personas que se encuentran en las hipótesis previstas en los incisos primero, segundo y tercero del artículo 3° del decreto ley N° 321, de 1925, o los últimos tres bimestres, si la condena impuesta no excediere de quinientos cuarenta y un días[793];

c) Contar con un informe de postulación psicosocial elaborado por un equipo profesional del área técnica local de Gendarmería de Chile, que contenga un análisis de los factores de riesgo de reincidencia de la persona condenada, con el fin de conocer sus posibilidades para reinsertarse adecuadamente en la sociedad, además de sus antecedentes sociales y características de personalidad, dando cuenta de la conciencia de la gravedad del delito, del mal que éste causa, y de su rechazo explícito a tales delitos. Asimismo, si correspondiere, el informe deberá contener la información relacionada con los beneficios intrapenitenciarios que la persona hubiere obtenido[794].

d) En el caso de las personas contempladas en los artículos 3° y 3° bis del decreto ley N° 321, de 1925, presentar a Gendarmería de Chile la documentación idónea para acreditar el cumplimiento de los requisitos adicionales que en los artículos citados se establecen.

TÍTULO II
DE LA CALIFICACIÓN DE LA CONDUCTA DE LAS PERSONAS CONDENADAS A PENAS PRIVATIVAS DE LIBERTAD

Artículo 4°. Del Tribunal de Conducta. En todos los establecimientos penitenciarios en que cumplan sus condenas personas condenadas por sentencia ejecutoriada a penas privativas de libertad habrá un Tribunal de Conducta, con las atribuciones y deberes que se detallan en este reglamento, y que lo integrarán las personas que desempeñen los siguientes cargos o funciones dentro del establecimiento penitenciario:

---

[793] Inciso modificado por la letra a) del numeral 2 del artículo 1° del Decreto N° 64, publicado en el Diario Oficial el 24 de julio de 2024.

[794] Inciso modificado por la letra b) del numeral 2 del artículo 1° del Decreto N° 64, publicado en el Diario Oficial el 24 de julio de 2024.

a) Jefatura Técnica Local;

b) Jefatura de Régimen Interno;

c) La persona encargada de coordinar los programas laborales y de capacitación al interior de los establecimientos penitenciarios;

d) La persona encargada de realizar la coordinación del ámbito educacional en el establecimiento penitenciario.

Corresponderá a la jefatura del establecimiento penitenciario, citar a sesiones y comunicar los acuerdos del Tribunal de Conducta.

Además, podrán asistir a las sesiones del Tribunal de Conducta, con derecho a voz, un miembro de los Tribunales de Justicia designado por la Corte de Apelaciones respectiva, un miembro de la Defensoría Penal Pública, designado por la jefatura de la Defensoría Regional respectiva, y un miembro del Ministerio Público, designado por la jefatura de la Fiscalía Regional respectiva.

Hará las veces de secretario del Tribunal de Conducta, pero sin formar parte de él, el funcionario o funcionaria que designe la jefatura del establecimiento penitenciario.

La jefatura del establecimiento penitenciario deberá asistir a todas las sesiones del Tribunal de Conducta.

Artículo 5°. Funcionamiento del Tribunal de Conducta. El Tribunal de Conducta se reunirá de manera bimestral y, extraordinariamente, cuando lo cite la respectiva jefatura del establecimiento penitenciario.

Para que el Tribunal de Conducta pueda celebrar sesión, se requiere la asistencia de la totalidad de las personas que la integran o, en caso de ausencia o impedimento de alguna de ellas, de quienes les subroguen o reemplacen, según corresponda.

Las sesiones del Tribunal de Conducta y sus acuerdos se registrarán en el acta respectiva, donde se dejará constancia de todas las opiniones y sus fundamentos.

Artículo 6°. Factores para la calificación de la conducta. Para la calificación de la conducta de una persona condenada se considerarán como factores la adaptación al régimen interno y la participación en actividades de reinserción social.

La adaptación al régimen interno se evaluará en función del cumplimiento satisfactorio de las normas del régimen penitenciario, tales como las relacionadas con el respeto a los procedimientos de seguridad o régimen interno, y el comportamiento mostrado durante traslados, visitas y salidas autorizadas. También se evaluará la conservación del aseo, cuidado y mantención del equipamiento e instalaciones del Establecimiento Penitenciario.

Las actividades de reinserción social pueden contemplar acciones en distintas áreas, por lo que la participación en éstas será evaluada conforme a lo siguiente:

a) En el área de intervención especializada, se valorará la asistencia a actividades estructuradas sugeridas en el plan de intervención individual orientadas a influir específicamente en el riesgo de reincidencia delictual, que se encuentren disponibles para la persona condenada.

b) En el área de actividades educacionales, se valorará la participación tanto en actividades educativas formales como en aquellas validadas por el respectivo Consejo Técnico.

c) En el área de actividades laborales, se valorará la participación en actividades laborales o de formación para el trabajo, consideradas por la reglamentación laboral penitenciaria vigente, o la participación en actividades de capacitación que se encuentren disponibles.

Cada bimestre, la jefatura de Régimen interno evaluará con una nota la adaptación al régimen interno; la persona encargada de coordinar los programas laborales y de capacitación al interior de los establecimientos penitenciarios, la participación en actividades de capacitación, laborales o de formación para el trabajo; la persona encargada de realizar la coordinación del ámbito educacional en el establecimiento penitenciario, la participación en actividades en el área de educación; y la jefatura técnica local, la participación en actividades de intervención especializada.

La escala para evaluar cada área y factor será de "pésima", "mala", "regular", "buena" y "muy buena". Se deberá utilizar como equivalencia la nota uno (1) "pésima", nota dos (2) "mala", nota tres (3) "regular", nota cuatro (4) "buena" y nota cinco (5) "muy buena".

No procederá la evaluación con una nota del área respectiva, y se reducirá del denominador para el cálculo de la ponderación, en las siguientes situaciones:

a) Cuando la persona no participe en intervención especializada, ya sea por no contar con un plan de intervención individual, o de contar con uno éste determina que no requiere de dichas actividades, o de requerir tales acciones éstas no están disponibles para la persona condenada en el periodo evaluado.

b) Cuando la persona condenada no participe en actividades de intervención especializada por causas no atribuibles a ella.

c) Cuando la persona condenada no participe en actividades educacionales, de capacitación, laborales o de formación para el trabajo por causas no atribuibles a ella.

El término medio de las notas así determinadas corresponderá a la ponderación de la conducta que será propuesta a la jefatura del establecimiento penitenciario.

Artículo 7°. Calificación de la conducta. La calificación de la conducta de las personas condenadas será realizada por la jefatura del establecimiento penitenciario en que éstas se encontraren recluidas, en base a la proposición que para tales efectos realizará el Tribunal de Conducta de dicho establecimiento, tomando en consideración el término medio de las notas determinadas conforme al artículo anterior, dentro de los primeros cinco días hábiles del mes siguiente al bimestre a valorar. Dicha calificación deberá materializarse en una resolución, la que deberá ser notificada a las personas en ella calificadas.

La escala de evaluación para calificar la conducta de la persona condenada será la misma que aquella señalada en el artículo anterior. En caso que la jefatura del establecimiento penitenciario determine una nota distinta al término medio de las notas examinadas en cada área, deberá consignar claramente los fundamentos de la decisión y los antecedentes que se tuvieron a la vista.

La jefatura del establecimiento penitenciario solo podrá aumentar en una nota en la escala de evaluación, la calificación de conducta que haya obtenido una persona en el bimestre anterior. Además, si hubiere existido una falta disciplinaria sancionada deberá disminuir la calificación de la conducta, cuyo efecto deberá reflejarse en el bimestre en el que se sanciona la referida falta.

La primera calificación de conducta realizada a las personas que inicien el cumplimiento de su condena privativa de libertad requerirá contar con, a lo menos, treinta días desde el ingreso al establecimiento penitenciario en calidad de condenada.

A efectos de estandarizar la calificación de la conducta en todos los establecimientos penitenciarios, la jefatura superior de la Dirección Nacional de Gendarmería de Chile, mediante resolución, regulará la forma y condiciones en que las sanciones a las faltas disciplinarias y otros aspectos relacionados con los factores señalados en el artículo anterior, incidirán en la calificación de conducta de las personas condenadas. Esta resolución deberá seguir los lineamientos que el Ministerio de Justicia y Derechos Humanos dictará para este efecto.

Artículo 8°. Impugnación de la calificación. La resolución del jefe del respectivo establecimiento penitenciario que contenga la calificación será notificada personalmente a las personas condenadas, entregándole copia de la misma, y procederán en contra de ella los recursos administrativos previstos en la ley N° 19.880, que establece las bases de los procedimientos administrativos que rigen los actos de los órganos de la Administración del Estado.

TÍTULO III
DE LA FORMA DE ACREDITAR LOS REQUISITOS PARA POSTULAR A LA LIBERTAD CONDICIONAL

Artículo 9°. Acreditación de los requisitos. Gendarmería de Chile acreditará, mediante informe del respectivo Tribunal de Conducta y demás antecedentes, el cumplimiento de los requisitos establecidos en el artículo

2°, y de los artículos 3°, 3° bis y 3° ter, del decreto ley N° 321, de 1925, y demás antecedentes, según sea el caso.

Este informe deberá ser acordado por el Tribunal de Conducta a más tardar los días 25 de marzo y 25 de septiembre de cada año y deberá contener lo establecido en los artículos del presente título.

Artículo 10. Acreditación de haber cumplido un tiempo determinado de la condena. El informe referido en el artículo 9° dará cuenta del hecho que la persona postulante haya cumplido la mitad de la condena que se le impuso por sentencia definitiva, o los tiempos establecidos en los artículos 3°, 3° bis y 3° ter del decreto ley N° 321, de 1925.

Si la persona condenada estuviere privada de libertad cumpliendo dos o más penas, o durante el cumplimiento de éstas se le impusiere una nueva, se sumará su duración, y el total que así resulte se considerará como la condena impuesta para estos efectos. Si hubiere obtenido, por gracia, alguna rebaja o se le hubiere fijado otra pena, se considerará ésta como condena definitiva.

Las personas que estuvieren condenadas a presidio perpetuo y además a otra u otras penas privativas de libertad, sólo podrán postular a la libertad condicional una vez que hubieren cumplido con la totalidad de los tiempos establecidos por presidio perpetuo y los tiempos establecidos por la otra u otras penas privativas de libertad que correspondan.

Con todo, las personas condenadas a presidio perpetuo a quienes se les hubiese denegado la libertad condicional, no podrán volver a postular a la misma sino hasta la primera quincena de abril u octubre del año siguiente, cuando la postulación rechazada se hubiere solicitado durante los meses de abril u octubre, respectivamente[795].

Artículo 11. Acreditación de haber observado conducta intachable. El informe referido en el artículo 9° dará cuenta del hecho que la persona postulante haya observado una conducta intachable, en el caso que ésta

---

[795] Inciso incorporado por el numeral 3 del artículo 1° del Decreto N° 64, publicado en el Diario Oficial el 24 de julio de 2024.

haya obtenido una calificación de conducta de "muy buena" en los bimestres requeridos anteriores al primero de abril o primero de octubre de cada año, respectivamente.

Artículo 12. Informe de postulación psicosocial. Se adjuntará al informe referido en el artículo 9°, un informe de postulación psicosocial de la persona postulante elaborado por un equipo profesional del área técnica de Gendarmería de Chile, o de los destinados al servicio de reinserción social, en el caso de la administración concesionada. El informe psicosocial orientará sobre los factores de riesgo de reincidencia delictual y que permita conocer sus posibilidades de reinsertarse adecuadamente en la sociedad.

El análisis de los factores de riesgo de reincidencia delictual evaluados deberá hacer especial referencia a aquellos antecedentes sociales y características de personalidad asociados a la conducta delictiva, dando cuenta además de la conciencia de la gravedad del delito y del mal que éste causa e informar de su rechazo explícito a tales delitos.

Si corresponde, el informe deberá dar cuenta de eventuales beneficios intrapenitenciarios que la persona hubiese obtenido y el cumplimiento que hubiese dado a los mismos. Si una persona hubiese obtenido un beneficio y este fue revocado, se deberá mencionar expresamente dicha circunstancia, dando cuenta de las razones que se tomaron en consideración para la revocación[796].

Asimismo, cuando la persona postulante se encuentre en la situación del artículo 3° ter del decreto ley N° 321, de 1925 y para efectos de indicar el estado de embarazo o maternidad de un hijo o de una hija menor de tres años, se deberá adjuntar al informe de postulación psicosocial el certificado del médico o de la jefatura del área de salud del establecimiento penitenciario, que acredite el embarazo, o el certificado de nacimiento que acredite la maternidad de un hijo o de una hija menor de tres años.

---

796 Inciso incorporado por la letra a) numeral 4 del artículo 1° del Decreto N° 64, publicado en el Diario Oficial el 24 de julio de 2024.

El informe al que se refiere este artículo será un antecedente calificado para la Comisión de Libertad Condicional al momento de resolver la respectiva solicitud[797].

Artículo 13. Otros antecedentes. Cuando se trate de la situación del inciso final del artículo 3° del decreto ley N° 321, de 1925, se adjuntará al informe referido en el artículo 9°, la declaración simple, suscrita por la persona postulante, que contenga una renuncia inequívoca al uso de la violencia.

Asimismo, cuando la persona postulante se encuentre en el caso del artículo 3° bis del decreto ley N° 321, de 1925, se adjuntará al informe señalado en el artículo 9°, la sentencia, en el caso que se hubiere considerado alguna de las atenuantes de los números 8° y 9° del artículo 11 del Código Penal, o el certificado expedido por el tribunal correspondiente que acredite la circunstancia de haber colaborado sustancialmente al esclarecimiento del delito o confesado su participación en el mismo; o aportado antecedentes serios y efectivos de los que tenga conocimiento en otras causas criminales de similar naturaleza. La persona condenada deberá acompañar los antecedentes, previo a la sesión del Tribunal de Conducta correspondiente.

Artículo 14. Requisitos técnicos del informe de postulación psicosocial. Con la finalidad de orientar sobre los factores que inciden en el proceso de reinserción social, el informe de postulación psicosocial al que se refiere el artículo 12 deberá contener a lo menos la siguiente información:

a) Una descripción de la metodología empleada para elaborar el informe que haga referencia a las técnicas utilizadas para recabar la información, especialmente, las entrevistas realizadas, los documentos consultados, los instrumentos aplicados y sus resultados.

---

[797] Inciso incorporado por la letra b) del numeral 4 del Artículo 1° del Decreto N° 64, publicado en el Diario Oficial el 24 de julio de 2024.

b) Una descripción de la persona postulante, que haga referencia a sus antecedentes individuales, laborales y familiares, al delito cometido, a su riesgo de reincidencia, necesidades de intervención, recursos y fortalezas.

c) Una descripción de las actividades de reinserción social realizadas por la persona postulante durante el cumplimiento de su condena, que incluya los objetivos perseguidos y los logros alcanzados por su participación en estas actividades.

d) Un análisis global del proceso de reinserción social que explique la manera en que se vinculan las necesidades de intervención, los recursos y fortalezas de la persona postulante. Este análisis deberá incluir una fundamentación técnica de las áreas visualizadas como facilitadoras del proceso de reinserción social y de las áreas que requieren un mayor desarrollo para evitar reincidencias.

e) Según la evaluación de las necesidades de intervención, sugerir actividades y programas que podrían apoyar el proceso de reinserción social de la persona postulante una vez que se encuentre en el medio libre.

f) Incorporar las expectativas que la persona postulante tiene respecto a su proceso de reinserción social en el medio libre.

Las afirmaciones contenidas en el informe de postulación psicosocial deberán apoyarse en datos que sean contrastables, evitando incluir juicios de valor u opiniones personales sin fundamento técnico.

TÍTULO IV
DE LA FORMA DE OBTENER LA LIBERTAD CONDICIONAL

Artículo 15. Nómina de personas postulantes al beneficio. Los Tribunales de Conducta confeccionarán una nómina de las personas condenadas que reúnan los requisitos para postular a la libertad condicional, con indicación del lugar que éstas fijen como residencia.

Asimismo, se incluirán en la nómina aquellas personas condenadas que, satisfaciendo los demás requisitos establecidos en el decreto ley N° 321, de 1925, cumplan el tiempo mínimo que los habilite para postular durante los meses de abril, mayo y junio, o durante octubre, noviembre y diciembre, respectivamente. En caso que la Comisión de Libertad Condicional conceda dicho beneficio, éste se hará efectivo el día que cumplan el tiempo mínimo requerido y siempre que a esa fecha reúnan todavía el requisito exigido por el número 2 del artículo 2° del decreto ley N° 321, de 1925.

Quince días antes del día señalado en el inciso primero del artículo 16 del presente reglamento, la jefatura del respectivo establecimiento penitenciario deberá comunicar al tribunal a cargo de la ejecución de la pena correspondiente las postulaciones a la libertad condicional presentadas por las personas condenadas. En conformidad con lo establecido en el artículo 4° del decreto ley N° 321, de 1925, el tribunal deberá notificar a la víctima dentro del plazo de cinco días contados desde que reciba la comunicación de Gendarmería de Chile, para efectos de lo dispuesto en el artículo 16 bis del presente reglamento[798].

Artículo 16. Informe de Gendarmería de Chile. La nómina a que se refiere el artículo anterior y los antecedentes señalados en el artículo 9° que acreditan el cumplimiento de los requisitos de las personas condenadas que figuren en ellas, conformarán el informe referido en el artículo 4° del decreto ley N° 321, de 1925. Dicho informe deberá ser remitido por la jefatura del respectivo establecimiento penitenciario a la Comisión de Libertad Condicional correspondiente, el primer día hábil de los meses de abril y octubre. En el caso de las personas que se encuentren en la situación señalada en el artículo 3° bis del decreto ley N° 321, este informe será remitido previamente a la jefatura superior de la Dirección Regional respectiva, quien previa revisión de los requisitos, lo remitirá a la Comisión de Libertad Condicional correspondiente. Además, dicho informe deberá indicar la existencia de una resolución que haya decretado la medida cautelar de prisión preventiva respecto de una persona postulante.

En el tiempo que transcurre entre que se ha entregado el referido informe y hasta que la Comisión de Libertad Condicional no hubiese resuelto las postulaciones, Gendarmería de Chile dará aviso inmediato respecto de

---

798 Inciso incorporado por el numeral 5 del artículo 1° del Decreto N° 64, publicado en el Diario Oficial el 24 de julio de 2024.

cualquier hecho o circunstancia que hubiese ocurrido y que pudiese ser de relevancia para que la Comisión pueda evaluar aquellos factores que inciden en el proceso de reinserción social de la persona postulante.

Artículo 16 bis. Participación de la víctima. La víctima, personalmente o a través de su representante, podrá dar a conocer sus alegaciones, por escrito, ante la Comisión de Libertad Condicional respectiva, durante los primeros cinco días de los meses de abril u octubre, según corresponda. La Comisión podrá, además, oír en audiencia a la víctima o a sus representantes, si ésta así lo solicitare junto con sus alegaciones, por fundamentos especialmente calificados, ya sea en atención a la gravedad de los hechos por los que la persona postulante fue condenada o por su calidad de reincidente[799].

Artículo 17. Resolución de la postulación al beneficio. La Comisión de Libertad Condicional concederá el beneficio mediante resolución fundada a las personas condenadas que figuren en la nómina del artículo 15. En la misma resolución se indicará el lugar de residencia a cada uno, para efectos de la supervisión requerida.

Si la Comisión estimare improcedente conceder la libertad condicional, fundamentará su rechazo en la respectiva resolución.

Tratándose de la postulación de una persona que estuviese cumpliendo condena por alguno de los delitos señalados en los artículos 3° o 3° bis del decreto ley N° 321, de 1925, y en caso de que dicha postulación hubiese sido rechazada previamente, la respectiva Comisión de Libertad Condicional deberá fundamentar de manera expresa, en caso de su concesión, el cambio de circunstancias que amerita el otorgamiento del beneficio[800].

La Comisión deberá comunicar al tribunal a cargo de la ejecución de la pena el resultado de la postulación a la libertad condicional dentro del plazo de cinco días hábiles contados desde la resolución correspondien-

---

[799] Artículo incorporado por el numeral 6 del artículo 1° del Decreto N° 64, publicado en el Diario Oficial el 24 de julio de 2024.

[800] Inciso incorporado por la letra a) del numeral 7 del artículo 1° del Decreto N° 64, publicado en el Diario Oficial el 24 de julio de 2024.

te. Recibida dicha comunicación, el tribunal deberá notificar a la víctima dentro del plazo de cinco días hábiles contados desde su recepción, en conformidad con lo dispuesto en el artículo 5° del decreto ley N° 321, de 1925[801].

Las resoluciones indicadas en el presente artículo, así como también aquellas que revoquen el beneficio, serán remitidas por la Comisión de Libertad Condicional respectiva a la jefatura del establecimiento penitenciario de origen, a la Dirección Nacional de Gendarmería de Chile, a la Dirección General de Carabineros, a la Dirección General de Investigaciones y demás organismos pertinentes.

La jefatura del establecimiento, o quien ésta designe, notificará personalmente lo resuelto por la Comisión de Libertad Condicional a las personas postulantes. En el caso de las personas a quienes se les concedió el beneficio, deberá informarles las obligaciones a que quedan sujetos y el Centro de Apoyo para la integración social o unidad de control en que deben presentarse dentro de los cinco días corridos siguientes a su egreso del establecimiento penitenciario[802].

TÍTULO V
DE LA ORGANIZACIÓN DEL SISTEMA DE SUPERVISIÓN DE LA LIBERTAD CONDICIONAL

Artículo 18. De la extensión de la libertad condicional. El período de libertad condicional durará todo el tiempo que le falte a la persona privada de libertad para cumplir su condena. La pena se considerará cumplida si terminare el período de libertad condicional, sin que este beneficio haya sido revocado o si la persona obtuviere la libertad completa, conforme a lo señalado en el artículo 8° del decreto ley N° 321, de 1925.

---

801 Inciso incorporado por la letra a) del numeral 7 del artículo 1° del Decreto N° 64, publicado en el Diario Oficial el 24 de julio de 2024.

802 Inciso modificado por la letra b) del numeral 7 del artículo 1° del Decreto N° 64, publicado en el Diario Oficial el 24 de julio de 2024.

Artículo 19. De la operatividad del sistema de supervisión de la libertad condicional. Todas las personas beneficiadas con la libertad condicional quedaran sujetas a la supervisión de un delegado de libertad condicional de Gendarmería de Chile.

Gendarmería de Chile administrará el sistema de supervisión de la libertad condicional, el cual operará a través de los Centros de Apoyo para la Integración Social.

Excepcionalmente, la operación del sistema de supervisión de libertad condicional se podrá implementar en otras unidades dependientes de Gendarmería de Chile, distintas de los Centros de Apoyo para la Integración Social, en los lugares en que estos últimos no tengan cobertura.

Artículo 20. Funciones del Consejo Técnico. Los Consejos Técnicos de los establecimientos en los que se supervise las condiciones de la libertad condicional de las personas beneficiadas, tendrán, entre otras, las siguientes funciones[803]:

a) Informar a la Comisión de Libertad Condicional correspondiente el cumplimiento de las condiciones establecidas en el plan de intervención individual de las personas condenadas, cuando éstas cumplan la mitad del periodo de goce del beneficio de la libertad condicional, a fin de solicitar a la respectiva Comisión su libertad completa, con excepción de los que gocen de ella conforme a lo dispuesto en el artículo 3° bis del decreto ley N° 321, de 1925.

b) Informar a la Comisión de Libertad Condicional correspondiente el incumplimiento de las condiciones establecidas en los respectivos planes de intervención, cuando no existiere justificación suficiente para ello, o la condena por cualquier delito cometido mientras se encontrare en libertad condicional, a la respectiva Comisión de Libertad Condicional a fin de que se pronuncie, en los plazos establecidos en el artículo 7° del decreto ley N° 321, de 1925, respecto a la continuidad o revocación del beneficio.

---

[803] Inciso modificado por el numeral 8 del artículo 1° del Decreto N° 64, publicado en el Diario Oficial el 24 de julio de 2024.

c) Informar a la Comisión de Libertad Condicional la suspensión de la supervisión que realiza Gendarmería de Chile de la persona en libertad condicional, en caso de decretarse, durante el período de supervisión la medida cautelar de prisión preventiva. Asimismo, deberá hacer seguimiento de dicho proceso y en caso de que se configure una causal de revocación, informar a la Comisión de Libertad Condicional.

d) Asesorar en la resolución de cualquier otra situación de las personas en libertad condicional, relacionada con los distintos ámbitos de la gestión y supervisión que le corresponde.

Artículo 21. Designación del delegado de libertad condicional. Notificada la resolución de la Comisión de Libertad Condicional a la persona condenada y obteniendo el beneficio, ésta dispondrá de un plazo de hasta cinco días corridos, a contar de su liberación, para presentarse en el respectivo Centro de Apoyo para la Integración Social u otra unidad de control perteneciente a Gendarmería de Chile, de acuerdo a la residencia que hubiere fijado, para realizar el registro administrativo del beneficio de Libertad Condicional del que goza.

Una vez presentada en la unidad de control y realizado el registro administrativo del beneficio, la persona condenada será citada a una reunión de ingreso con la jefatura de la unidad o con quien ésta designe, dentro de un plazo máximo de tres días hábiles. En esta reunión de ingreso le será designado el delegado de libertad condicional a cargo de la supervisión del beneficio. Asimismo, en esa reunión la persona condenada deberá firmar un compromiso de no realizar acciones de amedrentamiento u hostigamiento en contra de la víctima[804].

En caso de no concretarse la presentación de la persona beneficiada con la libertad condicional en los plazos señalados, o cuando no se firme el compromiso al que hace referencia el inciso anterior, se informará dicha circunstancia a la Comisión de Libertad Condicional correspondiente, dentro del plazo de tres días hábiles, para que ésta se pronuncie dentro

---

804 Inciso modificado por la letra a) del numeral 9 del artículo 1° del Decreto N° 64, publicado en el Diario Oficial el 24 de julio de 2024.

del plazo de quince días hábiles, respecto de la continuidad o revocación del beneficio[805].

Artículo 22. Elaboración del plan de intervención individual. El profesional que hubiese sido designado como delegado de libertad condicional a cargo de la supervisión de la persona beneficiada con ésta, deberá elaborar un plan de intervención individual, dentro de un plazo de hasta cuarenta y cinco días hábiles, a contar de la fecha de designación de caso.

En el proceso de evaluación, el delegado deberá incorporar el análisis de los factores de riesgo de reincidencia, los factores protectores y la motivación al cambio de la persona beneficiada, así como todas aquellas circunstancias sociales y comunitarias que puedan incidir en su proceso de reinserción social. Además, deberá considerar todos aquellos antecedentes relevantes que den cuenta del proceso de reinserción de la persona durante el cumplimiento de su condena en reclusión, consignados en el informe de postulación y otros antecedentes proporcionados por el Sistema Cerrado.

A partir de esta evaluación, el plan de intervención individual deberá integrar la realización de actividades tendientes a la reinserción social de la persona condenada, priorizándose actividades que fortalezcan la vinculación con la red social y comunitaria, y que operen como facilitadores para una eficaz reinserción social. Junto a ello, dicho plan deberá contener además, y en caso de ser pertinente, actividades de intervención especializada, nivelación escolar, capacitación o inserción laboral, entre otras. El plan propenderá a prevenir la victimización secundaria de la persona ofendida por el delito[806].

Además, este plan deberá ser firmado por la persona condenada como prueba de su compromiso a dar cumplimiento a las actividades y condiciones ahí establecidas.

---

805 Inciso modificado por la letra b) del numeral 9 del artículo 1° del Decreto N° 64, publicado en el Diario Oficial el 24 de julio de 2024.

806 Inciso modificado por el numeral 10 del artículo 1° del Decreto N° 64, publicado en el Diario Oficial el 24 de julio de 2024.

Artículo 23. Ejecución del plan de intervención individual. La supervisión de la libertad condicional que se contemple en el plan deberá comprender reuniones periódicas, las que durante el primer año de supervisión deberán ser a la menos mensuales y en las que se tendrá en consideración que sus horarios sean compatibles con el cumplimiento de las actividades de reinserción que se encuentre realizando la persona. Con posterioridad al primer año, el nivel de intensidad y frecuencia de la intervención se establecerá en el Plan correspondiente acorde al nivel de riesgo y necesidades de la persona en libertad condicional.

Asimismo, y de acuerdo a los avances en el proceso de reinserción social, el delegado de libertad condicional podrá realizar ajustes a las áreas de intervención, los objetivos, acciones y/o plazos contenidos en el plan de intervención individual, los que deberán estar sustentados en criterios técnicos, en conocimiento de la persona en libertad condicional y del Consejo Técnico.

Artículo 24. Sobre los programas y sus características. Para el abordaje de los factores de riesgo de reincidencia, la ejecución del plan de intervención individual podrá considerar la derivación a programas orientados a desarrollar herramientas que contribuyan a evitar la reincidencia en el delito y a favorecer la integración social.

Los programas corresponderán a un conjunto estructurado y especializado de actividades orientadas al cumplimiento de ciertos objetivos, deberán ser de calidad y pertinentes a las necesidades de intervención de la población en Libertad Condicional, se estructurarán en torno a la adquisición de habilidades prosociales y contarán con estrategias de intervención respaldadas por la evidencia científica.

El delegado de libertad condicional que haya sido designado para elaborar y supervisar el plan de intervención individual, podrá sugerir la derivación a programas en las áreas de: educación, empleo, consumo de alcohol/drogas, violencia contra terceros, u otros similares, siempre que su participación en estas actividades sea recomendable para favorecer su proceso de reinserción social.

Artículo 25. Condiciones del cumplimiento del plan de intervención individual. Se definirán como condiciones generales de cumplimiento del plan de intervención individual:

a) La presentación en el Centro de Apoyo para la Integración Social o la unidad de control perteneciente a Gendarmería de Chile que le fuere designada, que permita realizar el registro administrativo y la reunión de ingreso requeridas para la asignación de un delegado de libertad condicional a cargo de la supervisión.

b) La asistencia a entrevistas individuales con el delegado de libertad condicional que le fuere asignado, salvo situaciones debidamente justificadas.

c) La participación en acciones y programas especializados, individuales y/o grupales, dirigidos a disminuir los factores de riesgo delictual, que fueren contemplados como necesarios en su plan de intervención individual.

d) La participación y asistencia, a través de procesos de derivación asistida, a organismos y programas de la red intersectorial, que se encuentren establecidos como acciones técnicas en su plan de intervención individual.

e) Mantener un lugar de residencia estable y conocido que permita la supervisión y la asistencia a las actividades programadas, y el deber de informar de manera oportuna un cambio de residencia, de modo de garantizar la continuidad de la intervención a través de la derivación a una nueva unidad de control.

Artículo 26. Colaboración con entidades públicas y privadas. Gendarmería de Chile propenderá y facilitará, a través de distintos medios, la participación de entidades públicas y privadas en materias relacionadas con educación, capacitación y colocación laboral, en beneficio de las personas con libertad condicional. A través de los delegados de libertad condicional, apoyará y articulará el acceso de la persona supervisada a la red de protección del Estado, según se requiera.

Los organismos estatales y comunitarios que otorguen servicios relativos a la salud, educación, capacitación profesional, empleo, vivienda, recreación y otros similares deberán considerar especialmente toda solicitud que los delegados de libertad condicional formulen para la adecuada intervención de las personas bajo su supervisión.

Artículo 27. Norma técnica. El Ministerio de Justicia y Derechos Humanos dictará las normas técnicas que sean necesarias relativas al sistema de supervisión de la libertad condicional, evaluando periódicamente su cumplimiento y sus resultados, para lo cual Gendarmería de Chile deberá remitirle los informes que solicite, dentro de los plazos que se establezcan.

TÍTULO VI
DEL DELEGADO DE LIBERTAD CONDICIONAL

Artículo 28. Características y requisitos de los delegados de libertad condicional. El funcionario de Gendarmería de Chile que sea designado como delegado de libertad condicional será responsable de la supervisión de las personas en libertad condicional, y de la planificación y conducción del plan de intervención individual.

Serán requisitos mínimos de formación académica y experiencia profesional para ser designado como delegado de libertad condicional, los siguientes:

a) Poseer título profesional de una carrera de, a lo menos, 10 semestres de duración en el área de las ciencias sociales, otorgado por una universidad o institución de educación superior, reconocida por el Estado o validado por la autoridad competente en caso de tratarse de una institución de educación superior extranjera.

b) Experiencia profesional en el área de la intervención psicosocial con población infractora de ley mínima de un año.

Artículo 29. Funciones del delegado de libertad condicional. Serán funciones del delegado de libertad condicional:

a) Evaluar, cuando corresponda, el riesgo de reincidencia y las necesidades de intervención de los casos que le sean asignados, así como los factores protectores y motivacionales que puedan facilitar el proceso de reinserción social.

b) Elaborar un plan de intervención individual dentro de los siguientes cuarenta y cinco días hábiles, desde que se le asigne la persona con libertad condicional para dar inicio a la supervisión establecida en el presente reglamento.

c) Efectuar actividades de intervención especializada y de derivación asistida, tendientes a la reinserción social.

d) Supervisar el cumplimiento de las condiciones establecidas en el plan de intervención individual de las personas y hacer seguimiento de todas aquellas situaciones que pudiesen afectar su cumplimiento, en particular, cuando aquellas pudieran configurarse en causal de revocación del beneficio.

e) Informar de manera oportuna al Consejo Técnico de cualquier situación que diga relación con las funciones de éste.

f) Mantener un registro de todas las actuaciones realizadas en la supervisión de caso, consignando las actividades, entrevistas, visitas en terreno y demás acciones relevantes para la evaluación de los avances en el cumplimiento de los planes de intervención individual.

g) Evacuar los informes que le sean requeridos en virtud de su función.

TÍTULO VII
DE LA REVOCACIÓN DE LA LIBERTAD CONDICIONAL

Artículo 30. Revocación del beneficio. En aquellos casos en que una persona beneficiada sea condenada por cualquier delito o cuando haya incumplido las condiciones establecidas en su plan de intervención individual sin justificación suficiente, o cuando no se hubiere presentado al establecimiento correspondiente dentro del plazo establecido en el artículo 21 del presente Reglamento, Gendarmería de Chile informará de ello a la respectiva Comisión de Libertad Condicional en un plazo máximo de tres días[807].

---

807 Inciso modificado por el numeral 11 del artículo 1° del Decreto N° 64, publicado en el Diario Oficial el 24 de julio de 2024.

Habiendo tomado conocimiento de dicha información, la Comisión de Libertad Condicional determinará si procede la revocación del beneficio.

En el caso de lo establecido en el inciso final del artículo 4° del decreto ley N° 321, de 1925, la libertad condicional se podrá revocar si la persona beneficiada no mantiene el requisito exigido por el número 2 del artículo 2° del citado decreto ley.

Artículo 31. Comunicación de la revocación. Cuando se haya revocado la libertad condicional a alguna persona, Gendarmería de Chile comunicará la resolución al tribunal respectivo, para que disponga su detención, cuando ella fuere procedente, y posterior ingreso al establecimiento penitenciario que correspondiere, a fin de que cumpla el tiempo que le falte para completar su condena.

DISPOSICIÓN FINAL

Artículo transitorio. Respecto de aquellas personas que hubiesen obtenido la libertad condicional con anterioridad a la entrada en vigencia de la modificación al artículo 6° del decreto ley N° 321, de 1925, dispuesta por el artículo transitorio de la ley N° 21.124, se aplicarán las siguientes reglas:

a) Las personas beneficiadas están sujetas a la supervisión administrativa de Gendarmería de Chile para el control del beneficio de libertad condicional.

b) El beneficio podrá ser revocado en caso de que la persona sea condenada por cualquier delito o, por incumplir la supervisión a que se refiere el literal anterior.

Asimismo, en el caso de lo establecido en el inciso final del artículo 4° del decreto ley N° 321, de 1925, la libertad condicional se podrá revocar si la persona beneficiada no mantiene el requisito exigido por el número 2 del artículo 2° del citado decreto ley.

c) Se aplicarán, en lo pertinente, los artículos 18, 26 y 31 del presente reglamento.

Artículo segundo.- Derógase el decreto supremo Nº 2.442, de 1926, del Ministerio de Justicia, que fija el texto del reglamento de la Ley de Libertad Condicional.

Artículo tercero.- Modifícase el decreto supremo Nº 518, de 1998, del Ministerio de Justicia, que aprueba "Reglamento de Establecimientos Penitenciarios", en el siguiente sentido:

1. En el artículo 11:

a) En el inciso primero agrégase, a continuación de la frase "cumplimiento de penas privativas de libertad" y antes del punto final (.), la frase ", todas las cuales estarán sujetas a la atención, vigilancia y custodia de la Administración, según corresponda".

b) Sustitúyase el inciso segundo por el siguiente:

"Corresponden también a esta denominación los establecimientos destinados al cumplimiento de las penas sustitutivas, los destinados al control de los beneficios legales y reglamentarios que se ejecuten en el sistema abierto, como, asimismo, las dependencias que brindan apoyo postpenitenciario a las personas que hubiesen dado cumplimiento a su condena y las que supervisan y controlan la libertad condicional."

2. En el artículo 20:

a) Agrégase, a continuación de la palabra "destinados" el vocablo "fundamentalmente".

b) Sustitúyase la frase "los condenados que por un beneficio legal o reglamentario se encuentren en el medio libre "por la frase "las personas condenadas a penas sustitutivas".

c) Elimínase la expresión "(C.R.S.)".

d) Agrégase, a continuación del punto final (.) que pasa a ser punto seguido, la expresión "Dichos establecimientos podrán además realizar el seguimiento, asistencia y control de las personas condenadas que se encuentren haciendo uso del beneficio de libertad condicional, así como también, de aquellas que estén en proceso de eliminación de antecedentes penales, en aquellos casos en que los Centros de Apoyo para la Integración Social, que se establecen en el inciso siguiente, no tengan cobertura.".

e) Agrégase el siguiente inciso segundo, nuevo:

"Los establecimientos penitenciarios destinados fundamentalmente al seguimiento, asistencia y acompañamiento a las personas que, habiendo cumplido sus condenas, requieran de apoyo para su reinserción social, a través de la entrega de oferta programática, así como los destinados al seguimiento, asistencia y control de las personas condenadas que se encuentren haciendo uso del beneficio de libertad condicional y de aquellas que estén en proceso de eliminación de antecedentes penales, se denominan Centros de Apoyo para la Integración Social".

Anótese, tómese razón y publíquese.- SEBASTIÁN PIÑERA ECHENIQUE, Presidente de la República.- Hernán Larraín Fernández, Ministro de Justicia y Derechos Humanos.

Lo que transcribo para su conocimiento.- Le saluda atentamente, Juan José Ossa Santa Cruz, Subsecretario de Justicia.

LEY NÚM. 20.000
SUSTITUYE LA LEY Nº 19.366, QUE SANCIONA EL TRÁFICO ILÍCITO DE ESTUPEFACIENTES Y SUSTANCIAS SICOTRÓPICAS

Publicada en el Diario Oficial el 16 de febrero de 2005

TÍTULO I
DE LOS DELITOS Y SANCIONES

Párrafo 1º De los crímenes y simples delitos

Artículo 1º.- Los que elaboren, fabriquen, transformen, preparen o extraigan sustancias o drogas estupefacientes o sicotrópicas productoras de dependencia física o síquica, capaces de provocar graves efectos tóxicos o daños considerables a la salud, sin la debida autorización, serán castigados con presidio mayor en sus grados mínimo a medio y multa de cuarenta a cuatrocientas unidades tributarias mensuales.

Si se tratare de otras drogas o sustancias de esta índole que no produzcan los efectos indicados en el inciso anterior, podrá rebajarse la pena hasta en un grado.

Incurren también en este delito, quienes tengan en su poder elementos, instrumentos, materiales o equipos comúnmente destinados a la elaboración, fabricación, preparación, transformación o extracción de las sustancias o drogas a que se refieren los incisos anteriores.

Artículo 2º.- La producción, fabricación, elaboración, distribución, transporte, comercialización, importación, exportación, posesión o tenencia de precursores o de sustancias químicas esenciales, con el objetivo de destinarlos a la preparación de drogas estupefacientes o sustancias sicotrópicas para perpetrar, dentro o fuera del país, alguno de los hechos considerados como delitos en esta ley, será castigado con presidio menor en su grado máximo a presidio mayor en su grado mínimo y multa de cuarenta a cuatrocientas unidades tributarias mensuales.

Si alguna de las conductas descritas en el inciso anterior se hubiere realizado sin conocer el destino de los precursores o de las sustancias químicas esenciales por negligencia inexcusable, la pena será de presidio menor en sus grados mínimo a medio.

Artículo 3°.- Las penas establecidas en el artículo 1° se aplicarán también a quienes trafiquen, bajo cualquier título, con las sustancias a que dicha disposición se refiere, o con las materias primas que sirvan para obtenerlas y a quienes, por cualquier medio, induzcan, promuevan o faciliten el uso o consumo de tales sustancias.

Se entenderá que trafican los que, sin contar con la autorización competente, importen, exporten, transporten, adquieran, transfieran, sustraigan, posean, suministren, guarden o porten tales sustancias o materias primas.

Artículo 4°.- El que, sin la competente autorización posea, transporte, guarde o porte consigo pequeñas cantidades de sustancias o drogas estupefacientes o sicotrópicas, productoras de dependencia física o síquica, o de materias primas que sirvan para obtenerlas, sea que se trate de las indicadas en los incisos primero o segundo del artículo 1°, será castigado con presidio menor en sus grados medio a máximo y multa de diez a cuarenta unidades tributarias mensuales, a menos que justifique que están destinadas a la atención de un tratamiento médico o a su uso o consumo personal exclusivo y próximo en el tiempo.

En igual pena incurrirá el que adquiera, transfiera, suministre o facilite a cualquier título pequeñas cantidades de estas sustancias, drogas o materias primas, con el objetivo de que sean consumidas o usadas por otro.

Se entenderá que no concurre la circunstancia de uso o consumo personal exclusivo y próximo en el tiempo, cuando la droga poseída, transportada, guardada o portada no permita racionalmente suponer que está destinada al uso o consumo descrito o cuando las circunstancias de la posesión, transporte, guarda o porte sean indiciarias del propósito de traficar a cualquier título[808].

---

808 Inciso modificado por el numeral 1 del artículo 1° de la Ley N° 21.575, publicada en el Diario Oficial el 23 de mayo de 2023.

Artículo 5°.- El que sin el consentimiento de la persona afectada le administre a ésta alguna de las sustancias referidas en el artículo 1 será sancionado con la pena de presidio menor en su grado medio a máximo y multa de once a veinte unidades tributarias mensuales.

Si se hubiese obrado con violencia o intimidación para administrar u obligar a otro a consumir las sustancias referidas en el artículo 1, la pena será de presidio mayor en sus grados mínimo a medio.

Lo dispuesto en los incisos precedentes no será aplicable si el hecho fuere constitutivo de un delito sancionado con igual o mayor pena por otra disposición legal, en cuyo caso, sin perjuicio de lo dispuesto en el artículo 63 del Código Penal, el suministro de dichas sustancias o el empleo de violencia o intimidación serán considerados como una sola circunstancia agravante.

Si los delitos previstos en el presente artículo se hubieren realizado para facilitar o permitir la ejecución de otros delitos, las penas previstas de unos y otros se aplicarán de conformidad a lo dispuesto en el artículo 74 del Código Penal[809].

Artículo 5 bis.- El que suministre a menores de dieciocho años de edad, a cualquier título, productos que contengan solventes o gases inhalantes capaces de provocar daños a la salud o dependencia física o psíquica, tales como benceno, tolueno, u otras sustancias similares, incurrirá en la pena de presidio menor en su grado máximo a presidio mayor en su grado mínimo y multa de ochenta a cuatrocientas unidades tributarias mensuales.

Atendidas las circunstancias del delito, podrá imponerse, además, la clausura a que hace referencia el artículo 7[810].

Artículo 6°.- El médico cirujano, odontólogo o médico veterinario que recete alguna de las sustancias señaladas en el artículo 1°, sin nece-

---

809 Artículo sustituido por el numeral 2 del artículo 1° de la Ley 21.575, publicada en el Diario Oficial el 23 de mayo de 2023.

810 Artículo incorporado por el numeral 3 del artículo 1° de la Ley N° 21.575, publicada en el Diario Oficial el 23 de mayo de 2023.

sidad médica o terapéutica, será penado con presidio mayor en sus grados mínimo a medio y multa de cuarenta a cuatrocientas unidades tributarias mensuales.

Artículo 7°.- El que, encontrándose autorizado para suministrar a cualquier título las sustancias o drogas a que se refiere el artículo 1°, o las materias que sirvan para obtenerlas, lo hiciere en contravención de las disposiciones legales o reglamentarias que lo regulan, será sancionado con presidio mayor en sus grados mínimo a medio y multa de cuarenta a cuatrocientas unidades tributarias mensuales. Atendidas las circunstancias del delito, podrá imponerse, además, la medida de clausura temporal del establecimiento por un plazo no inferior a sesenta días ni superior a ciento veinte días, aun cuando el autor del hecho sea empleado o dependiente de cualquier modo en dicho establecimiento. En caso de reiteración, podrá imponerse la clausura definitiva y la prohibición perpetua para el autor de tales ilícitos de participar en otro establecimiento de igual naturaleza.

Artículo 8°.- El que, careciendo de la debida autorización, siembre, plante, cultive o coseche especies vegetales del género cannabis u otras productoras de sustancias estupefacientes o sicotrópicas, incurrirá en la pena de presidio menor en su grado máximo a presidio mayor en su grado mínimo y multa de cuarenta a cuatrocientas unidades tributarias mensuales, a menos que justifique que están destinadas a su uso o consumo personal exclusivo y próximo en el tiempo, caso en el cual sólo se aplicarán las sanciones de los artículos 50 y siguientes.

Se entenderá justificado el cultivo de especies vegetales del género cannabis para la atención de un tratamiento médico, con la presentación de la receta extendida para ese efecto por un médico cirujano tratante, la que deberá indicar el diagnóstico de la enfermedad, su tratamiento y duración, además de la forma de administración del cannabis, la que no podrá ser mediante combustión. Será sancionado con la pena de presidio mayor en su grado mínimo quien falsifique o maliciosamente haga uso de recetas falsas para justificar el cultivo de especies vegetales del género cannabis.

Si se acreditare que dicha conducta tiene por objeto la comercialización de la droga o su facilitación a un tercero, la pena aumentará en un grado[811].

Según la gravedad del hecho y las circunstancias personales del responsable, la pena podrá rebajarse en un grado.

Artículo 9º.- La autorización a que se refiere el artículo anterior será otorgada por el Servicio Agrícola y Ganadero. No podrá otorgarse dicha autorización a las personas naturales respecto de las cuales se hubiere decretado la suspensión condicional del procedimiento prevista en el artículo 237 del Código Procesal Penal o hayan sido condenadas por alguna de las conductas punibles contempladas en esta ley o en las leyes 19.366 y 19.913. Tampoco se otorgará a las personas jurídicas, cuando cualesquiera de sus representantes legales o administradores, y socios en el caso de las sociedades que no sean anónimas, se encuentren en alguna de dichas situaciones[812].

Se suspenderá la autorización concedida por el solo ministerio de la ley si, con posterioridad a ésta, se formaliza la investigación por alguno de los delitos aludidos; y se entenderá cancelada definitivamente, de igual modo, desde que se encuentre ejecutoriada la respectiva sentencia de término condenatoria.

Las resoluciones judiciales aludidas en los incisos anteriores se comunicarán al Servicio Agrícola y Ganadero tan pronto se encuentren firmes. Dicho Servicio, a la brevedad, dictará la correspondiente resolución, de carácter declarativo, y la comunicará a los interesados.

Artículo 10.- El que, estando autorizado para efectuar las siembras, plantaciones, cultivos o cosechas a que se refiere el artículo anterior, desvíe o destine al tráfico ilícito alguna de las especies vegetales allí señaladas, o sus rastrojos, florescencias, semillas u otras partes activas, será

---

[811] Inciso incorporado por el numeral 4 del artículo 1º de la Ley Nº 21.575, publicada en el Diario Oficial el 23 de mayo de 2023.

[812] Inciso modificado por el numeral 5 del artículo 1º de la Ley Nº 21.575, publicada en el Diario Oficial el 23 de mayo de 2023.

penado con presidio mayor en sus grados mínimo a medio y multa de cuarenta a cuatrocientas unidades tributarias mensuales.

Si, por imprudencia o negligencia culpable, abandonare en lugares de fácil acceso al público plantas, sus rastrojos, florescencias, semillas u otras partes activas, o no cumpliere con las obligaciones establecidas en el reglamento sobre cierro y destrucción de tales especies, será castigado con reclusión o relegación menores en su grado mínimo y multa de veinte a doscientas unidades tributarias mensuales.

Artículo 11.- El propietario, poseedor, mero tenedor o administrador a cualquier título de bienes raíces o muebles que, aun sin concierto previo, los facilite a otro a sabiendas de que serán destinados a la comisión de alguno de los delitos contemplados en los artículos 1°, 2°, 3° u 8°, será penado con la misma sanción establecida para el respectivo delito.

Artículo 12.- Quien se encuentre, a cualquier título, a cargo de un establecimiento de comercio, cine, hotel, restaurante, bar, centro de baile o música, recinto deportivo, establecimiento educacional de cualquier nivel, u otros abiertos al público, y tolere o permita el tráfico o consumo de alguna de las sustancias mencionadas en el artículo 1°, será castigado con presidio menor en sus grados medio a máximo y multa de cuarenta a doscientas unidades tributarias mensuales, a menos que le corresponda una sanción mayor por su participación en el hecho.

El tribunal podrá, además, imponer las medidas de clausura a que hace referencia el artículo 7°.

Artículo 13.- El funcionario público que, en razón de su cargo, tome conocimiento de alguno de los delitos contemplados en esta ley y omita denunciarlo al Ministerio Público, a los funcionarios de Carabineros de Chile o de la Policía de Investigaciones, o de Gendarmería en los casos de los delitos cometidos dentro de los recintos penitenciarios, o ante cualquier tribunal con competencia en lo criminal, será castigado con presidio menor en sus grados medio a máximo y multa de cuarenta a cuatrocientas unidades tributarias mensuales.

Artículo 14.- El personal militar a que se refiere el artículo 6° del Código de Justicia Militar, con excepción de los conscriptos, el de la Policía de Investigaciones de Chile, el de Gendarmería de Chile y el de aeronáutica a que se refiere el artículo 57 del Código Aeronáutico que consuma alguna de las sustancias señaladas en los artículos 1° y 5° de esta ley, será castigado con la pena de presidio menor en sus grados mínimo a medio.

No obstante, si consumieren tales sustancias en los lugares o situaciones mencionados en el artículo 5°, N° 3°, del Código de Justicia Militar, la sanción será presidio menor en sus grados medio a máximo.

Los conscriptos que consuman alguna de las sustancias señaladas en los artículos 1° y 5° de esta ley, en los lugares o situaciones indicados en el artículo 5°, N° 3°, del Código de Justicia Militar, serán castigados con la pena de presidio menor en su grado mínimo.

Las mismas penas expresadas en los incisos anteriores se aplicará al respectivo personal si guarda o porta consigo dichas sustancias, aun cuando sean para su uso o consumo personal exclusivo y próximo en el tiempo.

Esta pena no se aplicará a los que justifiquen el uso, consumo, porte o tenencia de dichas sustancias en la atención de un tratamiento médico.

Corresponderá a la autoridad superior de cada organismo prevenir el uso indebido de sustancias estupefacientes o sicotrópicas, debiendo ordenar la realización periódica de controles de consumo conforme a las normas contenidas en un reglamento que se dictará al efecto.

Artículo 15.- Los oficiales y el personal de Gente de Mar de dotación de buques de la marina mercante, de naves especiales y de artefactos navales que, a bordo o en el cumplimiento de sus funciones, porten para su exclusivo uso personal y próximo en el tiempo o consuman alguna de las sustancias señaladas en los artículos 1° y 5°, serán sancionados con presidio o reclusión menores en sus grados medio a máximo y multa de diez a cien unidades tributarias mensuales.

Dichas penas no se aplicarán a los que justifiquen el uso, consumo, porte o tenencia de alguna de dichas sustancias en la atención de un tratamiento médico.

Artículo 16.- Los que se asociaren u organizaren con el objeto de cometer alguno de los delitos contemplados en esta ley serán sancionados, por este solo hecho, según las normas que siguen:

1.- Con presidio mayor en sus grados medio a máximo, al que financie de cualquier forma, ejerza el mando o dirección, o planifique el o los delitos que se propongan.

2.- Con presidio mayor en sus grados mínimo a medio, al que suministre vehículos, armas, municiones, instrumentos, alojamientos, escondite, lugar de reunión o cualquiera otra forma de colaboración para la consecución de los fines de la organización.

Si el autor, cómplice o encubridor del delito establecido en este artículo cometiere, además, alguno de los delitos contemplados en esta ley, se estará a lo dispuesto en el artículo 74 del Código Penal para los efectos de la aplicación de la pena.

Artículo 17.- La conspiración para cometer los delitos contemplados en esta ley será sancionada con la pena asignada al delito respectivo, rebajada en un grado.

Artículo 18.- Los delitos de que trata esta ley se sancionarán como consumados desde que haya principio de ejecución.

Párrafo 2º De las circunstancias agravantes

Artículo 19.- Tratándose de los delitos anteriormente descritos, la pena deberá ser aumentada en un grado si concurre alguna de las circunstancias siguientes:

a) Si el imputado formó parte de una agrupación o reunión de delincuentes, sin incurrir en el delito de organización del artículo 16.

b) Si se utilizó violencia, armas o engaño en su comisión.

c) Si se suministró, promovió, indujo o facilitó el uso o consumo de drogas o sustancias estupefacientes o sicotrópicas a menores de dieciocho años de edad, o a personas con sus facultades mentales disminuidas o perturbadas.

d) Si el delito se cometió por funcionarios públicos aprovechando o abusando de su calidad de tales.

e) Si el delito se cometió valiéndose de niños, niñas o adolescentes o personas exentas de responsabilidad penal[813].

f) Si el delito se cometió en las inmediaciones o en el interior de un establecimiento de enseñanza o en sitios a los que escolares y estudiantes acuden a realizar actividades educativas, deportivas o sociales.

g) Si el delito se perpetró en una institución deportiva, cultural o social, mientras ésta cumplía sus fines propios; o en sitios donde se estaban realizando espectáculos públicos, actividades recreativas, culturales o sociales.

h) Si el delito fue cometido en un centro hospitalario, asistencial, lugar de detención o reclusión, recinto militar o policial.

i) Si el delito es perpetrado por una persona que desempeñe funciones laborales o educativas de manera permanente con menores de edad, o tenga con ellos una relación directa y constante[814].

Si concurren dos o más de las circunstancias señaladas precedentemente, la pena podrá ser aumentada en dos grados.

La pena se aumentará en dos grados cuando quien se valga de niños, niñas o adolescentes o personas exentas de responsabilidad penal en los términos señalados en la letra e) proveyere de armas de fuego a estos últimos para alcanzar sus fines delictivos[815].

Artículo 20.- En los delitos contemplados en esta ley no procederá la atenuante de responsabilidad penal contenida en el número 7 del artículo 11 del Código Penal.

---

813 Inciso modificado por la letra a) del numeral 6 del artículo 1° de la Ley N° 21.575, publicada en el Diario Oficial el 23 de mayo de 2023.

814 Letra i) incorporada por la letra a) del numeral 6 del artículo 1° de la Ley N° 21.575, publicada en el Diario Oficial el 23 de mayo de 2023.

815 Inciso incorporado por la letra b) del numeral 6 del artículo 1° de la Ley N° 21.575, publicada en el Diario Oficial el 23 de mayo de 2023.

Artículo 21.- Para determinar si existe reincidencia en los delitos castigados en esta ley, se considerarán las sentencias firmes dictadas en un Estado extranjero, aun cuando la pena impuesta no haya sido cumplida.

Párrafo 3° De la cooperación eficaz

Artículo 22.- Derogado[816].

TÍTULO II
DE LAS TÉCNICAS DE INVESTIGACIÓN

Párrafo 1° De las entregas vigiladas o controladas

Artículo 23.- El Ministerio Público podrá autorizar que los envíos ilícitos o sospechosos de las sustancias a que se refieren los artículos 1° y 2°, o las sustancias por las que se hayan sustituido, total o parcialmente, las anteriormente mencionadas, los instrumentos que hubieren servido o pudieren servir para la comisión de alguno de los delitos sancionados en esta ley y los efectos de tales delitos, se trasladen, guarden, intercepten o circulen dentro del territorio nacional, salgan de él o entren en él, bajo la vigilancia o el control de la autoridad correspondiente, con el propósito de individualizar a las personas que participen en la ejecución de tales hechos, conocer sus planes, evitar el uso ilícito de las especies referidas o prevenir y comprobar cualquiera de tales delitos.

Se utilizará esta técnica de investigación cuando se presuma fundadamente que ella facilitará la individualización de otros partícipes, sea en el país o en el extranjero, como, asimismo, el cumplimiento de alguno de los fines descritos en el inciso anterior.

Cuando las sustancias, instrumentos y efectos del delito se encuentren en zonas sujetas a la potestad aduanera, el Servicio Nacional de Aduanas

---

816 Artículo derogado por el numeral 1 del artículo 7° de la Ley N° 21.694, publicada en el Diario Oficial el 04 de septiembre de 2024.

observará las instrucciones que imparta el Ministerio Público para los efectos de aplicar esta técnica de investigación.

El Ministerio Público podrá disponer en cualquier momento la suspensión de la entrega vigilada o controlada y solicitar al juez de garantía que ordene la detención de los partícipes y la incautación de las sustancias y demás instrumentos, si las diligencias llegaren a poner en peligro la vida o integridad de los funcionarios, agentes encubiertos o informantes que intervengan en la operación, la recolección de antecedentes importantes para la investigación o el aseguramiento de los partícipes. Lo anterior es sin perjuicio de que, si surgiere ese peligro durante las diligencias, los funcionarios policiales encargados de la entrega vigilada o controlada apliquen las normas sobre detención en caso de flagrancia.

El Ministerio Público deberá adoptar todas las medidas necesarias para vigilar las especies y bienes a que se alude en el inciso primero, como, asimismo, para proteger a todos los que participen en la operación. En el plano internacional, la entrega vigilada o controlada se adecuará a lo dispuesto en los acuerdos o tratados internacionales.

Sin perjuicio de las facultades que se le confieren en los artículos 47 y siguientes, el Ministerio Público podrá solicitar a las autoridades policiales y judiciales extranjeras, directamente y sin sujeción a lo dispuesto en los incisos primero y segundo del artículo 76 del Código de Procedimiento Civil, la remisión de los elementos de convicción necesarios para acreditar el hecho delictuoso y las responsabilidades penales investigadas en el país, de conformidad a los convenios y tratados internacionales vigentes, como asimismo, otorgar a dichas autoridades extranjeras tales antecedentes o elementos de convicción.

No obstará a la consumación de los delitos que se pesquisen con ocasión de una entrega vigilada o controlada, el hecho de que en ella se hayan sustituido las sustancias a que se refieren los artículos 1° y 2° de esta ley, o de que hayan participado funcionarios, agentes encubiertos, agentes reveladores o informantes. La intervención de estos últimos no será considerada inducción o instigación al delito.

Párrafo 2º De la restricción de las comunicaciones y otros medios técnicos de investigación

Artículo 24.- Las medidas de retención e incautación de correspondencia, obtención de copias de comunicaciones o transmisiones, interceptación de comunicaciones telefónicas y uso de otros medios técnicos de investigación, se podrán aplicar respecto de todos los delitos previstos en esta ley y cualquiera sea la pena que merecieren, de conformidad a las disposiciones pertinentes del Código Procesal Penal.

Sin perjuicio de lo anterior, no regirá lo dispuesto en el inciso cuarto del artículo 222 de ese Código, en cuanto a indicar circunstanciadamente el nombre y dirección del afectado por la medida, siendo suficiente consignar las circunstancias que lo individualizaren o determinaren.

Asimismo, no obstante lo prevenido en el artículo 167 de dicho Código, si las diligencias ordenadas no dieren resultado, el fiscal podrá archivar provisionalmente la investigación hasta que aparezcan mejores y nuevos antecedentes.

Párrafo 3º Del agente encubierto, el agente revelador y el informante

Artículo 25.- El Ministerio Público podrá autorizar a funcionarios policiales para que se desempeñen como agentes encubiertos o agentes reveladores y, a propuesta de dichos funcionarios, para que determinados informantes de esos Servicios actúen en alguna de las dos calidades anteriores.

Agente encubierto es el funcionario policial que oculta su identidad oficial y se involucra o introduce en las organizaciones delictuales o en meras asociaciones o agrupaciones con propósitos delictivos, con el objetivo de identificar a los participantes, reunir información y recoger antecedentes necesarios para la investigación.

El agente encubierto podrá tener una historia ficticia. La Dirección Nacional del Servicio de Registro Civil e Identificación deberá otorgar los medios necesarios para la oportuna y debida materialización de ésta.

Agente revelador es el funcionario policial que simula ser comprador o adquirente, para sí o para terceros, de sustancias estupefacientes o sicotrópicas, con el propósito de lograr la manifestación o incautación de la droga.

Informante es quien suministra antecedentes a los organismos policiales acerca de la preparación o comisión de un delito o de quienes han participado en él, o que, sin tener la intención de cometerlo y con conocimiento de dichos organismos, participa en los términos señalados en alguno de los incisos anteriores.

El agente encubierto, el agente revelador y el informante en sus actuaciones como agente encubierto o agente revelador, estarán exentos de responsabilidad criminal por aquellos delitos en que deban incurrir o que no hayan podido impedir, siempre que sean consecuencia necesaria del desarrollo de la investigación y guarden la debida proporcionalidad con la finalidad de la misma.

TÍTULO III
DE LA COMPETENCIA DEL MINISTERIO PÚBLICO

Párrafo 1º De la investigación

Artículo 26.- El Ministerio Público podrá efectuar indagaciones y actuaciones en el extranjero dirigidas a recoger antecedentes acerca de hechos constitutivos de alguno de los delitos contemplados en la presente ley, pudiendo solicitar directamente asesoría a las representaciones diplomáticas y consulares chilenas.

Artículo 27.- El Ministerio Público podrá solicitar al juez de garantía que decrete las siguientes medidas cautelares, sin comunicación previa al afectado, antes de la formalización de la investigación:

a) impedir la salida del país de quienes, a lo menos, se sospeche fundadamente que están vinculados a alguno de los delitos previstos en esta ley, por un período máximo de sesenta días. Para estos efectos, deberá comunicar la prohibición y su alzamiento a la Policía de Investigaciones y a Carabineros de Chile. En todo caso, transcurrido este plazo, la medida de arraigo caducará por el solo ministerio de la ley, de lo cual deberán tomar nota de oficio los organismos señalados, y

b) ordenar cualquiera medida cautelar real que sea necesaria para evitar el uso, aprovechamiento, beneficio o destino de cualquier clase de bienes, valores o dineros provenientes de los delitos materia de la investigación. Para estos efectos, y sin perjuicio de las demás facultades conferidas por la ley, el juez podrá decretar, entre otras, la prohibición de celebrar determinados actos y contratos y su inscripción en toda clase de registros; retener en bancos o entidades financieras depósitos de cualquiera naturaleza que sean; impedir transacciones de acciones, bonos o debentures y, en general, cuanto conduzca a evitar la conversión del provecho ilícito en actividades que oculten o disimulen su origen delictual.

También con la autorización del juez de garantía, otorgada de conformidad al artículo 236 del Código Procesal Penal, el Ministerio Público podrá, sin comunicación previa al afectado, recoger e incautar la documentación y los antecedentes necesarios para la investigación de los hechos, en caso de aparecer indicios graves que de esta diligencia pudiere resultar el descubrimiento o la comprobación de algún hecho o circunstancia importante para aquélla. Se aplicará, al efecto, lo dispuesto en los artículos 216 y 221 del Código Procesal Penal.

Artículo 28.- Los notarios, conservadores y archiveros deberán entregar al Ministerio Público, en forma expedita y rápida, los informes, documentos, copias de instrumentos y datos que se les soliciten.

El otorgamiento de los antecedentes mencionados en este artículo será gratuito y libre de toda clase de derechos e impuestos.

Artículo 29.- El que se resista o se niegue injustificadamente a entregar al Ministerio Público los informes, documentos y demás antecedentes que se le soliciten en conformidad al artículo precedente, será castigado con la pena de presidio menor en sus grados medio a máximo.

Artículo 29 bis.- Los exámenes establecidos en el artículo 197 del Código Procesal Penal serán también procedentes cuando, en una diligencia de control de identidad migratorio, aparezcan fundadas sospechas de que la persona cuya identidad se controlare porta dentro de su cuerpo, para efectos de transporte, drogas o sustancias estupefacientes o sicotrópicas ilegales. En este caso, se procederá de la forma dispuesta en los incisos segundo y tercero del artículo antes citado[817].

Párrafo 2º De las medidas de protección a testigos, peritos, agentes encubiertos, reveladores, informantes y cooperador eficaz

Artículo 30.- Sin perjuicio de las reglas generales sobre protección a los testigos contempladas en el Código Procesal Penal, en cualquier etapa del procedimiento, cuando el Ministerio Público estimare, por las circunstancias del caso, que existe riesgo o peligro grave para la vida o la integridad física de un testigo o de un perito, de un informante o de un agente encubierto o revelador y, en general de quienes hayan colaborado eficazmente en el procedimiento, en los términos del artículo 22, como asimismo de su cónyuge, o conviviente civil, ascendientes, descendientes, hermanos u otras personas a quienes se hallaren ligados por relaciones de afecto, dispondrá, de oficio o a petición de parte, las medidas especiales de protección que resulten adecuadas.

Para proteger la identidad de los que intervengan en el procedimiento, su domicilio, profesión y lugar de trabajo, el fiscal podrá aplicar medidas tales como:

a) que no consten en los registros de las diligencias que se practiquen su nombre, apellidos, profesión u oficio, domicilio, lugar de trabajo, ni cualquier otro dato que pudiera servir para la identificación de los mismos, pudiéndose utilizar una clave u otro mecanismo de verificación, para esos efectos;

b) que su domicilio sea fijado, para efectos de notificaciones y citaciones, en la sede de la fiscalía o del tribunal, debiendo el órgano interviniente hacerlas llegar reservadamente a su destinatario, y

---

817 Artículo incorporado por el artículo 8º de la Ley Nº 20.074, publicada en el Diario Oficial el 14 de noviembre de 2005.

c) que las diligencias que tengan lugar durante el curso de la investigación, a las cuales deba comparecer el testigo o perito protegido, se realicen en un lugar distinto de aquél donde funciona la fiscalía y de cuya ubicación no se dejará constancia en el registro respectivo.

Artículo 31.- Dispuesta que sea la medida de protección de la identidad a que se refiere el artículo anterior, el tribunal, sin audiencia de los intervinientes, deberá decretar la prohibición de revelar, en cualquier forma, la identidad de testigos o peritos protegidos, o los antecedentes que conduzcan a su identificación. Asimismo, deberá decretar la prohibición para que sean fotografiados, o se capte su imagen a través de cualquier otro medio.

La infracción de estas prohibiciones será sancionada con la pena de reclusión menor en su grado medio a máximo, tratándose de quien proporcionare la información. En caso de que la información fuere difundida por algún medio de comunicación social, se impondrá, además, a su director, una multa de diez a cincuenta unidades tributarias mensuales.

Artículo 32.- Las declaraciones del cooperador eficaz, de los agentes encubiertos, agentes reveladores, informantes, y, en general, de testigos y peritos, cuando se estimare necesario para su seguridad personal, podrán ser recibidas anticipadamente en conformidad con el artículo 191 del Código Procesal Penal. En este caso, el juez de garantía podrá disponer que los testimonios de estas personas se presten por cualquier medio idóneo que impida su identificación física normal. Igual sistema de declaración protegida podrá disponerse por el tribunal de juicio oral en lo penal, en su caso.

Si las declaraciones se han de prestar de conformidad al inciso precedente, el tribunal deberá comprobar en forma previa la identidad del testigo o perito, en particular los antecedentes relativos a sus nombres y apellidos, edad, lugar de nacimiento, estado civil, profesión, industria o empleo y residencia o domicilio. Consignada en el registro tal comprobación, el tribunal podrá resolver que se excluya del debate cualquier referencia a la identidad que pudiere poner en peligro la protección de ésta.

En ningún caso la declaración de cualquier testigo o perito protegido podrá ser recibida e introducida al juicio sin que la defensa haya podido ejercer su derecho a contrainterrogarlo personalmente, con los resguardos contemplados en los incisos precedentes.

Dispuesta por el fiscal la protección de la identidad de los testigos en la etapa de investigación, el tribunal deberá mantenerla, sin perjuicio de los otros derechos que se confieren a los demás intervinientes.

Artículo 33.- De oficio o a petición del interesado, durante el desarrollo del juicio, o incluso una vez que éste hubiere finalizado, si las circunstancias de peligro se mantienen, el fiscal o el tribunal otorgarán protección policial a quien la necesitare, de conformidad a lo prevenido en el artículo 308 del Código Procesal Penal.

Artículo 34.- Las medidas de protección antes descritas podrán ir acompañadas, en caso de ser necesario, de otras medidas complementarias, tales como la provisión de los recursos económicos suficientes para facilitar la reinserción del sujeto u otra medida que se estime idónea en función del caso.

Artículo 35.- El tribunal podrá autorizar a estas personas para cambiar de identidad, con posterioridad al juicio, en caso de ser necesario para su seguridad.

La Dirección Nacional del Servicio de Registro Civil e Identificación adoptará todos los resguardos necesarios para asegurar el carácter secreto de estas medidas, conforme al reglamento que se dicte al efecto.

Todas las actuaciones judiciales y administrativas a que dé lugar esta medida serán secretas. El funcionario del Estado que violare este sigilo será sancionado con la pena de presidio menor en sus grados medio a máximo.

Quienes hayan sido autorizados para cambiar de identidad sólo podrán usar sus nuevos nombres y apellidos en el futuro. El uso malicioso de su anterior identidad será sancionado con la pena de presidio menor en su grado mínimo.

Artículo 36.- Cuando se trate de la investigación de los delitos a que se refiere esta ley, si el Ministerio Público estimare que existe riesgo para la seguridad de los agentes encubiertos, agentes reveladores, informantes, testigos, peritos y, en general, de quienes hayan cooperado eficazmente en el procedimiento podrá disponer que determinadas actuaciones, registros o documentos sean mantenidos en secreto respecto de uno o más intervinientes.

Se aplicará lo dispuesto en el artículo 182 del Código Procesal Penal, pero el Ministerio Público podrá disponer que se mantenga el secreto hasta el cierre de la investigación. Además, deberá adoptar medidas para garantizar que el término del secreto no ponga en riesgo la seguridad de las personas mencionadas en el inciso anterior.

Artículo 37.- La violación del secreto de la investigación y de la identidad de las personas a que se refieren los artículos precedentes será castigada con presidio menor en sus grados medio a máximo.

Párrafo 3° De las medidas para asegurar el mejor resultado de la Investigación

Artículo 38.- Sin perjuicio de lo dispuesto en el artículo 36, la investigación de los delitos a que se refiere esta ley será siempre secreta para los terceros ajenos al procedimiento y también para los terceros afectados por una investigación preliminar del Ministerio Público. Respecto del imputado y de los demás intervinientes, la investigación será secreta cuando así lo disponga el Ministerio Público, por un plazo máximo de ciento veinte días, renovables sucesivamente, con autorización del juez de garantía, por plazos máximos de sesenta días.

A estas investigaciones no les será aplicable lo dispuesto en el artículo 186 del Código Procesal Penal, cuando se haya decretado el secreto en los términos señalados en el inciso precedente.

El que de cualquier modo informe, difunda o divulgue información relativa a una investigación amparada por el secreto e, incluso, al hecho de estarse realizando ésta, incurrirá en la pena de presidio menor en su grado medio a máximo.

Artículo 39.- Tratándose de la investigación de los delitos establecidos en esta ley, el plazo contemplado en el inciso segundo del artículo 132 del Código Procesal Penal podrá ser ampliado por el juez de garantía hasta por el término de cinco días, cuando el fiscal así lo solicite, por ser conducente para el éxito de alguna diligencia. El juez se pronunciará de inmediato sobre dicha petición, que podrá ser formulada y resuelta de conformidad con lo prevenido en el artículo 9° del Código Procesal Penal.

Artículo 40.- Los bienes muebles e inmuebles, instrumentos, objetos de cualquier clase y los efectos incautados de los delitos a que se refiere esta ley y de que se hace mención en los artículos 187 y 188 del Código Procesal Penal, podrán ser destinados provisionalmente por el juez de garantía, a solicitud del Ministerio Público, a una institución del Estado o, previa caución, a una institución privada sin fines de lucro, que tenga como objetivo la prevención del consumo indebido, el tratamiento y la rehabilitación de las personas afectadas por la drogadicción, o el control del tráfico ilegal de estupefacientes. Asimismo, los bienes podrán ser destinados provisionalmente a unidades policiales que participen en la investigación y desarticulación de organizaciones criminales destinadas a cometer los delitos sancionados en la presente ley. En todo caso, cada institución deberá acreditar recursos suficientes para hacerse cargo de los costos de conservación, los que se financiarán con cargo a su presupuesto. Los inmuebles incautados y destinados provisionalmente estarán exentos del pago de impuestos, contribuciones o cargas mientras subsista la incautación. Para estos efectos, el juez de garantía informará al Servicio de Impuestos Internos, a la Tesorería General de la República y a la municipalidad de la comuna en la que se encuentre el bien respectivo, la destinación provisional y, cuando fuere procedente, su término, en ambos casos mediante remisión de copia de la resolución que así lo disponga. La institución destinataria de inmuebles incautados asumirá la responsabilidad de su administración y deberá rendir cuentas de su gestión al juez de garantía a lo menos trimestralmente[818].

---

[818] Inciso modificado por la letra a) del numeral 7 del artículo 1 ° de la Ley N° 21.575, publicada en el Diario Oficial el 23 de mayo de 2023.

Para efectos de la solicitud del Ministerio Público sobre destinación provisoria, se deberá oficiar al Servicio Nacional para la Prevención y Rehabilitación del Consumo de Drogas y Alcohol, el que podrá contestar por escrito, dentro de quinto día de notificado. De no recibir respuesta dentro de plazo, se entenderá que el Servicio concurre con la decisión del Ministerio Público[819].

La incautación de las armas se regirá por la ley N° 17.798, sobre Control de Armas. Los dineros se depositarán en el Banco del Estado de Chile, en cuentas o valores reajustables.

Si la incautación recae sobre establecimientos industriales o mercantiles, sementeras, plantíos o en general frutos pendientes, el juez de garantía, a solicitud del Ministerio Público, designará un administrador provisional, quien deberá rendir cuenta de su gestión a este último, a lo menos trimestralmente. La incautación de un inmueble comprende la de sus frutos o rentas.

El Ministerio Público deberá informar trimestralmente al Ministerio del Interior y Seguridad Pública y al Servicio Nacional para la Prevención y Rehabilitación del Consumo de Drogas y Alcohol, sobre los dineros, valores y demás bienes incautados conforme a esta ley. El Ministerio del Interior y Seguridad Pública deberá dictar un reglamento para regular las materias que trata este párrafo[820].

Artículo 40 bis.- A solicitud del Ministerio Público o del Servicio Nacional para la Prevención y Rehabilitación del Consumo de Drogas y Alcohol, el juez de garantía podrá disponer la enajenación temprana de los bienes incautados, siempre que se trate de vehículos motorizados, o bienes respecto de los cuales existan antecedentes de que continúan siendo utilizados en actividades ilícitas, o se trate de bienes sujetos a corrupción,

---

[819] Inciso modificado por la letra b) del numeral 7 del artículo 1° de la Ley N° 21.575, publicada en el Diario Oficial el 23 de mayo de 2023.

[820] Inciso modificado por la letra d) del numeral 7 del artículo 1° de la Ley N° 21.575, publicada en el Diario Oficial el 23 de mayo de 2023.

susceptibles de próximo deterioro, cuya conservación sea difícil o muy dispendiosa.

Para estos efectos, el juez de garantía deberá oficiar al Servicio Nacional para la Prevención y Rehabilitación del Consumo de Drogas y Alcohol para que tome conocimiento de la resolución que dispone la enajenación temprana, y también deberá oficiar a la Dirección General del Crédito Prendario para que informe sobre la tasación del respectivo bien. En caso de que éste deba ser destruido por carecer de valor, de conformidad a lo dispuesto en el inciso primero del artículo 46, el juez de garantía así deberá decretarlo en la resolución.

Si el bien figura inscrito en algún registro público, sea que acredite o no propiedad, el juez de garantía, antes de resolver la enajenación temprana, deberá citar a quienes figuren como titulares de derechos en dichos registros. En caso de que el citado no comparezca a la audiencia de enajenación temprana, se procederá en su ausencia.

La enajenación se llevará a cabo por la Dirección General del Crédito Prendario en subasta pública cuando la resolución que disponga la enajenación se encuentre firme o ejecutoriada, de acuerdo con lo dispuesto en el artículo 46 y en el artículo 468 bis del Código Procesal Penal.

El monto de lo obtenido en la subasta será depositado en el Banco del Estado de Chile, en cuentas o valores reajustables y con intereses.

En el evento que la sentencia no establezca el comiso de las especies enajenadas, el precio de la venta, sus reajustes e intereses serán restituidos a quien corresponda[821].

Artículo 41.- Sin perjuicio de lo dispuesto en el artículo 23, las sustancias y especies a que se refieren los artículos 1°, 2°, 5° bis y 8° y, en su caso, las materias primas empleadas en su elaboración, que sean incautadas en conformidad a la ley, deberán ser entregadas dentro de las veinticuatro horas siguientes al Servicio de Salud que corresponda.

---

821 Artículo incorporado por el numeral 8 del artículo 1° de la Ley N° 21.575, publicada en el Diario Oficial el 23 de mayo de 2023.

Con todo, cuando circunstancias especiales así lo aconsejen, el juez de garantía, a solicitud del Ministerio Público, podrá ampliar este plazo hasta en cuarenta y ocho horas, a solicitud de los funcionarios que hubieren incautado las referidas sustancias o materias primas.

Las sustancias estupefacientes o sicotrópicas y sus materias primas y las que contengan gases o solventes inhalantes, así como sus contenedores deberán destruirse en el plazo de quince días por el Servicio de Salud respectivo, una vez separada una cantidad técnicamente suficiente para los análisis de que trata el artículo 43, siempre que respecto de dichas sustancias no se discuta su legítima tenencia o posesión por terceros[822].

Artículo 42.- Los funcionarios responsables del retardo en el cumplimiento de las obligaciones impuestas en el artículo anterior serán sancionados con una multa a beneficio fiscal equivalente al cinco por ciento de su remuneración imponible mensual, por cada día de atraso, sin que pueda exceder del total de dicha remuneración.

Artículo 43.- El Servicio de Salud deberá remitir al Ministerio Público, en el más breve plazo el que no podrá exceder de treinta días, un protocolo del análisis químico de la sustancia suministrada, en el que se identificará el producto y se señalará su peso o cantidad, su naturaleza, contenido, composición y grado de pureza, como, asimismo, un informe acerca de los componentes tóxicos y sicoactivos asociados, los efectos que produzca y la peligrosidad que revista para la salud pública[823].

Conservará, en todo caso, una determinada cantidad de dicha sustancia para el evento de que cualquiera de los intervinientes solicite nuevos análisis de la misma, de conformidad a los artículos 188, inciso tercero, y 320 del Código Procesal Penal.

Esta muestra se conservará por el plazo máximo de dos años, al cabo del cual se destruirá. De los procedimientos administrativos de destrucción

---

[822] Inciso modificado por el numeral 9 del artículo 1° de la Ley N° 21.575, publicada en el Diario Oficial el 23 de mayo de 2023.

[823] Inciso modificado la letra a) del numeral 10 del artículo 1° de la Ley N° 21.575, publicada en el Diario Oficial el 23 de mayo de 2023.

se levantará acta, copia de la cual deberá hacerse llegar al Ministerio Público dentro de quinto día de haberse producido.

Efectuado el análisis a que se refiere el inciso primero, los precursores y sustancias químicas esenciales deberán ser enajenados en la forma dispuesta en el inciso cuarto del artículo 40.

Efectuado el análisis a que se refiere el inciso primero, los precursores y sustancias químicas esenciales deberán ser enajenados en la forma dispuesta en el artículo 40 bis; o a través de venta directa, a solicitud del Ministerio Público con autorización del juez de garantía; o destruidos por el Servicio de Salud respectivo, conforme a lo dispuesto en el inciso tercero del artículo 41[824].

Artículo 44.- Cuando las sustancias estupefacientes o sicotrópicas incautadas, las plantas o materias primas, con excepción de los precursores y sustancias químicas esenciales, hagan difícil, por su cantidad, lugar de ubicación u otras circunstancias, su traslado y almacenamiento, el juez de garantía, a petición del Ministerio Público, decretará su incineración o destrucción en el mismo lugar donde hubieren sido encontradas, debiendo, en este caso, darse cumplimiento a las demás normas de los artículos 40 a 43.

Artículo 45.- Sin perjuicio de las reglas generales, caerán especialmente en comiso los bienes raíces; los muebles, tales como vehículos motorizados terrestres, naves y aeronaves, dinero, efectos de comercio y valores mobiliarios; y, en general, todo otro instrumento que haya servido o hubiere estado destinado a la comisión de cualquiera de los delitos penados en esta ley; los efectos que de ellos provengan y las utilidades que hubieren originado, cualquiera que sea su naturaleza jurídica, o las transformaciones que hubieren experimentado, como, asimismo, todos aquellos

---

824 Inciso modificado por la letra b) del numeral 10 del artículo 1° de la Ley N° 21.575, publicada en el Diario Oficial el 23 de mayo de 2023.

bienes facilitados o adquiridos por terceros a sabiendas o no pudiendo menos que conocer del destino u origen de los mismos[825].

Igual sanción se aplicará respecto de las sustancias señaladas en el inciso primero del artículo 2°, y de las materias primas, elementos, materiales, equipos e instrumentos usados o destinados a ser utilizados, en cualquier forma, para cometer alguno de los delitos sancionados en esta ley.

Se impondrá el comiso de toda cosa que hubiere sido empleada como instrumento en la perpetración de un delito previsto en esta ley y que fuere especialmente apta para ser utilizada delictivamente. Se entenderá que son especialmente aptas para ser utilizadas delictivamente aquellas cosas que se encuentren en general prohibidas por la ley. El tribunal deberá decretar el comiso de cosas especialmente aptas para ser utilizadas delictivamente incluso cuando el imputado fuere absuelto o sobreseído. Para ello bastará el establecimiento de su uso en un hecho delictivo. El comiso de instrumentos especialmente aptos para ser utilizados delictivamente procederá aun respecto del tercero de buena fe y que tuviere título para poseer la cosa, a menos que se acredite que él no tuvo responsabilidad en el uso de la cosa por parte del hechor. Si el comiso afecta a un tercero de buena fe, éste podrá solicitar indemnización al responsable.

El comiso de una cosa que no fuere especialmente apta para ser utilizada delictivamente y que ha servido de instrumento en la perpetración del delito será impuesto en la sentencia condenatoria y no procederá respecto del tercero de buena fe.

Se impondrá el comiso de toda cosa obtenida o producida a través de la perpetración de un delito previsto en esta ley. El comiso de los efectos del delito será decretado por el juez incluso si el imputado fuere absuelto o sobreseído, siempre que se establezca que la cosa proviene de un hecho ilícito. Dicho comiso no procederá respecto del tercero de buena fe. Tratándose de efectos de posesión ilícita, el comiso procederá en todos los casos.

---

825 Inciso modificado por la letra a) del numeral 11 del artículo 1° de la Ley N° 21.575, publicada en el Diario Oficial el 23 de mayo de 2023.

Cuando por cualquier circunstancia no sea posible decomisar las especies señaladas en este artículo que han sido usadas como instrumentos en la perpetración del delito o que han sido obtenidas o producidas a través de su perpetración, el tribunal aplicará el comiso a una suma de dinero equivalente a su valor o a otros bienes que sean de propiedad del condenado.

El tribunal podrá decretar el comiso de los activos patrimoniales cuyo valor corresponda a la cuantía de las ganancias obtenidas a través de la perpetración de un delito sancionado en la presente ley cuando establezca que tales ganancias provienen de los delitos objeto de la condena. Las ganancias comprenden los frutos y las utilidades que el delito ha originado, cualquiera sea su naturaleza jurídica, así como el equivalente a los costos evitados mediante el hecho ilícito. Siempre que se establezca que las ganancias proceden de un hecho ilícito el juez decretará el comiso de ellas, aunque el imputado fuere sobreseído o absuelto.

Tratándose de delitos de esta ley perpetrados de conformidad con la modalidad descrita en el artículo 16, se impondrá el comiso de todos los activos vinculados a la actividad en cuyo contexto se hubiere ejecutado el delito objeto de la condena, a menos que se acredite su origen lícito[826].

Artículo 46.- Los bienes decomisados en conformidad a esta ley serán enajenados en subasta pública por la Dirección General del Crédito Prendario, la que podrá, además, ordenar su destrucción, por carecer de valor, lo que será determinado por el Departamento de Tasaciones de dicha institución[827].

Una vez decretado el comiso de un inmueble que haya sido destinado provisionalmente al Servicio Nacional para la Prevención y Rehabilitación del Consumo de Drogas y Alcohol o a otro organismo público, éste, previa autorización de la Dirección de Presupuestos, podrá solicitar al juez de

---

826 Incisos incorporados por la letra b) del numeral 11 del artículo 1° de la Ley N° 21.575, publicada en el Diario Oficial el 23 de mayo de 2023.

827 Inciso modificado por la letra a) del numeral 12 del artículo 1° de la Ley N° 21.575, publicada en el Diario Oficial el 23 de mayo de 2023.

garantía que le sea transferido su dominio, con fines de prevención y rehabilitación del consumo de drogas o alcohol, sin que proceda en este caso la enajenación en pública subasta establecida en el artículo 469 del Código Procesal Penal[828].

El producto de la enajenación de los bienes y valores decomisados y los dineros en tal situación, el producto de la enajenación temprana a que se refiere el artículo 40 bis, así como los dineros incautados no decomisados y no reclamados por sus dueños, ingresarán a un fondo especial del Servicio Nacional para la Prevención y Rehabilitación del Consumo de Drogas y Alcohol, con el objetivo de ser utilizados en programas de prevención del consumo de drogas y alcohol, tratamiento y rehabilitación de las personas afectadas por la drogadicción y alcoholismo. Asimismo, podrá ser utilizado en proyectos, estudios e investigaciones, infraestructura y capacitaciones, que permitan apoyar directamente el efectivo cumplimiento de la labor del Servicio. Un reglamento establecerá la forma de distribución de los fondos, así como los mecanismos que garanticen la transparencia de los actos tendientes a su traspaso[829].

No obstante lo anterior, parte de dichos recursos podrán ser destinados a las unidades del Ministerio Público que cumplan funciones de análisis, investigación o persecución del crimen organizado dedicado a la comisión de los delitos sancionados en la presente ley, así como también a las unidades de Carabineros de Chile, Gendarmería de Chile, Dirección General del Territorio Marítimo y de Marina Mercante y de la Policía de Investigaciones de Chile que tengan como objeto la desarticulación de organizaciones criminales dedicadas a la perpetración de dichos delitos, en la forma que establezca el reglamento señalado en el inciso anterior[830].

---

828 Inciso incorporado por la letra b) del numeral 12 del artículo 1° de la Ley N° 21.575, publicada en el Diario Oficial el 23 de mayo de 2023.

829 Inciso modificado por la letra c) del numeral 12 del artículo 1° de la Ley N° 21.575, publicada en el Diario Oficial el 23 de mayo de 2023.

830 Inciso incorporado por la letra d) del numeral 12 del artículo 1° de la Ley N° 21.575, publicada en el Diario Oficial el 23 de mayo de 2023, posteriormente modificado por el numeral 2 del artículo 7° de la Ley N° 21.694, publicada en el Diario Oficial el 4 de septiembre de 2024.

Igual aplicación se dará al monto de las multas impuestas en esta ley y al precio de la subasta de las especies de que hace mención el artículo 470 del Código Procesal Penal. Se exceptúan de esta disposición las armas de fuego y demás elementos a que se refiere la ley N° 17.798, sobre Control de Armas.

El tribunal deberá informar al Servicio Nacional para la Prevención y Rehabilitación del Consumo de Drogas y Alcohol sobre los bienes que hubieran sido declarados en comiso, así como de las multas impuestas en conformidad con esta ley, dentro de los quince días hábiles a la fecha en que la sentencia que así lo decreta haya quedado ejecutoriada.

En lo no contemplado en esta ley, regirán las reglas generales contenidas en el Párrafo 2° del Título VIII del Libro Cuarto del Código Procesal Penal.

El Fondo a que se refiere este artículo será el continuador del Fondo establecido en el artículo 28 de la ley N° 19.366.

Párrafo 4° De la Cooperación Internacional

Artículo 47.- El Ministerio Público, directamente y sin sujeción a lo dispuesto en los incisos primero y segundo del artículo 76 del Código de Procedimiento Civil, podrá requerir y otorgar cooperación y asistencia internacional destinada al éxito de las investigaciones sobre los delitos materia de esta ley, de acuerdo con lo pactado en convenciones o tratados internacionales, pudiendo proporcionar antecedentes específicos, aun cuando ellos se encontraren en la situación prevista en el inciso tercero del artículo 182 del Código Procesal Penal.

Igualmente, a solicitud de las entidades de países extranjeros que correspondan, podrá proporcionar información sobre operaciones sujetas a secreto o reserva legal a las que haya tenido acceso en conformidad con la legislación nacional aplicable, con el fin de ser utilizada en la investigación de aquellos delitos, háyanse cometido en Chile o en el extranjero. La entrega de la información solicitada deberá condicionarse a que ésta no será utilizada con fines diferentes a los señalados anteriormente y a que ella mantendrá su carácter confidencial.

Los antecedentes, documentos y demás medios de prueba obtenidos según este artículo y lo pactado en convenciones o tratados internacionales se entenderán producidos conforme a la ley, independientemente de lo que se resuelva, con posterioridad, sobre su incorporación al juicio, o el mérito probatorio que el tribunal le asigne.

Artículo 48.- Los delitos de esta ley serán susceptibles de extradición, tanto activa como pasiva, aun en ausencia de reciprocidad o de tratado sobre la materia.

Artículo 49.- El Ministro de Justicia podrá disponer, de acuerdo con los tratados internacionales vigentes sobre la materia o sobre la base del principio de reciprocidad, que los extranjeros condenados por alguno de los delitos contemplados en esta ley cumplan en el país de su nacionalidad las penas corporales que les hubieren sido impuestas.

TÍTULO IV
DE LAS FALTAS

Párrafo 1° De las faltas

Artículo 50.- Los que consumieren alguna de las drogas o sustancias estupefacientes o sicotrópicas de que hace mención el artículo 1°, en lugares públicos o abiertos al público, tales como calles, caminos, plazas, teatros, cines, hoteles, cafés, restaurantes, bares, estadios, centros de baile o de música; o en establecimientos educacionales o de capacitación, serán sancionados con alguna de las siguientes penas:

a) Multa de una a diez unidades tributarias mensuales.

b) Asistencia obligatoria a programas de prevención hasta por sesenta días, o tratamiento o rehabilitación en su caso por un período de hasta ciento ochenta días en instituciones autorizadas por el Servicio de Salud competente. Para estos efectos, el Ministerio de Salud o el Servicio Nacional para la Prevención y Rehabilitación del Consumo de Drogas y Alcohol deberán asignar preferentemente los recursos que se requieran.

c) Participación en actividades determinadas a beneficio de la comunidad, con acuerdo del infractor y a propuesta del departamento social de la municipalidad respectiva, hasta por un máximo de treinta horas, o en cursos de capacitación por un número de horas suficientes para el aprendizaje de la técnica o arte objeto del curso. Para estos efectos, cada municipalidad deberá anualmente informar a el o los juzgados de garantía correspondientes acerca de los programas en beneficio de la comunidad de que disponga. El juez deberá indicar el tipo de actividades a que se refiere esta letra, el lugar en que se desarrollarán y el organismo o autoridad encargada de su supervisión. Esta medida se cumplirá sin afectar la jornada educacional o laboral del infractor.

Se aplicará como pena accesoria, en su caso, la suspensión de la licencia para conducir vehículos motorizados por un plazo máximo de seis meses. En caso de reincidencia, la suspensión será de hasta un año y, de reincidir nuevamente, podrá extenderse hasta por dos años. Esta medida no podrá ser suspendida, ni aun cuando el juez hiciere uso de la facultad contemplada en el artículo 398 del Código Procesal Penal.

Idénticas penas se aplicarán a quienes tengan o porten en tales lugares las drogas o sustancias antes indicadas para su uso o consumo personal exclusivo y próximo en el tiempo.

Con las mismas penas serán sancionados quienes consuman dichas drogas en lugares o recintos privados, si se hubiesen concertado para tal propósito.

Se entenderá justificado el uso, consumo, porte o tenencia de alguna de dichas sustancias para la atención de un tratamiento médico.

Párrafo 2º De las faltas especiales

Artículo 51.- Si la falta de que hace mención el artículo anterior se cometiere en un lugar de detención, recinto militar o policial por personas ajenas a él o en un establecimiento educacional o de salud por quienes se desempeñen como docentes o trabajadores, la sanción pecuniaria se aplicará en su máximo.

Párrafo 3º De la aplicación de la pena

Artículo 52.- Si el sentenciado no pagare la multa impuesta en virtud de la letra a) del artículo 50, el tribunal podrá aplicar, por vía de sustitución, la pena de asistencia obligatoria a programas de prevención hasta por 60 días, o de tratamiento o rehabilitación, en su caso, por un período de hasta 180 días, en instituciones autorizadas por el servicio de salud competente, o la pena de prestación de servicios en beneficio de la comunidad.

Para proceder a cualquiera de dichas sustituciones, se requerirá del acuerdo del condenado. En caso contrario, el tribunal impondrá, por vía de sustitución y apremio de la multa, la pena de reclusión, regulándose un día por cada tercio de unidad tributaria mensual, sin que ella pueda nunca exceder de seis meses.

En caso de incumplimiento de las penas de asistencia obligatoria a programas de prevención o de tratamiento o rehabilitación, el encargado de la respectiva institución informará al tribunal que haya impuesto la sanción, el que lo citará a una audiencia, conjuntamente con el condenado, su defensor y el Ministerio Público, para resolver sobre la mantención o revocación de la pena. En caso de decretarse la revocación, el tribunal impondrá al condenado la pena de reclusión, regulándose un día por cada tercio de unidad tributaria mensual, sin que ella pueda nunca exceder de seis meses.

En cuanto a la regulación y revocación de la pena de servicios en favor de la comunidad, regirán las disposiciones contenidas en los artículos 49 a 49 sexies del Código Penal.

Sin perjuicio de lo dispuesto en los incisos anteriores, en casos debidamente calificados el tribunal podrá eximir al condenado del pago de la multa o imponerle una inferior al mínimo establecido en la ley, debiendo dejar constancia en la sentencia o en la resolución posterior a ésta, de las razones que motivaron la decisión.

Artículo 53.- Las disposiciones de este Título se aplicarán también al menor de dieciocho años, el que será puesto a disposición del juez de menores correspondiente. El juez, prescindiendo de la declaración de haber obrado o no con discernimiento respecto del que tuviere más de dieciséis años, podrá imponer al menor alguna de las medidas establecidas en la ley Nº 16.618 o de las siguientes, según estimare más apropiado para su rehabilitación:

a) asistencia obligatoria a programas de prevención, hasta por sesenta días, o tratamiento o rehabilitación, en su caso, por un período de hasta ciento ochenta días, en instituciones consideradas idóneas por el Servicio de Salud de la ciudad asiento de la Corte de Apelaciones respectiva. Esta medida se cumplirá, en lo posible, sin afectar la jornada escolar o laboral del infractor.

b) participación del menor, con acuerdo expreso de éste, en actividades determinadas a beneficio de la comunidad, a propuesta del departamento social de la municipalidad respectiva, hasta por un máximo de treinta horas, o en cursos de capacitación por un número de horas suficientes para el aprendizaje de la técnica o arte objeto del curso. El juez de menores deberá indicar el tipo de actividades de que se trate, el lugar en que se desarrollarán y el organismo o autoridad encargada de su supervisión. Esta medida se cumplirá sin afectar la jornada escolar o laboral del infractor.

Artículo 54.- Las faltas a que aluden los artículos 50 y 51 serán de conocimiento del juez de garantía, de acuerdo a las reglas generales establecidas en el Título I del Libro Cuarto del Código Procesal Penal.

Los autores de las faltas contempladas en este Título serán citados por los agentes de la policía para que comparezcan a la fiscalía correspondiente, a la cual se remitirá la respectiva denuncia.

Si las personas señaladas en el inciso anterior no tuvieren, manifiestamente, control sobre sus actos y hubiere riesgo de que pueda afectarse su integridad física o de terceros, los agentes de la policía podrán conducirlos al recinto hospitalario más cercano, para que reciban la atención de salud que según el caso se necesite.

El tribunal determinará la sanción correspondiente teniendo en cuenta las circunstancias personales del infractor y su mayor probabilidad de rehabilitación. Para estos efectos, el juez establecerá la obligación del infractor de ser examinado por un médico calificado por el Servicio de Salud correspondiente, con el fin de determinar si es o no dependiente de sustancias estupefacientes o sicotrópicas, el grado de dependencia y el tratamiento que debiera seguir el afectado. En todo caso, el aludido examen podrá ser decretado desde que se inicie el respectivo procedimiento.

En caso de resistencia o negativa del infractor a practicarse el examen decretado, el juez ordenará las medidas conducentes a su cumplimiento.

La Secretaría Regional Ministerial de Justicia, previo informe de la Secretaría Regional Ministerial de Salud, entregará a la Corte de Apelaciones respectiva la nómina de facultativos habilitados para practicar los exámenes y remitir los informes a que se refiere este artículo.

El fiscal, con el acuerdo del infractor, podrá solicitar al juez de garantía la suspensión condicional del procedimiento, en los términos previstos en los artículos 237 y siguientes del Código Procesal Penal. En tal evento, se podrá imponer como condición la asistencia obligatoria a programas de prevención, tratamiento o rehabilitación, en su caso, por el tiempo que sea necesario, de acuerdo al informe a que se refiere el inciso cuarto de este artículo, en instituciones consideradas idóneas por el Servicio de Salud competente.

Si el imputado sirviere un cargo público que, legalmente, no puede ser desempeñado por una persona que tenga dependencia de sustancias o drogas estupefacientes o sicotrópicas, el juez de garantía enviará al organismo respectivo copia de la sentencia ejecutoriada que lo condene por alguna de estas faltas o de la resolución que dispone la suspensión condicional del procedimiento, en su caso, a fin de que se adopten las medidas pertinentes para dar cumplimiento a las disposiciones estatutarias que procedan.

TÍTULO V
DE LAS MEDIDAS DE CONTROL DE PRECURSORES Y SUSTANCIAS QUÍMICAS ESENCIALES

Artículo 55.- Las personas naturales o jurídicas que produzcan, fabriquen, preparen, importen o exporten transporten, distribuyan, comercialicen, almacenen o eliminen precursores o sustancias químicas esenciales catalogadas por el reglamento a que alude el artículo 58 como susceptibles de ser utilizadas para la fabricación ilícita de drogas estupefacientes o sicotrópicas, deberán inscribirse en un registro especial que la Subsecretaría del Interior creará para tal efecto[831].

Sólo quienes se hayan inscrito en ese registro especial podrán efectuar las operaciones y actividades previstas en el inciso precedente con precursores y sustancias químicas esenciales catalogadas en dicho reglamento. Las inscripciones deberán ser renovadas periódicamente.

Artículo 56.- Para inscribirse en el registro se deberán presentar antecedentes que permitan la plena individualización de la persona interesada y del domicilio en que funciona la industria. En caso de tratarse de una persona jurídica, se requerirán además los antecedentes de su constitución legal, el número de rol único tributario y los poderes vigentes de el o los representantes legales. Para los efectos de evaluar la circunstancia mencionada en el inciso siguiente, se deberán acompañar los certificados de antecedentes penales respectivos.

La inscripción en el registro especial sólo podrá ser denegada a las personas naturales respecto de las cuales se hubiere formalizado la investigación, decretado la suspensión condicional del procedimiento prevista en el artículo 237 del Código Procesal Penal o hayan sido condenadas por alguna de las conductas punibles contempladas en esta ley o en las leyes Nº s. 19.366 y 19.913. También se podrá denegar respecto de las personas jurídicas, cuando cualesquiera de sus representantes legales o administradores, y socios en el caso de las sociedades que no sean anónimas, se encuentren en alguna de dichas situaciones.

Del mismo modo, la inscripción en el registro será suspendida si, con posterioridad a ella, se formaliza la investigación por alguno de los delitos aludidos y se cancelará, desde que se encuentre ejecutoriada la respectiva sentencia de término condenatoria.

---

831 Inciso modificado por el numeral 13 del artículo 1º de la Ley Nº 21.575, publicada en el Diario Oficial el 23 de mayo de 2023.

Para efectos de la suspensión, cancelación o denegación de la inscripción en el registro, el Ministerio Público remitirá trimestralmente a la Subsecretaría del Interior la nómina de los sujetos que han sido condenados, beneficiarios de suspensión condicional del procedimiento o formalizados por los delitos establecidos en esta ley y en las leyes Nos. 19.366 y 19.913. La Subsecretaría, a la brevedad, dictará la correspondiente resolución, de carácter declarativo, y la comunicará a los interesados[832].

Artículo 57.- Las personas que se encuentren registradas en conformidad al artículo 55 deberán mantener un inventario de las existencias de las sustancias a que se refiere dicho artículo y una relación completa y actualizada del movimiento que éstas experimenten, los que deberán ser remitidos a la autoridad responsable del registro con la frecuencia y bajo las modalidades que el reglamento indique, y podrán ser examinados tanto por ésta como por la Policía de Investigaciones de Chile y Carabineros de Chile, quienes colaborarán con la autoridad. Asimismo, las personas registradas comunicarán a la autoridad responsable del registro las operaciones de importación y exportación, con antelación a la fecha prevista para el embarque o para el envío legal de la exportación, respecto de lo cual la Subsecretaría del Interior notificará al país importador[833].

El intercambio de información que se realice con organismos internacionales y con otros Estados, por aplicación de lo señalado en el inciso precedente, se sujetará a lo dispuesto en las convenciones y tratados internacionales, o en su defecto, al principio de reciprocidad, y se condicionará a que el Estado que reciba la información mantenga el carácter confidencial con que se le remite.

Las personas naturales o jurídicas que no se encuentren registradas y que produzcan, fabriquen, preparen, transporten, importen, exporten, distribuyan, comercialicen, almacenen o eliminen precursores o sustancias

---

[832] Inciso modificado por el numeral 14 del artículo 1° de la Ley N° 21.575, publicada en el Diario Oficial el 23 de mayo de 2023.

[833] Inciso modificado por la letra a) del numeral 15 del artículo 1° de la Ley N° 21.575, publicada en el Diario Oficial el 23 de mayo de 2023.

químicas esenciales catalogadas por el reglamento a que alude el artículo 58, podrán ser examinadas por las autoridades señaladas en el inciso primero y estarán sujetas a las sanciones correspondientes[834].

Artículo 58.- El reglamento determinará el listado de precursores y sustancias químicas esenciales catalogadas como susceptibles de ser utilizadas para la fabricación ilícita de drogas estupefacientes o sicotrópicas, el que será actualizado periódicamente; las características que tendrá el registro especial; el período de renovación de las inscripciones; la forma, plazos y otras modalidades con que se ejecutarán las obligaciones impuestas por este Título; las normas relativas a su control y fiscalización y la coordinación con el Servicio Nacional de Aduanas y demás entidades públicas con competencia relativa al control del movimiento de las sustancias antes mencionadas.

Artículo 59.- La infracción a las obligaciones de registrarse, de mantener inventario y relación de movimientos e informar sobre los mismos cuando la autoridad lo requiera, de mantener actualizados los datos en el Registro y de informar importaciones y exportaciones, será sancionada con multa de cuarenta a mil unidades tributarias mensuales. El producto de las multas ingresará al fondo especial a que se refiere el artículo 46 de esta ley y se destinará a los fines que allí se contemplan. En casos calificados de reincidencia, procederá además la clausura del establecimiento[835].

Para la determinación del monto de la multa se considerará la gravedad de la infracción, la conducta previa del infractor y la naturaleza de las sustancias sobre la cual recayó la infracción.

Las multas deberán pagarse dentro de los quince días siguientes a la fecha en que se encuentre firme la respectiva resolución[836].

---

[834] Inciso agregado por la letra b) del numeral 15 del artículo 1° de la Ley N° 21.575, publicada en el Diario Oficial el 23 de mayo de 2023.

[835] Inciso modificado por la letra a) del numeral 16 del artículo 1° de la Ley N° 21.575, publicada en el Diario Oficial el 23 de mayo de 2023.

[836] Incisos incorporados por la letra b) del numeral 16 del artículo 1° de la Ley N° 21.575, publicada en el Diario Oficial el 23 de mayo de 2023.

Artículo 60.- Las personas que se encuentren registradas en conformidad al artículo 55 deberán informar inmediatamente a las autoridades competentes cualquier operación de la que sean parte y sobre la cual tengan certeza o indicio de que precursores o sustancias químicas esenciales catalogadas por el reglamento puedan ser desviadas para la fabricación ilícita de drogas estupefacientes o sicotrópicas, absteniéndose de realizar la operación sin efectuar previamente la comunicación.

TÍTULO VI
DISPOSICIONES VARIAS

Artículo 61.- Los abogados que se desempeñen como funcionarios o empleados contratados a cualquier título en los servicios de la Administración del Estado o en instituciones o servicios descentralizados, territorial o funcionalmente, no podrán patrocinar ni actuar como apoderados o mandatarios de imputados por crímenes, simples delitos o faltas contemplados en esta ley.

Si se tratare de actuaciones relativas a crímenes o simples delitos, la infracción de esta prohibición se sancionará administrativamente con la destitución del cargo o con el término del contrato. Si se tratare de faltas, se considerará infracción grave de las obligaciones funcionarias, pudiendo disponerse hasta su destitución o el término del contrato.

No se aplicará la prohibición establecida en el inciso primero a los abogados que se desempeñen en la Defensoría Penal Pública o como prestadores del servicio de defensa penal pública, cuando intervengan en esas calidades, ni a los abogados en su desempeño como funcionarios de las Corporaciones de Asistencia Judicial, a los contratados por éstas, y a los egresados de Facultades de Derecho que estén realizando la práctica gratuita requerida para obtener el título de abogado, sólo en lo relativo a su actuación en dichas Corporaciones.

Para efectos de lo dispuesto en este artículo, el juez de garantía o el Ministerio Público, en su caso, deberá informar a la Contraloría General de la República sobre la identidad de los abogados que patrocinen o actúen como apoderados o mandatarios de imputados por crímenes, simples delitos o faltas contemplados en esta ley.

Artículo 62.- No se aplicará ninguna de las penas sustitutivas contempladas en la ley N° 18.216 a la persona que haya sido condenada con anterioridad por alguno de los crímenes o simples delitos contemplados en esta ley o en la ley N° 19.366, en virtud de sentencia ejecutoriada, haya cumplido, o no, efectivamente la condena, a menos que le sea reconocida la circunstancia atenuante de cooperación eficaz[837].

Artículo 63.- Un reglamento señalará las sustancias, productos que contengan solventes o gases inhalantes y especies vegetales a que se refieren los artículos 1°, 2°, 5 bis y 8°; los requisitos, obligaciones y demás exigencias que deberán cumplirse para el otorgamiento de las autorizaciones a que se refiere el artículo 9°, y las normas relativas al control y fiscalización de dichas plantaciones[838].

Artículo 64.- Sin perjuicio de lo dispuesto en el artículo 1° transitorio, derógase la ley N° 19.366. Toda referencia legal o reglamentaria a dicha ley debe entenderse hecha a esta ley.

Artículo 65.- Para los efectos de lo establecido en el N° 3 del artículo 6° del Código Orgánico de Tribunales, en cuanto al sometimiento a la jurisdicción chilena de crímenes y simples delitos perpetrados fuera del territorio de la República, las disposiciones de esta ley se entenderán comprendidas en el párrafo 14 del Título VI del Libro II del Código Penal, sobre crímenes y simples delitos contra la salud pública.

Artículo 66.- Derógase el artículo 299 bis del Código de Justicia Militar.

---

[837] Inciso modificado por el numeral 3 del artículo 7° de la Ley N° 21.694, publicada en el Diario Oficial el 04 de septiembre de 2024.

[838] Artículo modificado por el numeral 17 del artículo 1° de la Ley N° 21.575, publicada en el Diario Oficial el 23 de mayo de 2023.

Artículo 67.- Suprímese, en el artículo 193 del Código Aeronáutico, la frase "o de drogas estupefacientes o sicotrópicas" y la coma (,) que la sigue.

Artículo 68.- Introdúcense las siguientes modificaciones en la ley Nº 18.575, Orgánica Constitucional de Bases Generales de la Administración del Estado, cuyo texto refundido, coordinado y sistematizado fue fijado por el decreto con fuerza de ley Nº 1-19.653, del Ministerio Secretaría General de la Presidencia, de 2001:

1.- Intercálase el siguiente inciso segundo, nuevo, en el artículo 40, pasando el actual inciso segundo a ser inciso tercero:

"No podrá ser Ministro de Estado el que tuviere dependencia de sustancias o drogas estupefacientes o sicotrópicas ilegales, a menos que justifique su consumo por un tratamiento médico. Para asumir alguno de esos cargos, el interesado deberá prestar una declaración jurada que acredite que no se encuentra afecto a esta causal de inhabilidad.".

2.- Intercálase el siguiente artículo 55 bis, nuevo:

"Artículo 55 bis.- No podrá desempeñar las funciones de Subsecretario, jefe superior de servicio ni directivo superior de un órgano u organismo de la Administración del Estado, hasta el grado de jefe de división o su equivalente, el que tuviere dependencia de sustancias o drogas estupefacientes o sicotrópicas ilegales, a menos que justifique su consumo por un tratamiento médico.

Para asumir alguno de esos cargos, el interesado deberá prestar una declaración jurada que acredite que no se encuentra afecto a esta causal de inhabilidad.".

3.- Agréganse los siguientes incisos tercero y cuarto, nuevos, al artículo 61:

"Corresponderá a la autoridad superior de cada órgano u organismo de la Administración del Estado prevenir el consumo indebido de sustancias o drogas estupefacientes o sicotrópicas, de acuerdo con las normas contenidas en el reglamento.

El reglamento a que se refiere el inciso anterior contendrá, además, un procedimiento de control de consumo aplicable a las personas a que se refiere el artículo 55 bis. Dicho procedimiento de control comprenderá a todos los integrantes de un grupo o sector de funcionarios que se determinará en forma aleatoria; se aplicará en forma reservada y resguardará la dignidad e intimidad de ellos, observando las prescripciones de la ley Nº 19.628, sobre protección de los datos de carácter personal. Sólo será admisible como prueba de la dependencia una certificación médica, basada en los exámenes que correspondan.".

4.- Introdúcense las siguientes modificaciones al artículo 64:

a) Intercálase el siguiente inciso segundo, nuevo:

"En el caso de la inhabilidad a que se refiere el artículo 55 bis, junto con admitirla ante el superior jerárquico, el funcionario se someterá a un programa de tratamiento y rehabilitación en alguna de las instituciones que autorice el reglamento. Si concluye ese programa satisfactoriamente, deberá aprobar un control de consumo toxicológico y clínico que se le aplicará, con los mecanismos de resguardo a que alude el artículo 61, inciso cuarto.".

b) En el inciso segundo, que pasa a ser inciso tercero, sustitúyese la frase "esta norma" por "cualquiera de estas normas", y agrégase la siguiente oración, pasando el punto aparte (.) a ser punto seguido (.): "Lo anterior es sin perjuicio de la aplicación de las reglas sobre salud irrecuperable o incompatible con el desempeño del cargo, si procedieren, tratándose de la situación a que alude el inciso segundo.".

Artículo 69.- Introdúcense las siguientes modificaciones en la ley Nº 19.175, Orgánica Constitucional de Gobierno y Administración Regional, cuyo texto refundido fue fijado por el decreto Nº 291, de 1993, del Ministerio del Interior:

1.- Intercálase el siguiente inciso segundo, nuevo, en el artículo 6º:

"No podrá ser intendente o gobernador el que tuviere dependencia de sustancias o drogas estupefacientes o sicotrópicas ilegales, a menos que justifique su consumo por un tratamiento médico. Para asumir alguno de esos cargos, el interesado deberá prestar una declaración jurada que acredite que no se encuentra afecto a esta causal de inhabilidad.".

2.- Agrégase el siguiente inciso segundo, nuevo, al artículo 31:

"No podrá ser consejero regional el que tuviere dependencia de sustancias o drogas estupefacientes o sicotrópicas ilegales, a menos que justifique su consumo por un tratamiento médico. Para asumir el cargo, el interesado deberá prestar una declaración jurada que acredite que no se encuentra afecto a esta causal de inhabilidad.".

Artículo 70.- Introdúcese el siguiente inciso segundo en el artículo 73 de la ley N° 18.695, Orgánica Constitucional de Municipalidades, cuyo texto refundido, coordinado, sistematizado y actualizado fue fijado por el decreto con fuerza de ley N° 1-19.704, de 2002, del Ministerio del Interior:

"No podrá ser alcalde ni concejal el que tuviere dependencia de sustancias o drogas estupefacientes o sicotrópicas ilegales, a menos que justifique su consumo por un tratamiento médico.".

Artículo 71.- Agrégase en el artículo 10 de la ley N° 17.997, Orgánica Constitucional del Tribunal Constitucional, el siguiente inciso final:

"En forma previa al juramento o promesa, el Presidente y los Ministros prestarán una declaración jurada en la cual acrediten que no se encuentran afectos a ninguna causal de inhabilidad.".

Artículo 72.- Agrégase en el artículo 2° de la ley N° 18.460, Orgánica Constitucional sobre el Tribunal Calificador de Elecciones, el siguiente inciso final:

"En forma previa al juramento o promesa, los Ministros prestarán una declaración jurada en la cual acrediten que no se encuentran afectos a ninguna causal de inhabilidad.".

Artículo 73.- Introdúcense las siguientes modificaciones en la ley N° 19.640, Orgánica Constitucional del Ministerio Público:

1.- Intercálase el siguiente artículo 9° bis:

"Artículo 9° bis.- Asimismo, el Fiscal Nacional, los Fiscales Regionales y los fiscales adjuntos, antes de asumir sus cargos, deberán efectuar una declaración jurada en la cual acrediten que no tienen dependencia de sustancias o drogas estupefacientes o sicotrópicas ilegales o, si la tuvieren, que su consumo está justificado por un tratamiento médico.".

2.- Agrégase el siguiente inciso tercero al artículo 50:

"Sin embargo, no se aplicará la medida de remoción respecto del fiscal adjunto que incurra en la prohibición a que se refiere el artículo 9° bis, siempre que admita ese hecho ante su superior jerárquico y se someta a un programa de tratamiento y rehabilitación en alguna de las instituciones que autorice el reglamento. Si concluye ese programa satisfactoriamente, deberá aprobar un control de consumo toxicológico y clínico que se le aplicará, con los mecanismos de resguardo a que alude el inciso segundo del artículo 66. El incumplimiento de esta norma hará procedente la remoción, sin perjuicio de la aplicación de las reglas sobre salud irrecuperable o incompatible con el desempeño del cargo, si procedieren.".

3.- Intercálase el siguiente inciso segundo, nuevo, en el artículo 66:

"En el reglamento se contendrán normas para prevenir el consumo indebido de sustancias o drogas estupefacientes o sicotrópicas. Además, se establecerá un procedimiento de control de consumo aplicable a las personas a que se refiere el artículo 9° bis. Dicho procedimiento de control comprenderá a todos los integrantes de un grupo o sector de funcionarios que se determinará en forma aleatoria, se aplicará en forma reservada y resguardará la dignidad e intimidad de ellos, observando las prescripciones de la ley N° 19.628, sobre protección de los datos de carácter personal. Sólo será admisible como prueba de la dependencia una certificación médica, basada en los exámenes que correspondan.".

Artículo 74.- Introdúcense las siguientes modificaciones en la ley N° 18.840, Orgánica Constitucional del Banco Central de Chile:

a) Intercálase el siguiente artículo 14 bis:

"Artículo 14 bis.- No podrá ser consejero el que tuviere dependencia de sustancias o drogas estupefacientes o sicotrópicas ilegales, a menos que justifique su consumo por un tratamiento médico.

Para asumir el cargo, el interesado deberá prestar una declaración jurada que acredite que no se encuentra afecto a esta causal de inhabilidad.".

b) Introdúcese el siguiente artículo 81 bis, nuevo:

"Artículo 81 bis.- No podrá desempeñar las funciones de directivo superior, o su equivalente, el que tuviere dependencia de sustancias o drogas estupefacientes ilegales, a menos que justifique su consumo por un tratamiento médico. Para asumir alguno de esos cargos, el interesado deberá prestar una declaración jurada que acredite que no se encuentra afecto a esta causal de inhabilidad.

El Reglamento del Personal establecerá normas para prevenir el consumo indebido de sustancias o drogas estupefacientes o sicotrópicas.

Dicho reglamento contendrá, además, un procedimiento de control de consumo aplicable a las personas a que se refiere el inciso primero. Dicho procedimiento de control comprenderá a todos los integrantes de un grupo o sector de funcionarios que se determinará en forma aleatoria; se aplicará en forma reservada y resguardará la dignidad e intimidad de ellos, observando las prescripciones de la ley N° 19.628, sobre protección de los datos de carácter personal. Sólo será admisible como prueba de la dependencia una certificación médica, basada en los exámenes que correspondan.

En el caso de la inhabilidad a que se refiere el inciso primero, junto con admitirla ante el superior jerárquico, el funcionario se someterá a un programa de tratamiento y rehabilitación en alguna de las instituciones que autorice el reglamento. Si concluye ese programa satisfactoriamente, deberá aprobar un control de consumo toxicológico y clínico que se le aplicará, con los mecanismos de resguardo a que alude el inciso precedente. Lo anterior es sin perjuicio de la aplicación de las reglas sobre salud irrecuperable o incompatible con el desempeño del cargo, si procedieren.".

Artículo 75.- Introdúcense las siguientes modificaciones en el Código Orgánico de Tribunales:

1.- Intercálase el siguiente artículo 100, nuevo:

"Artículo 100.- La Corte Suprema, mediante auto acordado, dictará normas para prevenir el consumo indebido de sustancias o drogas estupefacientes o sicotrópicas por parte de los funcionarios judiciales.

Ese auto acordado contendrá, además, un procedimiento de control de consumo aplicable a los miembros del escalafón primario. Dicho procedimiento de control comprenderá a todos los integrantes de un grupo o sector de funcionarios que se determinará en forma aleatoria, se aplicará en forma reservada y resguardará la dignidad e intimidad de ellos, observando las prescripciones de la ley N° 19.628, sobre protección de los datos de carácter personal. Sólo será admisible como prueba de la dependencia una certificación médica, basada en los exámenes que correspondan.".

2.- Intercálase el siguiente artículo 251, nuevo:

"Artículo 251.- No puede ser juez la persona que tuviere dependencia de sustancias o drogas estupefacientes o sicotrópicas ilegales, a menos que justifique su consumo por un tratamiento médico.".

3.- Intercálase el siguiente artículo 323 ter, nuevo:

"Artículo 323 ter.- Asimismo, antes de asumir sus cargos, los miembros del escalafón primario deberán prestar una declaración jurada que acredite que no se encuentran afectos a la causal de inhabilidad contemplada en el artículo 251.

En caso de inhabilidad sobreviniente, el funcionario deberá admitirla ante su superior jerárquico y someterse a un programa de tratamiento y rehabilitación en alguna de las instituciones que autorice el auto acordado de la Corte Suprema. Si concluye ese programa satisfactoriamente, deberá aprobar un control de consumo toxicológico y clínico que se le aplicará, con los mecanismos de resguardo a que alude el inciso segundo del artículo 100. El incumplimiento de esta norma dará lugar al correspondiente juicio de amovilidad, salvo que la Corte Suprema acuerde su remoción. Lo anterior es sin perjuicio de la aplicación de las reglas sobre salud irrecuperable o incompatible con el desempeño del cargo, si procedieren.".

Artículo 76.- El mayor gasto fiscal que represente la aplicación de esta ley se financiará con cargo al presupuesto del Ministerio del Interior.

ARTÍCULOS TRANSITORIOS

Artículo 1°.- Esta ley sólo se aplicará a los hechos delictivos cometidos con posterioridad a su entrada en vigencia. En consecuencia, la ley N° 19.366, el artículo 299 bis del Código de Justicia Militar y el artículo 193 del Código Aeronáutico continuarán vigentes para todos los efectos relativos a la persecución de los delitos contemplados en sus disposiciones y perpetrados con anterioridad a la publicación de esta ley, sin perjuicio de las normas relativas a la pena, en que regirá lo dispuesto en el artículo 18 del Código Penal. Asimismo, la tramitación de los respectivos procesos, la prueba y la apreciación de la misma, se regirán por las normas de dichos cuerpos legales.

En el caso de los procesos que, una vez en vigencia esta ley, se continúen tramitando conforme a las leyes procesales penales anteriores a la entrada en vigor del Código Procesal Penal, la autorización a que se refiere el artículo 9° no se concederá a los acusados y se suspenderá respecto de quienes se dicte auto de procesamiento. Asimismo, se denegará respecto de los procesados la inscripción en el registro especial a que se refiere el Título V y se suspenderá la que ya se hubiere practicado respecto de quienes sean sometidos a proceso.

Artículo 2°.- En tanto no se dicte el reglamento a que se refiere el artículo 63, regirá el actual.

Artículo 3°.- En la Región Metropolitana de Santiago, mientras no se implemente el Ministerio Público, ni entre a regir el Código Procesal Penal establecido en la ley N° 19.696, se aplicarán las siguientes reglas:

a) Se mantendrá vigente la ley N° 19.366, en lo relativo a las normas procesales de carácter orgánico y penal que ésta contempla, salvo en lo que respecta al inciso tercero del artículo 31, que se reemplaza por el siguiente:

"Las medidas no podrán decretarse por un plazo superior a sesenta días, prorrogables por periodos de igual duración.".

b) El Consejo de Defensa del Estado conservará sus actuales facultades y la estructura prevista por la ley N° 19.366 para el ejercicio de las mismas.

c) La resolución judicial que otorgue la libertad provisional a los procesados por los delitos a que se refieren los artículos 1°, 2°, 3° y 16 de esta ley, deberá siempre elevarse en consulta, y la sala deberá resolver sólo con titulares.

d) Los jueces de letras con competencia en lo criminal ejercerán las atribuciones que confieren al Ministerio Público los artículos 23, 30 y 31 de esta ley, relativos a las entregas vigiladas o controladas y a las medidas de protección a testigos, peritos, agentes encubiertos, reveladores, informantes y cooperador eficaz.

e) Al comenzar a regir la reforma procesal penal en dicha Región, no surtirán efecto las modificaciones que el artículo 4° de la ley N° 19.806 introdujo a la ley N° 19.366 y cuya entrada en vigencia estaba condicionada a ese hecho, por mandato del inciso segundo del artículo transitorio de la misma ley N° 19.806.

Artículo 4°.- Facúltase al Ministerio de Bienes Nacionales para que, dentro de un plazo de ciento veinte días, contados desde la publicación de esta ley, proceda, con consulta al Ministerio del Interior, a enajenar en subasta pública las especies decomisadas que hubieran sido puestas a su disposición en virtud de la ley N° 19.366, debiendo ingresar el producto de estas enajenaciones al fondo especial del Ministerio del Interior a que se refiere el artículo 46 de la presente ley.

Tratándose de dineros, efectos de comercio o valores mobiliarios, el Ministerio de Bienes Nacionales, de oficio, efectuará los depósitos que corresponda en el fondo especial aludido en el inciso anterior.".

Habiéndose cumplido con lo establecido en el N° 1° del artículo 82 de la Constitución Política de la República y por cuanto he tenido a bien aprobarlo y sancionarlo; por tanto promúlguese y llévese a efecto como Ley de la República.

Santiago, 2 de febrero de 2005.- RICARDO LAGOS ESCOBAR, Presidente de la República.- Jorge Correa Sutil, Ministro del Interior (S).- Jaime Campos Quiroga, Ministro de Justicia (S).

Lo que transcribo a Ud., para su conocimiento.- Saluda Atte. a Ud., Carlos Varas González, Subsecretario del Interior Subrogante.

TRIBUNAL CONSTITUCIONAL

Proyecto de Ley que sustituye la ley N° 19.366, que sanciona el tráfico ilícito de estupefacientes y sustancias sicotrópicas

El Secretario del Tribunal Constitucional, quien suscribe, certifica que la Honorable Cámara de Diputados envió el proyecto de ley enunciado en el rubro, aprobado por el Congreso Nacional, a fin de que este Tribunal ejerciera el control de constitucionalidad respecto de los artículos 26, 27, 54, 68, 69, 70, 71, 72, 73, 74, 75 y 76 permanentes y 3° transitorio del mismo, y por sentencia de 25 de enero de 2005, dictada en los autos Rol N° 433, declaró:

1. Que los artículos 26, 27 —salvo la letra a) de su inciso segundo—, 54, 68, 69, 70, 72, 73, 74 —sin perjuicio de lo señalado en la declaración segunda—, 75 —sin perjuicio de lo señalado en la declaración tercera—, y 76 permanentes y 3° transitorio del proyecto remitido, son constitucionales.

2. Que, igualmente, el artículo 74, N° s. 2 y 3, del proyecto remitido es constitucional en el entendido de lo señalado en el considerando cuadragésimo noveno de esta sentencia.

3. Que, de la misma manera, el artículo 75, letra b), del proyecto remitido es constitucional en el entendido de lo señalado en el considerando quincuagésimo cuarto de esta sentencia.

4. Que la letra a) del inciso segundo del artículo 27 del proyecto remitido es inconstitucional y debe ser eliminado de su texto.

5. Que el artículo 71 del proyecto remitido es inconstitucional y debe ser eliminado de su texto.

6. Que el artículo 63, inciso segundo, del proyecto remitido es igualmente inconstitucional y debe ser eliminado de su texto.

Santiago, enero 26 de 2005.- Rafael Larraín Cruz, secretario.

LEY 21.459
DEL 09 DE JUNIO DE 2022 QUE ESTABLECE NORMAS SOBRE DELITOS INFORMÁTICOS, DEROGA LA LEY Nº 19.223 Y MODIFICA OTROS CUERPOS LEGALES CON EL OBJETO DE ADECUARLOS AL CONVENIO DE BUDAPEST

TÍTULO I
DE LOS DELITOS INFORMÁTICOS Y SUS SANCIONES

Artículo 1º.- Ataque a la integridad de un sistema informático. El que obstaculice o impida el normal funcionamiento, total o parcial, de un sistema informático, a través de la introducción, transmisión, daño, deterioro, alteración o supresión de los datos informáticos, será castigado con la pena de presidio menor en su grado medio a máximo.

Artículo 2º.- Acceso ilícito. El que, sin autorización o excediendo la autorización que posea y superando barreras técnicas o medidas tecnológicas de seguridad, acceda a un sistema informático será castigado con la pena de presidio menor en su grado mínimo o multa de once a veinte unidades tributarias mensuales.

Si el acceso fuere realizado con el ánimo de apoderarse o usar la información contenida en el sistema informático, se aplicará la pena de presidio menor en su grado mínimo a medio. Igual pena se aplicará a quien divulgue la información a la cual se accedió de manera ilícita, si no fuese obtenida por éste.

En caso de ser una misma persona la que hubiere obtenido y divulgado la información, se aplicará la pena de presidio menor en sus grados medio a máximo.

No será objeto de sanción penal por haber incurrido en los hechos tipificados en el inciso primero, el que habiendo accedido a un sistema informático cuyo responsable tenga domicilio en Chile, lo hiciera cumpliendo con las siguientes condiciones:

1. Que se encuentre inscrito en el registro que al efecto lleve la Agencia Nacional de Ciberseguridad.

2. Que el acceso se haya realizado habiendo informado previamente de ello a la Agencia.

3. Que el acceso y las vulnerabilidades de seguridad detectadas hayan sido reportadas al responsable del sistema informático y a la Agencia, tan pronto se hubiere realizado.

4. Que el acceso no haya sido realizado con el ánimo de apoderarse o de usar la información contenida en el sistema informático ni con intención fraudulenta. Tampoco podrá haber actuado más allá de lo que era necesario para comprobar la existencia de la vulnerabilidad, ni habrá utilizado métodos que pudieran conducir a denegación de servicio, a pruebas físicas, utilización de código malicioso, ingeniería social y alteración, eliminación, exfiltración o destrucción de datos.

5. Que no haya divulgado públicamente la información relativa a la potencial vulnerabilidad.

6. Que se trate de un acceso a un sistema informático de los organismos de la Administración del Estado. En el resto de los casos, requerirá del consentimiento del responsable del sistema informático.

7. Que haya dado cumplimiento a las demás condiciones sobre comunicación responsable de vulnerabilidades que al efecto hubiere dictado la Agencia[839].

Artículo 3°.- Interceptación ilícita. El que indebidamente intercepte, interrumpa o interfiera, por medios técnicos, la transmisión no pública de información en un sistema informático o entre dos o más de aquellos, será castigado con la pena de presidio menor en su grado medio.

El que, sin contar con la debida autorización, capte, por medios técnicos, datos contenidos en sistemas informáticos a través de las emisiones electromagnéticas provenientes de éstos, será castigado con la pena de presidio menor en su grado medio a máximo.

---

839 Inciso agregado por el numeral 1 del artículo 55 de la Ley N° 21.663, publicada en el Diario Oficial el 8 de abril de 2024.

Artículo 4°.- Ataque a la integridad de los datos informáticos. El que indebidamente altere, dañe o suprima datos informáticos, será castigado con presidio menor en su grado medio, siempre que con ello se cause un daño grave al titular de estos mismos.

Artículo 5°.- Falsificación informática. El que indebidamente introduzca, altere, dañe o suprima datos informáticos con la intención de que sean tomados como auténticos o utilizados para generar documentos auténticos, será sancionado con la pena de presidio menor en sus grados medio a máximo.

Cuando la conducta descrita en el inciso anterior sea cometida por empleado público, abusando de su oficio, será castigado con la pena de presidio menor en su grado máximo a presidio mayor en su grado mínimo.

Artículo 6°.- Receptación de datos informáticos. El que conociendo su origen o no pudiendo menos que conocerlo comercialice, transfiera o almacene con el mismo objeto u otro fin ilícito, a cualquier título, datos informáticos, provenientes de la realización de las conductas descritas en los artículos 2°, 3° y 5°, sufrirá la pena asignada a los respectivos delitos, rebajada en un grado.

Artículo 7°.- Fraude informático. El que, causando perjuicio a otro, con la finalidad de obtener un beneficio económico para sí o para un tercero, manipule un sistema informático, mediante la introducción, alteración, daño o supresión de datos informáticos o a través de cualquier interferencia en el funcionamiento de un sistema informático, será penado:

1) Con presidio menor en sus grados medio a máximo y multa de once a quince unidades tributarias mensuales, si el valor del perjuicio excediera de cuarenta unidades tributarias mensuales.

2) Con presidio menor en su grado medio y multa de seis a diez unidades tributarias mensuales, si el valor del perjuicio excediere de cuatro unidades tributarias mensuales y no pasare de cuarenta unidades tributarias mensuales.

3) Con presidio menor en su grado mínimo y multa de cinco a diez unidades tributarias mensuales, si el valor del perjuicio no excediere de cuatro unidades tributarias mensuales.

Si el valor del perjuicio excediere de cuatrocientas unidades tributarias mensuales, se aplicará la pena de presidio menor en su grado máximo y multa de veintiuna a treinta unidades tributarias mensuales.

Para los efectos de este artículo se considerará también autor al que, conociendo o no pudiendo menos que conocer la ilicitud de la conducta descrita en el inciso primero, facilita los medios con que se comete el delito.

Artículo 8°.- Abuso de los dispositivos. El que para la perpetración de los delitos previstos en los artículos 1° a 4° de esta ley o de las conductas señaladas en el artículo 7° de la ley N° 20.009, entregare u obtuviere para su utilización, importare, difundiera o realizare otra forma de puesta a disposición uno o más dispositivos, programas computacionales, contraseñas, códigos de seguridad o de acceso u otros datos similares, creados o adaptados principalmente para la perpetración de dichos delitos, será sancionado con la pena de presidio menor en su grado mínimo y multa de cinco a diez unidades tributarias mensuales.

Artículo 9°.- Derogado[840].

Artículo 10.- Circunstancias agravantes. Constituyen circunstancias agravantes de los delitos de que trata esta ley:

1) Cometer el delito abusando de una posición de confianza en la administración del sistema informático o custodio de los datos informáticos contenidos en él, en razón del ejercicio de un cargo o función.

2) Cometer el delito abusando de la vulnerabilidad, confianza o desconocimiento de niños, niñas, adolescentes o adultos mayores.

---

840 Artículo derogado por el artículo 3 de la Ley N° 21.694, publicada en el Diario Oficial el 4 de septiembre de 2024.

Asimismo, si como resultado de la comisión de las conductas contempladas en este Título, se afectase o interrumpiese la provisión o prestación de servicios de utilidad pública, tales como electricidad, gas, agua, transporte, telecomunicaciones o financieros, o el normal desenvolvimiento de los procesos electorales regulados en la ley N° 18.700, orgánica constitucional sobre votaciones populares y escrutinios, la pena correspondiente se aumentará en un grado.

TÍTULO II
DEL PROCEDIMIENTO

Artículo 11.- Sin perjuicio de las reglas contenidas en el Código Procesal Penal, las investigaciones a que dieren lugar los delitos previstos en esta ley también podrán iniciarse por querella del Ministro del Interior y Seguridad Pública, de los delegados presidenciales regionales y de los delegados presidenciales provinciales, cuando las conductas señaladas en esta ley interrumpieren el normal funcionamiento de un servicio de utilidad pública.

Artículo 12.- Cuando la investigación de los delitos contemplados en los artículos 1°, 2°, 3°, 4°, 5° y 7° de esta ley lo hiciere imprescindible y existieren fundadas sospechas basadas en hechos determinados, de que una persona hubiere cometido o participado en la preparación o comisión de algunos de los delitos contemplados en los preceptos precedentemente señalados, el juez de garantía, a petición del Ministerio Público, quien deberá presentar informe previo detallado respecto de los hechos y la posible participación, podrá ordenar la realización de las técnicas previstas y reguladas en los artículos 222 a 226 del Código Procesal Penal, conforme lo disponen dichas normas.

La orden que disponga la realización de estas técnicas deberá indicar circunstanciadamente el nombre real o alias y dirección física o electrónica del afectado por la medida y señalar el tipo y la duración de la misma. El juez podrá prorrogar la duración de esta orden, para lo cual deberá examinar cada vez la concurrencia de los requisitos previstos en el inciso precedente.

De igual forma, cumpliéndose los requisitos establecidos en el inciso anterior, el juez de garantía, a petición del Ministerio Público, podrá ordenar a funcionarios policiales actuar bajo identidad supuesta en comunicaciones mantenidas en canales cerrados de comunicación, con el fin de esclarecer los hechos tipificados como delitos en esta ley, establecer la identidad y participación de personas determinadas en la comisión de los mismos, impedirlos o comprobarlos. El referido agente encubierto en línea podrá intercambiar o enviar por sí mismo archivos ilícitos por razón de su contenido, pudiendo obtener también imágenes y grabaciones de las referidas comunicaciones. No obstará a la consumación de los delitos que se pesquisen el hecho de que hayan participado en su investigación agentes encubiertos. El agente encubierto en sus actuaciones estará exento de responsabilidad criminal por aquellos delitos en que deba incurrir o que no haya podido impedir, siempre que sean consecuencia necesaria del desarrollo de la investigación y guarden la debida proporcionalidad con la finalidad de la misma.

Artículo 13.- Sin perjuicio de las reglas generales, caerán especialmente en comiso los instrumentos de los delitos penados en esta ley, los efectos que de ellos provengan y las utilidades que hubieren originado, cualquiera que sea su naturaleza jurídica.

Cuando por cualquier circunstancia no sea posible decomisar estas especies, se podrá aplicar el comiso a una suma de dinero equivalente a su valor, respecto de los responsables del delito. Si por la naturaleza de la información contenida en las especies, estas no pueden ser enajenadas a terceros, se podrá ordenar la destrucción total o parcial de los instrumentos del delito y los efectos que de ellos provengan.

Artículo 14.- Sin perjuicio de las reglas generales, los antecedentes de investigación que se encuentren en formato electrónico y estén contenidos en documentos electrónicos o sistemas informáticos o que correspondan a datos informáticos, serán tratados en conformidad a los estándares definidos para su preservación o custodia en el procedimiento respectivo, de acuerdo a las instrucciones generales que al efecto dicte el Fiscal Nacional.

TÍTULO III
DISPOSICIONES FINALES

Artículo 15.- Para efectos de esta ley, se entenderá por:

a) Datos informáticos: Toda representación de hechos, información o conceptos expresados en cualquier forma que se preste a tratamiento informático, incluidos los programas diseñados para que un sistema informático ejecute una función.

b) Sistema informático: Todo dispositivo aislado o conjunto de dispositivos interconectados o relacionados entre sí, cuya función, o la de alguno de sus elementos, sea el tratamiento automatizado de datos en ejecución de un programa.

c) Prestadores de servicios: Toda entidad pública o privada que ofrezca a los usuarios de sus servicios la posibilidad de comunicar a través de un sistema informático y cualquier otra entidad que procese o almacene datos informáticos para dicho servicio de comunicación o para los usuarios del mismo.

Artículo 16.- Derogado[841].

Artículo 17.- Sin perjuicio de lo dispuesto en el artículo primero transitorio de esta ley, derógase la ley N° 19.223. Toda referencia legal o reglamentaria a dicho cuerpo legal debe entenderse hecha a esta ley.

Artículo 18.- Modifícase el Código Procesal Penal en el siguiente sentido:

1) Agrégase el siguiente artículo 218 bis, nuevo:

"Artículo 218 bis.- **Preservación provisoria de datos informáticos**. El Ministerio Público con ocasión de una investigación penal podrá requerir,

---

841 Artículo derogado por el numeral 2 del artículo 55 de la Ley N° 21.663, publicada en el Diario Oficial el 08 de abril de 2024.

a cualquier proveedor de servicio, la conservación o protección de datos informáticos o informaciones concretas incluidas en un sistema informático, que se encuentren a su disposición hasta que se obtenga la respectiva autorización judicial para su entrega. Los datos se conservarán durante un período de 90 días, prorrogable una sola vez, hasta que se autorice la entrega o se cumplan 180 días. La empresa requerida estará obligada a prestar su colaboración y guardar secreto del desarrollo de esta diligencia.".

2) Suprímese, en el inciso primero del artículo 223 la expresión "telefónica".

3) Reemplázase, en el artículo 225, la voz "telecomunicaciones" por "comunicaciones".

Artículo 19.- Intercálase, en el literal a) del inciso primero del artículo 27 de la ley N° 19.913, que crea la Unidad de Análisis Financiero y modifica diversas disposiciones en materia de lavado y blanqueo de activos, entre las expresiones "orgánica constitucional del Banco Central de Chile;" y "en el párrafo tercero del número 4° del artículo 97 del Código Tributario", la frase "en el Título I de la ley que sanciona los delitos informáticos;".

Artículo 20.- Agrégase, en el inciso primero del artículo 36 B de la ley N° 18.168, General de Telecomunicaciones, la siguiente letra f), nueva:

"f) Los que vulneren el deber de reserva o secreto previsto en los artículos 218 bis, 219 y 222 del Código Procesal Penal, mediante el acceso, almacenamiento o difusión de los antecedentes o la información señalados en dichas normas, serán sancionados con la pena de presidio menor en su grado máximo.".

Artículo 21.- Modifícase la ley N° 20.393, que establece la responsabilidad penal de las personas jurídicas en los delitos de lavado de activos, financiamiento del terrorismo y delitos de cohecho que indica, en el siguiente sentido:

1) Intercálase, en el inciso primero del artículo 1, a continuación de la expresión "N° 18.314", la expresión ", en el Título I de la ley que sanciona delitos informáticos".

2) Intercálase, en el inciso primero del artículo 15, entre "Código Penal," y "y en el artículo 8°", la expresión "en el Título I de la ley que sanciona delitos informáticos".

ARTÍCULOS TRANSITORIOS

Artículo primero.- Los hechos perpetrados con anterioridad a la entrada en vigor de la presente ley, así como las penas y las demás consecuencias que correspondiere imponer por ellos, serán determinados conforme a la ley vigente en el momento de su perpetración.

Si la presente ley entrare en vigor durante la perpetración del hecho se estará a lo dispuesto en ella, siempre que en la fase de perpetración posterior se realizare íntegramente la nueva descripción legal del hecho.

Si la aplicación de la presente ley resultare más favorable al imputado o acusado por un hecho perpetrado con anterioridad a su entrada en vigor, se estará a lo dispuesto en ella.

Para determinar si la aplicación de esta ley resulta más favorable, se deberá tomar en consideración todas las normas en ella previstas que fueren pertinentes al juzgamiento del hecho.

Para efectos de lo dispuesto en los incisos primero y segundo precedentes, el delito se entiende perpetrado en el momento o durante el lapso en el cual se ejecuta la acción punible o se incurre en la omisión punible.

Artículo segundo.- El artículo 18 de la presente ley comenzará a regir transcurridos seis meses desde la publicación en el Diario Oficial de un reglamento dictado por el Ministerio de Transportes y Telecomunicaciones, suscrito además por el Ministro del Interior y Seguridad Pública.

El reglamento señalado en el inciso anterior deberá dictarse dentro del plazo de seis meses, contado desde la publicación de la presente ley en el Diario Oficial.

Artículo tercero.- Los artículos 19 y 21 comenzarán a regir transcurridos seis meses desde la publicación de la presente ley en el Diario Oficial.

Habiéndose cumplido con lo establecido en el N° 1 del artículo 93 de la Constitución Política de la República y por cuanto he tenido a bien aprobarlo y sancionarlo; por tanto, promúlguese y llévese a efecto como Ley de la República.

Santiago, 9 de junio de 2022.- IZKIA SICHES PASTÉN, Vicepresidenta de la República.- Marcela Ríos Tobar, Ministra de Justicia y Derechos Humanos.- Manuel Monsalve Benavides, Ministro del Interior y Seguridad Pública (S).- Juan Carlos Muñoz Abogabir, Ministro de Transporte y Telecomunicaciones.

Lo que transcribo a Ud. para su conocimiento.- Saluda atentamente a Ud., Jaime Gajardo Falcón, Subsecretario de Justicia.

TRIBUNAL CONSTITUCIONAL

Proyecto de ley que establece normas sobre delitos informáticos, deroga la ley N° 19.223 y modifica otros cuerpos legales con el objeto de adecuarlos al Convenio de Budapest, correspondiente al Boletín N° 12.192-25.

La Secretaria del Tribunal Constitucional, quien suscribe, certifica que el Honorable Senado de la República envió el proyecto de ley enunciado en el rubro, aprobado por el Congreso Nacional, a fin de que este Tribunal ejerciera el control de constitucionalidad respecto de sus artículos 9, inciso tercero; 12; 14; y 218 bis contenido en el numeral 1) del artículo 18 del proyecto; y por sentencia de 26 de mayo de 2022, en los autos Rol 13185-22- CPR.

Se declara:

1°. Que los artículos 9, inciso tercero, 14 y 18 del proyecto de ley que establece normas sobre delitos informáticos, deroga la Ley N° 19.223 y modifica otros cuerpos legales con el objeto de adecuarlos al Convenio de Budapest, correspondiente al Boletín N° 12.192-25 son conformes con la Constitución Política.

2°. Que no se emite pronunciamiento, en examen preventivo de constitucionalidad, de las restantes disposiciones del proyecto de ley, por no versar sobre materias reguladas en Ley Orgánica Constitucional.

Santiago, 27 de mayo de 2022.- María Angélica Barriga Meza, Secretaria.

LEY NÚM. 20.393
ESTABLECE LA RESPONSABILIDAD PENAL DE LAS PERSONAS JURÍDICAS EN LOS DELITOS QUE INDICA

Teniendo presente que el H. Congreso Nacional ha dado su aprobación al siguiente Proyecto de Ley:

Artículo Primero.- Apruébase la siguiente ley sobre responsabilidad penal de las personas jurídicas:

Artículo 1.- Contenido de la ley. La presente ley regula la responsabilidad penal de las personas jurídicas por los delitos señalados en el inciso siguiente, el procedimiento para la investigación y establecimiento de dicha responsabilidad penal, la determinación de las sanciones procedentes y su ejecución.

Los delitos por los cuales la persona jurídica responde penalmente conforme a la presente ley son los siguientes:

1. Los delitos a que se refieren los artículos 1, 2, 3 y 4 de la Ley de Delitos Económicos, sean o no considerados como delitos económicos por esa ley.

2. Los previstos en el artículo 8 de la ley N° 18.314 que determina conductas terroristas y fija su penalidad; en el Título II de la ley N° 17.798, sobre Control de Armas, y en los artículos 411 quáter, 448 septies y 448 octies del Código Penal.

En lo no previsto por esta ley serán aplicables, supletoriamente, las disposiciones contenidas en el Libro I del Código Penal y en el Código Procesal Penal, en lo que resulte pertinente.

Para los efectos de esta ley no será aplicable lo dispuesto en el inciso segundo del artículo 58 del Código Procesal Penal.

Artículo 2.- Ámbito de aplicación personal. Serán penalmente responsables en los términos de esta ley las personas jurídicas de derecho privado, las empresas públicas creadas por ley; las empresas, sociedades y universidades del Estado; los partidos políticos y las personas jurídicas religiosas de derecho público.

TÍTULO I
RESPONSABILIDAD PENAL DE LAS PERSONAS JURÍDICAS

1.- De la atribución de responsabilidad penal de las personas jurídicas

Artículo 3.- Presupuestos de la responsabilidad penal. Una persona jurídica será penalmente responsable por cualquiera de los delitos señalados en el artículo 1, perpetrado en el marco de su actividad por o con la intervención de alguna persona natural que ocupe un cargo, función o posición en ella, o le preste servicios gestionando asuntos suyos ante terceros, con o sin su representación, siempre que la perpetración del hecho se vea favorecida o facilitada por la falta de implementación efectiva de un modelo adecuado de prevención de tales delitos, por parte de la persona jurídica.

Si concurrieren los requisitos previstos en el inciso anterior, una persona jurídica también será responsable por el hecho perpetrado por o con la intervención de una persona natural relacionada en los términos previstos por dicho inciso con una persona jurídica distinta, siempre que ésta le preste servicios gestionando asuntos suyos ante terceros, con o sin su representación, o carezca de autonomía operativa a su respecto, cuando entre ellas existan relaciones de propiedad o participación.

Lo dispuesto en este artículo no tendrá aplicación cuando el hecho punible se perpetre exclusivamente en contra de la propia persona jurídica.

Artículo 4.- Modelo de prevención de delitos. Se entenderá que un modelo de prevención de delitos efectivamente implementado por la persona jurídica es adecuado para los efectos de eximirla de responsabilidad penal cuando, en la medida exigible a su objeto social, giro, tamaño, complejidad, recursos y a las actividades que desarrolle, considere seria y razonablemente los siguientes aspectos:

1. Identificación de las actividades o procesos de la persona jurídica que impliquen riesgo de conducta delictiva.

2. Establecimiento de protocolos y procedimientos para prevenir y detectar conductas delictivas en el contexto de las actividades a que se refiere el número anterior, los que deben considerar necesariamente canales seguros de denuncia y sanciones internas para el caso de incumplimiento.

Estos protocolos y procedimientos, incluyendo las sanciones internas, deberán comunicarse a todos los trabajadores. La normativa interna deberá ser incorporada expresamente en los respectivos contratos de trabajo y de prestación de servicios de todos los trabajadores, empleados y prestadores de servicios de la persona jurídica, incluidos sus máximos ejecutivos.

3. Asignación de uno o más sujetos responsables de la aplicación de dichos protocolos, con la adecuada independencia, dotados de facultades efectivas de dirección y supervisión y acceso directo a la administración de la persona jurídica para informarla oportunamente de las medidas y planes implementados en el cumplimiento de su cometido, para rendir cuenta de su gestión y requerir la adopción de medidas necesarias para su cometido que pudieran ir más allá de su competencia. La persona jurídica deberá proveer al o a los responsables de los recursos y medios materiales e inmateriales necesarios para realizar adecuadamente sus labores, en consideración al tamaño y capacidad económica de la persona jurídica.

4. Previsión de evaluaciones periódicas por terceros independientes y mecanismos de perfeccionamiento o actualización a partir de tales evaluaciones.

Artículo 5.- Autonomía de la responsabilidad penal de la persona jurídica. No obstará a la responsabilidad penal de una persona jurídica la falta de declaración de responsabilidad penal de la persona natural que hubiere perpetrado el hecho o intervenido en su perpetración, sea porque ésta, a pesar de la ilicitud del hecho, no hubiere sido penalmente responsable, sea porque tal responsabilidad se hubiere extinguido, sea porque no se hubiere podido continuar el procedimiento en su contra no obstante la punibilidad del hecho.

Asimismo, no obstará a la responsabilidad penal de la persona jurídica la falta de identificación de la o las personas naturales que hubieren perpetrado el hecho o intervenido en su perpetración, siempre que conste que el hecho no pudo sino haber sido perpetrado por o con la intervención de alguna de las personas y en las circunstancias señaladas en el artículo 3.

2.- De las circunstancias que atenúan la responsabilidad penal de la persona jurídica

Artículo 6.- Circunstancias atenuantes. Serán circunstancias atenuantes de la responsabilidad penal de la persona jurídica, las siguientes:

1) La prevista en el número 7° del artículo 11 del Código Penal.

2) La prevista en el número 9° del artículo 11 del Código Penal. Se entenderá especialmente que la persona jurídica colabora sustancialmente cuando, en cualquier estado de la investigación o del procedimiento judicial, sus representantes legales hayan puesto, antes de conocer que el procedimiento judicial se dirige contra ella, el hecho punible en conocimiento de las autoridades o aportado antecedentes para establecer los hechos investigados.

3) La adopción por parte de la persona jurídica, antes de la formalización de la investigación, de medidas eficaces para prevenir la reiteración de la misma clase de delitos objeto de la investigación. Se entenderá por medidas eficaces la autonomía debidamente acreditada del encargado de prevención de delitos, así como también las medidas de prevención y supervisión implementadas que sean idóneas en relación con la situación, tamaño, giro, nivel de ingresos y complejidad de la estructura organizacional de la persona jurídica.

3.- De las circunstancias que agravan la responsabilidad penal

Artículo 7.- Circunstancias agravantes. Constituyen circunstancias agravantes de la responsabilidad penal de la persona jurídica:

1. La de haber sido condenada dentro de los diez años anteriores a la perpetración del hecho.

2. Las que afecten a la persona natural que hubiere perpetrado o intervenido en el hecho, cuando su perpetración o intervención bajo esas circunstancias también se hubiere visto favorecida o facilitada por la falta de implementación efectiva de un modelo adecuado de prevención de delitos.

TÍTULO II
CONSECUENCIAS DE LA DECLARACIÓN DE RESPONSABILIDAD PENAL DE LA PERSONA JURÍDICA

1.- De las penas en general

Artículo 8.- Serán aplicables a la persona jurídica una o más de las siguientes penas:

1. La extinción de la persona jurídica.
2. La inhabilitación para contratar con el Estado.
3. La pérdida de beneficios fiscales y la prohibición de recibirlos.
4. La supervisión de la persona jurídica.
5. La multa.
6. El comiso a que se refiere el inciso tercero del artículo 14.
7. La publicación de un extracto de la sentencia condenatoria.

Artículo 9.- Extinción de la persona jurídica. Por la pena de extinción de la persona jurídica se dispone la pérdida definitiva de la personalidad jurídica. Para su imposición el tribunal tendrá especialmente en cuenta el peligro de reiteración delictiva que pueda representar el funcionamiento de la persona jurídica.

Esta pena sólo se podrá imponer tratándose de crímenes, si concurre la circunstancia agravante establecida en el número 1 del artículo 7 o en caso de reiteración delictiva.

La pena de extinción de la persona jurídica no se aplicará a las empresas públicas creadas por ley ni a las personas jurídicas que presten un servicio de utilidad pública cuya interrupción pueda causar graves consecuencias sociales y económicas o daños serios a la comunidad o sea perjudicial para el Estado.

Artículo 10.- Inhabilitación para contratar con el Estado. El tribunal podrá imponer a la persona jurídica la inhabilitación para contratar con el Estado, conforme a las reglas del Párrafo 5 del Título II de la Ley de Delitos Económicos.

La inhabilitación perpetua para contratar con el Estado sólo podrá ser impuesta respecto de crímenes, si concurre la circunstancia agravante prevista en el número 1 del artículo 7 o en caso de reiteración delictiva.

Artículo 11.- Pérdida de beneficios fiscales y prohibición de recibirlos. Por la pena de pérdida de beneficios fiscales se impone la pérdida de todos los subsidios, créditos fiscales u otros beneficios otorgados por el Estado sin prestación recíproca de bienes o servicios y, en especial, los subsidios para financiamiento de actividades específicas o programas especiales y gastos inherentes o asociados a la realización de éstos, sea que tales recursos se asignen a través de fondos concursables o en virtud de leyes permanentes o subsidios, subvenciones en áreas especiales o contraprestaciones establecidas en estatutos especiales y otras de similar naturaleza, así como la prohibición de recibir tales beneficios por un período de uno a cinco años.

Si la persona jurídica no recibe tales beneficios fiscales al tiempo de la condena, se le impondrá la prohibición de recibirlos, por el mismo período.

Artículo 11 bis.- Supervisión de la persona jurídica. El tribunal podrá imponer a la persona jurídica la supervisión si, debido a la inexistencia o grave insuficiencia de un sistema efectivo de prevención de delitos, ello resulta necesario para prevenir la perpetración de nuevos delitos en su seno.

La supervisión de la persona jurídica consiste en su sujeción a un supervisor nombrado por el tribunal, encargado de asegurar que la persona jurídica elabore, implemente o mejore efectivamente un sistema adecuado de prevención de delitos y de controlar dicha elaboración, implementación o mejoramiento por un plazo mínimo de seis meses y máximo de dos años.

La persona jurídica estará obligada a poner a disposición del supervisor toda la información necesaria para su desempeño.

El supervisor tendrá facultades para impartir instrucciones obligatorias e imponer condiciones de funcionamiento exclusivamente en lo que concierna al sistema de prevención de delitos, sin que pueda inmiscuirse en otras dimensiones de la organización o actividad de la persona jurídica.

Además, tendrá derecho a acceder a todas las instalaciones y locales pertenecientes a la persona jurídica.

Para los efectos de sus deberes y responsabilidad, se considerará que el supervisor tiene la calidad de empleado público. Su remuneración será fijada por el tribunal de acuerdo con criterios de mercado, será de cargo de la persona jurídica y sólo rendirá cuentas a éste de su cometido.

Artículo 12.- Multa. A menos que la ley disponga una forma diversa de calcular la multa, ésta se determinará mediante la multiplicación de un número de días-multa por el valor que el tribunal fije para cada día-multa en la forma prevista en el Párrafo 4 de la Ley de Delitos Económicos, cuyo producto se expresará en una suma de dinero fijada en moneda de curso legal.

El valor del día-multa no podrá ser inferior a 5 ni superior a 5.000 unidades tributarias mensuales.

La pena mínima de multa es de 2 días-multa y la máxima, de 400 días-multa.

Cada pena de multa que imponga el tribunal será determinada por éste en el número de días-multa que comprenda y su valor. Ni aun en caso de ser aplicables los artículos 74 del Código Penal o 351 del Código Procesal Penal podrán imponerse una o más penas de multa que en conjunto excedan de 600 días-multa.

Con todo, en los casos en que la ley así lo disponga, cuando el comiso de ganancias no pueda imponerse a la persona jurídica porque fueron distribuidas entre sus socios, accionistas o beneficiarios que no tuvieron conocimiento de su procedencia ilícita en el momento de su adquisición, el tribunal determinará el valor total de la multa a imponer hasta por una suma equivalente al treinta por ciento de las ventas de la persona jurídica correspondientes a la línea de productos o servicios asociada al hecho durante el período en el cual éste se hubiere perpetrado o hasta el doble de las ganancias obtenidas a través del hecho, siempre que dicho valor total fuere superior al monto máximo de la multa que corresponda imponer conforme a los incisos precedentes.

No obstará a la imposición de la pena de multa la circunstancia de que el hecho dé lugar a una o más multas no constitutivas de pena conforme a otras leyes. Con todo, el monto de la pena de multa pagada será abonado a la multa no constitutiva de pena que se imponga a la persona jurídica por el mismo hecho. Si la persona jurídica hubiere pagado una multa no constitutiva de pena como consecuencia del mismo hecho, el monto pagado será abonado a la pena de multa impuesta de conformidad con esta ley.

Artículo 13.- Publicación de un extracto de la sentencia condenatoria. Siempre que se condene a una persona jurídica se impondrá la pena consistente en la publicación en el Diario Oficial y en otro diario de circulación nacional de un extracto que contenga una síntesis de la sentencia, que reproduzca sus fundamentos principales y la decisión de condena, a costa de la persona jurídica condenada.

2.- De la determinación de las penas

Artículo 14.- Penas de crimen y de simple delito. Tratándose de un crimen se podrá imponer a la persona jurídica responsable una o más de las siguientes penas:

1. La extinción de la persona jurídica en los casos previstos en el inciso segundo del artículo 9.
2. La pérdida de beneficios fiscales y la prohibición de recibirlos por un período no inferior a tres años.
3. La multa por un mínimo de 200 días-multa.

Tratándose de un simple delito se podrá imponer a la persona jurídica responsable una o más de las siguientes penas:

1. La pérdida de beneficios fiscales y la prohibición de recibirlos por un período de hasta tres años.
2. La multa por un máximo de 200 días-multa.

Tanto respecto de crímenes como de simples delitos se podrá imponer, además, las penas de inhabilitación para contratar con el Estado; de supervisión de la persona jurídica, en los términos señalados en los artículos 10 y 11 bis; y de comiso del producto del delito de que es responsable la persona jurídica, así como los demás bienes, efectos, objetos, documentos, instrumentos, dineros o valores provenientes de él. Cuando por cualquier circunstancia no sea posible decomisar estas especies, se podrá aplicar el comiso a una suma de dinero equivalente a su valor.

En todo caso se impondrá la publicación de un extracto de la sentencia condenatoria.

Artículo 15.- Determinación del número y naturaleza de las penas. El tribunal impondrá siempre la pena de multa.

Adicionalmente, podrá imponer cualquiera otra pena que fuere procedente conforme al artículo precedente, para lo cual atenderá a los siguientes factores:

1. La existencia o inexistencia de un modelo de prevención de delitos y su mayor o menor grado de implementación.

2. El grado de sujeción y cumplimiento de la normativa legal y reglamentaria y de las reglas técnicas de obligatoria observancia en el ejercicio de su giro o actividad habitual.

3. Los montos de dinero involucrados en la perpetración del delito.

4. El tamaño, la naturaleza y el giro de la persona jurídica.

5. La extensión del mal causado por el delito.

6. La gravedad de las consecuencias sociales y económicas que pueda causar a la comunidad la imposición de la pena cuando se trate de empresas que presten un servicio de utilidad pública.

7. Las circunstancias atenuantes o agravantes aplicables a la persona jurídica previstas en esta ley que concurrieren en el delito.

Artículo 16.- Determinación de la extensión de las penas concretas. La extensión de las penas distintas de la extinción de la persona jurídica será determinada en el punto medio de su extensión, a menos que, sobre la base de los factores mencionados en el inciso segundo del artículo anterior, corresponda imponer dentro de ese marco una pena de otra extensión.

Para la determinación de la pena de multa se estará, además, a lo dispuesto en el artículo 12.

2 bis.- Ejecución de las penas

Artículo 17.- Ejecución de la extinción de la persona jurídica. La sentencia que declare la extinción de la personalidad jurídica designará a una persona encargada de su liquidación, quien deberá realizar los actos o contratos necesarios para:

1. Concluir toda actividad de la persona jurídica, salvo aquellas que sean indispensables para el éxito de la liquidación.

2. Pagar los pasivos de la persona jurídica, incluidos los derivados de la perpetración del hecho. Los plazos de todas esas deudas se entenderán caducados de pleno derecho, haciéndolas inmediatamente exigibles y su pago se realizará con estricto respeto de las preferencias y de la prelación de créditos establecida por la ley.

3. Repartir los bienes remanentes entre los accionistas, socios, dueños o propietarios a prorrata de sus respectivas participaciones, sin perjuicio de su derecho para perseguir de los responsables del delito el resarcimiento de los perjuicios sufridos por la persona jurídica a consecuencia de éste, en conformidad con las leyes aplicables en cada caso.

Excepcionalmente, cuando así lo aconseje el interés social, el tribunal podrá, mediante resolución fundada, ordenar la enajenación de todo o parte del activo de la persona jurídica disuelta como un conjunto o unidad económica, en subasta pública y al mejor postor, la que deberá efectuarse ante el propio tribunal.

Artículo 17 bis.- Ejecución de la inhabilitación para contratar con el Estado. La inhabilitación para contratar con el Estado regirá a contar de la fecha en que la resolución se encuentre ejecutoriada. El tribunal comunicará tal circunstancia a la Dirección de Compras y Contratación Pública. Dicha Dirección mantendrá un registro actualizado de las personas jurídicas a las que se les haya impuesto esta pena.

Artículo 17 ter.- Ejecución de la pérdida de beneficios fiscales y de la prohibición de recibirlos. Una vez ejecutoriada la sentencia que impusiere la pena de pérdida de beneficios fiscales y la prohibición de recibirlos, el tribunal lo comunicará al Ministerio de Hacienda y a la Subsecretaría de Desarrollo Regional y Administrativo del Ministerio del Interior y Seguridad Pública, con el fin de que sea consignada en los registros centrales de colaboradores del Estado y municipalidades que la ley les encomienda administrar.

Artículo 17 quáter.- Ejecución de la supervisión de la persona jurídica. Ejecutoriada la sentencia condenatoria que imponga la supervisión de la persona jurídica por un período determinado, el tribunal competente para la supervisión de la ejecución de la pena designará a un supervisor y le dará instrucciones sobre el objeto preciso de su cometido, sus facultades y los límites de ellas, de lo cual será notificada la persona jurídica. Con este fin se citará a una audiencia especial, en la que deberán ser oídos todos los intervinientes.

Las instrucciones obligatorias y las condiciones impuestas por el supervisor podrán ser reclamadas judicialmente.

En caso de incumplimiento injustificado de las instrucciones obligatorias o de las condiciones impuestas por el supervisor el tribunal podrá imponer, a solicitud del supervisor y oyendo a la persona jurídica, la retención y prohibición de celebrar actos y contratos sobre bienes o activos de ésta hasta que cese el incumplimiento, a título de apremio.

En casos de incumplimiento grave o reiterado el tribunal podrá, a solicitud del supervisor y oyendo a la persona jurídica, ordenar el reemplazo de sus órganos directivos y, en caso de no realizarse el reemplazo o de persistir el incumplimiento, la designación de un administrador provisional hasta que se verifique un cambio de circunstancias o hasta el cumplimiento íntegro de la supervisión.

Un reglamento establecerá los requisitos que habiliten para ejercer como supervisor, el procedimiento para su designación y reemplazo y para la determinación de su remuneración. Los requisitos para ejercer como supervisor deberán garantizar calificación y experiencia profesional pertinente y ausencia de factores que pudieran dar lugar a conflictos de interés en el ejercicio del cargo.

Artículo 17 quinquies.- Ejecución de la multa. La multa será ejecutada conforme a las reglas generales previstas por el Código Penal.

Excepcionalmente, cuando su pago inmediato pueda poner en riesgo la continuidad del giro de la persona jurídica condenada o cuando así lo aconseje el interés social, el tribunal podrá autorizar que el pago de la multa se efectúe por parcialidades, dentro de un plazo que no exceda de veinticuatro meses.

Artículo 18.- Ejecución de la pena y las consecuencias adicionales en caso de disolución o transformación de la persona jurídica. En caso de transformación, fusión, absorción, división o disolución voluntaria de la persona jurídica responsable, sea antes o después de la condena, las penas y consecuencias adicionales se harán efectivas de acuerdo con las reglas siguientes:

1. Si se impusiere la pena de comiso y éste recayere en una especie, se ejecutará contra la persona jurídica resultante que la tuviere o, en caso de disolución de común acuerdo, contra el socio o partícipe en el capital que la tuviere tratándose de la disolución de una persona jurídica con fines de lucro, o contra la persona que conforme a los estatutos de la persona jurídica o a la ley la hubiere recibido tratándose de la disolución de una persona jurídica sin fines de lucro. Si el comiso recayere en cantidades de dinero, se ejecutará del modo previsto para la ejecución de la multa, de acuerdo con el número siguiente.

2. Si se impusiere la pena de multa, la persona jurídica resultante responderá de su pago. Si hubiere dos o más personas jurídicas resultantes todas ellas serán solidariamente responsables. En los casos de disolución de común acuerdo de una persona jurídica con fines de lucro, la multa se hará efectiva sobre los socios y partícipes en el capital, quienes responderán solidariamente. Tratándose de personas jurídicas sin fines de lucro, la multa se hará efectiva sobre las personas que hayan recibido las propiedades de aquéllas conforme a sus estatutos o a la ley, quienes responderán solidariamente.

3. Si se tratare de cualquier otra pena, el tribunal decidirá si ella habrá o no de hacerse efectiva sobre las personas naturales o jurídicas a que se refieren los dos números anteriores, atendiendo a las finalidades que en cada caso se persiguieren, así como a la mayor o menor continuidad sus-

tancial de los medios materiales y humanos de la persona jurídica inicial en la o las personas jurídicas resultantes y a la actividad desarrollada. Si por aplicación de esta regla dejare de imponerse o ejecutarse una pena, el tribunal aplicará en vez de ella una pena de multa, aun cuando ya se hubiere impuesto otra multa. En tal caso, se podrán superar hasta en un quinto los respectivos límites máximos previstos en el artículo 12.

Sólo se podrá limitar el efecto de la imposición de la solidaridad reduciendo el valor a pagar respecto de la persona natural que demostrare que el pago en ese régimen le ocasionará un perjuicio desproporcionado. Con todo, el valor por pagar no podrá ser nunca inferior al valor de la cuota de liquidación que se le hubiere asignado o de los bienes que hubiere recibido en virtud de la disolución.

Todo lo anterior será sin perjuicio de los derechos de terceros de buena fe.

Las reglas de este artículo serán también aplicables en caso de transferencia de bienes o activos de la persona jurídica responsable, antes o después de la condena, siempre que la transferencia abarque la mayor parte de los bienes o activos de ésta y que exista continuidad sustancial de los medios materiales y humanos y de la actividad de la persona jurídica responsable en el o los adquirentes, de modo que pueda presumirse una fusión, absorción o división encubiertas.

Artículo 18 bis.- Ejecución de la pena en caso de transferencia de bienes o activos de la persona jurídica. En caso de transferencia de bienes o activos de la persona jurídica responsable, sea antes o después de la condena, el comiso de cantidades y la multa podrán hacerse efectivos contra el adquirente si los bienes de aquélla no fueren suficientes, hasta el límite del valor de lo adquirido y siempre que el adquirente hubiere podido prever la condena de la persona jurídica responsable al momento de la adquisición.

3.- Extinción de la personalidad jurídica

Artículo 19.- Extinción de la responsabilidad penal. La responsabilidad penal de la persona jurídica se extingue por las mismas causales señaladas en el artículo 93 del Código Penal, salvo la prevista en su número 1°.

No obstará al pronunciamiento de una condena contra una persona jurídica la circunstancia de que ésta hubiere sido objeto de disolución, transformación, absorción, fusión o división.

4.- Comiso de ganancias

Artículo 19 bis.- Comiso de ganancias. Las ganancias obtenidas por la persona jurídica, a través del delito de que es responsable, serán decomisadas conforme a las reglas sobre comiso de ganancias establecidas en el Código Penal, el Código Procesal Penal y el Código Orgánico de Tribunales.

Cuando concurran los requisitos señalados en el artículo 41 de la Ley de Delitos Económicos, serán decomisadas las ganancias obtenidas por la persona jurídica a través de un hecho ilícito que corresponde a un delito, aun sin necesidad de condena, de acuerdo con las disposiciones del Título III bis del Libro IV del Código Procesal Penal.

El comiso de ganancias será impuesto también respecto de la persona jurídica que hubiere recibido la ganancia como aporte a su patrimonio.

No podrá imponerse el comiso respecto de las ganancias obtenidas por una persona jurídica y que hubieren sido distribuidas entre sus socios, accionistas o beneficiarios que no hubieren tenido conocimiento de su procedencia ilícita al momento de su adquisición. En tal caso, la ganancia distribuida podrá considerarse para la determinación de la pena de multa que correspondiere imponer a la persona jurídica de acuerdo con el artículo 12.

TÍTULO III
PROCEDIMIENTO

1.- Inicio de la investigación de la responsabilidad penal de la persona jurídica

Artículo 20.- Investigación de la responsabilidad penal de la persona jurídica. Si durante la investigación de un delito el Ministerio Público toma conocimiento de circunstancias que funden la responsabilidad penal de una persona jurídica en los términos de esta ley, ampliará dicha investigación con el fin de determinar tal responsabilidad.

La investigación también podrá iniciarse por denuncia o por querella. En este último caso, podrá ser deducida por la víctima de conformidad con el Código Procesal Penal, así como por cualquier persona capaz de parecer en juicio domiciliada en la provincia, respecto de hechos punibles que afecten el ejercicio de la función pública o la probidad administrativa, o respecto de aquellos delitos que puedan causar graves consecuencias sociales y económicas.

Lo dispuesto en los incisos precedentes se entiende sin perjuicio de las reglas especiales que la ley establezca sobre el ejercicio de la acción penal por el respectivo delito.

Artículo 20 bis.- Supervisión de la persona jurídica como medida cautelar. Una vez formalizada la investigación contra una persona jurídica, el fiscal del Ministerio Público podrá solicitar que se imponga como medida cautelar durante el procedimiento la supervisión de la persona jurídica conforme a lo previsto en los artículos 11 bis y 17 quáter.

El tribunal acogerá la solicitud cuando se cumplan los requisitos señalados en las letras a) y b) del artículo 140 del Código Procesal Penal respecto de una persona natural cuyo hecho pueda dar lugar a la responsabilidad penal de la persona jurídica y se acredite que la medida, atendida la inexistencia o grave insuficiencia de un sistema efectivo de prevención de delitos, es estrictamente necesaria para prevenir la perpetración de nuevos delitos en su seno. La solicitud y la ejecución de la medida cautelar se regirán, en todo lo no previsto por esta ley, por lo dispuesto en el Párrafo 4° del Título V del Libro I del Código Procesal Penal.

Artículo 21.- Aplicación de las normas relativas al imputado. En lo no regulado en esta ley, serán aplicables a las personas jurídicas las disposiciones relativas al imputado, al acusado y al condenado, establecidas en el Código Procesal Penal y en las leyes especiales respectivas, siempre que aquéllas resulten compatibles con la naturaleza específica de las personas jurídicas.

En especial, les serán aplicables las disposiciones contenidas en los artículos 4°, 7°, 8°, 10, 93, 98, 102, 183, 184, 186, 193, 194 y 257 del

Código Procesal Penal, derechos y garantías que podrán ser ejercidos por cualquier representante de la persona jurídica.

Artículo 22.- Formalización de la investigación. Cuando el fiscal considere oportuno formalizar el procedimiento dirigido en contra de la persona jurídica, solicitará al juez de garantía la citación del representante legal de aquélla, de conformidad al artículo 230 y siguientes del Código Procesal Penal. Será requisito previo para proceder de esta forma, al menos, que se haya solicitado una audiencia de formalización de la investigación o presentado un requerimiento de acuerdo a las reglas del procedimiento simplificado, respecto de la persona natural que pudiese comprometer la responsabilidad de la persona jurídica según lo disponen los incisos primero y segundo del artículo 3°, salvo en los casos establecidos en el artículo 5°.

Dicha solicitud deberá contener, además, la individualización del representante legal de la persona jurídica.

Artículo 23.- Representación de la persona jurídica. Si citado para comparecer a una audiencia ante el tribunal, el representante legal de la persona jurídica imputada no se presentare injustificadamente, el tribunal podrá ordenar que sea arrestado hasta la realización de la audiencia, la que deberá efectuarse dentro de un plazo máximo de veinticuatro horas desde que se produzca la privación de libertad.

Si el representante legal no fuere habido, el fiscal solicitará al tribunal que designe a un defensor penal público, quien realizará la función de un curador ad litem, en representación de la persona jurídica.

En todo caso, la persona jurídica podrá designar en cualquier momento a un defensor de su confianza.

Cuando la ley procesal penal exigiere la presencia del imputado como condición o requisito para la realización de una audiencia judicial, se entenderá que dicha exigencia es satisfecha con la presencia del curador ad litem o del defensor de confianza, en su caso. Procederán respecto de ambos, para dichos efectos, los apercibimientos previstos en el inciso primero.

Si se formalizare una investigación con respecto a dicho representante por el mismo hecho punible por el cual se investiga la responsabilidad penal de la persona jurídica, cesará su representación, y el tribunal solicitará al órgano competente de aquélla la designación de un nuevo representante, dentro del plazo que le señale. Si transcurrido el tiempo fijado por el tribunal no se notifica la designación ordenada, el tribunal designará al efecto un curador ad litem.

Artículo 24.- Improcedencia de la aplicación del principio de oportunidad. Lo dispuesto en el artículo 170 del Código Procesal Penal no será aplicable respecto de la responsabilidad penal de la persona jurídica.

Artículo 25.- Suspensión condicional del procedimiento. La suspensión condicional del procedimiento podrá decretarse siempre que no existiere una condena u otra suspensión condicional del procedimiento vigente, respecto de la persona jurídica imputada por algunos de los delitos previstos en esta ley.

El juez de garantía dispondrá, según correspondiere, que durante el período de suspensión, el que no podrá ser inferior a seis meses ni superior a tres años, la persona jurídica esté sujeta al cumplimiento de una o más de las siguientes condiciones:

1) Pagar una determinada suma a beneficio fiscal.

2) Prestar un determinado servicio a favor de la comunidad.

3) Informar periódicamente su estado financiero a la institución que se determinare.

4) Implementar un programa para hacer efectivo el modelo de organización, administración y supervisión a que se refiere el artículo 4°.

4 bis) Someterse a supervisión en los términos de los artículos 11 bis y 17 quáter.

5) Cualquiera otra condición que resulte adecuada en consideración a las circunstancias del caso concreto y fuere propuesta, fundadamente, por el Ministerio Público.

En los casos en que el juez imponga la medida señalada en el número 1), deberá comunicarlo a la Tesorería General de la República.

Artículo 26.- Determinación del procedimiento aplicable a la responsabilidad penal de la persona jurídica. Si el fiscal, al acusar o requerir de acuerdo a las normas del procedimiento simplificado, solicitare la aplicación de alguna de las penas contempladas para los simples delitos, en su grado mínimo, el conocimiento y fallo de aquéllas se realizará conforme a las normas del procedimiento simplificado.

En los casos en que el fiscal acusare solicitando sólo penas de crimen o de simple delito en su grado medio, su conocimiento y fallo se realizará conforme a las normas del juicio oral del Título III del Libro II del Código Procesal Penal.

Si el fiscal requiriere o acusare a la persona natural y jurídica en el mismo acto, se seguirá conforme al procedimiento aplicable a la persona natural. Lo anterior no será aplicable tratándose de penas de crimen.

Respecto de la responsabilidad penal de las personas jurídicas, no será procedente el procedimiento monitorio.

Artículo 27.- Procedimiento abreviado. El procedimiento establecido en los artículos 406 y siguientes del Código Procesal Penal será aplicable para determinar la responsabilidad y para imponer las sanciones establecidas en la presente ley.

Se seguirá este procedimiento para conocer y fallar los hechos respecto de los cuales el fiscal requiriere la imposición de una o más penas de simple delito.

El tribunal no podrá imponer una pena superior ni más desfavorable a la requerida por el fiscal.

Artículo 28.- Defensa de las personas jurídicas. Toda persona jurídica que no pudiere procurarse defensa por sus propios medios, tendrá derecho a solicitar al juez la designación de un defensor penal público.

Artículo 29.- Suspensión de la condena. Si en la sentencia condenatoria el tribunal impusiere alguna pena de simple delito en su grado mínimo, podrá, mediante resolución fundada y de manera excepcional, considerando especialmente el número de trabajadores o las ventas anuales netas o los montos de exportación de la empresa, disponer la suspensión de la condena y sus efectos por un plazo no inferior a seis meses ni superior a dos años. En este caso, el tribunal podrá sustraer de este efecto la pena accesoria de comiso.

Tratándose de empresas del Estado o de empresas que prestan un servicio de utilidad pública cuya interrupción pudiere causar graves consecuencias sociales y económicas o daños serios a la comunidad, el juez podrá disponer la suspensión cualquiera fuere la pena impuesta en la sentencia.

Transcurrido el plazo previsto en el inciso primero sin que la persona jurídica hubiere sido objeto de nuevo requerimiento o de una nueva formalización de la investigación, el tribunal dejará sin efecto la sentencia y, en su reemplazo, decretará el sobreseimiento definitivo de la causa.

Esta suspensión no afecta la responsabilidad civil derivada del delito.

Artículo Segundo.- Introdúcese, en el artículo 294 bis del Código Penal, el siguiente inciso segundo:

"Cuando la asociación se hubiere formado a través de una persona jurídica, se impondrá además, como consecuencia accesoria de la pena impuesta a los responsables individuales, la disolución o cancelación de la personalidad jurídica.".

Artículo Tercero.- Introdúcese, en el artículo 28 de la ley Nº 19.913, que crea la Unidad de Análisis Financiero y modifica diversas disposiciones en materia de lavado y blanqueo de activos, el siguiente inciso segundo:

"Cuando la asociación se hubiere formado a través de una persona jurídica, se impondrá además, como consecuencia accesoria de la pena impuesta a los responsables individuales, la disolución o cancelación de la personalidad jurídica.".

Y por cuanto he tenido a bien aprobarlo y sancionarlo; por tanto promúlguese y llévese a efecto como Ley de la República.

Santiago, 25 de noviembre de 2009.- MICHELLE BACHELET JERIA, Presidenta de la República.- Andrés Velasco Brañes, Ministro de Hacienda.- Edmundo Pérez Yoma, Ministro del Interior.- Mariano Fernández Amunátegui, Ministro de Relaciones Exteriores.- Carlos Maldonado Curti, Ministro de Justicia.

Lo que transcribo a usted para su conocimiento.- Saluda Atte. a usted, María Olivia Recart Herrera, Subsecretaria de Hacienda.

LEY NÚM. 21.595
LEY DE DELITOS ECONÓMICOS

TÍTULO I
DELITOS ECONÓMICOS

Artículo 1.- Primera categoría. Para efectos de esta ley serán considerados como delitos económicos, en toda circunstancia, los hechos previstos en las siguientes disposiciones legales:

1. Los artículos 59, 60, 61 y 62 de la ley Nº 18.045, de Mercado de Valores.

2. Los artículos 35, 43 y 58 del decreto ley Nº 3.538, que crea la Comisión para el Mercado Financiero.

3. El artículo 59 de la ley Nº 18.840, orgánica constitucional del Banco Central de Chile.

4. Los artículos 39 literal h); 39 bis, inciso sexto, y 62 del decreto ley Nº 211, de 1973, cuyo texto refundido, coordinado y sistematizado fue fijado por el decreto con fuerza de ley Nº 1, de 2004, del Ministerio de Economía, Fomento y Reconstrucción.

5. El inciso final del artículo 2 y los artículos 39, 141, 142, 154, 157, 158, 159 y 161 de la Ley General de Bancos, cuyo texto refundido, sistematizado y concordado fue fijado por el decreto con fuerza de ley Nº 3, de 1997, del Ministerio de Hacienda.

6. El artículo 12 y el inciso sexto del artículo 24, ambos de la ley de Reorganización o cierre de micro y pequeñas empresas en crisis, contenida en el artículo undécimo de la ley Nº 20.416, que Fija normas especiales para las empresas de menor tamaño.

7. Los artículos 4 y 13 de la ley Nº 20.345, sobre Sistemas de compensación y liquidación de instrumentos financieros.

8. El artículo 49 del decreto con fuerza de ley Nº 251, de 1931, del Ministerio de Hacienda, sobre Compañías de seguros, sociedades anónimas y bolsas de comercio.

9. Los artículos 134 y 134 bis de la ley N° 18.046, sobre Sociedades Anónimas.

10. Los números 2, 3, 4 y 7 del artículo 240, y los artículos 251 bis, 285, 286, 287 bis, 287 ter, 463 ter y 464 del Código Penal.

Artículo 2.- Segunda categoría. Serán, asimismo, considerados como delitos económicos los hechos previstos en las disposiciones legales que a continuación se indican, siempre que el hecho fuere perpetrado en ejercicio de un cargo, función o posición en una empresa, o cuando lo fuere en beneficio económico o de otra naturaleza para una empresa:

1. El artículo 30 de la ley N° 19.884, orgánica constitucional sobre Transparencia, límite y control del gasto electoral, cuyo texto refundido, coordinado y sistematizado fue fijado por el decreto con fuerza de ley N° 3, de 2017, del Ministerio Secretaría General de la Presidencia.

2. El inciso cuarto del artículo 8 ter; los números 4, 5, 8, 9, 12, 13, 14, 18, 22, 23, 24, 25 y 26 del artículo 97, y el artículo 100, todos del Código Tributario.

3. El inciso quinto del artículo 134 y los artículos 168, 169 y 182 del decreto con fuerza de ley N° 30, de 2004, del Ministerio de Hacienda, que aprueba el texto refundido, coordinado y sistematizado del decreto con fuerza de ley N° 213 del Ministerio de Hacienda, de 1953, sobre Ordenanza de Aduanas.

4. El inciso segundo del artículo 14 y los artículos 110 y 160 de la Ley General de Bancos, cuyo texto refundido, sistematizado y concordado fue fijado por el decreto con fuerza de ley N° 3, de 1997, del Ministerio de Hacienda.

5. Los artículos 22 y 43 de la ley sobre Cuentas corrientes bancarias y cheques, cuyo texto refundido, coordinado y sistematizado fue fijado por el decreto con fuerza de ley N° 707, de 1982, del Ministerio de Justicia.

6. El artículo 110 de la ley N° 18.092, que dicta Nuevas normas sobre letras de cambio y pagaré y deroga disposiciones del Código de Comercio.

7. El artículo 7, letras f) y h), de la ley N° 20.009, que Establece un régimen de limitación de responsabilidad para titulares o usuarios de

tarjetas de pago y transacciones electrónicas en caso de extravío, hurto, robo o fraude.

8. Los artículos 18, 21, 22, 22 bis y 22 ter del decreto N° 4.363, de 1931, del Ministerio de Tierras y Colonización, que aprueba texto definitivo de la Ley de Bosques.

9. Los artículos 49 y 50 de la ley N° 20.283, sobre Recuperación del bosque nativo y fomento forestal.

10. Los artículos 64-D, 64-F, 120-B, 135, 135 bis, 136, 136 bis, 136 ter, 137, 137 bis, 138 bis, 139, 139 bis, 139 ter y 140 de la ley N° 18.892, General de Pesca y Acuicultura, cuyo texto refundido, coordinado y sistematizado fue fijado por el decreto N° 430, de 1991, del Ministerio de Economía, Fomento y Reconstrucción.

11. Los artículos 29, 30 y 31 del artículo primero de la ley N° 19.473, que sustituye el texto de la ley N° 4.601, sobre caza.

12. Los artículos 11 y 12, inciso primero, de la ley N° 20.962, que aplica Convención sobre el Comercio Internacional de Especies Amenazadas de Flora y Fauna Silvestre.

13. Los artículos 38 y 38 bis de la ley N° 17.288, que legisla sobre monumentos nacionales, modifica las leyes 16.617 y 16.719; deroga el decreto ley N° 651, de 17 de octubre de 1925.

14. Los artículos 73, 118 y 119 del Código de Minería.

15. El artículo 280 del Código de Aguas.

16. Los artículos 36 B y 37 de la ley N° 18.168, General de Telecomunicaciones.

17. Los artículos 138 y 140 del decreto N° 458, de 1975, del Ministerio de Vivienda y Urbanismo, que aprueba nueva Ley General de Urbanismo y Construcciones.

18. Los artículos 35, 36, 37 y 38 de la ley N° 18.690, sobre Almacenes Generales de Depósito.

19. El artículo 44 de la ley N° 19.342, que Regula derechos de obtentores de nuevas variedades vegetales.

20. Los artículos 1°, 2°, 3°, 4°, 5°, 6°, 7° y 8° de la ley N° 21.459, que establece Normas sobre delitos informáticos, deroga la ley N° 19.223

y modifica otros cuerpos legales, con el objeto de adecuarlos al Convenio de Budapest.

21. Los artículos 13 y 13 bis de la ley N° 17.322, sobre Normas para la cobranza judicial de cotizaciones, aportes y multas de las instituciones de seguridad social.

22. Los artículos 19, 23 y 25, el inciso duodécimo del artículo 61 bis y el artículo 159 del decreto ley N° 3.500 de 1980, que Establece un Nuevo Sistema de Pensiones.

23. El inciso segundo del artículo 110, el inciso tercero del artículo 174 y el artículo 228 del decreto con fuerza de ley N° 1, de 2005, del Ministerio de Salud, que fija el texto refundido, coordinado y sistematizado del decreto ley N° 2.763, de 1979, y de las leyes N° 18.933 y N° 18.469.

24. El artículo 39 de la ley que dicta normas sobre prenda sin desplazamiento y crea el registro de prendas sin desplazamiento, contenida en el artículo 14 de la ley N° 20.190, que Introduce adecuaciones tributarias e institucionales para el fomento de la industria de capital de riesgo y continúa el proceso de modernización del mercado de capitales.

25. Los artículos 41, 46, 48 y 51 del decreto con fuerza de ley N° 251, de 1931, del Ministerio de Hacienda, sobre Compañías de Seguro, Sociedades Anónimas y Bolsas de Comercio.

26. El artículo 44 de la ley N° 20.920, que Establece marco para la gestión de residuos, la responsabilidad extendida del productor y el fomento al reciclaje.

27. Los artículos 194, 196, 197, 198; el número 6 del artículo 240; el inciso segundo del artículo 247 bis, los artículos 250, 250 bis, 273, 274, 276, 277, 280, 281, 282, 283, 284, 284 bis, 284 ter, 287, 289, 290, 291, 291 bis y 291 ter, los números 1 y 2 del artículo 296, los artículos 297, 297 bis, 305, 306, 307, 308, 309, 310, 311, 313 d, 314, 315, 316, 317, 318, 318 ter, 438, 459, 460, 460 bis, 461, 463, 463 bis, 463 quáter, 464 ter, 467, 468, 469, 470; el número 2 del artículo 471; los artículos 472, 472 bis, 473; los números 2, 3, 5, 6 y 7 del artículo 485, y el artículo 486 en tanto se refiera a las circunstancias expresadas en los números antes señalados del artículo 485, todos del Código Penal.

28. Los artículos 490, 491 y 492 del Código Penal, cuando el hecho se realice con infracción de los deberes de cuidado impuestos por un giro de la empresa.

29. Los artículos 79, 79 bis, 80 y 81 de la ley Nº 17.336, sobre Propiedad Intelectual.

30. El artículo 54 de la ley Nº 21.255, que establece el Estatuto Chileno Antártico.

31. Los artículos 37 bis y 37 ter del artículo segundo de la ley Nº 20.417, que crea el Ministerio, el Servicio de Evaluación Ambiental y la Superintendencia del Medio Ambiente.

32. Los artículos 28, 28 bis, 52, 61, 67, 85 y 105 del artículo único del decreto con fuerza de ley Nº 4, de 2022, del Ministerio de Economía, Fomento y Turismo, que fija el texto refundido, coordinado y sistematizado de la ley Nº 19.039, de Propiedad Industrial.

Artículo 3.- Tercera categoría. Serán asimismo considerados como delitos económicos los hechos previstos en las disposiciones legales que a continuación se indican, siempre que en la perpetración del hecho hubiere intervenido, en alguna de las formas previstas en los artículos 15 o 16 del Código Penal, alguien en ejercicio de un cargo, función o posición en una empresa, o cuando el hecho fuere perpetrado en beneficio económico o de otra naturaleza para una empresa:

1. El artículo 31 de la ley Nº 19.884 orgánica constitucional sobre Transparencia, límite y control del gasto electoral, cuyo texto refundido, coordinado y sistematizado fue fijado por el decreto con fuerza de ley Nº 3, de 2017, del Ministerio Secretaría General de la Presidencia.

2. El artículo 40 de la ley Nº 20.283, sobre Recuperación del bosque nativo y fomento forestal.

3. El inciso primero del artículo 64-J de la ley Nº 18.892, General de Pesca y Acuicultura, cuyo texto refundido, coordinado y sistematizado fue fijado por el decreto Nº 430, de 1991, del Ministerio de Economía, Fomento y Reconstrucción.

4. El artículo 48 ter de la ley Nº 19.300, que aprueba ley sobre Bases Generales del Medio Ambiente.

5. Los artículos 193, 233, 234, 235, 236, 237, 239; 240, número 1; 240 bis, 241, 241 bis, 242, 243, 244, 246, 247; 247 bis, inciso primero; 248, 248 bis y 249 del Código Penal.

Artículo 4.- Cuarta categoría. Receptación, lavado y blanqueo de activos. Serán también considerados delitos económicos los hechos previstos en el artículo 456 bis A del Código Penal y en el artículo 27 de la ley N° 19.913, que crea la Unidad de Análisis Financiero y modifica diversas disposiciones en materia de lavado y blanqueo de activos, cuando los hechos de los que provienen las especies, además de ser constitutivos de los delitos a que se refieren los artículos citados precedentemente, sean:

1. Considerados como delitos económicos conforme al artículo 1.

2. Considerados como delitos económicos conforme a los artículos 2 o 3.

3. Constitutivos de alguno de los delitos señalados en los artículos 2 y 3, siempre que la receptación de bienes o el lavado o blanqueo de activos fueren perpetrados en ejercicio de un cargo, función o posición en una empresa, o cuando lo fueren en beneficio económico o de otra naturaleza para una empresa.

Artículo 5.- Doble consideración de circunstancias. La concurrencia de cualquiera de las circunstancias señaladas en los artículos 2, 3 y 4 producirá el efecto de que se considere el hecho respectivo como delito económico, aunque la ley que lo prevé la haya expresado al describirlo y penarlo, o aunque sea de tal manera inherente al delito que sin su concurrencia no pueda cometerse.

Artículo 6.- Inaplicabilidad a micro y pequeñas empresas. Las disposiciones de los Títulos II y III no serán aplicables a los delitos considerados como económicos conforme a los artículos 2 y 3 y a los números 2 y 3 del artículo 4 que se perpetren en el contexto o en beneficio de una empresa que tenga el carácter de micro o pequeña empresa conforme al artículo segundo de la ley N° 20.416.

En el caso de que la empresa involucrada forme parte de un grupo empresarial, deberán sumarse los ingresos del grupo para determinar si califica como micro o pequeña empresa conforme a la disposición antes citada. Por grupo empresarial se entenderá lo dispuesto en el artículo 96 de la ley N° 18.045.

Artículo 7.- Concursos. En caso de ser aplicable el artículo 75 del Código Penal o el artículo 351 del Código Procesal Penal por la concurrencia de un delito económico y de uno o más delitos de otra clase, las disposiciones del Título II de esta ley serán aplicables a todos ellos.

TÍTULO II
PENAS Y CONSECUENCIAS ADICIONALES A LA PENA APLICABLES A LAS PERSONAS RESPONSABLES DE LOS DELITOS ECONÓMICOS

§ 1. Reglas generales

Artículo 8.- Ámbito de aplicación personal. Las disposiciones del presente Título serán aplicables a las personas responsables de los delitos económicos.

Son responsables de delitos económicos:

1. Todas las personas penalmente responsables conforme a las reglas generales por un hecho considerado como delito económico conforme al artículo 1 y al número 1 del artículo 4.

2. Las personas penalmente responsables conforme a las reglas generales por un hecho considerado como delito económico según los artículos 2 y 3 y los números 2 y 3 del artículo 4, que al momento de su intervención hubieren tenido conocimiento de la concurrencia de las circunstancias a que esos artículos se refieren.

Artículo 9.- Penas privativas o restrictivas de libertad o de otros derechos. Las penas privativas o restrictivas de libertad o de otros derechos que corresponda imponer al responsable de un delito económico son las señaladas por la ley que lo sanciona, sin perjuicio de las consecuencias adicionales establecidas en el Párrafo 5 del presente Título.

No obstante, la determinación de la pena de presidio o reclusión que deba ser impuesta, así como de su sustitución, se harán conforme con la presente ley. En subsidio serán aplicables las reglas generales de determinación y ejecución de las penas, en tanto no sean incompatibles con la presente ley.

Artículo 10.- Multa. Todo delito económico conlleva además una pena de multa, cuya cuantía y determinación se establecerá conforme a la presente ley, así como la imposición de las inhabilitaciones y prohibiciones previstas en el Párrafo 5 del presente Título. Ni la multa ni las prohibiciones e inhabilitaciones podrán ser sustituidas.

La multa por imponer se fijará en un número de días-multa que corresponda a la extensión de las penas privativas o restrictivas de libertad, conforme a lo dispuesto en el artículo 27.

La cuantía de la multa por aplicar será la que corresponda al valor que el tribunal fije para cada día-multa, de conformidad con el artículo 27, multiplicado por el número de días-multa que corresponda. El producto se expresará en una suma de dinero fijada en moneda de curso legal.

Con todo, si la ley que describe el hecho punible le señala una pena de multa superior al máximo por imponer conforme a esta ley, el tribunal se atendrá a lo que disponga dicha ley respecto a esa multa, en el margen que exceda al máximo antedicho.

Artículo 11.- Sanciones o medidas administrativas y penas. Cuando un hecho constitutivo de delito pueda, asimismo, dar lugar a una o más sanciones o medidas administrativas, se estará a lo dispuesto en el artículo 78 bis del Código Penal.

§ 2. Determinación de las penas privativas de libertad

Artículo 12.- Régimen especial. En la determinación de la pena aplicable a un delito económico no se considerará lo dispuesto por los artículos 65 a 69 del Código Penal, ni serán aplicables las atenuantes y agravantes previstas en los artículos 11 a 13 del Código Penal. En su lugar, se aplicarán las reglas dispuestas en los artículos siguientes.

Artículo 13.- Atenuantes. Son circunstancias atenuantes de un delito económico las siguientes:

1.ª La culpabilidad disminuida del condenado, establecida siempre que concurra cualquiera de los siguientes supuestos:

a) El condenado no buscó obtener provecho económico de la perpetración del hecho para sí o para un tercero.

b) El condenado, estando en una posición intermedia o superior al interior de una organización, se limitó a omitir la realización de alguna acción que habría impedido la perpetración del delito, sin favorecerla directamente.

2.ª Que el hecho haya ocasionado un perjuicio limitado. Se entenderá que ello tiene lugar cuando el perjuicio total supere las 40 unidades tributarias mensuales y no pase de 400, sin que se aplique lo dispuesto en el literal b) de la circunstancia 2.ª del artículo 16.

Artículo 14.- Atenuantes muy calificadas. Son circunstancias atenuantes muy calificadas de un delito económico las siguientes:

1.ª La culpabilidad muy disminuida del condenado, establecida siempre que concurra cualquiera de los siguientes supuestos:

a) El condenado actuó en interés de personas necesitadas o por necesidad personal apremiante.

b) El condenado tomó oportuna y voluntariamente medidas orientadas a prevenir o mitigar sustancialmente la generación de daños a la víctima o a terceros.

c) El condenado actuó bajo presión y en una situación de subordinación al interior de una organización.

d) El condenado actuó en una situación de subordinación y con conocimiento limitado de la ilicitud de su actuar.

2.ª Que el hecho haya tenido una cuantía de bagatela. Se entenderá especialmente que ello es así, cuando:

a) El perjuicio total irrogado no supere 40 unidades tributarias mensuales.

b) Concurra cualquiera de las causales atenuantes señaladas en el inciso primero del artículo 111 del Código Tributario, respecto de delitos económicos que constituyan infracción a las normas tributarias.

Artículo 15.- Agravantes. Son circunstancias agravantes de un delito económico las siguientes:

1.ª La culpabilidad elevada del condenado, establecida siempre que concurra cualquiera de los siguientes supuestos:

a) El condenado participó activamente en una posición intermedia en la organización en la que se perpetró el delito.

En el caso de organizaciones privadas o de empresas o universidades del Estado, se entenderá que el condenado se encuentra en una posición intermedia cuando ejerce un poder relevante de mando sobre otros en la organización, sin estar en una posición jerárquica superior. Este supuesto no será aplicable tratándose de medianas empresas conforme al artículo segundo de la ley N° 20.416.

Tratándose de órganos del Estado, se entenderá que el condenado se encuentra en una posición intermedia cuando ejerce un poder relevante de mando sobre otros en la organización, sin estar en alguna de las situaciones previstas en el número 1° del artículo 251 quinquies del Código Penal, aunque no haya sido condenado por alguno de los delitos allí mencionados.

b) El condenado ejerció abusivamente autoridad o poder al perpetrar el hecho.

c) El condenado había sido sancionado anteriormente por perpetrar un delito económico.

d) El condenado por delito económico constitutivo de infracción a las normas tributarias se encuentra en cualquiera de las situaciones señaladas por los incisos segundo y tercero del artículo 111 del Código Tributario.

2.ª Que el hecho haya ocasionado un perjuicio o reportado un beneficio relevante. Se entenderá que ello tiene lugar cuando el perjuicio o beneficio agregado total supere las 400 unidades tributarias mensuales y no supere las 40.000, sin que se aplique alguno de los casos de la circunstancia 2.ª del artículo 16.

Artículo 16.- Agravantes muy calificadas. Son circunstancias agravantes muy calificadas de un delito económico las siguientes:

1.ª La culpabilidad muy elevada del condenado, establecida siempre que concurra cualquiera de los siguientes supuestos:

a) El condenado participó activamente en una posición jerárquica superior en la organización en la que se perpetró el delito.

Tratándose de organizaciones privadas o de empresas o universidades del Estado, se entenderá que el condenado se encuentra en una posición jerárquica superior en la organización cuando ejerza como gerente general o miembro del órgano superior de administración, o como jefe de una unidad o división, sólo subordinado al órgano superior de administración, así como cuando ejerza como director, socio administrador o accionista o socio con poder de influir en la administración.

En el caso de los delitos a los que se refiere el artículo 1, esta agravante sólo será aplicable respecto de quienes intervinieren en el hecho en ejercicio de un cargo, función o posición en una empresa cuyos ingresos anuales sean iguales o superiores a los de una mediana empresa conforme al artículo segundo de la ley N° 20.416, o cuando lo fuere en beneficio económico o de otra naturaleza de una empresa que tenga esa condición.

Tratándose de organizaciones públicas, se entenderá que el condenado se encuentra en una posición jerárquica superior cuando se encontrare en alguna de las situaciones previstas en el número 1° del artículo 251 quinquies del Código Penal, aunque no haya sido condenado por alguno de los delitos allí mencionados.

b) El condenado ejerció presión sobre sus subordinados en la organización para que colaboraran en la perpetración del delito.

2.ª Que el hecho haya ocasionado un perjuicio muy elevado. Se entenderá que ello tiene lugar en las siguientes circunstancias:

a) Cuando el hecho haya ocasionado perjuicio a personas naturales o jurídicas, públicas o privadas, que en total supere las 40.000 unidades tributarias mensuales, o haya reportado un beneficio de esta cuantía.

b) Cuando el hecho haya afectado el suministro de bienes de primera necesidad o de consumo masivo.

c) Cuando el hecho haya afectado abusivamente a individuos que pertenecen a un grupo vulnerable.

d) Cuando concurrieren las circunstancias previstas en el número 2° del artículo 251 quinquies o en el artículo 260 ter del Código Penal.

Artículo 17.- Efectos de las atenuantes y agravantes. En caso de concurrir una atenuante muy calificada respecto de un marco penal que incluya una pena de presidio o reclusión de un solo grado, éste se aplicará en su mínimum. De estar compuesto de dos o más grados, no se aplicará el grado superior.

De concurrir dos o más atenuantes muy calificadas respecto de un delito cuyo marco esté compuesto por un solo grado, éste se rebajará en un grado. De estar compuesto de dos o más grados, el marco se fijará en el grado inmediatamente inferior al grado más bajo del marco legal.

En caso de concurrir una agravante muy calificada respecto de un marco penal que incluya una pena de presidio o reclusión de un solo grado, éste se aplicará en su máximum. De estar compuesto de dos o más grados, no se aplicará el grado inferior.

De concurrir dos o más agravantes muy calificadas respecto de un delito cuyo marco esté compuesto por un solo grado, éste se incrementará en un grado. De estar compuesto de dos o más grados, el marco se fijará en el inmediatamente superior al grado más alto del marco legal.

De concurrir atenuantes muy calificadas y agravantes muy calificadas, el tribunal deberá compensarlas en consideración a su número. En caso de que concurran en igual número, no producirán efecto de atenuar o agravar la pena.

Artículo 18.- Determinación judicial de la pena. Dentro de los límites de cada grado el tribunal determinará la cuantía de la pena en atención a la concurrencia de circunstancias atenuantes o agravantes previstas en los artículos 13 y 15, a la mayor o menor intensidad de la culpabilidad del responsable y a la mayor o menor extensión del mal que importe el delito.

§ 3. Penas sustitutivas de los delitos económicos

Artículo 19.- Régimen especial. La procedencia de penas sustitutivas a las de presidio o reclusión se determinará de conformidad con lo dispuesto en los artículos siguientes. Las disposiciones de la ley Nº 18.216 sólo serán aplicables supletoriamente respecto de los aspectos no regulados en esta ley y en la medida en que no se opongan a ella.

Artículo 20.- Penas sustitutivas. La ejecución de las penas privativas o restrictivas de libertad de los delitos económicos podrá sustituirse por el tribunal que las imponga, por alguna de las siguientes:

1. Remisión condicional.
2. Reclusión parcial en domicilio.
3. Reclusión parcial en establecimiento especial.

Artículo 21.- Remisión condicional. La remisión condicional consiste en la sustitución del cumplimiento de la pena privativa de libertad por la discreta observación y asistencia del condenado ante la autoridad administrativa durante cierto tiempo.

La remisión condicional sólo podrá decretarse si:

1. La pena privativa o restrictiva de libertad que impusiere la sentencia no excediere de tres años y el condenado se viere beneficiado por una atenuante muy calificada, de conformidad con lo dispuesto en el artículo 14; y,

2. El penado no hubiese sido condenado anteriormente por crimen o simple delito. En todo caso, no se considerarán para estos efectos las condenas cumplidas diez o cinco años antes, respectivamente, de la comisión del nuevo ilícito.

Para los efectos de determinar el cumplimiento de los requisitos establecidos en el número 1 se considerará que concurre, en su caso, la atenuante muy calificada de la circunstancia 2.ª del artículo 14, aun cuando ella no tuviere incidencia en la determinación de la pena por tratarse de una circunstancia inherente al delito.

Artículo 22.- Condiciones impuestas por la remisión condicional. Al aplicar la remisión condicional, el tribunal establecerá un plazo de observación que no será inferior al de la duración de la pena, con un mínimo de un año y un máximo de tres, e impondrá al condenado las siguientes condiciones:

1. Residencia en un lugar determinado, que podrá ser propuesto por el tribunal. Aquel podrá ser cambiado, en casos especiales, según la calificación efectuada por Gendarmería de Chile.

2. Sujeción al control administrativo y a la asistencia de Gendarmería de Chile, en la forma que establece el reglamento de la ley Nº 18.216. Al efecto, dicho servicio recabará anualmente un certificado de antecedentes prontuariales.

3. Ejercicio de una profesión, oficio, empleo, arte, industria o comercio, si el condenado careciere de medios conocidos y honestos de subsistencia y no poseyere la calidad de estudiante.

Artículo 23.- Reclusión parcial en domicilio. La pena de reclusión parcial en domicilio consiste en el encierro en el domicilio del condenado. La reclusión parcial podrá ser diurna o de fin de semana, conforme a los siguientes criterios:

1. La reclusión diurna consistirá en el encierro en el domicilio del condenado, durante el lapso de ocho horas diarias y continuas, el que se fijará entre las ocho y las veintidós horas.

2. La reclusión de fin de semana consistirá en el encierro en el domicilio del condenado entre las veintidós horas del día viernes y las seis horas del día lunes siguiente.

En aquellos casos en que la pena de reclusión parcial diurna pusiera en riesgo la subsistencia económica del condenado, de su cónyuge o conviviente civil, hijos o hijas o de cualquier otra persona que dependa económicamente del condenado o por otro motivo grave que así lo amerite, se deberá imponer la pena de reclusión de fin de semana.

Para el cumplimiento de la reclusión parcial en domicilio, el tribunal establecerá como mecanismo de control de ella el sistema de monitoreo telemático, salvo que Gendarmería de Chile informe desfavorablemente la factibilidad técnica de su imposición, de conformidad a lo dispuesto en los artículos 23 bis y siguientes de la ley N° 18.216. En tal caso, entendido como excepcional, se podrán decretar otros mecanismos de control similares, en la forma que determine el tribunal.

Para los efectos de esta ley, se entenderá por domicilio la residencia regular que el condenado utilice para fines habitacionales.

Artículo 24.- Requisitos para disponer la pena de reclusión parcial en domicilio. La reclusión parcial en domicilio sólo podrá disponerse si:

1. La pena privativa o restrictiva de libertad que impusiere la sentencia no excediere de tres años y no fuere aplicable una agravante muy calificada.

2. El penado no hubiese sido condenado anteriormente por crimen o simple delito.

En todo caso, no se considerarán para estos efectos las condenas cumplidas diez o cinco años antes, respectivamente, de la comisión del nuevo ilícito, y

3. Existieren antecedentes laborales, educacionales o de otra naturaleza que justifiquen esta sustitución, así como si los antecedentes personales del condenado, su conducta anterior y posterior al hecho punible y la naturaleza, modalidades y móviles determinantes del delito, permitieren presumir que la pena de reclusión parcial lo disuadirá de cometer nuevos ilícitos.

Para los efectos de determinar el cumplimiento de los requisitos establecidos en el número 1, se considerará que concurre, en su caso, la agravante muy calificada de la circunstancia 2.ª del artículo 16, aun cuando ella no tuviere incidencia en la determinación de la pena en virtud de lo dispuesto en el artículo 63 del Código Penal.

Artículo 25.- Reclusión parcial en establecimiento especial. La pena de reclusión parcial en establecimiento especial consiste en el encierro en un lugar especialmente dispuesto para ello durante cincuenta y seis horas semanales. Un reglamento determinará los establecimientos que podrán ser utilizados para estos efectos y las condiciones de su instalación y funcionamiento.

La reclusión parcial podrá ser diurna, o de fin de semana, o nocturna. La reclusión nocturna consistirá en el encierro del condenado en el establecimiento especial entre las veintidós horas de cada día hasta las seis horas del día siguiente.

En aquellos casos en que la pena de reclusión parcial diurna ponga en riesgo la subsistencia económica del condenado, de su cónyuge o conviviente civil, hijos o hijas o de cualquier otra persona que dependa económicamente del condenado, o por otro motivo grave que así lo amerite, se deberá imponer la pena de reclusión parcial nocturna o de fin de semana.

Artículo 26.- Requisitos para disponer la pena de reclusión parcial en establecimiento especial. La pena de reclusión parcial en establecimiento especial sólo podrá decretarse si:

1. La pena privativa o restrictiva de libertad que impusiere la sentencia fuere superior a dos años y no excediere de cinco, y siempre que no fuere aplicable una agravante muy calificada de conformidad con lo dispuesto en el artículo 16.

2. El penado no hubiere sido condenado anteriormente por crimen o simple delito. No se considerarán para estos efectos las condenas cumplidas diez o cinco años antes, respectivamente, del ilícito sobre el que recayere la nueva condena, y

3. Existieren antecedentes laborales, educacionales o de otra naturaleza similar que justificaren la pena, así como si los antecedentes personales del condenado, su conducta anterior y posterior al hecho punible y la naturaleza, modalidades y móviles determinantes del delito, permitieren presumir que la pena de reclusión parcial lo disuadirá de cometer nuevos ilícitos.

Para los efectos de determinar el cumplimiento de los requisitos establecidos en el número 1, se considerará que concurre, en su caso, la agravante muy calificada de la circunstancia 2.ª del artículo 16, aun cuando ella no tuviere incidencia en la determinación de la pena en virtud de lo dispuesto en el artículo 63 del Código Penal.

§ 4. Determinación de la pena de multa

Artículo 27.- Determinación del número de días-multa. El número de días-multa aplicable a un delito económico será determinado a partir del grado de la pena privativa de libertad prevista por la ley para el delito respectivo, del grado máximo de ella si constara de más de un grado o, de concurrir atenuantes o agravantes muy calificadas, del grado que resulte de aplicarle lo dispuesto en el artículo 17, de acuerdo con la siguiente tabla de conversión:

Prisión: 1 a 10 días-multa.

Presidio o reclusión menor en su grado mínimo: 11 a 50 días-multa.

Presidio o reclusión menor en su grado medio: 51 a 100 días-multa.

Presidio o reclusión menor en su grado máximo: 101 a 150 días-multa.

Presidio o reclusión mayor en su grado mínimo: 151 a 200 días-multa.

Presidio o reclusión mayor en su grado medio: 201 a 250 días-multa.

Presidio o reclusión mayor en su grado máximo a presidio perpetuo calificado: 251 a 300 días-multa.

Si la ley sólo prevé para el delito respectivo la aplicación de multa o de una pena no privativa de libertad, el número de días-multa será establecido en el marco aplicable a delitos castigados con prisión.

Dentro de ese marco, el tribunal individualizará la pena de multa en un número de días-multa de conformidad a lo dispuesto en el artículo 18.

En caso de ser aplicable el artículo 74 del Código Penal, la multa total no podrá exceder de 300 días-multa.

Artículo 28.- Determinación del valor del día-multa. El valor del día-multa corresponderá al ingreso diario promedio líquido que el condenado haya tenido en el período de un año antes de que la investigación se dirija en su contra, considerando sus remuneraciones, rentas, réditos del capital o ingresos de cualquier otra clase.

El valor del día-multa no podrá ser inferior a media unidad tributaria mensual ni superior a mil. La pena mínima de multa es de un día-multa.

Artículo 29.- Aumento del valor en consideración al patrimonio. Si el ingreso diario promedio líquido determinado en los términos señalados en el artículo anterior resultare desproporcionadamente bajo en relación con el patrimonio del condenado, el tribunal podrá aumentar hasta en dos veces el valor del día-multa.

Para los efectos de lo dispuesto en este artículo, los ingresos, las obligaciones, las cargas y el patrimonio del condenado serán estimados por el tribunal sobre la base de los antecedentes aportados al procedimiento respecto de sus rentas, gastos, modo de vida u otros factores relevantes.

§ 5. Inhabilitaciones

Artículo 30.- Aplicación copulativa. Junto con la imposición de las penas principales que corresponda, el tribunal deberá imponer todas las inhabilitaciones que siguen respecto de todo condenado por un delito económico.

Si la ley que describe el hecho punible le asignare una pena de inhabilitación de otra naturaleza, o si ella fuera procedente de conformidad con los artículos 28 y 29 del Código Penal, el tribunal deberá imponerlas junto con las inhabilitaciones previstas en este Párrafo.

Artículo 31.- Inhabilitación para el ejercicio de cargos u oficios públicos. La inhabilitación para el ejercicio de una función o cargo público produce el efecto previsto en los números 1° y 3° del artículo 38 del Código Penal, por la extensión que corresponda.

De ser aplicable, el tribunal deberá imponer la inhabilitación en la extensión dispuesta en el artículo 28 del Código Penal. En caso contrario, el tribunal la impondrá en la extensión resultante de la aplicación de los artículos 34 y 35 de esta ley.

Artículo 32.- Inhabilitación para el ejercicio de cargos gerenciales. La inhabilitación para el ejercicio de cargos gerenciales afecta del mismo modo la capacidad del condenado para desempeñarse como director o ejecutivo principal en cualquier entidad incluida en el artículo 3 del decreto ley Nº 3.538, de 1980, que crea la Comisión para el Mercado Financiero, o en una empresa del Estado o en que éste tenga participación mayoritaria.

El tribunal deberá comunicar la imposición de la inhabilitación a la Comisión para el Mercado Financiero.

Artículo 33.- Inhabilitación para contratar con el Estado. La inhabilitación para contratar con el Estado impide al condenado contratar con cualquiera de sus órganos o servicios reconocidos por la Constitución Política de la República o creados por ley, con cualquiera de los órganos o empresas públicas que conforme a la ley constituyen al Estado y con las empresas o sociedades en las que el Estado participe con al menos la mitad de las acciones que comprenden su capital, de los derechos sociales o de los derechos de administración.

La inhabilitación para contratar con el Estado produce también la extinción de pleno derecho de los efectos de los actos y contratos que el Estado haya celebrado con el condenado y que se encuentren vigentes en el momento de la condena.

La inhabilitación no comprende los actos y contratos relativos a las prestaciones personales de salud previsional o seguridad social, ni los servicios básicos que el Estado ofrece indiscriminadamente a la población.

Si se impusiere la inhabilitación para contratar con el Estado a una persona natural, ninguna sociedad, fundación o corporación en la que el condenado fuere directa o indirectamente socio, accionista, miembro o partícipe con poder de influir en la administración podrá contratar con el Estado mientras el condenado mantenga su participación en ella.

La inhabilitación regirá a contar de la fecha en que la resolución se encuentre ejecutoriada. El tribunal comunicará tal circunstancia a la Dirección de Compras y Contratación Pública.

Artículo 34.- Extensión. Las inhabilitaciones previstas en este Párrafo tendrán una extensión de entre tres y diez años. La inhabilitación para contratar con el Estado podrá imponerse a perpetuidad.

Artículo 35.- Determinación judicial de la extensión de la inhabilitación. Para la determinación de la extensión de la inhabilitación el tribunal estará a lo dispuesto en el Párrafo 2 de este Título. La que se impusiere a cada interviniente en el delito será determinada independientemente.

Si la pena impuesta no incluyere la ejecución efectiva de una pena privativa de libertad, las inhabilitaciones no podrán durar más de cinco años tratándose de la inhabilitación para el ejercicio de un cargo o función pública o para el ejercicio de cargos gerenciales. La prohibición para contratar con el Estado podrá imponerse siempre en toda su extensión.

Si la inhabilitación se impusiere juntamente con una pena efectiva de presidio o reclusión, la extensión determinada por el tribunal se aumentará de pleno derecho en todo el tiempo de ejecución efectiva de esa pena, si fuere mayor.

Artículo 36.- Duración. Toda inhabilitación comenzará a producir sus efectos desde la fecha en que quede ejecutoriada la sentencia que la impusiere, y su duración se computará desde ese momento.

Artículo 37.- Rehabilitación. Todo sentenciado a inhabilitación para el ejercicio de una función o cargo público o para el ejercicio de cargos gerenciales tendrá derecho a solicitar al tribunal su rehabilitación una vez cumplida la mitad de la condena.

El tribunal accederá a la solicitud si se acompañaren antecedentes que permitan presumir que el condenado no volverá a delinquir y que ejercerá en el futuro en forma responsable la actividad a la que se refiera la inhabilitación.

Artículo 38.- Reincidencia. En los casos en que se hubiere concedido la rehabilitación conforme al artículo precedente y el beneficiado perpetrare un nuevo delito por el cual corresponda imponer una inhabilitación de la misma clase, el tribunal la determinará dentro de la mitad superior de su extensión. El sentenciado a tal inhabilitación no tendrá derecho a obtener una nueva rehabilitación.

Artículo 39.- Abono. El tiempo por el cual el condenado hubiere sufrido una privación de derechos distinta de la privación de libertad impuesta como medida cautelar en el mismo proceso será íntegramente abonado a la inhabilitación que se le impusiere conforme a este Párrafo, siempre que tal privación de derechos hubiere impedido al condenado realizar las actividades a que se refiriere la inhabilitación.

TÍTULO III
COMISO DE GANANCIAS

Artículo 40.- Comiso con condena previa. Toda condena por delito económico conlleva el comiso de las ganancias.

Artículo 41.- Comiso sin condena previa. Se impondrá asimismo el comiso de las ganancias obtenidas a través de un hecho ilícito que corresponda a un delito económico aunque:

1. Se dicte sobreseimiento temporal conforme a las letras b) y c) del inciso primero y al inciso segundo del artículo 252 del Código Procesal Penal.

2. Se dicte sentencia absolutoria fundada en la falta de convicción a que se refiere el artículo 340 del Código Procesal Penal o sobreseimiento definitivo fundado en la letra b) del artículo 250 del mismo Código.

3. Se dicte sobreseimiento definitivo o sentencia absolutoria fundados en la concurrencia de circunstancias eximentes de responsabilidad que no excluyen la ilicitud del hecho.

4. Se dicte sobreseimiento definitivo o sentencia absolutoria fundados en haberse extinguido la responsabilidad penal o en haber sobrevenido un hecho que, con arreglo a la ley, ponga fin a esa responsabilidad.

El comiso de ganancias sin condena previa será impuesto también respecto de aquellas personas que no hubieren intervenido en la realización del hecho ilícito que se encontraren en cualquiera de las circunstancias señaladas en el artículo 24 ter del Código Penal.

El comiso de ganancias sin condena previa será impuesto de conformidad al procedimiento especial previsto en el Título III bis del Libro IV del Código Procesal Penal.

Artículo 42.- Medidas cautelares solicitadas por el Ministerio Público. El Ministerio Público podrá solicitar al juez competente las medidas que sean necesarias para asegurar activos patrimoniales con el fin de hacer el comiso de ganancias conforme a este Título.

Artículo 43.- Medidas cautelares solicitadas por otras autoridades. El Consejo de Defensa del Estado y las autoridades del Estado facultadas por ley para denunciar la perpetración de un delito económico o querellarse contra sus responsables podrán también solicitar al juez las medidas señaladas en el artículo 42.

Artículo 44.- Proporcionalidad. En caso de recaer sobre bienes de una empresa, el comiso y las medidas a que se refiere el artículo 42 se harán efectivos de preferencia sobre aquellos cuya afectación no obstaculice sus actividades económicas.

Artículo 45.- Prescripción. La acción para obtener el comiso de ganancias conforme a este Título prescribirá en el plazo de cuatro años, contado desde que hubiere transcurrido el plazo de prescripción de la acción penal respectiva.

Artículo 46.- Acción civil. La acción para obtener indemnización de perjuicios de la víctima de un delito económico, o de un hecho ilícito que corresponde a un delito económico, podrá ejercerse sobre los bienes decomisados conforme a este Título o el producto de su realización, siempre que exista una relación directa entre el perjuicio irrogado y las ganancias obtenidas.

La acción antedicha prescribirá en el plazo de cuatro años, contado a partir de la fecha en que la resolución que impone el comiso quede ejecutoriada.

Artículo 47.- Excepciones al ejercicio de la acción civil. Cualquiera sea el procedimiento en que se ejerza la acción en cuestión, se dará traslado al Consejo de Defensa del Estado, por el plazo de treinta días, prorrogable a su solicitud por otros treinta días, hasta por dos veces.

El Consejo de Defensa del Estado podrá oponer la excepción de falta de relación directa entre perjuicio y ganancias, la excepción de ejecución negligente y la excepción de ejecución inadecuada.

Las excepciones de falta de relación directa entre perjuicio y ganancias y de ejecución negligente serán tramitadas como incidente de previo y especial pronunciamiento. Acogida la excepción, no procederá lo dispuesto en el artículo precedente.

La oposición de la excepción de ejecución inadecuada se hará indicando otros bienes del demandado. Para este efecto, el Consejo de Defensa del Estado podrá solicitar las medidas precautorias conducentes a su aseguramiento, incluso antes de interponer la excepción, anunciándola. En este último caso las medidas quedarán sin efecto si el plazo vence sin oposición de la excepción. Opuesta la excepción, serán pagadas las indemnizaciones con los bienes identificados. De haber saldo insoluto, procederá lo dispuesto en el artículo precedente.

Para la identificación de los bienes del responsable, el Ministerio Público, a solicitud del Consejo de Defensa del Estado, estará facultado para requerir la información pertinente del Servicio de Impuestos Internos y de la Comisión para el Mercado Financiero, así como de bancos, instituciones financieras, compañías de seguros y personas jurídicas sujetas a su fiscalización.

TÍTULO IV
MODIFICACIONES A OTROS CUERPOS LEGALES

Artículo 48.- Modificaciones al Código Penal. Introdúcense las siguientes modificaciones en el Código Penal:

1. Sustitúyese el artículo 24 bis, por el siguiente:

"Artículo 24 bis.- Toda sentencia condenatoria en materia criminal lleva consigo el comiso de las ganancias provenientes del delito. Por el comiso de ganancias se priva a una persona de activos patrimoniales cuyo valor corresponda a la cuantía de las ganancias obtenidas a través del delito, o bien para o por perpetrarlo. Lo obtenido en virtud de lo señalado precedentemente será transferido al Fisco.

Las ganancias obtenidas comprenden los frutos y las utilidades que se hubieren originado, cualquiera sea su naturaleza jurídica. Las ganancias comprenden también el equivalente a los costos evitados mediante el hecho ilícito.

En la determinación del valor de las ganancias no se descontarán los gastos que hubieren sido necesarios para perpetrar el delito y obtenerlas.

La acción para obtener el comiso de ganancias se sujetará a las reglas de la prescripción de la acción penal respectiva.

Si un mismo bien pudiere ser objeto de comiso conforme a este artículo y conforme a otras disposiciones de este Código, sólo se aplicará lo dispuesto en este artículo.".

2. Incorpórase el siguiente artículo 78 bis:

"Artículo 78 bis.- La circunstancia de que un hecho constitutivo de delito pueda asimismo dar lugar a una o más sanciones o medidas de las establecidas en el artículo 20 no obsta a la imposición de las penas que procedan.

Con todo, el monto de la pena de multa pagada será abonado a la multa no constitutiva de pena que se imponga al condenado por el mismo hecho. Si el condenado hubiere pagado una multa no constitutiva de pena como consecuencia del mismo hecho, el monto pagado será abonado a la pena de multa impuesta.

La extensión de la suspensión o inhabilitación impuesta al condenado como consecuencia adicional a la pena será deducida de la extensión de la suspensión o inhabilitación de la misma naturaleza que fuere impuesta como sanción administrativa o disciplinaria. Si el condenado hubiere sido sometido a una suspensión o inhabilitación como sanción administrativa o disciplinaria, la extensión de ésta será deducida de la suspensión o inhabilitación de la misma naturaleza que se le impusiere.".

3. En el artículo 240:

a) Intercálase en el número 7º del inciso primero, entre las palabras "anónima" y "que", la expresión "abierta o especial".

b) Sustitúyese en el inciso segundo la frase "personas enumeradas en el inciso precedente" por "personas mencionadas en los números 1 a 6 del inciso precedente".

c) Sustitúyese en el inciso tercero la frase "alguna de las personas enumeradas en el inciso primero" por "alguna de las personas mencionadas en los números 1 a 6 del inciso primero".

d) Introdúcese el siguiente inciso cuarto: "Tratándose de una sociedad anónima abierta o especial, las mismas penas referidas en el inciso primero se aplicarán al director o gerente que diere o dejare tomar interés a personas consideradas por la ley como partes relacionadas.".

4. Incorpórase en el artículo 247 bis el siguiente inciso segundo:

"Con las mismas penas serán castigados los que, ejerciendo alguna de las profesiones que requieren título, obtuvieren un beneficio económico para sí o para un tercero haciendo uso de los secretos que por razón de su profesión se les hubiere confiado. Tratándose de un abogado, si el hecho perjudicare a su cliente, se impondrán además las penas privativas de derechos señaladas en el artículo 231.".

5. Sustitúyese el artículo 284 por los siguientes artículos 284, 284 bis, 284 ter, 284 quáter, 284 quinquies y 284 sexies:

"Artículo 284.- El que sin el consentimiento de su legítimo poseedor accediere a un secreto comercial mediante intromisión indebida con el propósito de revelarlo o aprovecharse económicamente de él será castigado con presidio o reclusión menor en su grado medio.

Para efectos de lo dispuesto en el inciso anterior, se entenderá por intromisión:

1. El ingreso a dependencias de la empresa o la captación visual o sonora mediante dispositivos técnicos de lo que tuviere lugar al interior de dependencias de la empresa, siempre que ello no fuere perceptible desde su exterior sin la utilización de dispositivos técnicos como los empleados en la captación o sin recurrir a escalamiento o a algún otro modo de vencimiento de un obstáculo a la percepción.

2. La captación visual o sonora mediante dispositivos técnicos del contenido de la comunicación que dos o más personas mantuvieren de la ejecución de una acción o del desarrollo de una situación por parte de una persona cuando los involucrados tuvieren una expectativa legítima de no estar siendo vistos, escuchados, filmados o grabados, manifestada en las circunstancias de la comunicación, la acción o la situación y que ésta concerniere a la empresa.

3. El acceso a un sistema informático sin autorización o excediendo la autorización que se posea y superando barreras técnicas o medidas tecnológicas de seguridad.

La pena señalada en el inciso primero se impondrá también al que sin el consentimiento de su legítimo poseedor reprodujere la fijación en cualquier formato de información constitutiva de un secreto comercial con el propósito de revelarlo o aprovecharse económicamente de él.

El que, habiendo perpetrado cualquiera de los hechos previstos en los incisos anteriores, sin el consentimiento de su legítimo poseedor revelare o consintiere en que otro accediere al secreto comercial será sancionado con la pena de presidio o reclusión menor en su grado máximo.

Artículo 284 bis.- Será castigado con presidio o reclusión menor en su grado medio el que sin el consentimiento de su legítimo poseedor revelare o consintiere que otra persona accediere a un secreto comercial que hubiere conocido:

1. Bajo un deber de confidencialidad con ocasión del ejercicio de un cargo o una función pública o de una profesión cuyo título se encontrare legalmente reconocido y siempre que el deber de confidencialidad profesional estuviere fundado en la ley o en un reglamento, o en las reglas que definen su correcto ejercicio.

2. En razón o a consecuencia de una relación contractual o laboral con la empresa afectada o con otra que le haya prestado servicios.

Artículo 284 ter.- El que sin el consentimiento de su legítimo poseedor se aprovechare económicamente de un secreto comercial que hubiere conocido en alguna de las circunstancias previstas en los incisos primero o segundo del artículo 284 o en el artículo 284 bis, o sabiendo que su conocimiento del secreto proviene de alguno de esos hechos, será sancionado con presidio o reclusión menor en su grado máximo.

Artículo 284 quáter.- Sin perjuicio de las penas previstas en los artículos precedentes, cuando el delito se cometa con ocasión del ejercicio de una de las profesiones a que se refiere el artículo 284 bis se impondrá, además, la pena accesoria de suspensión o inhabilitación del ejercicio de su profesión.

La pena y su duración serán determinadas atendiendo a la pena principal impuesta conforme a las reglas previstas por los artículos 29 y 30 para la inhabilitación o suspensión de cargo u oficio público.

Artículo 284 quinquies.- No incurre en el delito previsto en los artículos 284 bis y 284 ter quien en el ejercicio de su profesión, oficio, trabajo o actividad económica usa la experiencia y las competencias legítimamente adquiridas en conocimiento lícito de un secreto comercial.

Artículo 284 sexies.- Para efectos de lo dispuesto en los artículos precedentes, se entenderá por secreto comercial la información que reúna los requisitos exigidos por la ley de propiedad industrial.".

6. Sustitúyense los artículos 285 y 286, por los siguientes:

"Artículo 285.- El que por medios fraudulentos alterare el precio de bienes o servicios sufrirá las penas de presidio o reclusión menor en sus grados medio a máximo.

Artículo 286.- Se impondrá la pena de presidio o reclusión menor en su grado máximo a presidio o reclusión mayor en su grado mínimo cuando el fraude expresado en el artículo anterior recayere sobre el precio de bienes o servicios de primera necesidad o de consumo masivo.".

7. Sustitúyese en los artículos 287 bis y 287 ter la expresión "empleado o mandatario" por "director, administrador, mandatario o empleado de una empresa".

8. Sustitúyese el Párrafo 13 del Título VI del Libro II, por el siguiente:

"§ 13. Atentados contra el medio ambiente

Artículo 305.- Será sancionado con presidio o reclusión menor en sus grados mínimo a medio el que sin haber sometido su actividad a una evaluación de impacto ambiental a sabiendas de estar obligado a ello:

1. Vierta sustancias contaminantes en aguas marítimas o continentales.

2. Extraiga aguas continentales, sean superficiales o subterráneas, o aguas marítimas.

3. Vierta o deposite sustancias contaminantes en el suelo o subsuelo, continental o marítimo.

4. Vierta tierras u otros sólidos en humedales.

5. Extraiga componentes del suelo o subsuelo.

6. Libere sustancias contaminantes al aire.

La pena será de presidio o reclusión menor en sus grados medio a máximo si el infractor perpetra el hecho estando obligado a someter su actividad a un estudio de impacto ambiental.

Artículo 306.- Las penas señaladas en el inciso primero del artículo anterior serán aplicables al que, contando con autorización para verter, liberar o extraer cualquiera de las sustancias o elementos mencionados en los números 1 a 6 del artículo 305, incurra en cualquiera de los hechos allí previstos, contraviniendo una norma de emisión o de calidad ambiental, incumpliendo las medidas establecidas en un plan de prevención, de descontaminación o de manejo ambiental, incumpliendo una resolución de calificación ambiental, o cualquier condición asociada al otorgamiento de la autorización, y siempre que el infractor hubiere sido sancionado administrativamente en, al menos, dos procedimientos sancionatorios distintos, por infracciones graves o gravísimas, dentro de los diez años anteriores al hecho punible y cometidas en relación con una misma unidad sometida a control de la autoridad.

Artículo 307.- Las penas señaladas en el inciso primero del artículo 305 serán también aplicables al que, contando con autorización para extraer aguas continentales, superficiales o subterráneas, las extraiga infringiendo las reglas de su distribución y aprovechamiento en cualquiera de las siguientes circunstancias:

1. Habiéndose establecido por la autoridad la reducción temporal del ejercicio de esos derechos de aprovechamiento.

2. En una zona que haya sido declarada zona de prohibición para nuevas explotaciones acuíferas, haya sido decretada área de restricción del

sector hidrogeológico, que se haya declarado a su respecto el agotamiento de las fuentes naturales de aguas o se la haya declarado zona de escasez hídrica.

Artículo 308.- El que, vertiendo, depositando o liberando sustancias contaminantes, o extrayendo aguas o componentes del suelo o subsuelo, afectare gravemente las aguas marítimas o continentales, superficiales o subterráneas, el suelo o el subsuelo, fuere continental o marítimo, o el aire, o bien la salud animal o vegetal, la existencia de recursos hídricos o el abastecimiento de agua potable, o que afectare gravemente humedales vertiendo en ellos tierras u otros sólidos, será sancionado:

1. Con la pena de presidio o reclusión mayor en su grado mínimo, si la afectación grave fuere perpetrada concurriendo las circunstancias previstas en los artículos 305, 306 o 307.

2. Con la pena de presidio o reclusión menor en su grado máximo a presidio mayor en su grado mínimo en los casos no comprendidos en el número precedente, y siempre que no estuviere autorizado para ello.

Artículo 309.- El que por imprudencia temeraria o por mera imprudencia o negligencia con infracción de los reglamentos incurriere en los hechos señalados en el artículo anterior, será sancionado:

1. Con la pena de presidio o reclusión menor en su grado máximo, si la afectación grave fuere perpetrada concurriendo las circunstancias previstas en los artículos 305, 306 o 307.

2. Con la pena de presidio o reclusión menor en cualquiera de sus grados en los casos no comprendidos en el número precedente.

Artículo 310.- El que afectare gravemente uno o más de los componentes ambientales de una reserva de región virgen, un parque nacional, un monumento natural, una reserva nacional o un humedal de importancia internacional, será sancionado con presidio o reclusión mayor en su grado mínimo.

La misma pena se impondrá al que, infringiendo una resolución de calificación ambiental o sin haber sometido su actividad a una evaluación de impacto ambiental estando obligado a ello, afectare gravemente un glaciar.

La pena será de presidio o reclusión menor en su grado máximo si cualquiera de los hechos señalados en los incisos anteriores fuere perpetrado por imprudencia temeraria o por mera imprudencia o negligencia con infracción de los reglamentos.

Artículo 310 bis.- Para los efectos de los tres artículos precedentes se entenderá por afectación grave de uno o más componentes ambientales el cambio adverso producido en alguno de ellos, siempre que concurra alguna de las siguientes circunstancias:

1. Tener una extensión espacial de relevancia, según las características ecológicas o geográficas de la zona afectada.

2. Tener efectos prolongados en el tiempo.

3. Ser irreparable o difícilmente reparable.

4. Alcanzar a un conjunto significativo de especies, según las características de la zona afectada.

5. Incidir en especies categorizadas como extintas, extintas en grado silvestre, en peligro crítico o en peligro o vulnerables.

6. Poner en serio riesgo de grave daño la salud de una o más personas.

7. Afectar significativamente los servicios o funciones ecosistémicas del elemento o componente ambiental.

Tratándose de los hechos previstos en el número 1 del artículo 308 y en los incisos primero y segundo del artículo 310, si la afectación grave causa un daño irreversible a un ecosistema, se impondrá el máximum de las penas a ellos señaladas.

Artículo 310 ter.- Además de las penas señaladas en las disposiciones de este Párrafo, el tribunal impondrá la pena de multa:

1. De ciento veinte a sesenta mil unidades tributarias mensuales, si la pena máxima señalada fuere inferior a la de presidio o reclusión menor en su grado máximo.

2. De doce mil a noventa mil unidades tributarias mensuales, si la pena mínima señalada fuere inferior a la de presidio o reclusión menor en su grado máximo.

3. De veinticuatro mil a ciento veinte mil unidades tributarias mensuales, si la pena mínima señalada fuere igual o superior a la de presidio o reclusión menor en su grado máximo.

El monto de la pena de multa pagada será abonado a la sanción de multa no constitutiva de pena que le fuere impuesta por el mismo hecho. Si el condenado hubiere pagado una multa no constitutiva de pena por el mismo hecho, el monto pagado será abonado a la pena de multa impuesta.

Artículo 311.- Tratándose de los hechos previstos en los artículos 305, 306 o 307, la pena sólo será la multa de ciento veinte a doce mil unidades tributarias mensuales cuando:

1. La cantidad vertida, liberada o extraída en exceso no supere en forma significativa el límite permitido o autorizado, atendidas las características de la sustancia y la condición del medio ambiente que pudieren verse afectadas por el exceso y, además,

2. El infractor hubiere obrado con diligencia para restablecer las emisiones o extracciones al valor permitido o autorizado y para evitar las consecuencias dañinas del hecho.

El tribunal podrá imponer una multa inferior a la señalada, desde una unidad tributaria mensual, cuando el hecho fuere perpetrado extrayendo aguas continentales, superficiales o subterráneas, se cumpliere la condición señalada en el número 1 y la extracción hubiere estado destinada a las bebidas y usos domésticos de subsistencia.

Artículo 311 bis.- Tratándose de los hechos previstos en el artículo 310, el tribunal impondrá al condenado como pena accesoria la prohibición perpetua de ingresar al área afectada, y podrá extenderla mediante resolución fundada a otras áreas de las señaladas en dicho artículo que exhiban características ecosistémicas similares.

El tribunal podrá autorizar el ingreso al área con el único objeto de recorrer un trayecto entre dos lugares ubicados fuera de ella, cuando no hubiere vías alternativas disponibles.

Artículo 311 ter.- Fuera de los casos señalados en el artículo 310, el tribunal podrá apreciar la concurrencia de una atenuante muy calificada conforme al artículo 68 bis cuando el hechor repare el daño ambiental causado por el hecho.

Artículo 311 quáter.- Las penas previstas en las disposiciones de este Párrafo para los atentados contra el medio ambiente perpetrados extrayendo aguas continentales, superficiales o subterráneas, serán impuestas sin perjuicio de la aplicación de las penas que correspondan por el delito de usurpación.

Artículo 311 quinquies.- Cuando la persona obligada por las normas ambientales o el infractor a que se refieren las disposiciones de este Párrafo fuere una persona jurídica, se entenderá que esa calidad concurre respecto de quienes hubieren intervenido por ella en el hecho punible.

Artículo 311 sexies.- Para efectos de lo dispuesto en este Párrafo, cuenta con la autorización correspondiente quien la tiene en el momento del hecho, aun cuando ella sea posteriormente declarada inválida.

No vale como autorización la que hubiere sido obtenida mediante engaño, coacción o cohecho, ni aquella que la persona autorizada sabe que es o ha devenido manifiestamente improcedente.

La declaración administrativa de no estar obligado a someter la actividad a una evaluación de impacto ambiental exime de responsabilidad conforme al artículo 305, a menos que concurran las circunstancias señaladas en el inciso precedente.

Artículo 312.- Si con ocasión de la investigación o el juicio por los hechos previstos en las disposiciones del presente Párrafo, el tribunal estimare procedente la imposición al imputado o condenado de condiciones destinadas a evitar o reparar el daño ambiental, consultará a los organismos técnicos competentes. Si las impusiere, oficiará a la autoridad reguladora pertinente para la fiscalización de su cumplimiento, y ésta última quedará obligada a informar al tribunal. La autoridad requerida podrá ejercer todas las competencias fiscalizadoras establecidas por la ley para tal efecto, y quedará obligada a informar al tribunal.".

9. En el artículo 459:

a) En el encabezamiento sustitúyese la expresión "presidio menor en sus grados mínimo a medio" por "presidio menor en sus grados medio a máximo".

b) Incorpórase el siguiente inciso final:

"Las sanciones establecidas en este artículo no se aplicarán a quienes hagan uso del agua para consumo personal o familiar en los términos señalados en el artículo 56 del Código de Aguas.".

10. Sustitúyese el artículo 463, por el siguiente:

"Artículo 463.- Será castigado con la pena de presidio menor en cualquiera de sus grados el que, dentro de los dos años anteriores a la dictación de la resolución de liquidación a la que se refiere la ley N° 20.720, que Sustituye el régimen concursal vigente por una ley de reorganización y liquidación de empresas y personas, y perfecciona el rol de la superintendencia del ramo, o durante el tiempo que medie entre la notificación de la demanda de liquidación forzosa y la dictación de la respectiva resolución, conociendo el mal estado de sus negocios:

1.° Redujere considerablemente su patrimonio destruyendo, dañando, inutilizando o dilapidando, activos o valores o renunciando sin razón a créditos.

2.° Dispusiere de sumas relevantes en consideración a su patrimonio aplicándolas en juegos o apuestas o en negocios inusualmente riesgosos en relación con su actividad económica normal.

3.° Diere créditos sin las garantías habituales en atención a su monto, o se desprendiere de garantías sin que se hubieren satisfecho los créditos caucionados.

4.° Realizare otro acto manifiestamente contrario a las exigencias de una administración racional del patrimonio.

Tratándose de una empresa deudora en el sentido de la ley N° 20.720, la pena señalada en el inciso anterior se impondrá también al que hubiere actuado con ignorancia inexcusable del mal estado de sus negocios.

En el caso del número 4.° del inciso primero, las penas no serán impuestas si el hecho no hubiere contribuido relevantemente a ocasionar la insolvencia del deudor.".

11. Sustitúyese el artículo 463 bis, por el siguiente:

"Artículo 463 bis.- Será castigado con la pena de presidio menor en su grado medio a presidio mayor en su grado mínimo, el deudor que realizare alguna de las siguientes conductas:

1.° Favorecer a uno o más acreedores en desmedro de otro pagando deudas que no fueren actualmente exigibles u otorgando garantías para deudas contraídas previamente sin garantía, dentro de los dos años anteriores a la resolución de reorganización o liquidación o durante el tiempo que medie entre la notificación de la demanda de liquidación forzosa y la dictación de la respectiva resolución.

2.° Percibir, apropiarse o distraer bienes que deban ser objeto de cualquier clase de procedimiento concursal de liquidación, después de dictada la resolución de liquidación.

3.° Realizar actos de disposición de bienes de su patrimonio, reales o simulados, o constituir prenda, hipoteca u otro gravamen sobre ellos, después de la resolución de liquidación.

4.° Ocultar total o parcialmente sus bienes o sus haberes, dentro de los dos años anteriores a la resolución de liquidación o reorganización, o con posterioridad a esa resolución.".

12. Sustitúyese el artículo 463 ter, por el siguiente:

"Artículo 463 ter.- Será castigado con la pena de presidio menor en sus grados mínimo a medio el deudor que:

1.° Durante cualquier clase de procedimiento concursal de reorganización o de liquidación, proporcionare al veedor o liquidador, en su caso, o a sus acreedores, información o antecedentes falsos o incompletos, en términos que no reflejen la verdadera situación de su activo o pasivo.

2.° Dentro de los dos años anteriores a la dictación de la resolución de liquidación o durante el tiempo que medie entre la notificación de la demanda de liquidación forzosa y la dictación de la respectiva resolución, no hubiese llevado o conservado los libros de contabilidad y sus respaldos exigidos por la ley que deben ser puestos a disposición del liquidador una vez dictada la resolución de liquidación, o si hubiese ocultado, inutilizado, destruido o falseado la información en términos que ella no refleje la verdadera situación de su activo y pasivo.".

13. Sustitúyese el artículo 464, por el siguiente:

"Artículo 464.- Será castigado con la pena de presidio menor en su grado máximo a presidio mayor en su grado mínimo y con la sanción accesoria de inhabilidad especial perpetua para ejercer el cargo, el veedor o liquidador designado en cualquier clase de procedimiento concursal de reorganización o de liquidación que:

1. Proporcionare ventajas indebidas al deudor, a un acreedor o a un tercero.

2. Perpetrare cualquiera de los hechos previstos en los números 1 u 11 del artículo 470.".

14. Sustitúyese el artículo 464 bis, por el que sigue:

"Artículo 464 bis.- El deudor, veedor, liquidador, o aquellos a los que se refiere el artículo 463 quáter, que se valiere de quien no tuviere esa calidad para perpetrar cualquiera de los delitos previstos en los artículos precedentes de este Párrafo será castigado como autor del respectivo delito.

El que sin tener alguna de las calidades señaladas en el inciso precedente interviniere en la perpetración del delito será castigado como inductor o cómplice según las circunstancias.".

15. Sustitúyese el artículo 464 ter, por los siguientes artículos 464 ter y 464 quáter:

"Artículo 464 ter.- El que mediante engaño determinare a un deudor, veedor, liquidador, o aquellos a los que se refiere el artículo 463 quáter, a incurrir en cualquiera de los hechos previstos en los artículos precedentes de este Párrafo, será castigado con las mismas penas en ellos señalada.

Artículo 464 quáter.- Además de lo dispuesto en los artículos 27 a 31, el profesional que, con ocasión del ejercicio de su profesión, fuere penalmente responsable por haber intervenido en la perpetración de cualquiera de los delitos previstos en el presente Párrafo, será sancionado también con la pena accesoria de suspensión o inhabilitación para su ejercicio.

La pena y su duración serán determinadas atendiendo a la pena principal impuesta conforme a las reglas previstas en los artículos 29 y 30 de este Código, para la inhabilitación o suspensión de cargo u oficio público.".

16. Deróganse los artículos 465 bis y 466.

17. Sustitúyese el artículo 467, por el siguiente:

"Artículo 467.- El que para obtener provecho patrimonial para sí o para un tercero mediante engaño provocare un error en otro, haciéndolo incurrir en una disposición patrimonial consistente en ejecutar, omitir o tolerar alguna acción en perjuicio suyo o de un tercero será sancionado:

1. Con presidio menor en su grado máximo y multa de veintiuna a trescientas unidades tributarias mensuales, si el perjuicio excede de cuatrocientas unidades tributarias mensuales y no pasa de cuarenta mil.

2. Con presidio menor en sus grados medio a máximo y multa de once a quince unidades tributarias mensuales, si excede de cuarenta unidades tributarias mensuales y no pasa de cuatrocientas.

3. Con presidio menor en su grado medio y multa de seis a diez unidades tributarias mensuales, si excede de cuatro unidades tributarias mensuales y no pasa de cuarenta.

4. Con presidio menor en su grado mínimo y multa de cinco unidades tributarias mensuales, si excede de una unidad tributaria mensual y no pasa de cuatro.

Si el perjuicio excede de cuarenta mil unidades tributarias mensuales, se aplicará la pena de presidio menor en su grado máximo a presidio mayor en su grado mínimo y multa de trescientas a quinientas unidades tributarias mensuales.".

18. En el artículo 468:

a) Sustitúyese la expresión "en las penas del" por "en el delito previsto en el".

b) Introdúcense los siguientes incisos segundo, tercero, cuarto y quinto: "Las penas del artículo anterior serán aplicadas también al que para obtener un provecho para sí o para un tercero irrogue perjuicio patrimonial a otra persona:

1. Manipulando los datos contenidos en un sistema informático o el resultado del procesamiento informático de datos a través de una intromisión indebida en la operación de éste.

2. Utilizando sin la autorización del titular una o más claves confidenciales que habiliten el acceso u operación de un sistema informático, o

3. Haciendo uso no autorizado de una tarjeta de pago ajena o de los datos codificados en una tarjeta de pago que la identifiquen y habiliten como medio de pago.

Sin perjuicio de las penas que correspondan conforme al inciso anterior, sufrirá la pena de presidio menor en su grado medio y multa de seis a diez unidades tributarias mensuales el que obtenga indebidamente los datos codificados en una tarjeta de pago que la identifiquen y habiliten como medio de pago. La misma pena sufrirá el que los adquiera o ponga a disposición de otro a cualquier título.

En la investigación de los delitos previstos en este artículo será aplicable lo dispuesto en el artículo 8 de la ley Nº 20.009.

Lo dispuesto en los incisos segundo y tercero de este artículo será aplicable si el hecho no tuviere mayor pena conforme a otra ley.".

19. Intercálase en el párrafo tercero del número 11 del artículo 470, entre la palabra "especial" y la coma que le sigue, la frase "u otro patrimonio administrado por esa sociedad".

20. Introdúcese el siguiente inciso segundo, nuevo, en el artículo 472, pasando los actuales incisos segundo, tercero y cuarto a ser, respectivamente, incisos tercero, cuarto y quinto:

"Se impondrá el grado máximo de la pena establecida en el inciso anterior cuando la conducta que allí se sanciona se realice simulando, de cualquier forma, que se suministran los valores a un interés permitido por la ley.".

21. Introdúcense, a continuación del artículo 472, los siguientes artículos 472 bis y 472 ter:

"Artículo 472 bis.- El que con abuso grave de una situación de necesidad, de la inexperiencia o de la incapacidad de discernimiento de otra persona, le pagare una remuneración manifiestamente desproporcionada e inferior al ingreso mínimo mensual previsto por la ley o le diere en arrendamiento un inmueble como morada recibiendo una contraprestación manifiestamente desproporcionada, será castigado con la pena de presidio o reclusión menor en cualquiera de sus grados.

Artículo 472 ter.- En los casos en que alguno de los hechos previstos en este Párrafo irrogare un perjuicio que exceda de ochenta mil unidades tributarias mensuales o afecte a un número considerable de personas, se podrá imponer la pena superior en un grado a la señalada por la ley.".

Artículo 49.- Modificaciones al Código Procesal Penal. Introdúcense las siguientes modificaciones en el Código Procesal Penal:

1. Sustitúyese el artículo 468 bis, por el siguiente:

"Artículo 468 bis.- Ejecución del comiso de ganancias. Toda sentencia que imponga el comiso de las ganancias provenientes del delito será ejecutada como decisión civil dictada por un tribunal con competencia en lo penal.

Si los bienes decomisados son dinero o derechos a sumas de dinero, se los transferirá al Fisco. Los fondos obtenidos mediante la realización de los bienes decomisados también serán transferidos al Fisco.

El comiso de inmuebles o de bienes de propiedad registral conlleva la facultad de realizar aquellas inscripciones necesarias para ejecutar eficazmente el bien decomisado.

El Conservador de Bienes Raíces respectivo, efectuadas las cancelaciones e inscripciones que procedan, deberá remitir copia de dichas inscripciones al tribunal que decretó el comiso, el que deberá oficiar a la Dirección General del Crédito Prendario y acompañar copia de las nuevas inscripciones de propiedad a nombre del Fisco de Chile y copia autorizada de la sentencia para que proceda a rematarlo en subasta pública.

Los notarios, archiveros, conservadores de bienes raíces, el Servicio de Registro Civil e Identificación y demás organismos, autoridades y empleados públicos deberán realizar las actuaciones y diligencias y otorgar las copias de los instrumentos que les sean solicitados para efectuar la subasta o destrucción de las especies, según corresponda, en forma gratuita y exentas de toda clase de derechos, tasas e impuestos.

Toda actuación o diligencia previa a la subasta pública que deba efectuar la Dirección General del Crédito Prendario con el objeto de que los bienes queden en condiciones de ser subastados, se efectuará con auxilio de la fuerza pública a solicitud de la referida institución.

Lo dispuesto en el presente artículo será aplicable también a la ejecución de todo comiso impuesto sin condena previa.".

2. Sustitúyese el inciso primero del artículo 469, por el siguiente: "Artículo 469.- Destino de las especies decomisadas. Fuera de los casos previstos en el artículo precedente, los dineros y otros valores decomisados se destinarán a la Corporación Administrativa del Poder Judicial.".

Artículo 50.- Modificaciones a la ley N° 20.393. Introdúcense las siguientes modificaciones en la ley N° 20.393, que Establece la responsabilidad penal de las personas jurídicas en los delitos que indica:

1. Sustitúyese el artículo 1°, por el siguiente:

"Artículo 1.- Contenido de la ley. La presente ley regula la responsabilidad penal de las personas jurídicas por los delitos señalados en el inciso siguiente, el procedimiento para la investigación y establecimiento de dicha responsabilidad penal, la determinación de las sanciones procedentes y su ejecución.

Los delitos por los cuales la persona jurídica responde penalmente conforme a la presente ley son los siguientes:

1. Los delitos a que se refieren los artículos 1, 2, 3 y 4 de la Ley de Delitos Económicos, sean o no considerados como delitos económicos por esa ley.

2. Los previstos en el artículo 8 de la ley N° 18.314 que determina conductas terroristas y fija su penalidad; en el Título II de la ley N° 17.798, sobre Control de Armas, y en los artículos 411 quáter, 448 septies y 448 octies del Código Penal.

En lo no previsto por esta ley serán aplicables, supletoriamente, las disposiciones contenidas en el Libro I del Código Penal y en el Código Procesal Penal, en lo que resulte pertinente.

Para los efectos de esta ley no será aplicable lo dispuesto en el inciso segundo del artículo 58 del Código Procesal Penal.".

2. Sustitúyese el artículo 2°, por el siguiente:

"Artículo 2.- Ámbito de aplicación personal. Serán penalmente responsables en los términos de esta ley las personas jurídicas de derecho privado, las empresas públicas creadas por ley; las empresas, sociedades y universidades del Estado; los partidos políticos y las personas jurídicas religiosas de derecho público.".

3. Sustitúyese el artículo 3°, por el siguiente:

"Artículo 3.- Presupuestos de la responsabilidad penal. Una persona jurídica será penalmente responsable por cualquiera de los delitos señalados en el artículo 1, perpetrado en el marco de su actividad por o con la intervención de alguna persona natural que ocupe un cargo, función o posición en ella, o le preste servicios gestionando asuntos suyos ante terceros, con o sin su representación, siempre que la perpetración del hecho se vea favorecida o facilitada por la falta de implementación efectiva de un modelo adecuado de prevención de tales delitos, por parte de la persona jurídica.

Si concurrieren los requisitos previstos en el inciso anterior, una persona jurídica también será responsable por el hecho perpetrado por o con la intervención de una persona natural relacionada en los términos previstos por dicho inciso con una persona jurídica distinta, siempre que ésta le preste servicios gestionando asuntos suyos ante terceros, con o sin su representación, o carezca de autonomía operativa a su respecto, cuando entre ellas existan relaciones de propiedad o participación.

Lo dispuesto en este artículo no tendrá aplicación cuando el hecho punible se perpetre exclusivamente en contra de la propia persona jurídica.".

4. Sustitúyese el artículo 4°, por el siguiente:

"Artículo 4.- Modelo de prevención de delitos. Se entenderá que un modelo de prevención de delitos efectivamente implementado por la persona jurídica es adecuado para los efectos de eximirla de responsabilidad penal cuando, en la medida exigible a su objeto social, giro, tamaño, complejidad, recursos y a las actividades que desarrolle, considere seria y razonablemente los siguientes aspectos:

1. Identificación de las actividades o procesos de la persona jurídica que impliquen riesgo de conducta delictiva.

2. Establecimiento de protocolos y procedimientos para prevenir y detectar conductas delictivas en el contexto de las actividades a que se refiere el número anterior, los que deben considerar necesariamente canales seguros de denuncia y sanciones internas para el caso de incumplimiento.

Estos protocolos y procedimientos, incluyendo las sanciones internas, deberán comunicarse a todos los trabajadores. La normativa interna deberá ser incorporada expresamente en los respectivos contratos de trabajo y de prestación de servicios de todos los trabajadores, empleados y prestadores de servicios de la persona jurídica, incluidos sus máximos ejecutivos.

3. Asignación de uno o más sujetos responsables de la aplicación de dichos protocolos, con la adecuada independencia, dotados de facultades efectivas de dirección y supervisión y acceso directo a la administración de la persona jurídica para informarla oportunamente de las medidas y planes implementados en el cumplimiento de su cometido, para rendir

cuenta de su gestión y requerir la adopción de medidas necesarias para su cometido que pudieran ir más allá de su competencia. La persona jurídica deberá proveer al o a los responsables de los recursos y medios materiales e inmateriales necesarios para realizar adecuadamente sus labores, en consideración al tamaño y capacidad económica de la persona jurídica.

4. Previsión de evaluaciones periódicas por terceros independientes y mecanismos de perfeccionamiento o actualización a partir de tales evaluaciones.".

5. Sustitúyese el artículo 5°, por el siguiente:

"Artículo 5.- Autonomía de la responsabilidad penal de la persona jurídica. No obstará a la responsabilidad penal de una persona jurídica la falta de declaración de responsabilidad penal de la persona natural que hubiere perpetrado el hecho o intervenido en su perpetración, sea porque ésta, a pesar de la ilicitud del hecho, no hubiere sido penalmente responsable, sea porque tal responsabilidad se hubiere extinguido, sea porque no se hubiere podido continuar el procedimiento en su contra no obstante la punibilidad del hecho.

Asimismo, no obstará a la responsabilidad penal de la persona jurídica la falta de identificación de la o las personas naturales que hubieren perpetrado el hecho o intervenido en su perpetración, siempre que conste que el hecho no pudo sino haber sido perpetrado por o con la intervención de alguna de las personas y en las circunstancias señaladas en el artículo 3.".

6. Reemplázase el numeral 3) del artículo 6°, por el siguiente:

"3) La adopción por parte de la persona jurídica, antes de la formalización de la investigación, de medidas eficaces para prevenir la reiteración de la misma clase de delitos objeto de la investigación. Se entenderá por medidas eficaces la autonomía debidamente acreditada del encargado de prevención de delitos, así como también las medidas de prevención y supervisión implementadas que sean idóneas en relación con la situación, tamaño, giro, nivel de ingresos y complejidad de la estructura organizacional de la persona jurídica.".

7. Sustitúyese el artículo 7°, por el siguiente:

"Artículo 7.- Circunstancias agravantes. Constituyen circunstancias agravantes de la responsabilidad penal de la persona jurídica:

1. La de haber sido condenada dentro de los diez años anteriores a la perpetración del hecho.

2. Las que afecten a la persona natural que hubiere perpetrado o intervenido en el hecho, cuando su perpetración o intervención bajo esas circunstancias también se hubiere visto favorecida o facilitada por la falta de implementación efectiva de un modelo adecuado de prevención de delitos.".

8. Sustitúyese el artículo 8°, por el siguiente:

"Artículo 8.- Penas. Serán aplicables a la persona jurídica una o más de las siguientes penas:

1. La extinción de la persona jurídica.
2. La inhabilitación para contratar con el Estado.
3. La pérdida de beneficios fiscales y la prohibición de recibirlos.
4. La supervisión de la persona jurídica.
5. La multa.
6. El comiso a que se refiere el inciso tercero del artículo 14.
7. La publicación de un extracto de la sentencia condenatoria.".

9. Sustitúyese el artículo 9°, por el siguiente:

"Artículo 9.- Extinción de la persona jurídica. Por la pena de extinción de la persona jurídica se dispone la pérdida definitiva de la personalidad jurídica. Para su imposición el tribunal tendrá especialmente en cuenta el peligro de reiteración delictiva que pueda representar el funcionamiento de la persona jurídica.

Esta pena sólo se podrá imponer tratándose de crímenes, si concurre la circunstancia agravante establecida en el número 1 del artículo 7 o en caso de reiteración delictiva.

La pena de extinción de la persona jurídica no se aplicará a las empresas públicas creadas por ley ni a las personas jurídicas que presten un servicio de utilidad pública cuya interrupción pueda causar graves consecuencias sociales y económicas o daños serios a la comunidad o sea perjudicial para el Estado.".

10. Sustitúyese el artículo 10, por el siguiente:

"Artículo 10.- Inhabilitación para contratar con el Estado. El tribunal podrá imponer a la persona jurídica la inhabilitación para contratar con el Estado, conforme a las reglas del Párrafo 5 del Título II de la Ley de Delitos Económicos.

La inhabilitación perpetua para contratar con el Estado sólo podrá ser impuesta respecto de crímenes, si concurre la circunstancia agravante prevista en el número 1 del artículo 7 o en caso de reiteración delictiva.".

11. Sustitúyese el artículo 11, por el siguiente:

"Artículo 11.- Pérdida de beneficios fiscales y prohibición de recibirlos. Por la pena de pérdida de beneficios fiscales se impone la pérdida de todos los subsidios, créditos fiscales u otros beneficios otorgados por el Estado sin prestación recíproca de bienes o servicios y, en especial, los subsidios para financiamiento de actividades específicas o programas especiales y gastos inherentes o asociados a la realización de éstos, sea que tales recursos se asignen a través de fondos concursables o en virtud de leyes permanentes o subsidios, subvenciones en áreas especiales o contraprestaciones establecidas en estatutos especiales y otras de similar naturaleza, así como la prohibición de recibir tales beneficios por un período de uno a cinco años.

Si la persona jurídica no recibe tales beneficios fiscales al tiempo de la condena, se le impondrá la prohibición de recibirlos, por el mismo período.".

12. Introdúcese el siguiente artículo 11 bis:

"Artículo 11 bis.- Supervisión de la persona jurídica. El tribunal podrá imponer a la persona jurídica la supervisión si, debido a la inexistencia o grave insuficiencia de un sistema efectivo de prevención de delitos, ello resulta necesario para prevenir la perpetración de nuevos delitos en su seno.

La supervisión de la persona jurídica consiste en su sujeción a un supervisor nombrado por el tribunal, encargado de asegurar que la persona jurídica elabore, implemente o mejore efectivamente un sistema adecuado de prevención de delitos y de controlar dicha elaboración, implementación o mejoramiento por un plazo mínimo de seis meses y máximo de dos años.

La persona jurídica estará obligada a poner a disposición del supervisor toda la información necesaria para su desempeño.

El supervisor tendrá facultades para impartir instrucciones obligatorias e imponer condiciones de funcionamiento exclusivamente en lo que concierna al sistema de prevención de delitos, sin que pueda inmiscuirse en otras dimensiones de la organización o actividad de la persona jurídica. Además, tendrá derecho a acceder a todas las instalaciones y locales pertenecientes a la persona jurídica.

Para los efectos de sus deberes y responsabilidad, se considerará que el supervisor tiene la calidad de empleado público. Su remuneración será fijada por el tribunal de acuerdo con criterios de mercado, será de cargo de la persona jurídica y sólo rendirá cuentas a éste de su cometido.".

13. Sustitúyese el artículo 12, por el siguiente:

"Artículo 12.- Multa. A menos que la ley disponga una forma diversa de calcular la multa, ésta se determinará mediante la multiplicación de un número de días-multa por el valor que el tribunal fije para cada día-multa en la forma prevista en el Párrafo 4 de la Ley de Delitos Económicos, cuyo producto se expresará en una suma de dinero fijada en moneda de curso legal.

El valor del día-multa no podrá ser inferior a 5 ni superior a 5.000 unidades tributarias mensuales.

La pena mínima de multa es de 2 días-multa y la máxima, de 400 días-multa.

Cada pena de multa que imponga el tribunal será determinada por éste en el número de días-multa que comprenda y su valor. Ni aun en caso de ser aplicables los artículos 74 del Código Penal o 351 del Código Procesal Penal podrán imponerse una o más penas de multa que en conjunto excedan de 600 días-multa.

Con todo, en los casos en que la ley así lo disponga, cuando el comiso de ganancias no pueda imponerse a la persona jurídica porque fueron distribuidas entre sus socios, accionistas o beneficiarios que no tuvieron conocimiento de su procedencia ilícita en el momento de su adquisición, el tribunal determinará el valor total de la multa a imponer hasta por una suma equivalente al treinta por ciento de las ventas de la persona jurídica correspondientes a la línea de productos o servicios asociada al hecho durante el período en el cual éste se hubiere perpetrado o hasta el doble de las ganancias obtenidas a través del hecho, siempre que dicho valor total fuere superior al monto máximo de la multa que corresponda imponer conforme a los incisos precedentes.

No obstará a la imposición de la pena de multa la circunstancia de que el hecho dé lugar a una o más multas no constitutivas de pena conforme a otras leyes. Con todo, el monto de la pena de multa pagada será abonado a la multa no constitutiva de pena que se imponga a la persona jurídica por el mismo hecho. Si la persona jurídica hubiere pagado una multa no constitutiva de pena como consecuencia del mismo hecho, el monto pagado será abonado a la pena de multa impuesta de conformidad con esta ley.".

14. Sustitúyese el artículo 13, por el siguiente:

"Artículo 13.- Publicación de un extracto de la sentencia condenatoria. Siempre que se condene a una persona jurídica se impondrá la pena consistente en la publicación en el Diario Oficial y en otro diario de circulación nacional de un extracto que contenga una síntesis de la sentencia, que reproduzca sus fundamentos principales y la decisión de condena, a costa de la persona jurídica condenada.".

15. Sustitúyese el artículo 14, por el siguiente:

"Artículo 14.- Penas de crimen y de simple delito. Tratándose de un crimen se podrá imponer a la persona jurídica responsable una o más de las siguientes penas:

1. La extinción de la persona jurídica en los casos previstos en el inciso segundo del artículo 9.

2. La pérdida de beneficios fiscales y la prohibición de recibirlos por un período no inferior a tres años.

3. La multa por un mínimo de 200 días-multa.

Tratándose de un simple delito se podrá imponer a la persona jurídica responsable una o más de las siguientes penas:

1. La pérdida de beneficios fiscales y la prohibición de recibirlos por un período de hasta tres años.

2. La multa por un máximo de 200 días-multa.

Tanto respecto de crímenes como de simples delitos se podrá imponer, además, las penas de inhabilitación para contratar con el Estado; de supervisión de la persona jurídica, en los términos señalados en los artículos 10 y 11 bis; y de comiso del producto del delito de que es responsable la persona jurídica, así como los demás bienes, efectos, objetos, documentos, instrumentos, dineros o valores provenientes de él. Cuando por cualquier circunstancia no sea posible decomisar estas especies, se podrá aplicar el comiso a una suma de dinero equivalente a su valor.

En todo caso se impondrá la publicación de un extracto de la sentencia condenatoria.".

16. Sustitúyese el artículo 15, por el siguiente:

"Artículo 15.- Determinación del número y naturaleza de las penas. El tribunal impondrá siempre la pena de multa.

Adicionalmente, podrá imponer cualquiera otra pena que fuere procedente conforme al artículo precedente, para lo cual atenderá a los siguientes factores:

1. La existencia o inexistencia de un modelo de prevención de delitos y su mayor o menor grado de implementación.

2. El grado de sujeción y cumplimiento de la normativa legal y reglamentaria y de las reglas técnicas de obligatoria observancia en el ejercicio de su giro o actividad habitual.

3. Los montos de dinero involucrados en la perpetración del delito.

4. El tamaño, la naturaleza y el giro de la persona jurídica.

5. La extensión del mal causado por el delito.

6. La gravedad de las consecuencias sociales y económicas que pueda causar a la comunidad la imposición de la pena cuando se trate de empresas que presten un servicio de utilidad pública.

7. Las circunstancias atenuantes o agravantes aplicables a la persona jurídica previstas en esta ley que concurrieren en el delito.".

17. Sustitúyese el artículo 16, por el siguiente:

"Artículo 16.- Determinación de la extensión de las penas concretas. La extensión de las penas distintas de la extinción de la persona jurídica será determinada en el punto medio de su extensión, a menos que, sobre la base de los factores mencionados en el inciso segundo del artículo anterior, corresponda imponer dentro de ese marco una pena de otra extensión.

Para la determinación de la pena de multa se estará, además, a lo dispuesto en el artículo 12.".

18. Introdúcese en el Título II, a continuación del artículo 16, el siguiente nuevo apartado:

"2 bis.- Ejecución de las penas".

19. Sustitúyese el artículo 17, por el siguiente:

"Artículo 17.- Ejecución de la extinción de la persona jurídica. La sentencia que declare la extinción de la personalidad jurídica designará a una persona encargada de su liquidación, quien deberá realizar los actos o contratos necesarios para:

1. Concluir toda actividad de la persona jurídica, salvo aquellas que sean indispensables para el éxito de la liquidación.

2. Pagar los pasivos de la persona jurídica, incluidos los derivados de la perpetración del hecho. Los plazos de todas esas deudas se entenderán caducados de pleno derecho, haciéndolas inmediatamente exigibles y su pago se realizará con estricto respeto de las preferencias y de la prelación de créditos establecida por la ley.

3. Repartir los bienes remanentes entre los accionistas, socios, dueños o propietarios a prorrata de sus respectivas participaciones, sin perjuicio de su derecho para perseguir de los responsables del delito el resarcimiento de los perjuicios sufridos por la persona jurídica a consecuencia de éste, en conformidad con las leyes aplicables en cada caso.

Excepcionalmente, cuando así lo aconseje el interés social, el tribunal podrá, mediante resolución fundada, ordenar la enajenación de todo o parte del activo de la persona jurídica disuelta como un conjunto o unidad económica, en subasta pública y al mejor postor, la que deberá efectuarse ante el propio tribunal.".

20. Introdúcese el siguiente artículo 17 bis:

"Artículo 17 bis.- Ejecución de la inhabilitación para contratar con el Estado. La inhabilitación para contratar con el Estado regirá a contar de la fecha en que la resolución se encuentre ejecutoriada. El tribunal comunicará tal circunstancia a la Dirección de Compras y Contratación Pública. Dicha Dirección mantendrá un registro actualizado de las personas jurídicas a las que se les haya impuesto esta pena.".

21. Introdúcese el siguiente artículo 17 ter:

"Artículo 17 ter.- Ejecución de la pérdida de beneficios fiscales y de la prohibición de recibirlos. Una vez ejecutoriada la sentencia que impusiere la pena de pérdida de beneficios fiscales y la prohibición de recibirlos, el tribunal lo comunicará al Ministerio de Hacienda y a la Subsecretaría de Desarrollo Regional y Administrativo del Ministerio del Interior y Seguridad Pública, con el fin de que sea consignada en los registros centrales de colaboradores del Estado y municipalidades que la ley les encomienda administrar.".

22. Introdúcese el siguiente artículo 17 quáter:

"Artículo 17 quáter.- Ejecución de la supervisión de la persona jurídica. Ejecutoriada la sentencia condenatoria que imponga la supervisión de la persona jurídica por un período determinado, el tribunal competente para la supervisión de la ejecución de la pena designará a un supervisor y le dará instrucciones sobre el objeto preciso de su cometido, sus facultades y los límites de ellas, de lo cual será notificada la persona jurídica. Con este fin se citará a una audiencia especial, en la que deberán ser oídos todos los intervinientes.

Las instrucciones obligatorias y las condiciones impuestas por el supervisor podrán ser reclamadas judicialmente.

En caso de incumplimiento injustificado de las instrucciones obligatorias o de las condiciones impuestas por el supervisor el tribunal podrá imponer, a solicitud del supervisor y oyendo a la persona jurídica, la retención y prohibición de celebrar actos y contratos sobre bienes o activos de ésta hasta que cese el incumplimiento, a título de apremio.

En casos de incumplimiento grave o reiterado el tribunal podrá, a solicitud del supervisor y oyendo a la persona jurídica, ordenar el reemplazo de sus órganos directivos y, en caso de no realizarse el reemplazo o de persistir el incumplimiento, la designación de un administrador provisional hasta que se verifique un cambio de circunstancias o hasta el cumplimiento íntegro de la supervisión.

Un reglamento establecerá los requisitos que habiliten para ejercer como supervisor, el procedimiento para su designación y reemplazo y para la determinación de su remuneración. Los requisitos para ejercer como supervisor deberán garantizar calificación y experiencia profesional pertinente y ausencia de factores que pudieran dar lugar a conflictos de interés en el ejercicio del cargo.".

23. Introdúcese el siguiente artículo 17 quinquies:

"Artículo 17 quinquies.- Ejecución de la multa. La multa será ejecutada conforme a las reglas generales previstas por el Código Penal.

Excepcionalmente, cuando su pago inmediato pueda poner en riesgo la continuidad del giro de la persona jurídica condenada o cuando así lo aconseje el interés social, el tribunal podrá autorizar que el pago de la multa se efectúe por parcialidades, dentro de un plazo que no exceda de veinticuatro meses.".

24. Sustitúyese el artículo 18, por el siguiente:

"Artículo 18.- Ejecución de la pena y las consecuencias adicionales en caso de disolución o transformación de la persona jurídica. En caso de transformación, fusión, absorción, división o disolución voluntaria de la persona jurídica responsable, sea antes o después de la condena, las penas y consecuencias adicionales se harán efectivas de acuerdo con las reglas siguientes:

1. Si se impusiere la pena de comiso y éste recayere en una especie, se ejecutará contra la persona jurídica resultante que la tuviere o, en caso de disolución de común acuerdo, contra el socio o partícipe en el capital que la tuviere tratándose de la disolución de una persona jurídica con fines de lucro, o contra la persona que conforme a los estatutos de la persona jurídica o a la ley la hubiere recibido tratándose de la disolución de una persona jurídica sin fines de lucro. Si el comiso recayere en cantidades de dinero, se ejecutará del modo previsto para la ejecución de la multa, de acuerdo con el número siguiente.

2. Si se impusiere la pena de multa, la persona jurídica resultante responderá de su pago. Si hubiere dos o más personas jurídicas resultantes todas ellas serán solidariamente responsables. En los casos de disolución de común acuerdo de una persona jurídica con fines de lucro, la multa se hará efectiva sobre los socios y partícipes en el capital, quienes responderán solidariamente. Tratándose de personas jurídicas sin fines de lucro, la multa se hará efectiva sobre las personas que hayan recibido las propieda-

des de aquéllas conforme a sus estatutos o a la ley, quienes responderán solidariamente.

3. Si se tratare de cualquier otra pena, el tribunal decidirá si ella habrá o no de hacerse efectiva sobre las personas naturales o jurídicas a que se refieren los dos números anteriores, atendiendo a las finalidades que en cada caso se persiguieren, así como a la mayor o menor continuidad sustancial de los medios materiales y humanos de la persona jurídica inicial en la o las personas jurídicas resultantes y a la actividad desarrollada. Si por aplicación de esta regla dejare de imponerse o ejecutarse una pena, el tribunal aplicará en vez de ella una pena de multa, aun cuando ya se hubiere impuesto otra multa. En tal caso, se podrán superar hasta en un quinto los respectivos límites máximos previstos en el artículo 12.

Sólo se podrá limitar el efecto de la imposición de la solidaridad reduciendo el valor a pagar respecto de la persona natural que demostrare que el pago en ese régimen le ocasionará un perjuicio desproporcionado. Con todo, el valor por pagar no podrá ser nunca inferior al valor de la cuota de liquidación que se le hubiere asignado o de los bienes que hubiere recibido en virtud de la disolución.

Todo lo anterior será sin perjuicio de los derechos de terceros de buena fe.

Las reglas de este artículo serán también aplicables en caso de transferencia de bienes o activos de la persona jurídica responsable, antes o después de la condena, siempre que la transferencia abarque la mayor parte de los bienes o activos de ésta y que exista continuidad sustancial de los medios materiales y humanos y de la actividad de la persona jurídica responsable en el o los adquirentes, de modo que pueda presumirse una fusión, absorción o división encubiertas.".

25. Introdúcese el siguiente artículo 18 bis:

"Artículo 18 bis.- Ejecución de la pena en caso de transferencia de bienes o activos de la persona jurídica. En caso de transferencia de bienes o activos de la persona jurídica responsable, sea antes o después de la condena, el comiso de cantidades y la multa podrán hacerse efectivos contra el adquirente si los bienes de aquélla no fueren suficientes, hasta el límite del valor de lo adquirido y siempre que el adquirente hubiere podido prever la condena de la persona jurídica responsable al momento de la adquisición.".

26. Introdúcese en el artículo 19 el siguiente inciso segundo:

"No obstará al pronunciamiento de una condena contra una persona jurídica la circunstancia de que ésta hubiere sido objeto de disolución, transformación, absorción, fusión o división.".

27. Introdúcese, a continuación del artículo 19, el siguiente nuevo apartado:

"4.- Comiso de ganancias".

28. Introdúcese el siguiente artículo 19 bis:

"Artículo 19 bis.- Comiso de ganancias. Las ganancias obtenidas por la persona jurídica, a través del delito de que es responsable, serán decomisadas conforme a las reglas sobre comiso de ganancias establecidas en el Código Penal, el Código Procesal Penal y el Código Orgánico de Tribunales.

Cuando concurran los requisitos señalados en el artículo 41 de la Ley de Delitos Económicos, serán decomisadas las ganancias obtenidas por la persona jurídica a través de un hecho ilícito que corresponde a un delito, aun sin necesidad de condena, de acuerdo con las disposiciones del Título III bis del Libro IV del Código Procesal Penal.

El comiso de ganancias será impuesto también respecto de la persona jurídica que hubiere recibido la ganancia como aporte a su patrimonio.

No podrá imponerse el comiso respecto de las ganancias obtenidas por una persona jurídica y que hubieren sido distribuidas entre sus socios, accionistas o beneficiarios que no hubieren tenido conocimiento de su procedencia ilícita al momento de su adquisición. En tal caso, la ganancia distribuida podrá considerarse para la determinación de la pena de multa que correspondiere imponer a la persona jurídica de acuerdo con el artículo 12.".

29. Sustitúyese el artículo 20, por el siguiente:

"Artículo 20.- Investigación de la responsabilidad penal de la persona jurídica. Si durante la investigación de un delito el Ministerio Público toma conocimiento de circunstancias que funden la responsabilidad penal de una persona jurídica en los términos de esta ley, ampliará dicha investigación con el fin de determinar tal responsabilidad.

La investigación también podrá iniciarse por denuncia o por querella. En este último caso, podrá ser deducida por la víctima de conformidad con el Código Procesal Penal, así como por cualquier persona capaz de parecer en juicio domiciliada en la provincia, respecto de hechos punibles que afecten el ejercicio de la función pública o la probidad administrativa, o respecto de aquellos delitos que puedan causar graves consecuencias sociales y económicas.

Lo dispuesto en los incisos precedentes se entiende sin perjuicio de las reglas especiales que la ley establezca sobre el ejercicio de la acción penal por el respectivo delito.".

30.- Introdúcese el siguiente artículo 20 bis:

"Artículo 20 bis.- Supervisión de la persona jurídica como medida cautelar. Una vez formalizada la investigación contra una persona jurídica, el fiscal del Ministerio Público podrá solicitar que se imponga como medida cautelar durante el procedimiento la supervisión de la persona jurídica conforme a lo previsto en los artículos 11 bis y 17 quáter.

El tribunal acogerá la solicitud cuando se cumplan los requisitos señalados en las letras a) y b) del artículo 140 del Código Procesal Penal respecto de una persona natural cuyo hecho pueda dar lugar a la responsabilidad penal de la persona jurídica y se acredite que la medida, atendida la inexistencia o grave insuficiencia de un sistema efectivo de prevención de delitos, es estrictamente necesaria para prevenir la perpetración de nuevos delitos en su seno. La solicitud y la ejecución de la medida cautelar se regirán, en todo lo no previsto por esta ley, por lo dispuesto en el Párrafo 4° del Título V del Libro I del Código Procesal Penal.".

31. Intercálase en el inciso segundo del artículo 25, entre los números 4) y 5), el siguiente número 4 bis):

"4 bis) Someterse a supervisión en los términos de los artículos 11 bis y 17 quáter.".

Artículo 51.- Modificaciones a la ley N° 18.046. Introdúcense las siguientes modificaciones en la ley N° 18.046, sobre Sociedades Anónimas:

1. Sustitúyese el artículo 134, por el siguiente:

"Artículo 134.- Los directores, gerentes, administradores o ejecutivos principales de una sociedad anónima que en la memoria, balances u otros documentos destinados a los socios, a terceros o a la Administración, exigidos por ley o por la reglamentación aplicable, que deban reflejar la situación legal, económica y financiera de la sociedad, dieren o aprobaren dar información falsa sobre aspectos relevantes para conocer el patrimonio y la situación financiera o jurídica de la sociedad, serán sancionados con la pena de presidio o reclusión menores en sus grados medio a máximo.

Con la misma pena serán sancionados quienes lleven la contabilidad de la sociedad, o los peritos, auditores externos o inspectores de cuenta ajenos a la sociedad, que colaboraren al hecho descrito en el inciso anterior. La pena se impondrá, asimismo, a quienes colaboren al hecho con ocasión de la prestación de servicios de auditoría externa por una persona jurídica.

Si el hecho se refiere a una sociedad anónima abierta, la pena podrá ser aumentada en un grado.

Lo dispuesto en los incisos precedentes será aplicable siempre que la conducta no constituyere otro delito sancionado con mayor pena.".

2. Introdúcese en el Título XIV el siguiente artículo 134 bis:

"Artículo 134 bis.- Los que prevaliéndose de su posición mayoritaria en el directorio de una sociedad anónima adoptaren un acuerdo abusivo, para beneficiarse o beneficiar económicamente a otro, en perjuicio de los demás socios y sin que el acuerdo reporte un beneficio a la sociedad, serán sancionados con la pena de presidio o reclusión menores en cualquiera de sus grados.

La misma pena se impondrá a los que prevaliéndose de su condición de controlador de la sociedad indujeren el acuerdo abusivo del directorio, o con su acuerdo o decisión concurrieren a su ejecución.".

Artículo 52.- Modificaciones a la ley Nº 18.045. Introdúcense las siguientes modificaciones en la ley Nº 18.045, de Mercado de Valores:

1. Sustitúyense los artículos 59 a 62, por los siguientes:

"Artículo 59.- Con pena de presidio menor en su grado máximo a presidio mayor en su grado mínimo será sancionado:

a) El que actuando por cuenta de un emisor de valores de oferta pública proporcionare información falsa al mercado sobre la situación financiera, jurídica, patrimonial o de negocios del respectivo emisor.

b) El que a sabiendas otorgare una clasificación de riesgo que no corresponda al riesgo de los valores que clasifique.

c) El que, siendo socio de una empresa de auditoría externa, dictaminare falsamente o entregare antecedentes falsos sobre la situación financiera o patrimonial u otras materias sobre las cuales hubieren manifestado su opinión, certificación, dictamen o informe de una entidad sujeta a la fiscalización de la Comisión para el Mercado Financiero.

d) El director, gerente o apoderado de una bolsa de valores que diere certificación falsa sobre las operaciones que se realicen en ella y el corredor de bolsa o agente de valores que diere certificación falsa sobre las operaciones en que haya intervenido.

e) El que efectuare transacciones en valores con el objeto de mantener o alterar artificialmente en el mercado el precio de uno o varios valores.

f) El que efectuare cotizaciones o transacciones ficticias, divulgare información falsa o se valiere de cualquier otra conducta engañosa semejante de un modo apto para transmitir señales falsas al mercado en cuanto a la oferta, la demanda o el precio de uno o varios valores, o que de otro modo sean idóneas para incidir en las decisiones del público inversor.

g) El que, fuera de los casos previstos en las letras anteriores, proporcionare información falsa al mercado por cuenta de una persona sujeta a la fiscalización de la Comisión para el Mercado Financiero, en registros, prospectos, declaraciones o informes exigidos por ley o por la referida autoridad con carácter general, de un modo apto para incidir en las decisiones del público inversor u ocultar aspectos relevantes para conocer el patrimonio o la situación financiera o jurídica de la persona.

Artículo 60.- El que realizare una operación usando información privilegiada, ya sea adquiriendo o cediendo, por cuenta propia o de otro, directa o indirectamente, los valores a los que esa información se refiere, o bien cancelando o modificando una orden relativa a esos valores, será sancionado:

1. Con pena de presidio menor en su grado máximo a presidio mayor en su grado mínimo, en caso de poseer la información privilegiada en alguna de las circunstancias señaladas en el artículo 166.

2. Con pena de presidio menor en sus grados medio a máximo en los demás casos.

Con las mismas penas será sancionado, respectivamente, el que revelare indebidamente información privilegiada.

El que poseyendo información privilegiada en alguna de las circunstancias señaladas en el artículo 166 recomendare a otro la realización de las operaciones a que se refiere el inciso primero, será sancionado con pena de presidio menor en sus grados medio a máximo.

Artículo 61.- Con pena de presidio menor en sus grados medio a máximo será sancionado:

a) El que defraudare a otro adquiriendo acciones de una sociedad anónima abierta, sin efectuar una oferta pública de adquisición de acciones en los casos que ordena la ley.

b) El que indebidamente utilizare en beneficio propio o de otros valores entregados en custodia o su producto.

c) El que, conociendo o debiendo conocer el estado de insolvencia en que se encuentra un emisor de valores, acordare, decidiere o permitiere que éste haga oferta pública de valores, efectuare una oferta pública sobre esos valores o continuare intermediándolos, habiendo sido suspendida su transacción por la Comisión para el Mercado Financiero.

d) El que, fuera del caso previsto en el inciso segundo del artículo 60, revelare indebidamente a otro la información de un emisor que hubiere conocido en razón de su cargo o posición en una sociedad clasificadora o una empresa de auditoría externa.

Artículo 62.- Con pena de presidio menor en cualquier de sus grados será sancionado:

a) El que sin la correspondiente autorización o registro realizare oferta pública de valores o actuare como corredor de bolsa, agente de valores, empresa de auditoría externa o clasificadora de riesgos.

b) El que sin la correspondiente autorización o registro usare las denominaciones de corredor de bolsa, agentes de valores o clasificadora de riesgos, o el que de cualquier otro modo se atribuya la calidad de aquellas entidades.

c) El que eliminare, alterare, modificare, ocultare o destruyere registros, documentos, soportes tecnológicos o antecedentes de cualquier naturaleza, impidiendo o dificultando con ello las posibilidades de fiscalización de la Comisión para el Mercado Financiero.

d) El director, administrador, gerente o ejecutivo principal de un emisor de valores de oferta pública, de una bolsa de valores o de un intermediario de valores, que entregare antecedentes falsos o efectuare declaraciones falsas al directorio o a los órganos de la administración de la entidad a la que pertenece, o a quienes realicen la auditoría externa o clasificación de riesgo de esa entidad.

e) El que, prestando servicios en una sociedad clasificadora o empresa de auditoría externa, alterare, ocultare o destruyere información de un emisor clasificado o auditado.

f) El que fuera de los casos previstos en el artículo 59 proporcionare a la Comisión para el Mercado Financiero información falsa relativa a un emisor sujeto su fiscalización.".

2. Deróganse los incisos segundo y tercero del artículo 63.

3. Sustitúyese en el inciso segundo del artículo 85 la oración "Lo anterior es sin perjuicio de lo dispuesto en las letras e) del artículo 59 y d) del artículo 60.", por la siguiente: "Lo anterior es sin perjuicio de lo dispuesto en el artículo 60 y en la letra d) del artículo 61.".

4. Sustitúyese el artículo 165, por el siguiente:

"Artículo 165.- Cualquier persona que en razón de su cargo, posición, actividad o relación posea información privilegiada, deberá guardar reserva y no podrá utilizarla en beneficio propio o ajeno, ni adquirir o enajenar, para sí o para terceros, directamente o a través de otras personas, los valores sobre los cuales posea información privilegiada. Asimismo, deberá velar para que tampoco ocurra a través de subordinados o terceros de su confianza lo señalado anteriormente y en el inciso siguiente.

A cualquiera que posea información privilegiada se le prohíbe realizar una operación utilizándola, ya sea adquiriendo o cediendo, por cuenta propia o de otro, directa o indirectamente, los valores a los que esa información se refiere, o bien cancelando o modificando una orden relativa a esos valores. Igualmente, se abstendrá de comunicar dicha información a terceros o de recomendar la adquisición o enajenación de los valores citados.

No obstante lo dispuesto precedentemente, los intermediarios de valores que posean información privilegiada podrán hacer operaciones respecto de los valores a que ella se refiere, por cuenta de terceros, no relacionados a ellos, siempre que la orden y las condiciones específicas de la operación provengan del cliente, sin asesoría ni recomendación del intermediario, y la operación se ajuste a su norma interna, establecida de conformidad al artículo 33.

También podrá realizar las operaciones a que se refieren los incisos primero y segundo el que opere en cumplimiento de una orden de adquirir o ceder valores, cuando dicha orden hubiere estado contemplada en un acuerdo celebrado antes de que hubiere poseído información privilegiada la persona que la impartió.

Para los efectos de este artículo, las transacciones se entenderán realizadas en la fecha en que se efectúe la adquisición o enajenación, con independencia de la fecha en que se registren en el emisor.".

5. Incorpórase en el literal f) del inciso segundo del artículo 166, a continuación de la expresión "cónyuges", la frase ", convivientes civiles".

6. Sustitúyese en la letra b) del artículo 241 la frase "a los artículos 59 a 61 de esta ley o al artículo 134 de la ley N° 18.046", por la siguiente: "a los artículos 59 a 62 de esta ley o a los artículos 134 o 134 bis de la ley N° 18.046".

Artículo 53.- Modificaciones al decreto ley N° 3.500 de 1980. Introdúcense las siguientes modificaciones en el decreto ley N° 3.500, de 1980, que Establece Nuevo Sistema de Pensiones:

1. En el artículo 19:

a) Intercálase en el inciso decimonoveno, a continuación de la coma que sigue al guarismo "12", la expresión "13, 13 bis,".

b) Incorpórase el siguiente inciso vigesimocuarto, nuevo, pasando los actuales incisos vigesimocuarto y vigesimoquinto a ser vigesimoquinto y vigesimosexto, respectivamente:

"Con la misma pena establecida en el inciso anterior se sancionará al empleador que, sin el consentimiento del trabajador, omita retener o enterar las cotizaciones previsionales de un trabajador o declare ante las instituciones de seguridad social, pagarle una renta imponible o bruta menor a la real, disminuyendo el monto de las cotizaciones que debe descontar y enterar. La conducta será sancionada igualmente, si el consentimiento del trabajador ha sido obtenido por el empleador con abuso grave de su situación de necesidad, inexperiencia o incapacidad de discernimiento.".

2. Introdúcese el siguiente inciso cuarto en el artículo 103:

"Si el hecho constitutivo de la infracción o contravención a que se refieren los incisos precedentes constituyere también delito conforme al artículo 60 de la ley N° 18.045 o al artículo 284 del Código Penal, se estará a la pena señalada en esas disposiciones.".

3. Sustitúyese en el inciso primero del artículo 152 la frase "162 de la ley N° 18.045", por la siguiente: "22 de la ley N° 20.712".

4. En el artículo 159:

a) En el encabezamiento de su inciso primero:

i. Sustitúyese la expresión "medio" por "máximo".

ii. Sustitúyese la coma que sigue a la palabra "liquidadores" por la conjunción "y".

iii. Elimínase la expresión ", y trabajadores".

b) Incorpórase el siguiente inciso segundo, nuevo, pasando el actual inciso segundo a ser inciso tercero:

"Si el hecho constitutivo de la infracción o contravención a que se refieren las letras a) o b) del inciso precedente constituye también delito conforme a lo dispuesto en los incisos primero o segundo del artículo 60 de la ley N° 18.045, o en el artículo 284 del Código Penal, las demás personas que lo perpetren responderán penalmente según lo dispuesto en dichos preceptos.".

5. Introdúcese en el Título XIV, el siguiente artículo 159 bis:

"Artículo 159 bis.- Sufrirán la pena de presidio menor en sus grados medio a máximo los directores, gerentes, apoderados, liquidadores u operadores de mesa de dinero de una Administradora de Fondos de Pensiones que, poseyendo información privilegiada de aquélla que trata el Título XXI de la ley N° 18.045 en razón de

su cargo o posición, recomendaren a otro la realización de las operaciones a que se refiere la letra a) del inciso primero del artículo 159.

Las demás personas que perpetren el hecho previsto en el inciso precedente responderán penalmente según lo dispuesto en el inciso tercero del artículo 60 de la ley N° 18.045.".

6. Introdúcese en el artículo 168, el siguiente inciso décimo, pasando el actual a ser inciso final:

"Si el hecho constitutivo de la infracción o contravención a que se refieren los incisos precedentes constituye también delito conforme al artículo 60 de la ley N° 18.045 o al artículo 284 del Código Penal, se estará a la pena señalada en esas disposiciones.".

Artículo 54.- Modificaciones a la ley N° 20.712. Introdúcense las siguientes modificaciones en el artículo 22 contenido en el artículo primero de la ley N° 20.712, que aprueba la ley que regula la administración de fondos de terceros y carteras individuales:

1. Sustitúyese la letra d) por la siguiente:

"d) La infracción a lo dispuesto en el Título XXI de la ley N° 18.045.".

2. Introdúcese el siguiente inciso final, nuevo:

"En todo caso, la infracción señalada en la letra d) originará las responsabilidades previstas en la ley N° 18.045.".

Artículo 55.- Modificaciones a la Ley N° 17.322. Introdúcese el siguiente artículo 13 bis en la ley N° 17.322, sobre Normas para la cobranza judicial de cotizaciones, aportes y multas de las instituciones de seguridad social:

"Artículo 13 bis.- Con la misma pena establecida en el artículo anterior se sancionará al empleador que, sin el consentimiento del trabajador, omita retener o enterar las cotizaciones previsionales de un trabajador o declare ante las instituciones de seguridad social pagarle una renta imponible o bruta menor a la real, disminuyendo el monto de las cotizaciones que debe descontar y enterar. La conducta será sancionada igualmente, si el consentimiento del trabajador ha sido obtenido por el empleador con abuso grave de su situación de necesidad, inexperiencia o incapacidad de discernimiento.".

Artículo 56.- Modificaciones a la ley N° 19.913. Sustitúyese la letra a) del inciso primero del artículo 27 de la ley N° 19.913, que Crea la Unidad de Análisis Financiero y modifica diversas disposiciones en materia de lavado y blanqueo de activos, por la siguiente:

"a) El que de cualquier forma oculte o disimule el origen ilícito de determinados bienes, a sabiendas de que provienen, directa o indirectamente, de la perpetración de hechos constitutivos de alguno de los delitos contemplados en la ley N° 20.000, que Sanciona el tráfico ilícito de estupefacientes y sustancias psicotrópicas; en la ley N° 18.314, que Determina conductas terroristas y fija su penalidad; en el artículo 10 de la ley N° 17.798, sobre Control de Armas; en el Título XI de la ley N° 18.045, sobre Mercado de Valores; en el inciso primero del artículo 39 y en el Título XVII del decreto con fuerza de ley N° 3, de 1997, del Ministerio de Hacienda, Ley General de Bancos; en el artículo 168 en relación con el artículo 178, números 2 y 3, ambos del decreto con fuerza de ley N° 30, de 2004, del Ministerio de Hacienda, que aprueba el texto refundido, coordinado y sistematizado del decreto con fuerza de ley N° 213, de 1953, del Ministerio de Hacienda, sobre Ordenanza de Aduanas; en el inciso segundo del artículo 81 de la ley N° 17.336, sobre Propiedad Intelectual; en los artículos 59 y 64 de la ley N° 18.840, orgánica constitucional del Banco Central de Chile; en el Título I de la ley 21.459, que Establece normas sobre delitos informáticos, deroga la ley N° 19.223 y modifica otros cuerpos legales con el objeto de adecuarlos al Convenio de Budapest; en el párrafo tercero del número 4°del artículo 97 del Código Tributario y en los números 8 y 9 del mismo artículo respecto de los delitos contemplados en los Párrafos 4 bis y IV ter del Título IX del Libro II del Código Penal; en los Párrafos 4, 5, 6, 9 y 9 bis del Título V y 10 del Título VI, todos del Libro II del Código Penal; en los artículos 141, 142, 367, 367 quáter, 367 septies, 411 bis, 411 ter, 411 quáter, 411 quinquies, y en los artículos 467 número 1 del inciso primero e inciso final, 468 y 470, numerales 1°, 8° y 11, en relación con el referido número 1 del inciso primero y con su inciso final del artículo 467, todos del Código Penal; en las letras f) y h) del artículo 7 de la ley N° 20.009; en los artículos 305, 306, 307, 308 y 310, en relación con los números 2 y 5 del artículo 305, todos del Código Penal; en los artículos 139, 139 bis y 139 ter de la ley N° 18.892, General de Pesca y Acuicultura; en los artículos 30 y 31 de la ley N° 19.473; en el artículo 21 del decreto N° 4.363, de 1931, del Ministerio de Tierras y Colonización, que aprueba texto definitivo de la Ley de Bosques; en el artículo 11 de la ley N° 20.962, que aplica Convención sobre el Comercio Internacional de Especies Amenazadas de Flora y Fauna Silvestre; o bien, a sabiendas de dicho origen, oculte o disimule estos bienes.".

Artículo 57.- Modificaciones a la ley N° 20.417. Incorpóranse los siguientes artículos 37 bis y 37 ter en el artículo segundo de la ley N° 20.417, que crea el Ministerio, el Servicio de Evaluación Ambiental y la Superintendencia del Medio Ambiente:

"Artículo 37 bis.- Sin perjuicio de las sanciones que corresponda aplicar conforme a las normas del presente Título, será sancionado con la pena de presidio menor en sus grados mínimo a medio y multa de 100 a 1.000 unidades tributarias mensuales:

a) El que maliciosamente en la evaluación ambiental de un proyecto presentare información que ocultare, morigerare, alterare o disminuyere los efectos o impactos ambientales futuros determinados en la evaluación ambiental, de un modo tal que pudiere conducir a una incorrecta aprobación de la resolución de calificación ambiental.

b) El que maliciosamente fraccionare sus proyectos o actividades para eludir el sistema de evaluación de impacto ambiental o hacer variar la vía de ingreso a él.

c) El que maliciosamente presentare a la Superintendencia del Medio Ambiente información falsa o incompleta para acreditar el cumplimiento de obligaciones impuestas en una resolución de calificación ambiental, normas de emisión, planes de reparación, programas de cumplimiento, planes de prevención o de descontaminación, o cualquier otro instrumento de gestión ambiental de su competencia.

Artículo 37 ter.- Sin perjuicio de las sanciones que corresponda aplicar conforme a las normas del presente Título, será sancionado con la pena de presidio menor en su grado mínimo y multa de 50 a 500 unidades tributarias mensuales:

a) El que incumpliere las sanciones de clausura impuestas por la Superintendencia del Medio Ambiente o las medidas impuestas en virtud de las letras b), c), d) y e) del artículo 48.

b) El que impidiere u obstaculizare significativamente las actividades de fiscalización que efectuare la Superintendencia del Medio Ambiente.".

Artículo 58.- Modificaciones a la ley N° 20.009. Introdúcense las siguientes modificaciones en el artículo 7 de la ley N° 20.009, que Establece un régimen de limitación de responsabilidad para titulares o usuarios de tarjetas de pago y transacciones electrónicas en caso de extravío, hurto, robo o fraude:

1. En el inciso primero:

a) Deróganse las letras a), b), c), d), e) y g).

b) Sustitúyese la letra f) por la siguiente:

"f) Usar maliciosamente una tarjeta de pago o clave y demás credenciales de seguridad o autenticación, bloqueadas, para realizar pagos, transacciones electrónicas o cualquier otra operación que corresponda exclusivamente al titular o usuario de ellas.".

2. Derógase el inciso segundo.

Artículo 59.- Modificaciones al decreto ley N° 211, de 1973. Introdúcense las siguientes modificaciones en el decreto ley N° 211, de 1973, cuyo texto refundido, coordinado y sistematizado fue fijado por el decreto con fuerza de ley N° 1, de 2004, del Ministerio de Economía, Fomento y Reconstrucción:

1. Deróganse los incisos segundo, tercero y cuarto del artículo 62.

2. En el artículo 63:

a) Sustitúyese el inciso cuarto, por el siguiente:

"Se atenuará con arreglo a la ley la pena que corresponda aplicar a aquellas personas que hayan aportado antecedentes adicionales a la Fiscalía Nacional Económica, de conformidad con lo dispuesto en el inciso cuarto del artículo 39 bis. El requerimiento del Fiscal Nacional Económico individualizará a los beneficiarios de rebaja de la pena, y dicha calidad será así declarada por el Tribunal de Defensa de la Libre Competencia.".

b) Reemplázase el inciso quinto, por el siguiente:

"Para efectos de que proceda la atenuación dispuesta en el inciso anterior, dichas personas deberán comparecer ante el Ministerio Público y el tribunal competente, ratificando su declaración prestada ante la Fiscalía Nacional Económica. La atenuación no procederá en caso de que el requerimiento de la Fiscalía Nacional Económica hubiese involucrado únicamente a dos competidores entre sí, y que uno de dichos competidores tenga la calidad de acreedor del beneficio de exención de multa declarada por el Tribunal de Defensa de la Libre Competencia, en los términos del artículo 39 bis.".

TÍTULO FINAL

Artículo 60.- Vigencia. Las disposiciones de la presente ley entrarán en vigor el día de su publicación en el Diario Oficial, salvo las excepciones siguientes:

1.° Las modificaciones que el artículo 50 de la presente ley introduce en la ley N° 20.393, que Establece la responsabilidad penal de las personas jurídicas en los delitos que indica, entrarán en vigor el primer día del decimotercer mes siguiente al de su publicación.

2.° Las modificaciones que los números 10, 11, 12, 13, 14, 15 y 16 del artículo 48 de la presente ley introducen en el Código Penal entrarán en vigor el día siguiente a la fecha prevista por el artículo primero transitorio de la ley N° 21.563, que Moderniza los procedimientos concursales contemplados en la ley N° 20.720 y crea nuevos procedimientos para micro y pequeñas empresas, si dicha fecha fuere posterior al día de publicación de la presente ley en el Diario Oficial. En caso contrario, se estará a lo dispuesto en el encabezamiento de este artículo.

Artículo 61.- Reglamento para la supervisión de la persona jurídica. El Presidente de la República dictará el reglamento a que se refiere el artículo 17 quáter de la ley N° 20.393, introducido por el número 22 del artículo 50 de esta ley, dentro del plazo de un año a contar de la fecha de publicación de la presente ley en el Diario Oficial.

Artículo 62.- Monitoreo telemático. Mientras no se encuentre en funciones el control telemático a que se refiere el inciso tercero del artículo 23, el tribunal podrá decretar otros mecanismos de control similares al cumplimiento de la reclusión parcial en domicilio.

Artículo 63.- Atenuantes por reglas de cooperación. Mientras no se dicte una ley que regule exhaustivamente la cooperación eficaz respecto de delitos económicos y de organizaciones criminales, las reglas previstas en los distintos cuerpos legales que reconocen atenuantes o eximentes de responsabilidad penal por cooperar con el esclarecimiento del hecho punible serán aplicables cuando deban ser tratados como delitos económicos, de conformidad con las reglas que siguen.

Si la ley le otorga a la cooperación eficaz el efecto de atenuar la pena, el juez la tratará como una circunstancia que determina la culpabilidad muy disminuida del condenado de conformidad con el artículo 14, circunstancia 1.ª, y podrá rebajar en un grado adicional el marco penal.

Si la ley le otorga el efecto de eximir al condenado de toda pena, el juez deberá reconocer ese efecto.

Se consideran reglas de cooperación incluidas en este artículo aquellas contenidas en el artículo 260 quáter del Código Penal; en el Párrafo 4 del Título IV del decreto ley N° 3.538, de 1980, que crea la Comisión para el Mercado Financiero; en el artículo 9° de la ley N° 21.459; en el artículo 63 del decreto ley N° 211, de 1973, y la regla establecida en el artículo siguiente.

La aplicabilidad de las atenuantes y eximentes en cuestión quedarán sujetas a las reglas de procedimiento establecidas en los cuerpos legales respectivos.

Artículo 64.- Derogado[842].

Artículo 65.- Responsabilidad de las personas jurídicas por el delito de colusión. Mientras la ley no coordine la concurrencia de las distintas penas, sanciones y medidas que pueden ser aplicables a una persona jurídica por la comisión de la infracción y del delito de colusión, previstos en la letra a) del inciso segundo del artículo 3º y en el artículo 62 del decreto ley Nº 211, de 1973, las personas jurídicas no responderán penalmente por el delito de colusión.

Artículo 66.- Aplicación temporal. Los hechos perpetrados con anterioridad a la entrada en vigor de la presente ley, las penas y las demás consecuencias que corresponda imponer por ellos, serán determinados conforme a la ley vigente al momento de su perpetración.

Si la aplicación de esta ley resulta más favorable al imputado o acusado por un hecho perpetrado con anterioridad a su entrada en vigor, se estará a lo dispuesto en ella.

Artículo 67.- Prohibición de fraccionamiento. Para determinar si la aplicación de la presente ley resulta más favorable se deberá considerar todas las normas que fueren pertinentes al juzgamiento del hecho.

La pertinencia de las disposiciones de esta ley para el juzgamiento de los hechos perpetrados antes de su vigencia no requiere continuidad entre sus términos y los de las disposiciones antes vigentes, modificadas o derogadas por ella.

Las normas que la presente ley introduce en los incisos primero, segundo y tercero del artículo 24 bis del Código Penal, serán pertinentes para la determinación del comiso que correspondía imponer como pena accesoria

---

842 Artículo derogado por el artículo 3º de la Ley Nº 21.694, publicada en el Diario Oficial el 4 de septiembre de 2024.

antes de su entrada en vigor. El comiso de ganancias cuya ejecución se encuentre pendiente al momento de entrar en vigor la presente ley será ejecutado conforme a lo dispuesto por las normas que ésta introduce en el artículo 468 bis del Código Procesal Penal, así como por el artículo 171 del Código Orgánico de Tribunales. El comiso impuesto por sentencia condenatoria firme que se encuentre ejecutado al momento de entrar en vigor esta ley no se verá afectado por ello.

Artículo 68.- Tiempo del hecho. Para efectos de lo dispuesto en el artículo 66, el delito se entiende perpetrado en el momento o durante el lapso en el cual se ejecuta la acción punible o se incurre en la omisión punible.

Si la presente ley entra en vigor durante la perpetración del hecho se estará a lo dispuesto en ella, siempre que en la fase de perpetración posterior se realice íntegramente la nueva descripción legal del hecho.".

Habiéndose cumplido con lo establecido en el N° 1 del artículo 93 de la Constitución Política de la República y por cuanto he tenido a bien aprobarlo y sancionarlo; por tanto, promúlguese y llévese a efecto como ley de la República.

Santiago, 7 de agosto de 2023.- GABRIEL BORIC FONT, Presidente de la República.- Luis Cordero Vega, Ministro de Justicia y Derechos Humanos.- Carolina Tohá Morales, Ministra del Interior y Seguridad Pública.- Mario Marcel Cullell, Ministro de Hacienda.- Nicolás Grau Veloso, Ministro de Economía, Fomento y Turismo.- María Heloísa Rojas Corradi, Ministra del Medio Ambiente.

Lo que transcribo a Ud., para su conocimiento.- Saluda atentamente a Ud., Jaime Gajardo Falcón, Subsecretario de Justicia.

TRIBUNAL CONSTITUCIONAL

Proyecto de ley que modifica diversos cuerpos legales para ampliar la responsabilidad penal de las personas jurídicas, y regular el ejercicio de la acción penal, respecto de los delitos contra el orden socioeconómico que indica, correspondiente a los Boletines N° 13.204-07 y 13.205-07, refundidos

La Secretaria del Tribunal Constitucional, quien suscribe, certifica que la Honorable Cámara de Diputados y Diputadas envió el proyecto de ley enunciado en el rubro, aprobado por el Congreso Nacional, a fin de que este Tribunal, ejerciera el control preventivo de constitucionalidad respecto de los artículos 42; 47, inciso quinto; 49, número 1; 50, números 22 y 29; 59, número 2, letra a), y 64, inciso tercero, del Proyecto de Ley; y por sentencia de 1 de agosto de 2023, en los autos Rol N° 14.455-23-CPR.

Se declara:

1°. Que los artículos 50, N° 2, y 64, inciso tercero, del proyecto de ley que sistematiza los delitos económicos y atentados contra el Medio Ambiente, modifica diversos cuerpos legales que tipifican delitos contra el orden socioeconómico, y adecua las penas aplicables a todos ellos, correspondiente a los Boletines N°s. 13.204-07 y 13.205-07, refundidos, son conformes con la constitución política de la República.

2°. Que el artículo 47, inciso quinto, del Proyecto de Ley es constitucional en el entendido de lo señalado en el considerando trigésimo quinto.

3°. Que el artículo 50 N° 9 del Proyecto de Ley es constitucional en el entendido de lo señalado en el considerando trigésimo sexto.

4°. Que no se emite pronunciamiento, en examen preventivo de constitucionalidad, de las restantes disposiciones del Proyecto de Ley, por no versar sobre materias que inciden en ley orgánica constitucional.

Santiago, 2 de agosto de 2023.- María Angélica Barriga Meza, Secretaria.

ÍNDICE ANALÍTICO

C

D

F

H

I

L

M

N

O

P

Q

R

S

T

U